中国能源报告(2014)：
能源贫困研究

China Energy Report (2014):
Energy Poverty Research

魏一鸣 廖 华 王 科 郝 宇等 著

科 学 出 版 社
北 京

内 容 简 介

能源贫困是全世界能源体系面临的三大挑战之一，得到了国际社会和学术界的广泛关注。中国是世界上最大的发展中国家，面临着更严峻、更复杂的能源贫困问题。

本报告是《中国能源报告》系列研究报告的第五卷，从能源经济的视角入手，总结并提炼国际能源贫困评估方法，构建中国能源贫困度量和综合评价指标，从时间和空间维度评估中国能源贫困，并针对固体燃料利用对城乡居民健康影响、能源贫困与经济发展水平、清洁能源发展与能源贫困、气候变化与能源可获得性、消除能源贫困的政策与行动等重要问题开展系统研究。

《中国能源报告》是系列研究报告，每两年出版一卷。根据国际、国内能源经济与气候政策形势的变化，每卷选择不同主题，开展有针对性的研究，突出研究的实证性和政策性，期望在科学研究的基础上，为国家相关决策部门提供参考和信息支持。

本报告适合能源经济与管理、环境与气候政策等领域的政府公务人员、企业管理人员、高等院校师生、科研院所人员及相关工作者阅读。

图书在版编目（CIP）数据

中国能源报告（2014）：能源贫困研究＝China Energy Report（2014）：Energy Poverty Research/魏一鸣等著．—北京：科学出版社，2014.6
ISBN 978-7-03-040714-6

Ⅰ.①中…　Ⅱ.①魏…　Ⅲ.①能源经济-研究报告-中国-2014
Ⅳ.①F426.2

中国版本图书馆 CIP 数据核字（2014）第 107438 号

责任编辑：耿建业　陈构洪 / 责任校对：韩　杨
责任印制：徐晓晨 / 封面设计：陈　敬

科学出版社出版
北京东黄城根北街 16 号
邮政编码：100717
http://www.sciencep.com

北京建宏印刷有限公司 印刷
科学出版社发行　各地新华书店经销
*
2014 年 6 月第　一　版　开本：787×1092　1/16
2019 年 4 月第三次印刷　印张：17
字数：354 000

定价：138.00元

（如有印装质量问题，我社负责调换）

作者简介

魏一鸣，1968年3月出生。工学博士（1996年），教育部“长江学者奖励计划”特聘教授（2008年），国家杰出青年科学基金获得者（2004年）。现任北京理工大学管理与经济学院院长，北京理工大学能源与环境政策研究中心主任。兼任中国优选法统筹法与经济数学研究会副理事长、能源经济与管理研究分会理事长、复杂系统研究分会理事长、计算机模拟分会副理事长、中国科学院预测科学研究中心副主任。担任 *Applied Energy*、*International Journal of Management and Decision Making* 等12份国际学术期刊的领域编辑或编委，及10份中国学术期刊主编或编委。曾任中国科学院科技政策与管理科学研究所副所长（2000～2008年），中国科学院科技政策与管理科学研究所研究员、博士生导师（2001年起）。日本先端科技大学访问副教授、美国哈佛大学高级访问学者。

魏一鸣教授长期从事管理科学的研究工作，研究领域包括管理系统工程、资源与环境管理、能源经济与气候经济。在复杂系统分析与建模、能源与环境政策、资源开发战略、灾害风险评估与管理等方面开展了有创新性的研究工作并做出了贡献。先后主持国家自然科学基金重大国际合作项目、中国科学院战略性先导科技专项、973计划、“十一五”国家科技支撑计划项目、国家自然科学基金重点项目、国家科技攻关课题、欧盟FP7国际合作、国家杰出青年科学基金等重要科研课题40余项。

魏一鸣教授在国内外重要学术期刊发表论文300余篇，其中，国外期刊近90篇；SCI/SSCI收录论文80余篇，EI收录论文80余篇；发表的学术论文被同行引用超过3500次。出版著作12部（含合著和合编）。向中央和国务院提交了多份政策咨询报告并得到了重视。研究成果在国内外有较大的影响。

魏一鸣教授曾获国家杰出青年科学基金（2004年）、中国青年科技奖（2001年）、纪念博士后制度20周年“全国优秀博士后”称号（2005年）、“首批新世纪百千万人才工程国家级人选”（2004年）；国务院政府特殊津贴（2004年）；教育部“长江学者奖励计划”特聘教授（2008年度），全国优秀科技工作者（2012年）。曾获6项省部级科学技术或自然科学奖或哲学社会科学奖，其中，一等奖2项。

魏一鸣教授特别重视人才的培养，曾获北京市优秀教师、中国科学院优秀研究生导师等荣誉称号，主讲的研究生课程《工业工程与管理》、《管理系统工程》先后被中国科学院研究生院评为优秀课程；指导的研究生中，4人获中国科学院院长优秀奖、2人获北京市优秀博士学位论文、1人获全国优秀博士学位论文提名奖。

廖华，男，1980 年出生。北京理工大学能源与环境政策研究中心副主任、副教授、博士生导师，主要从事能源经济与气候政策研究。在 *Global Environmental Change* 等期刊合作发表论文 40 余篇，《中国能源报告》历卷作者之一。讲授《能源经济学》、《管理系统工程》等 7 门课程。主持国家自然科学基金项目 4 项、中国科学院战略性先导科技专项课题 1 项、北京市哲学社会科学规划项目 1 项。曾在澳大利亚国立大学访问研究。获国家自然科学基金优秀青年科学基金项目资助、北京市哲学社会科学优秀成果一等奖、教育部科技进步一等奖、北京市优秀博士学位论文，入选教育部新世纪优秀人才支持计划、北京高校青年英才计划等。

王科，男，1983 年出生。北京理工大学能源与环境政策研究中心成员，北京理工大学管理与经济学院副教授，致力于能源经济与气候政策建模、系统综合评价方法等领域的研究。在 *Omega*、*Applied Energy* 等期刊发表论文 30 余篇，《中国能源报告》系列作者之一。主讲《管理系统工程》、《项目风险管理》等课程。主持国家自然科学基金、中国博士后科学基金，执行主持中国清洁发展机制基金、世界银行中国节能融资项目、中国低碳发展宏观战略研究课题。曾在美国伊利诺伊大学香槟分校访问研究。入选北京理工大学优秀青年教师资助计划。中国“双法”研究会能源经济与管理分会理事。学术刊物 *Annals of Operations Research*、*Natural Hazards* 特邀编委。

郝宇，男，1983 年 2 月出生，湖北黄石人。2012 年 10 月获德国汉堡大学经济学博士学位。现就职于北京理工大学管理与经济学院应用经济系、北京理工大学能源与环境政策研究中心，讲师，兼任中国优选法统筹法与经济数学研究会能源经济与管理研究分会理事，*Applied Energy* 等学术杂志匿名评审。目前的主要研究方向为宏观经济、能源经济、环境政策等，讲授《高级宏观经济学》、《管理经济学》等课程。已在国内外学术期刊发表学术论文 10 余篇。

前　言

能源贫困是国际社会共同面临的重大挑战，受到联合国、世界银行、世界卫生组织、国际能源署等国际机构的高度关注。中国是世界上最大的发展中国家，人口众多、区域发展不平衡，面临着更严峻、更复杂的能源贫困问题。

用能水平、用能结构、用能能力是度量能源贫困的重要指标，它们反映了一个国家或地区经济发展状况、居民健康保障水平和社会公平程度。大多数发展中国家的人均用能量远低于发达国家水平，能源贫困问题相当严重，同时，能源贫困现象在发达国家也存在。能源贫困主要体现在以下几个方面：一是用能水平较低，发展中国家人均生活用能量远低于发达国家水平；二是用能结构较差，无法获得以电力为代表的现代清洁能源服务，煤炭、柴草和秸秆等固体燃料使用比较广泛；三是用能能力较弱，难以支付相对昂贵的清洁商品燃料。

能源贫困对健康带来深远甚至不可逆转的不良影响。在全球化和信息化快速推进的今天，全世界仍然有超过三分之一人口的生活用能以固体燃料（煤炭和柴草等）为主，有五分之一的人口无法获得电力服务。传统生物质能利用效率低下，也造成了大量的资源浪费。中国在2010年有104万人过早死于固体燃料导致的室内空气污染，占全部过早死亡人口的12.5%，这与室外大气颗粒污染物造成的过早死亡人数（123万）相当。

能源与经济、社会、环境等人类发展的各个方面都有着深层次、复杂的紧密联系。能源贫困引发的一系列问题，从各个方面制约各国经济和社会的发展，特别是发展中国家的可持续发展，影响社会公平体系的建立，加重社会和环境压力。我国的能源生产和消费呈现出很强的结构性和地域性差异，能源贫困问题长期存在，缓解和消除能源贫困对促进经济增长和社会稳定具有重要的战略和现实意义。

《中国能源报告（2014）：能源贫困研究》作为《中国能源报告》系列研究报告的第五卷，是北京理工大学能源与环境政策研究中心团队成员针对能源贫困相关重大问题，在长期研究基础上形成的总结。期望本报告的出版，能使能源贫困问题得到国内外学术界和政府相关部门更多的重视，并为最终消除能源贫困提供政策支持和决策依据。本报告以能源经济的分析框架为基础，围绕以下问题展开深入研究：

（1）全面总结和梳理了世界和中国能源发展的最新进展。通过综合分析，我们认为：世界经济企稳向好，国际能源市场不确定性因素减少；世界能源格局正发生深刻调整，美国“能源独立”迈出实质性步伐；中国节能减碳难度增大，落实总量和强度双控制目标任务艰巨；中国大气污染严重，能源与经济结构调整势在必行。与此同时，世界能源贫困呈现以下特征：发展中国家电力普遍服务水平较低，加大全球减贫难度；发展中国家生活用能以传统生物质能为主，引发环境及健康问题突出；发达国家能源贫困群体生活用能支出比重较高，影响社会整体公平。

（2）提出了适合中国国情的能源贫困度量指标和评估方法。综合中国经济社会发展和能源供求关系的基本特点，并结合国际上能源贫困相关认识，我们认为，能源贫困可以定义为“为了人类的生存和发展，不能公平获取并安全利用能源，特别是充足的、可支付的、高质量的、环境友好的能源”。

研究结果表明，中国能源贫困呈现以下特征：城乡生活用能差异显著，农村能源贫困问题更加突出；农村生活用能地域差异明显，能源消费以固体燃料为主；农村用能设施落后低效，清洁炊具普及率低；生活用能价格上涨，生活能源支出占比城乡分化。

（3）评估了中国不同区域能源贫困状况。本报告选取 4 类 11 个二级指标和 26 个三级指标构建了中国能源贫困区域综合评估指标体系。评估结果表明：2000～2011 年间，中国能源贫困整体状况呈下降趋势；能源服务可获得性有所改善；能源消费清洁性没有显著变化；能源管理完备性在提升中有所反复；生活用能可支付性及高效性不断改善。

同一时期，中国的区域能源贫困呈现以下特征：黄河中游地区和长江中游地区能源贫困综合状况相对显著，能源消费清洁性较差和能源服务可获得性较差分别是两个地区能源贫困的主要特征；东北地区和西南地区生活用能可支付性和高效性相对较差；北部沿海地区能源消费清洁性相对较差；东部沿海地区和西北地区能源管理完备性相对较差；南部沿海地区能源服务可获得性相对较差。当前能源贫困现象在中国的区域分布情况与中国经济发展水平的区域分布情况并不一致。

（4）估算了能源贫困对城市居民健康的影响。与经济贫困相似，能源贫困也会对居民户的健康和心理产生一定的影响。本报告探讨了能源贫困对城市居民健康的影响，研究发现：中国城镇居民生活用能水平整体较好，但与发达国家相比尚有差距；中国城镇仍存在一定程度的能源贫困问题，对城镇居民健康造成不利影响；煤炭燃烧和住房隔热通风效果不良及热舒适度低下是影响城镇居民健康的主要因素；优化城镇能源结构，引导家庭用能行为是消除能源贫困对城镇居民健康影响的有效措施。

（5）探究了农村固体燃料利用及其对居民健康的影响。相比于城市地区，我国农村地区社会经济发展水平较低，能源贫困状况更加突出。基于 1989～2011 年中国营养与健康调查的大样本数据，分析发现我国农村地区炊事用能的主要特点是：农村居民对固体燃料的依赖程度仍然较高；农村居民炊事燃料的选择与其家庭收入紧密相关；各区域农村居民炊事用能差异较大；农村居民炊事用能逐步实现多元化；农村居民对固体燃料的依赖程度呈下降趋势。

农村居民使用固体燃料对居民健康造成了较大影响。主要体现在：固体燃料在简单炉灶中燃烧产生的有毒气体及可吸入颗粒，已成为农村居民主要的健康风险因素。妇女是炊事劳务的主要承担者，所受危害最为严重；固体燃料利用对居民健康的影响程度，还受居住环境卫生和自身健康偏好情况等诸多因素的影响。

（6）分析了能源贫困与经济发展之间的关系。能源贫困与经济发展水平和贫困之间都有紧密联系。本报告将能源贫困与经济发展视为一个有机的整体进行综合分析，探讨了人均收入、教育水平、气候条件和能源价格对居民能源贫困状况的影响，并利用格兰杰因果分析验证了能源贫困与经济发展之间存在双向互动关系。

研究发现：能源贫困与经济发展存在双向互动关系；经济发展水平较高的国家和区域生活用能结构更趋清洁化；经济发展促进生活电力消费，人均生活电力消费量对人均

GDP 的弹性系数为 0.95；经济发展有利于改善居民生活用能结构，在其他条件不变的情况下，人均 GDP 增长 1 个百分点，生活电力消费占比增加 0.0617 个百分点。鉴于能源贫困与经济发展之间存在着正向联系，且从长期来看，两者是互为因果关系，因此，保持中国经济平稳较快发展，继续提高居民生活水平，是进一步缓解乃至最终消除能源贫困的有效途径。

（7）探讨了清洁能源发展与能源贫困之间的相互关系。能源贫困考虑的是现代能源服务的可获得能力，也是能源发展不均衡性问题。研究发现：风电发展迅速，有助于消除能源贫困；水力资源丰富，覆盖相当一部分能源贫困人口所在区域；太阳能利用多元化，可解决能源贫困人口的用能问题；生物质能有效利用，有助于消除农村能源贫困；核能潜力巨大，将成为未来消除能源贫困的有效手段。

（8）探讨了气候变化及其应对政策与能源贫困之间的关系。研究发现：气候变化对能源贫困的影响主要反映在能源可获得性方面，它可能破坏电网稳定运行，威胁能源正常生产，阻碍清洁能源开发利用。在未来气候变化情况下，中国水力发电易损性程度日益增大，且集中在水力发电大省和西南贫困地区。通过比较极端气候事件对中日两国的影响程度，我们发现：在由极端气候事件引发的同等程度电力中断条件下，中国社会经济的负面影响大于日本。中国的国内生产总值和就业水平的下降幅度是日本的 2～3 倍，而居民福利水平下降幅度是日本的 3～5 倍。其中，结构性因素是造成中日社会经济易损性差异的主要原因。另一方面，应对气候变化政策将对消除能源贫困产生积极作用；碳排放交易政策改善电源结构；排污税和碳税等财税政策提升清洁能源发电比例；阶梯电价政策促进能源公平利用；进出口贸易政策和绿色信贷等金融政策改善居民能源消费结构。

（9）总结了消除能源贫困的政策和行动。世界各国政府对能源贫困都比较重视，采取了一系列有针对性的政策和行动。但由于国情不同，所处的发展阶段有异，不同国家应对能源贫困的政策和手段也不尽相同。

中国在消除能源贫困方面做出了重大努力，并取得了举世瞩目的成就。预计到 2015 年，中国将全面解决无电人口用电问题。电网基础设施建设和分布式发电装置互为延伸，保障了绝大多数用电不便地区的商品能源供应。各地区因地制宜，探索适合本地区条件的能源开发措施。天然气、沼气、太阳能和风能等清洁能源覆盖率大幅上升，居民用能的清洁性、便捷性和可获得性逐步提高。梳理中国和世界其他国家在应对能源贫困方面的政策和措施，可以更理性地评判中国消除能源贫困政策的合理性与科学性，并为中国政府未来消除能源贫困的政策制定提供参考和借鉴。

能源贫困制约经济发展、危害居民健康、阻碍民生改善。中国正处在迅速发展的转型阶段，不但面临发展中国家的能源贫困问题，也出现了发达国家存在的能源贫困特征。因此，政府决策部门和全社会应该高度重视，切实采取有效措施努力缓解并最终消除能源贫困。

改革开放以来，中国的居民生活水平有了大幅提升，贫困人口的绝对数量和占总人口比重都有明显下降，能源贫困问题已经得到了很大程度的缓解，主要体现在电力服务基本普及和能源贫困水平持续下降等方面。但我国目前还面临着经济社会发展不平衡、城乡差异大、用能结构仍以煤为主，且技术相对落后、能源利用引发的环境健康问题日益突出、气候变化的不利影响和风险正不断释放等不利局面，因此，能源贫困问题仍将持续存在。

展望未来，为了进一步消除能源贫困，中国政府通过制定西部大开发、东北振兴、中部崛起、东部率先等区域发展战略以及新型城镇化和农业现代化规划，更加注重区域和城乡经济的协调发展；大力发展可再生和清洁能源，因地制宜地减缓能源贫困；同时加快产业结构调整，在能源领域加大对技术改造的支持，并适当引进高新技术和适合中国能源发展，尤其是促进农村地区发展的新技术、新手段，千方百计地降低能源贫困水平，推动生态文明建设，努力实现中国梦。

Preface

In response to the challenges that long posed by energy poverty, a myriad of international organizations, such as the United Nations, the World Bank, the World Health Organization, are in the process of legislating policies and plans. China, as the largest developing country, is being challenged with more complicated and severer energy poverty problems.

Energy consumption, energy structure and energy capacity are three key indicators of energy poverty measurements, which mirror the economic development, resident health and social equity of a specific country or region. Significant difference has long existed among various countries and regions. Most developing countries have a serious problem that their energy consumption per capita is far below the level in developed countries, yet it does not mean energy poverty has been eliminated in rich areas. Overall, the essential characteristics of energy poverty in those countries are embodied in the following three aspects: 1) lower energy consumption; 2) inferior energy structure; 3) weaker energy capacity.

Energy poverty has considerable, even irreversible consequence on resident health. Over one third of the global population mainly relies on solid fuels, such as coal and firewood, and one fifth has no access to electrical services. Besides, inefficient use of traditional biomass results in serious waste of resources. In 2010, more than one million people died of indoor air pollution caused by combustion of solid fuels; this accounts for 12.5% of the total premature deaths.

Human society could hardly proceed without energy, yet a series of problems caused by energy poverty constrain the development, affect the social equity and aggravate the environmental pressure. China has presented itself by structural and regional differences in energy production and consumption. It is of great significance to alleviate, even eradicate energy poverty for a sustainable development in the long run.

China Energy Report (2014): *Energy Poverty*, as the fifth volume of our *China Energy Report* series, is a new achievement of CEEP-BIT on the basis of our efforts that have been long devoted to the poverty-related research. We hope this report serves to call more attention of academy and authorities on energy poverty, and provide policy support and decision basis for the government to ultimately eliminate energy poverty. Under the analytical framework of energy economics, this report discusses crucial perspectives of energy poverty and concludes as follows:

(1) The latest advances on global and China's energy development are summarized.

By comprehensive analysis, it can be concluded that: a) The world and China's economy is recovering and uncertainties in international energy market are decreasing; b) The global energy pattern is changing profoundly, and American takes the substantial steps in seeking energy independence; c) China is challenged with energy saving and carbon reduction either by total amount control or intensity control; d) China is taking great efforts in tackling the increasingly worse air pollution. Furthermore, the world's energy poverty presents: a) Developing countries have a low level of electricity service, which adds more difficulties to addressing the global poverty; b) Household energy in developing countries relies on traditional biomass causing prominent environment and health problems; c) Proportions of household energy expenditure of residents with energy poverty in developed countries are high, making the social equity biased.

(2) Proper measurement and assessment methods for China have been proposed. According to the state quo of China's economic and social development as well as the energy supply-demand relationship, along with relevant internationally recognized research, energy poverty in this report is defined as: "inaccessibility to modern energy services, especially to those abundant, affordable, high-quality, environmentally friendly energy services." Our research results discover: a) Differences of household energy use in urban and rural areas are significant and the energy poverty in rural is prominent; b) Geographical differences in rural household energy use are obvious and the energy consumption is dominated by solid fuel; c) Rural energy facilities are inefficiently used, while clean cooking utensils is outdated; d) Household energy prices are increasing and the proportions of household energy expenditure in urban and rural differ.

(3) Energy poverty status in various areas of China has been assessed. Regional comprehensive assessment framework of energy poverty in China is constituted of 11 second-class indicators and 26 third-class indicators by 4 categories. The assessment results indicate: a) Overall energy poverty presents itself in a downward trend; b) Energy service availability has been improved; c) There is no strong tendency towards a cleaner energy consumption structure; d) Energy management system is not complete; e) Affordability and high-efficiency in household energy use have been improved. Meanwhile, China's regional energy poverty presents: a) Energy poverty in middle reaches of Yellow River and Yangtze River are the most significant by comprehensive assessment; b) Energy service availability of the middle reaches of Yangtze River is weak; c) Middle reaches of Yellow River has not performed well in using clean energy; d) Energy management system of the eastern coastal and northwestern regions is not complete; e) The northeastern and southwestern regions have not performed well in achieving affordability and high efficiency of energy use.

(4) Impact of energy poverty on residents' health has been estimated. Similar to economic poverty, energy poverty has certain influences on residents' health. This

report discusses the impact of energy poverty on urban residents' health and finds that: a) Energy poverty still exists in China's urban areas to some degree, which has negative effects on residents' health; b) Solid fuels' combustion, household energy inefficiency and indoor thermal discomfort are three critical factors which might influence residents' health in urban areas; c) It is crucial to improve energy structure and to direct residents' behavior to eliminate energy poverty.

(5) The utilization of solid fuels in rural areas and its impacts on rural people are investigated. Compared to urban areas, China's rural areas are less developed and have a worse situation. According to the survey data of nutrition and health in China, the characteristics of the consumed energy for cooking in rural areas are as follows: a) Rural people mainly rely on solid fuels; b) Household income has great impact on the choice of energy source for cooking; c) Great differences occur in the energy consumption for cooking in different rural areas; d) Diversity of rural energy consumption for cooking has been progressively realized; e) Dependence of rural people on solid fuels is decreasing.

Community health has been affected by solid fuels in rural areas. That is, poison gas and inhalable particles, the primary threats to community health, arise as solid fuels are used in simple cooking stove. Women chiefly in charge of cooking are faced with great harms. Besides, the impacts of solid fuels on human health are also usually determined by many other factors such as sanitation of living condition and personal preference.

(6) The relationship between energy poverty and economic development is analyzed. Energy poverty is closely related to economic development and poverty. This report takes energy poverty and economy as a unit, discusses the impacts of per capita income, education, climatic condition and energy price on energy poverty, and confirms the interactions between energy poverty and economic development.

It is found that: a) There is an interaction between energy poverty and economic development; b) The energy structure in developed countries and areas is becoming cleaner; c) Economic development advances living electricity consumption, and the elasticity of per capita electricity consumption with respect to per capita GDP is 0.95; d) Economic development is helpful for changing resident energy structure, and if other conditions stay as usual, the share of electricity consumption for living increases by 0.0617% as per capita GDP increases by 1%. Due to the positive correlation and casual relationship between energy poverty and economic development, it is the valid way to eradicate energy poverty by keeping fast economic growth and promoting living level.

(7) The relationship between clean energy development and energy poverty is discussed. Energy poverty focuses on the availability of modern energy services, which is actually the imbalance in energy development. The results show that: a) Wind energy

develops fast, which contributes to energy poverty eradication; b) Hydropower is rich, which covers the areas of considerable energy poverty groups; c) Solar energy is diversely used, which can deal with the energy consumption problem for energy poverty population; d) Biomass energy is effectively utilized, which helps in energy poverty eradication in rural areas; e) Nuclear power has large potential, which may be the valid way to eradicate energy poverty.

(8) The relationship between climate change as well as adaptation strategies and energy poverty is studied. Climate change affects energy poverty through availability, that is, it may destroy stable operation of electricity grid, threaten regular energy production, and disturb exploitation of clean energy. According to future climatic scenarios, the vulnerability of China's hydropower keeps growing, especially in the primary hydropower provinces and western poor regions. The impacts of climatic extremes on China and Japan are compared and it is found that the negative effects on China are worse than Japan when the same degree of power failure happens. The reductions in GDP, total output and employment of China are 2～3 times bigger than Japan, and those in resident welfare are 3～5 times. Structure factors cause the differences in socio-economic vulnerability between China and Japan. On the other hand, climate change adaptation policies have positive effects on energy poverty reduction. Emissions trading policy improves the structure of power generation, fiscal taxation policy encourages clean power generation, pricing policy ensures the equity of energy use, and financial and trade policy allows a better energy consumption structure.

(9) The policies and actions for energy poverty reduction are summarized. Governments of all the countries over the world pay attention to energy poverty and have made a series of policies and actions. However, they are different in various countries due to the development stage.

China has made great efforts to reduce energy poverty and the achievements are distinguished. It is predicted that China would realize the overall electricity covering by 2015. Grid infrastructure and distributed generation equipment are developed together to ensure the commercial energy supply for most areas where electricity is inaccessible. Different regions use their own measures to exploit energy according to the actual situation. The coverage rate of clean energy such as natural gas, methane, solar energy and wind energy has been greatly expanded, and residents are able to have an easier access to energy services and lead a cleaner consumption patterns. Understanding policies and measures addressing energy poverty in other countries might help us critically view, and even amend China's efforts.

Energy poverty might restrain economic development, harm human health and hinder well-being improvement. Currently, China is in the transition at a fairly fast pace in which energy poverty characteristics embodied in both the developing and the developed counties are attacking. As a result, policymakers should attach great importance to energy poverty and try to eliminate it.

The Reform and Opening has greatly contributed to improving people's living condition in China. The share of poverty group in total population has decreased and energy poverty has been extensively relieved. However, barriers still occur, like regional imbalance in socio-economic development, the continuing trend that energy structure featured by coal, and also risks in environmental and health detriment induced by climate change. Therefore, energy poverty will be remaining as a big challenge to China in a relatively long period.

China should make regional development strategies and new city planning, aimed at the equal development of regional and urban-rural economy. Clean energy and renewable energy should be promoted in accordance with the local situations. Meanwhile, it is necessary to advance industrial adjustment and support technical reconstruction in energy field. Besides, the advanced and new technologies that are specific to certain sector or area should be appropriately introduced into China. Overall, we are determined to spare every effort to address the energy poverty, construct the ecology civilization, and finally realize our China Dream.

缩写和缩略语

简称	英文名称	中文名称
AGECC	UN Secretary-General's Advisory Group on Energy and Climate Change	联合国秘书长能源和气候咨询小组
ARPH	Annual Review of Public Health	公共健康年度评论
BERR	UK Department for Business, Enterprise & Regulatory Reform	英国商业、企业和监督改革部
BMJ	British Medical Journal	英国医学杂志
CDM	Clean Development Mechanism	清洁发展机制
CO_2	Carbon Dioxide	二氧化碳
DECC	The Department of Energy & Climate Change, UK	英国能源与气候变化司
DEFRA	UK Department of the Environment, Food and Rural Affairs	英国环境食品及农村事务局
EEA	European Environment Agency	欧盟环境署
EHP	Environmental Health Perspectives	环境健康展望
EHS	English Housing Survey	英格兰住房调查
GBD	The Global Burden of Disease	全球疾病负担研究小组
IEA	International Energy Agency	国际能源署
JAMA	Journal of the American Medical Association	美国医学会杂志
LWS	Living in Wales Survey	威尔士住房调查
MME	Ministry of Mines and Energy of Brazil	巴西矿产与能源部
NDRC	National Development and Reform Commission	国家发展和改革委员会
NEA	National Energy Administration	国家能源局
NEJM	New England Journal of Medicine	新英格兰医学杂志
NGO	Non-governmental Organization	非政府组织
NIHCS	Northern Ireland House Condition Survey	北爱尔兰住房情况调查
NO_X	Nitrogen Oxides	氮氧化物
OECD	Organization for Economic Co-operation and Development	经济合作与发展组织
PNAS	Proceedings of the National Academy of Sciences	美国国家科学院院刊
PPP	Purchase Power Parity	购买力平价
REN21	Renewable Energy Policy Network for the 21st Century	21世纪可再生能源政策网络
SHCS	Scottish House Condition Survey	苏格兰住房情况调查
SO_2	Sulfur Dioxide	二氧化硫
UN	United Nations	联合国
WHO	World Health Organization	世界卫生组织

目　　录

Contents

第1章　世界能源发展与能源贫困

能源贫困是联合国、世界银行、世界卫生组织等国际机构高度关注的全球问题，也是我国政府高度重视的发展和扶贫问题。用能水平、用能结构、用能能力等是能源贫困的主要体现，也反映了一个国家或地区的经济发展状况、居民健康保障水平和社会公平程度。在经济全球化和信息化快速推进的今天，全世界仍然有超过1/3人口的生活用能以固体燃料（煤炭和柴草等）为主，有1/5人口无法获得电力服务。据全球疾病负担研究小组（GBD）的数据，固体燃料利用导致的室内空气污染是当前人类第三大死亡致因，2010年全世界约有348万人因此而过早死亡。尽管中国已基本解决了电力普遍服务问题，但固体燃料在居民生活用能中仍然占据较大比例。中国在2010年有104万人过早死于固体燃料导致的室内空气污染，占全部过早死亡人口的12.5%，这与室外大气颗粒污染物造成的过早死亡人数（123万）相当。

延续《中国能源报告》系列的特点，在上述背景下，本章着重回答以下基本问题：

- **世界与中国能源发展有哪些基本特征？**
- **世界能源格局正发生什么样的调整？**
- **世界能源贫困的主要特征是什么？**
- **国际组织应对能源贫困的政策与行动有哪些？**

1.1　世界能源发展概况

1.1.1　能源消费持续增长，各国增速差异较大

世界能源消费与经济活动规模存在较强的正相关关系。如图 1-1 所示，从 1980 年到 2012 年，世界一次能源消费由 66.3 亿吨标准油增加到 124.8 亿吨标准油，年均增长 2.0%；世界生产总值由 26.5 万亿美元［2005 年不变价，购买力平价法（PPP），下同］增长到 73.3 万亿美元，年均增长 3.2%；单位世界总产值能耗由 2.5 吨标准油/万美元下降到 1.7 吨标准油/万美元，累计下降 32.1%；人均能耗由 1.5 吨标准油增长到 1.8 吨标准油，累计增加 18.5%。世界经济每增长 1%，大约带动能源需求增长 0.62%。

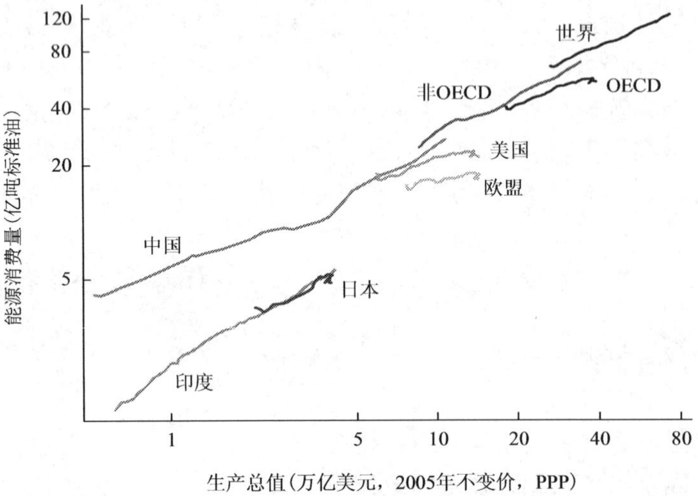

图 1-1　世界和主要经济体生产总值和能源消费量（1980～2012 年）

数据来源：国际能源署和世界银行

处在不同发展阶段的国家能源消费增速差异较大，发展中国家能源消费增速远高于发达国家。如图 1-1 所示，1980～2012 年 OECD 国家能源消费年均增速为 0.9%，非 OECD 国家为 3.3%，美国和日本能源消费年均增速分别为 0.6%和 0.9%，中国和印度分别为 6.1%和 5.5%。一方面，多数 OECD 国家已完成工业化进程，产业结构向低能耗型方向转变；另一方面，主要发展中国家经济增速较高，能源消耗增长迅速，使得发展中国家能源消费占全球的份额显著增加；此外，发展中国家向发达国家出口了大量高载能产品也是重要原因。1980 年非 OECD 国家能源消费 24.9 亿吨标准油，2012 年增加到 69.9 亿吨标准油，占全球能源消费的份额由 37.5%增长到 56.0%。美国能源消费份额由 1980 年的 27.3%减少到 2012 年的 17.7%；中国由 1980 年的 6.3%增长到 2012 年的 21.9%，于 2010 年超过美国，成为全球能源消费最多的国家。

1.1.2　化石能源占主要地位，清洁能源发展迅速

从世界一次能源消费结构来看，在全球能源总消费中，化石能源仍居最主要地位。2012年石油消费量为41.3亿吨标准油，占总能源消费的33.1%；煤消费量为37.3亿吨标准油，占29.9%；天然气消费量为29.9亿吨标准油，占23.9%；水电、核能及其他可再生能源共占13.1%，如图1-2所示。不同国家因为其资源禀赋、地理位置、发展阶段等差异具有不同的能源消费结构。美国、日本以石油消费为主；中国、印度以煤为主，所占比重分别为68.5%和52.9%；挪威、巴西、加拿大水资源较为丰富，水电消费占比分别为67.2%、34.4%和26.2%；法国以核电为主，占比为39.2%（图1-3）。

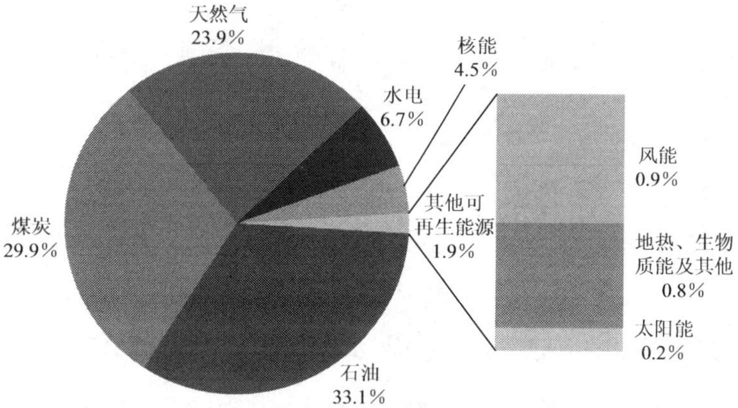

图1-2　世界一次能源消费结构（2012年）

数据来源：国际能源署

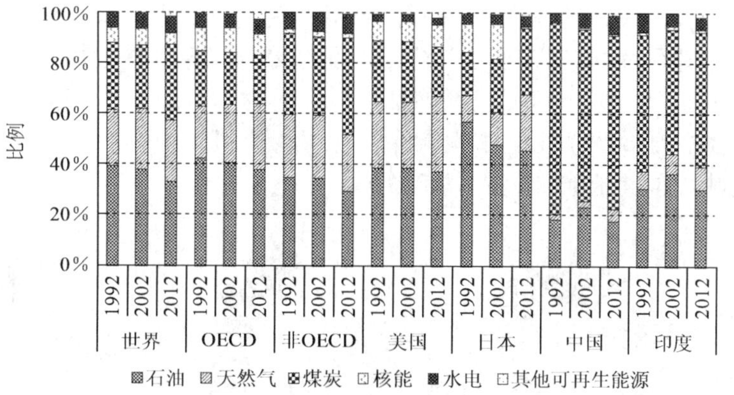

图1-3　世界主要国家和经济体一次能源消费结构（1992、2002和2012年）

数据来源：国际能源署

近年来，化石能源成本持续增长及其开发利用所带来的环境污染和气候变化问题，使得各国大幅增加了对清洁能源的投资，清洁能源产量及消费量持续增加（表1-1）。1992～2012年，除水电外，世界其他可再生能源消费量由0.32亿吨标准油增加到2.37亿吨标准油，年均增速达10.5%，所占能源总消费量的比重由0.39%增加到

1.9%。2000～2012年，世界太阳能光伏发电装机容量由140.2万千瓦增长到10011.5万千瓦，年均增长42.7%；风能发电装机容量由1793.4万千瓦增加到28423.7万千瓦，年均增长25.9%。

表1-1　世界可再生能源发展状况（2010～2012年）

可再生能源发展指标	2010年	2011年	2012年
可再生能源每年新增投资（亿美元）	2270	2790	2440
可再生能源装机容量（不含水电，吉瓦）	315	395	480
生物质能发电量（千瓦时）	313	335	350
水电装机容量（吉瓦）	935	960	990
风能装机容量（吉瓦）	198	238	283
太阳能光伏装机容量（吉瓦）	40	71	100
集中式太阳能发电（吉瓦）	1.1	1.6	2.5
太阳能热水器容量（吉瓦）	195	223	255
生物乙醇每年产量（亿升）	850	842	831
生物柴油每年产量（亿升）	185	224	225

数据来源：REN21。

1.1.3　化石能源储量丰富，区域分布不均

世界原油探明储量呈平稳上升趋势。根据英国石油公司（BP，2013）统计数据，1992年年末全球原油探明储量为1468亿吨，2002年年末增加到1867亿吨，2012年年末达到2357亿吨，20年间增加了889亿吨，增长了60.6%，年均增速为2.4%，如图1-4所示。从地区结构来看，石油资源分布不平衡。中东地区石油储量丰富，2012年年末石油探明储量约为1093亿吨，占世界比重为48.4%；其次是中南美地区，储量约为509亿吨，占比19.7%；亚太地区储量最少，约为55亿吨，占比2.5%。从具体国家看，委内瑞拉在2010年超过沙特阿拉伯成为世界上最大的石油储量国，2012年探明储量为465亿吨，占世界总储量的17.8%。

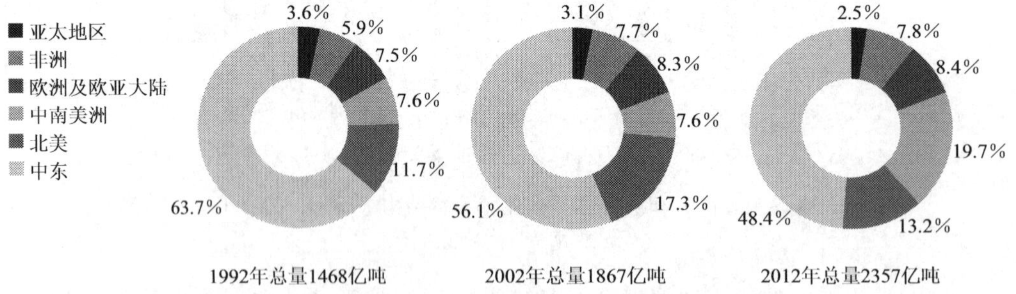

图1-4　世界主要地区石油探明储量变化及分布（1992、2002和2012年年末）
数据来源：BP石油公司

天然气是相对清洁的化石能源，探明储量近20年呈现较为迅速的增长趋势。由

图 1-5 可知，1992 年年末全球天然气探明储量为 117.6 万亿立方米，2002 年年末增加到 154.9 万亿立方米，2012 年年末达 187.3 万亿立方米，增量达 69.7 万亿立方米，相较于 1992 年增长了 59.2%，年均增速为 2.4%。全球天然气的区域分布更加不均衡。中东和欧洲及欧亚大陆储量丰富，2012 年年末探明储量分别为 80.5 万亿立方米和 58.4 万亿立方米，总共占全球天然气探明储量的 74.2%。从具体国家看，伊朗为第一大天然气资源储量国，2012 年年末探明储量为 33.6 万亿立方米，占比 18.0%；其次是俄罗斯，储量为 32.9 万亿立方米，占比 17.6%；第三是卡塔尔，储量为 25.1 万亿立方米，占比 13.4%。

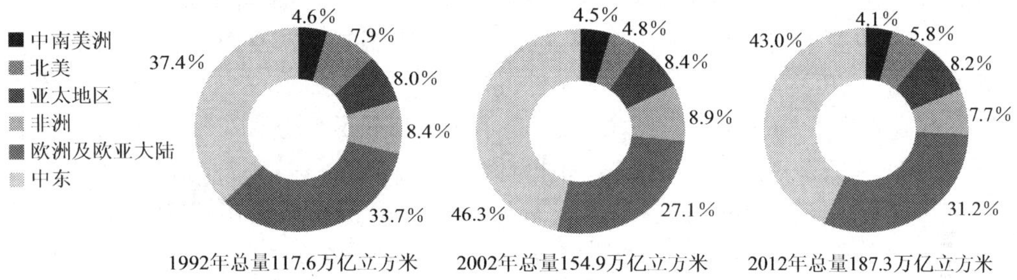

图 1-5　世界主要地区天然气探明储量变化及分布（1992、2002 和 2012 年年末）
数据来源：BP 石油公司

自 1992 年至今，世界煤炭探明储量呈小幅下降。如图 1-6 所示，1992 年年末世界煤炭探明储量为 9817.8 亿吨，2002 年略有增加，约为 9844.5 亿吨，到 2012 年年末，出现小幅下降，约为 8609.4 亿吨。煤炭是化石燃料中储采比最高的燃料，2012 年年末储采比为 109 年。世界煤炭资源主要集中于欧洲、亚太和北美三个地区，分布也不均衡。2012 年年末，欧洲及欧亚大陆煤炭探明储量约为 3046.0 亿吨，占比 35.4%；亚太地区储量约为 2658.4 亿吨，占比 30.9%；北美地区储量约为 2450.9 亿吨，占比 28.5%；其余地区储量总和约为 454.0 亿吨，占比 5.2%。从具体国家看，美国煤炭探明储量最高，2012 年年末约为 2373.0 亿吨，占全球储量比重为 27.6%；其次是俄罗斯，储量约为 1570.1 亿吨，占比 18.2%；煤炭第三大储量国为中国，约为 1145.0 亿吨，占比 13.3%。

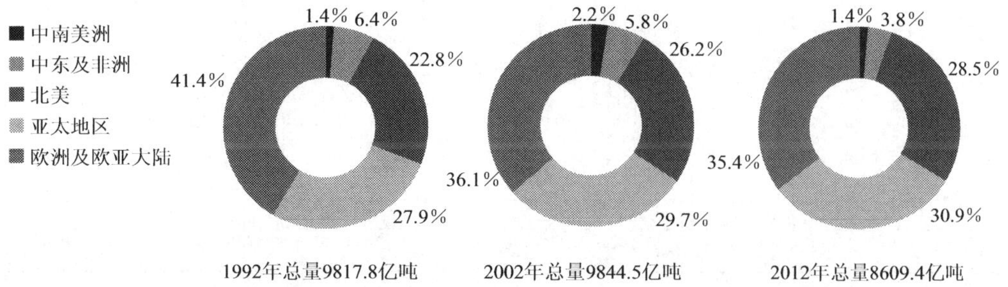

图 1-6　世界主要地区煤炭探明储量变化及分布（1992、2002 和 2012 年年末）
数据来源：BP 石油公司

1.1.4 能源贸易以石油为主，天然气贸易增长迅速

2012年全球石油贸易量达27.3亿吨，其中原油贸易量为19.3亿吨，成品油贸易量为8.0亿吨。美国是世界上最大的石油净进口国，2012年石油净进口量为3.96亿吨标准油，占全球石油贸易总量的14.5%，其石油进口主要来源于加拿大（27.9%）、中东（20.6%）和中南美洲（18.7%）。中国2012年石油净进口量为3.27万吨标准油，排名第二，占全球贸易量的12.0%，石油进口主要来源于中东（40.8%）、原苏联地区（16.8%）和西非（14.6%）。日本排名第三，2012年净进口量为2.24万吨标准油，占世界贸易量的8.2%，其中75%的进口量来自于中东，12.1%来自于其他亚太地区。

2012年全球天然气贸易量达10334亿立方米，占天然气消费总量的31.2%，其中管道天然气贸易7055亿立方米，液化天然气（LNG）贸易3279亿立方米。日本、德国及意大利是三大天然气净进口国家，2012年净进口量分别达1220、700和680亿立方米（表1-2）。管道天然气的三大出口国为俄罗斯、挪威和加拿大，2012年这三国管道天然气出口量分别为1859、1066和838亿立方米，占全球总出口量的53.4%。德国、美国和意大利是世界三大管道天然气进口国，进口量分别为868、838和597亿立方米，占世界总进口量的32.7%。卡特尔、印度尼西亚以及特立尼达和多巴哥是世界三大LNG出口国，出口量分别为1054、250和191亿立方米，约占世界LNG总出口的45.6%。日本、韩国和西班牙是三个主要的LNG进口国家，进口量分别达1188、497和214亿立方米，占比约达57.9%。

表1-2　世界十大天然气生产、净进口和净出口国家（2012年）

国家	产量（亿立方米）	比重（%）	国家	净出口量（亿立方米）	国家	净进口量（亿立方米）
美国	6810	19.8	俄罗斯	1850	日本	1220
俄罗斯	6560	19.1	卡特尔	1200	德国	700
卡特尔	1600	4.7	挪威	1090	意大利	680
伊朗	1580	4.6	加拿大	570	韩国	480
加拿大	1570	4.6	阿尔及利亚	480	土耳其	450
挪威	1150	3.3	土库曼斯坦	370	美国	430
中国	1070	3.1	印度尼西亚	370	法国	430
沙特	950	2.8	荷兰	340	英国	370
荷兰	800	2.3	尼日利亚	270	中国	360
印尼	770	2.2	马来西亚	210	乌克兰	320
其他	11490	33.5	其他	1540	其他	2830
世界	34350	100.0	世界	8290	世界	8270

注：净进口和净出口天然气包括管道运输天然气和LNG；数据来源：国际能源署。

世界煤炭贸易以锅炉用煤和焦煤为主。据IEA（2013）数据，1992～2012年世界锅炉用煤贸易量由3亿吨增加到8.4亿吨，年均增长5.2%；全球焦煤贸易量由1.7亿

吨增加到2.8亿吨，年均增长2.7%。无烟煤和次烟煤的贸易量呈快速增长。1992～2012年世界无烟煤贸易量由336.1万吨增加到5054.1万吨，年均增长14.5%；次烟煤贸易量由228.6万吨增加到10241.5万吨，年均增长20.9%。印度尼西亚、澳大利亚和美国是世界三大煤炭出口大国，2012年净出口量分别为3.8、3.0和1.1亿吨。中国、日本和印度是世界三大煤炭净进口国，2012年净进口量分别达2.8、1.8和1.6亿吨。

1.1.5　能源贫困广泛存在，发展中国家尤为突出

世界各国人均用能水平不均衡，用能结构差异较大。发达国家和石油出口国的年人均用能量基本处在3～10吨标准油水平。大多数发展中国家的人均用能量远低于发达国家水平，美国的年人均用能量是世界人均水平的4倍多。在同一国家的不同社会群体间，能源需求也极不平衡。在广大发展中国家和地区，能源贫困问题依然相当严重。当前，世界能源贫困问题突出表现在三个方面：一是用能水平较低，人均生活用能量远低于发达国家水平；二是用能结构较差，无法获得以电力为代表的清洁能源服务，煤炭和传统固体生物质能使用比较广泛；三是用能能力较弱，难以支付得起相对昂贵的现代清洁商品能源。能源贫困会在健康和教育等方面导致诸多不良后果，而且这些后果通常是深远的、甚至是不可逆转的。如果广大农村居民无法获得电力服务，一方面，其基本的照明和电器服务将得不到满足，进一步也无法为学生提供良好的学校教育和家庭条件，另一方面，电力的不可获使得医疗设备无法正常运转，影响了基本医疗服务的可获性。大量使用煤炭和柴草等传统固体能源将导致严重的室内空气污染，引起呼吸道疾病，尤其是对产妇和新生幼儿的健康存在威胁。在获取传统生物质能的过程中，劳动强度大、劳动时间多，而且往往是由儿童或妇女来承担，这同时影响健康和人力资本水平。另外，传统生物质能的利用效率相当低下，造成大量资源浪费（魏一鸣等，2013）。

据IEA（2013）的更新数据（表1-3），2011年全球有26.4亿人口的生活用能仍然以传统生物质能为主，有12.6亿人口无法获得电力服务。据全球疾病负担研究小组（GBD）在*The Lancet*发布的更新数据，固体燃料利用导致的室内空气污染是人类第三大死亡致因，2010年全世界有348万人因此过早死亡（Lim et al.，2012）。IEA认为，按照目前的政策情景，能源贫困问题并未得到有效解决，到2030年全球仍然有25.2亿人口的生活用能以传统生物质能为主，有9.7亿人口无法获得电力服务。

表1-3　缺乏现代能源服务的人口（2011年）

分类	无电人口		以传统生物质能作为主要炊事燃料的人口	
	数量（百万）	比重（%）	数量（百万）	比重（%）
发展中国家	1257	23	2642	49
非洲	600	57	696	67
撒哈拉以南非洲	599	68	695	79
尼日利亚	84	52	122	75
南非	8	15	6	13

续表

分类	无电人口		以传统生物质能作为主要炊事燃料的人口	
	数量（百万）	比重（%）	数量（百万）	比重（%）
北部非洲	1	1	1	1
发展中的亚洲	615	17	1869	51
印度	306	25	818	66
巴基斯坦	55	31	112	63
印尼	66	27	103	42
中国	3	0	446	33
拉美	24	5	68	15
巴西	1	1	12	6
中东	19	9	9	4
世界	1258	18	2642	38

数据来源：国际能源署。

1.2 中国能源发展的基本特征

1.2.1 能源供需增长较快，对外依存度持续上升

中国经济发展迅速，带动能源消费总量快速增长。2013年中国国内生产总值达56.9万亿元，同比增长7.7%；能源消费总量37.5亿吨标准煤，增长约3.7%。据我们测算，2013年全国煤炭消费量约为36.1亿吨，同比增长2.6%；石油表观消费量为4.98亿吨，增长1.7%，增速较2012年下降2.8个百分点；天然气表观消费量达到1676亿立方米，增长13.9%，占一次能源消费的比重较上年的5.4%上升至5.9%。2013年全国电力消费5.3万亿千瓦时，增长7.5%。其中，第一产业用电量0.10万亿千瓦时，增长0.7%；第二产业用电量3.91万亿千瓦时，增长7.0%；第三产业用电量0.62万亿千瓦时，增长10.3%；城乡居民生活用电量0.68万亿千瓦时，增长9.2%。从能源消费结构来看，中国受到资源禀赋制约，以煤炭消费为主，但其所占比重呈不断下降趋势。1978年煤炭消费占一次能源消费总量的70.7%，到2012年，比重降低为66.6%，如图1-7所示。

能源供应平稳增长，天然气等清洁能源增速较高。2013年，中国一次能源生产量约为34.0亿吨标准煤，同比增长2.4%。原油产量稳步增长，达到2.1亿吨，同比增长2.1%；原煤产量约为37亿吨，增长约1%；常规天然气产量约为1170亿立方米，增长8.6%，非常规气中页岩气为2亿立方米，煤层气为30亿立方米；发电量为5.35万亿千瓦时，增长7.5%，其中水电为8960亿千瓦时，增长5%，风电发电量为1400亿千瓦时，增长36.4%，核电发电量为1120亿千瓦时，增长14%。1994～2013年中国能源产量如图1-8所示。

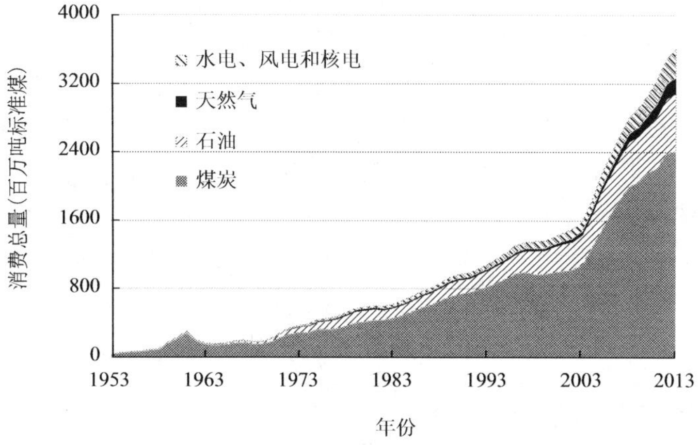

图1-7 中国能源消费总量及消费结构（1953～2013年）

数据来源：国家统计局，国家能源局及作者计算

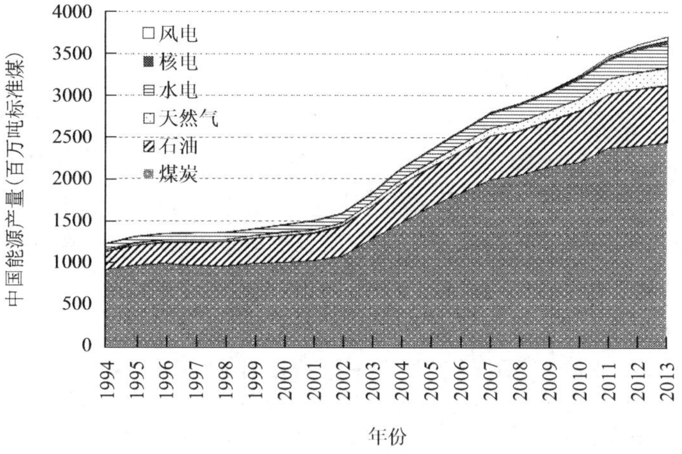

图1-8 中国能源产量（1994～2013年）

数据来源：国家统计局和国家能源局

能源对外依存度持续上升。2013年我国能源产量有较大的增幅，但同时能源进口量也较高，约达7亿吨标准煤，对外依存度有明显上升。2013年原油进口量达28195万吨，出口约为162万吨，进口依存度达57.39%，较2012年的56.42%增加近1个百分点。煤炭进口3.27亿吨，出口750万吨，净进口3.2亿吨，同比增长14.4%，对外依存度为8.13%，较2012年增加1个百分点。2013年我国进口常规天然气515亿立方米，出口24亿立方米，对外依存度为30.5%，相较于2012年增加5个百分点。LNG储运设施的建成及多条天然气运输路线的投入使用是天然气进口量大幅增加的主要原因。西气东输二线投产三年累计输气量突破700亿立方米，2013年中缅天然气管线、新疆广汇中哈天然气管线也都实现供气，预计我国未来天然气进口规模将继续扩大。

电源结构呈清洁化趋势，电力普遍服务水平不断提高。据国家能源局（2014）数据，截至2013年年底，全国发电装机容量达到12.47亿千瓦，同比增长9.3%。其中，水电装机 2.8 亿千瓦，年发电量为 8960 亿千瓦时，居世界第一位；火电 8.6 亿千瓦，同比增长 5.7%；并网风电 7548 万千瓦，保持第一风电大国地位；并网太阳能发电装机容量 1479 万千瓦，增长 3.4 倍，逐渐形成规模化应用的格局；核电 1461 万千瓦，同比增长 16.2%，见表 1-4。在电力服务水平方面，自 2010 年 9 月新一轮农村电网改造升级工程启动以来，农村供电设施得到了进一步完善。截至 2012 年年底，分布在新疆、四川、青海、甘肃、西藏等地共有 273 万人口没有用上电，2013 年全年共解决了 150 万无电人口通电问题，并预计在 2015 年年底全面解决无电人口用电问题。

表 1-4　中国发电装机容量（2013 年）

装机容量	全国	水电	火电	核电	风电	太阳能
年末发电装机容量（万千瓦）	124700	27883	85567	1461	7548	1479
当年新增装机容量（万千瓦）	9400	2993	3650	221	1406	1130

数据来源：国家能源局。

碳排放增长不容忽视，减排压力较大。2011 年全国二氧化碳排放达 79.5 亿吨，同比增长 9.7%，高于过去十年年均增速 8.2%。从排放源来看，2011 年总碳排放中，有 82.9%来自于煤炭，13.9%来自于石油，3.0%来自于天然气。从排放部门来看，50%的碳排放来自于电力部门，31.3%来自于制造业，7.8%来自于交通部门。2013 年我国万元 GDP 能耗较 2012 年下降了 3.7%。当前我国采取了一系列的措施来减少化石能源消费，以减少二氧化碳排放。2013 年我国关停小火电机组 447 万千瓦，淘汰落后煤矿 1874 处，产能约 2 亿吨。纯电动、插电式混合动力等新能源汽车的推广和普及有助于交通部门节能减排，2013 年我国新能源汽车销售增速达到 40%，销量突破 1.7 万辆。

1.2.2　能源工业体系相对完整，产供需流图与发达国家显著不同

中国在能源资源结构、生产结构、消费结构以及部门能源消费结构方面与发达国家有较大差别。这些差异，一方面是由于中国本身的能源禀赋造成的，另一方面是由于中国所处的发展阶段造成的。此外，中国的能源生产和消费又有很强的结构性和区域性。图 1-9 是依据《中国能源统计年鉴 2013》中的中国能源平衡表（标准量）绘制的 2012 年中国能源流简图。该图从煤炭、石油、天然气、电力等能源的生产开始，经过加工转换，最终流向工业、交通、居民及其他部门的终端消费，并涵盖能源的进出口、存量增减等内容。图中线条的粗细，严格按照数值比例设定，所以该图能直观地反映中国各种能源的生产、消费、进出口，以及各部门对每种能源的使用情况。2012 年中国能源供给总量达到 358042 万吨标准煤，比 2011 年增长 3.5%；一次能源生产总量为 310995 万吨标准煤，比 2011 年增长 3.4%；能源对外依存度达到 18.3%。原煤、原油、天然气、水电、核电、风电生产量分别为 364500 万吨、20748 万吨、1072 亿立方米、8721 亿千瓦时、974 亿千瓦时、960 亿千瓦时。按产量计，2012 年中国煤炭和水电排名世界第一，原油第四，天然气第七，核电第九；煤炭产量占世界总产量 45.3%。原煤、原

油、管道天然气及液化天然气进口量分别为 28834 万吨、27103 万吨、218 亿立方米及 1468 万吨。2012 年中国为世界第一大煤炭净进口国、第二大原油净进口国和第九大天然气净进口国。

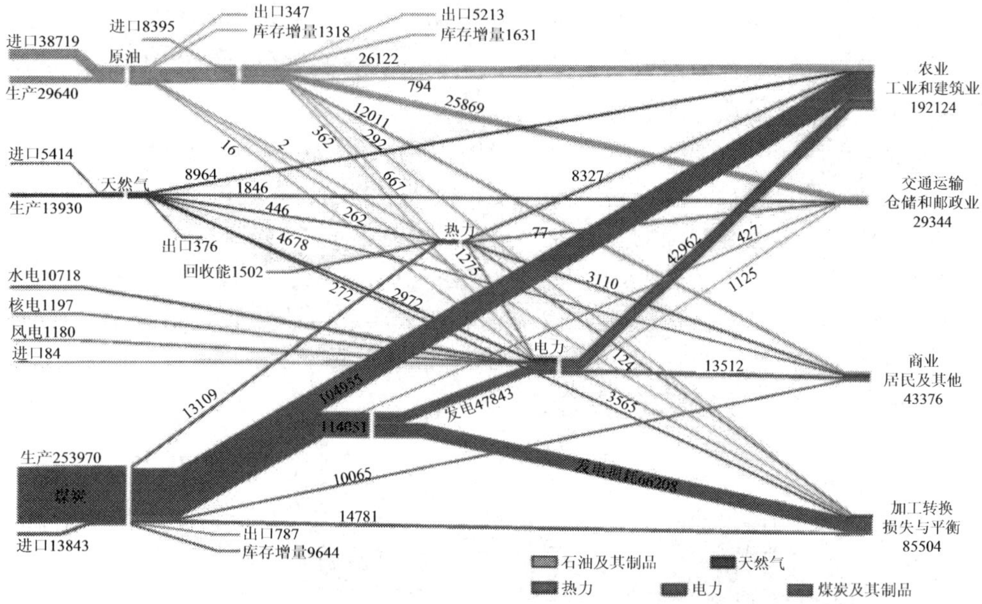

图 1-9　中国能源流简图（2012 年）

按电热当量法绘制；进口量中包括我国轮船、飞机在国外加油量，出口量中包括外国轮船、飞机在我国加油量；天然气包括液化天然气；单位为万吨标准煤

2012 年中国能源终端消费量合计 255323 万吨标准煤，加工转换损失 21161 万吨标准煤，能源加工转换总效率为 72.4%。终端能源消费中工业、交通仓储和邮电业、居民消费分别占 67.5%、11.5%、10.9%。城镇和农村居民能源消费分别占终端消费总量的 6.7%和 4.2%。在 OECD 国家中，终端能源消费中工业消费占 22.9%，居民消费占 34.8%。

1.2.3　煤炭供需逆向分布，大规模长距离调运突出

中国已经成为世界第一大煤炭生产和第一大煤炭净进口国。2012 年原煤产量为 364500 万吨，净进口量为 27914 万吨，可供国内消费的煤炭量为 380033 万吨。265591 万吨煤炭用于加工转换，其中用于火力发电 178531 万吨、供热 20251 万吨、洗选煤 11254 万吨、炼焦 54068 万吨、炼油及煤制油 378 万吨、制气 799 万吨和煤制品加工 1367 万吨。洗选煤形成洗精煤 51569 万吨、其他洗煤 13179 万吨、煤矸石 3390 万吨；炼焦效率为 94.6%，形成焦炭 40844 万吨、焦炉煤气 796 亿立方米、其他焦化产品 838 万吨；制气形成焦炭 187 万吨、焦炉煤气 18 亿立方米、其他煤气 140 亿立方米、其他焦化产品 41 万吨；煤制品加工形成型煤 1057 万吨。87056 万吨煤炭用于终端消费，其中用于工业 70123 万吨、商业 2362 万吨、城镇和农村居民消费分别为 1532 万吨和

7621万吨。由于温室效应、雾霾等问题日益严重，煤炭消费向集约化和清洁化发展道路转变。近年，直接用于发电的煤炭比重逐年增加，2012年占煤炭总消费量的50.6%；发电及电站供热效率逐年提高，已达到43.0%。直接用于终端消费的煤炭逐年减少，2012年占煤炭总消费量的24.7%。在OECD国家中，2011年72.4%的煤炭直接用于发电，11.6%的煤炭用于终端消费，直接用于居民消费的煤炭不到1%。与发达国家相比，我国在提高煤炭综合使用效率、促进煤炭向电力等清洁能源转换、降低煤炭在终端消费中的比例等方面仍然存在优化空间。

全国煤炭流区域分布如图1-10所示，图中源地指有煤炭净调出的省份，汇地指有煤炭净调入的省份。煤炭源地主要分布在西北地区，调出规模超过1亿吨的源地有内蒙古、山西、陕西，这也是我国的重要煤炭基地。煤炭汇地主要分布在东部沿海地区，调入规模超过1亿吨的汇地有江苏、山东、河北、湖北、浙江、辽宁、广东。江苏、山东、浙江、辽宁、广东五省煤炭主要用于发电和工业。河北是我国最大的钢铁生产省份，其钢材产量占全国产量的1/4，炼焦用煤需求量较大。

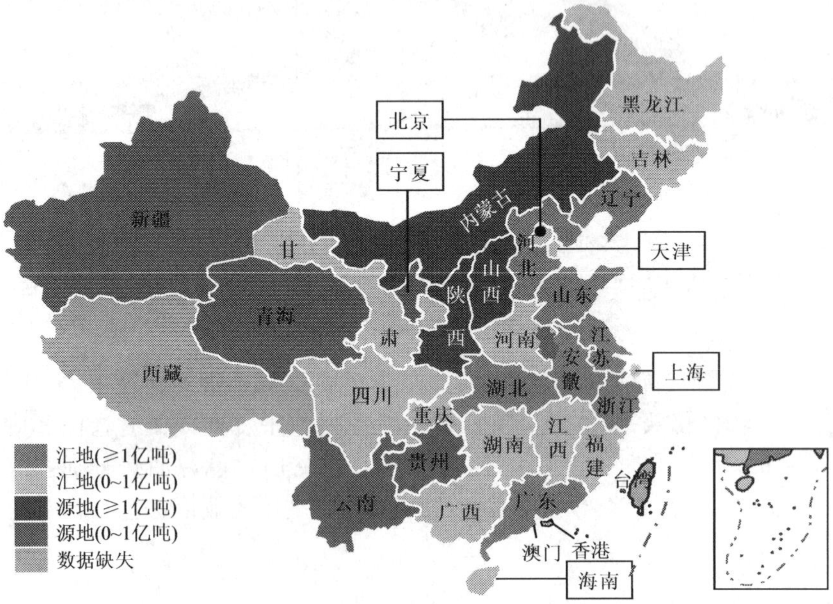

图1-10　中国煤炭区域分布图（2012年）

地图仅为示意，不代表行政区划的精确度量

1.2.4　国内石油产量缺口较大，交通用油增长较快

中国是世界第四大原油生产国。2012年原油产量为20748万吨，石油进口量为33089万吨，石油对外依存度高达61.0%。其中投入炼油的原油达45946万吨，产出汽油8976万吨、煤油2184万吨、柴油17064万吨、燃料油2253万吨、石脑油2966万吨、润滑油222万吨、石蜡147万吨、溶剂油161万吨、石油沥青1619万吨、石油焦1767万吨、液化石油气2269万吨、炼厂干气1567万吨及其他石油制品8510万吨，炼

油效率达到97.0%。投入终端消费的石油量达44954万吨，其中工业消费占33.6%，交通运输消费接近50%（含居民私人交通）。在OECD国家中，工业和交通部门的石油消费分别占终端消费的6.4%、63.4%，与我国石油终端消费结构有较大差异。随着经济增长和居民收入水平提升，我国对石油的需求还会持续增加。

我国石油产地分布不集中，主要产地有黑龙江、天津、陕西、新疆和山东。2012年石油消费量超过4000万吨的省份有广东、辽宁、山东。2012年我国可供消费石油量的超过60%来自进口，总计进口原油27102万吨。表1-5是2012年中国原油进口来源地排名表（仅100万吨以上供应国）。沙特和安哥拉是我国最大原油进口来源地，占我国原油进口总量的34.7%，超过1000万吨的原油进口来源国还有俄罗斯、伊朗、阿曼、伊拉克、委内瑞拉、哈萨克斯坦和科威特。2012年中国原油出口243万吨，其中日本133万吨，朝鲜52万吨。

表1-5　中国原油进口来源地排名表（2012年）　　（单位：万吨）

排名	国家	进口量	排名	国家	进口量
1	沙特	5390	11	利比亚	731
2	安哥拉	4016	12	巴西	607
3	俄罗斯	2433	13	刚果（布）	537
4	伊朗	2201	14	澳大利亚	371
5	阿曼	1957	15	也门	358
6	伊拉克	1568	16	哥伦比亚	291
7	委内瑞拉	1529	17	阿尔及利亚	257
8	哈萨克斯坦	1070	18	北苏丹	251
9	科威特	1049	19	赤道几内亚	200
10	阿联酋	874	20	墨西哥	102

数据来源：WIND数据库。

1.2.5　天然气供需增长快，用气人口大幅增长

由于资源禀赋和历史原因，与发达国家相比，我国天然气消费占能源总消费比例较低，仅5.2%（热当量法），OECD国家天然气消费占比24.8%。2012年我国天然气产量为1072亿立方米，其中煤层气产量为27亿立方米，页岩气开采也在加快步伐。我国煤层气、页岩气储量丰富，目前煤层气、页岩气开采呈基数低、增长快的特点，2013年煤层气和页岩气产量分别超过30亿立方米和2亿立方米。2012年我国管道天然气进口量达218亿立方米，液化天然气进口量达1468万吨（约205.5亿立方米）。229亿立方米天然气用于火力发电，天然气发电占总发电量1.8%，天然气终端消费1174亿立方米，其中工业消费670亿立方米（167亿立方米用作原料），交通消费143亿立方米，居民消费288亿立方米（几乎全为城市居民消费）。天然气是优质清洁的化石能源，“十二五”时期我国将积极推广天然气热电冷联供，全国新增燃气电站3000万千瓦；输配管网和储气设施将进一步完善，新增天然气管道4.4万公里，沿海液化天然气年接收能

力新增5000万吨（约700亿立方米）以上；居民生活用气普及程度继续提升，2015年用气人口达到2.5亿人。天然气消费占能源总消费比重将增加。

全国天然气区域分布如图1-11所示。天然气源地集中在西北地区，汇地集中于沿海地区。主要源地有陕西、内蒙古、新疆、四川，主要汇地有江苏、北京、海南、山东、河南、辽宁。各地天然气消费结构存在较大差异。北京和江苏天然气主要用于发电和工业，另外北京供热和居民天然气使用量也较大。其他省份天然气主要用于工业和居民。

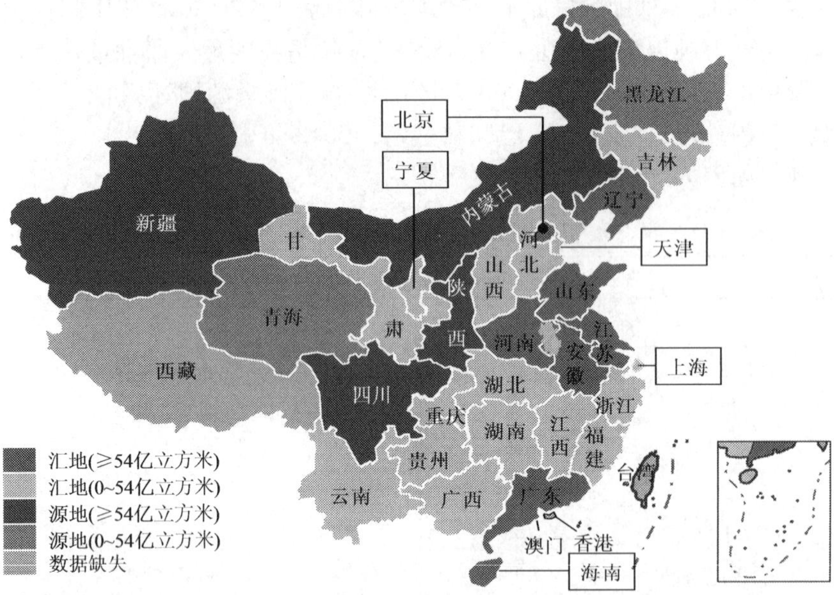

图1-11　中国天然气区域分布图（2011年）

地图仅为示意，不代表行政区划的精确度量

1.2.6　电源结构绿色化转型加快，电力跨区调度量较大

中国是世界第一大电力生产国，占全世界发电总量21.3%；也是第一大水电生产国，占全世界水电总产量19.6%。我国火力发电占总发电量78.2%，水电、核电、风电分别占17.5%、2.0%、1.9%。由于环境问题日益严重，我国电源结构绿色化转型加快。根据能源发展“十二五”规划，我国非化石能源发电量在“十二五”期间将以年均14.3%的速度增长。2012年工业用电33336亿千瓦时，居民用电6219亿千瓦时，商业用电1691亿千瓦时，合计占电力终端使用量88.0%。

全国电力跨区交换情况如图1-12所示。跨区交换电量逐年增加，基本形成了东北及内蒙古煤电、风电送华北，华中水电送南方、华东，西北煤电送华中、华北，华中水电和西北、华北火电互济的交易格局。2011年东北送出电量总计100.8亿千瓦时，其中99.6%流入华北，0.4%出口到朝鲜；华北送出电量总计213.1亿千瓦时，其中74.0%流入华东，26.0%流入华中；西北送出电量总计426.2亿千瓦时，其中60.3%流入华北，39.7%流入华中；华东送出电量总计24.3亿千瓦时，全部流入华中；华中送出电量总计 637.3 亿千瓦时，其中 2.2%流入华北，2.2%流入西北，56.8%流入华东，38.8%流入南方；南方送出电量总计 277.7 亿千瓦时，其中 31.0%流入华北，69.0%出口到越南、缅甸、老挝及我国香港和澳门地区。

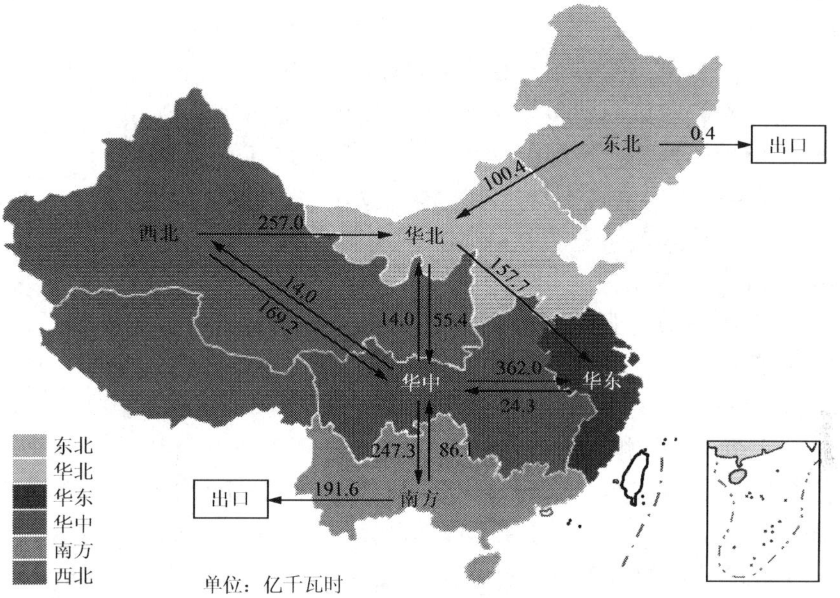

图 1-12　中国电力跨区交换图（2011 年）

1.2.7　能源资源短缺问题尚未解决，现代能源服务体系初步建立

技术变革和现代市场机制的建立使社会生产力得到极大提高，促进了经济飞跃式发展。与此同时，环境污染、生态破坏、人口增长、资源短缺等问题也愈趋严重。伴随着经济高速增长，中国以煤炭为主的能源消费量快速增长。从“十一五”时期开始，中国进一步大力推进节能减排工作，通过强化节能目标、调整产业结构、实施节能减排重点工程等措施，节能减排工作取得了积极进展。目前，中国经济发展仍难以摆脱对能源和资源的高度依赖，能源资源短缺问题仍然严峻。中国淡水、耕地、森林的人均资源量，石油、铁矿石、铜等重要矿产资源的人均可采储量均位于世界人均水平的 50%以下。能源资源瓶颈和能源安全问题成为中国经济发展和社会稳定的主要约束之一。此外，中国“贫油、富煤、少气”的资源禀赋结构特点导致了中国的能源消费以煤为主，相对于石油和天然气，单位热值的煤炭排放出更多污染物，由此带来更多环境污染。而且，大部分自然资源、煤炭主要分布在地理、生态环境恶劣的中西部地区，开采、利用与保护的成本相对较高。因此，中国可持续发展仍然面临着能源资源短缺等问题的严峻挑战。

能源服务是为了满足消费者能源需求的服务。从薪柴到以煤炭、石油为代表的能源服务主体，最后过渡到清洁能源、高效能源、新能源与可再生能源并存的现代能源服务，能源服务方式的发展演变是人类社会发展的基础与保障。目前，中国已经初步形成以传统能源和电力消费为主体，新能源与可再生能源迅速发展，能源利用技术不断创新的现代能源服务体系。

电力作为一种高效率的二次能源和清洁能源，已经广泛融入到人类生活当中，成为现代社会中最主要的能源品种之一。照明、电视、计算机、工业生产活动等，从衣食住行到物质资料的生产都离不开电力。20 世纪 90 年代以来，中国电力消费量持续快速增长，1990～2013 年电力消费量年均增长率高达 9.8%，与经济增速相当。与此同时，随着经济的快速发展，电力逐渐成为中国能源消费的主体。2013 年中国电力消费量占终端能源总消费量的比重达到 23%（按当量值计算）。中国人均电力消费量也在快速增加，1998 年中国人均年用电量为 937 千瓦时，2013 年人均用电量达到了 3917 千瓦时，年均增长率高达 10%。人均电力消费量的增长进一步促进了中国电力行业的发展。如今，中国的电力生产不再仅仅依靠煤炭、石油等传统能源物质，水电、核电、风电等新能源与可再生能源的发展对电力的广泛应用注入了新动力，绿色电力逐渐走进公众视野。电力已经成为中国居民生活中不可或缺的一种高效能源，电力使用载体的广泛、电力消费量的激增、发电形式的多样化，这一切使电力成为了现代能源服务的主体。

传统能源服务当中，煤炭和石油一直占据着能源消费主导地位。特别是由于中国“贫油、富煤、少气”的资源禀赋特点，长期以来中国能源消费以煤炭为主，煤炭消费量占到能源消费总量的 65%以上。相同热值的煤炭比石油和天然气的污染物排放量要高出很多，但在现代能源服务中，技术进步使煤炭的这一缺陷得到了弥补。脱硫、脱硝、除尘、煤气化、煤液化等技术，使煤炭的使用效率与清洁化水平得到大幅提高。目前，中国正努力加大煤炭洗选加工比例，减少煤炭运输和直接燃烧利用，鼓励利用中煤、泥煤和煤矸石发电，积极推进整体煤气化联合循环、超临界大型循环流化床、超超临界发电机组等清洁发电示范工程建设，提高煤炭清洁发电比例。鼓励开发可工程化应用的催化剂系列产品，在世界上率先实现了煤炭直接液化项目的商业化运行（中国电力年鉴编辑委员会，2012）。此外，煤炭利用中有很大一部分转换为电力输送到终端使用设备中，通过热电联产、整体煤气化联合循环等技术，使煤炭这一种传统能源以崭新的面貌出现在现代能源服务当中。

新能源和可再生能源主要是指相对于传统可耗竭的、对环境有较大污染的能源品种，是指水能、核能、太阳能、风力、潮汐能、地热能等能源种类。据统计，单单是太阳光就可以满足全世界 2850 倍的能源需求，风能、生物质能、地热能、水力可分别满足全世界 200 倍、20 倍、5 倍、3 倍的能源需求（维基百科，2011）。在中国，新能源与可再生能源开发日益受到重视。由于其具有污染小、储量大等优点，随着技术的进步，新能源与可再生能源在中国的现代能源服务中将得到越来越多的重视和应用。

技术创新给现代能源服务提供了多样化的应用模式，使现代能源服务逐步向智能化、信息化、清洁化发展，例如，智能电网技术、氢能利用等。这些技术创新驱使现代能源服务越来越多样化，也为进一步解决中国的能源贫困问题提供了技术支撑。

1.3　世界与中国能源发展的新变化和新格局

1.3.1　世界经济企稳向好，国际能源市场不确定性因素减少

2013 年以来，世界经济呈现持续向好的发展趋势，中国经济实现了稳步增长。据世界银行 2014 年 1 月 14 日发布的数据（World Bank，2014），全球经济增速在 2013 年达到 2.4%，2014 年将进一步上升至 3.2%；中国经济在 2013 年增长了 7.7%，并将在 2014 年继续维持该增速（图 1-13）。据国际能源署（IEA）估计，全球石油需求增长了 1.3%，并将在 2014 年维持该增速（图 1-14）。受益于全球经济系统不确定性因素减少，2013 年国际油气价格总体上比较平稳，煤炭价格在前三季度持续下降，之后有较大幅度上扬（图 1-15）。

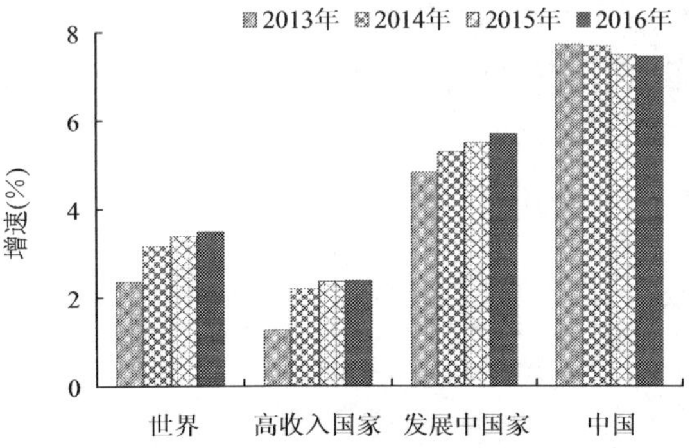

图1-13　主要经济体经济增速预期（2013～2016 年）
数据来源：世界银行

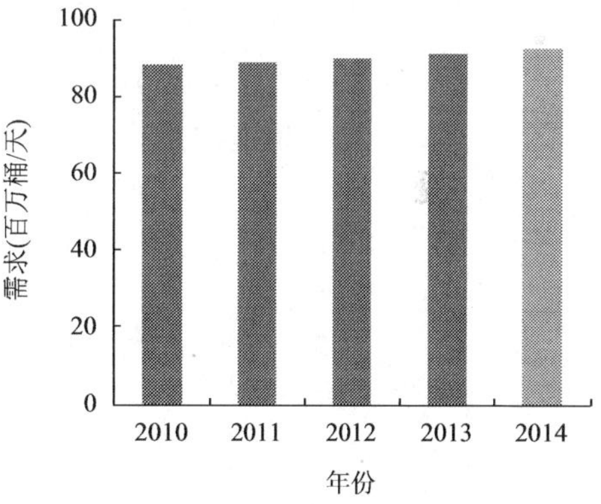

图 1-14　世界石油需求（2010～2014 年）
数据来源：国际能源署

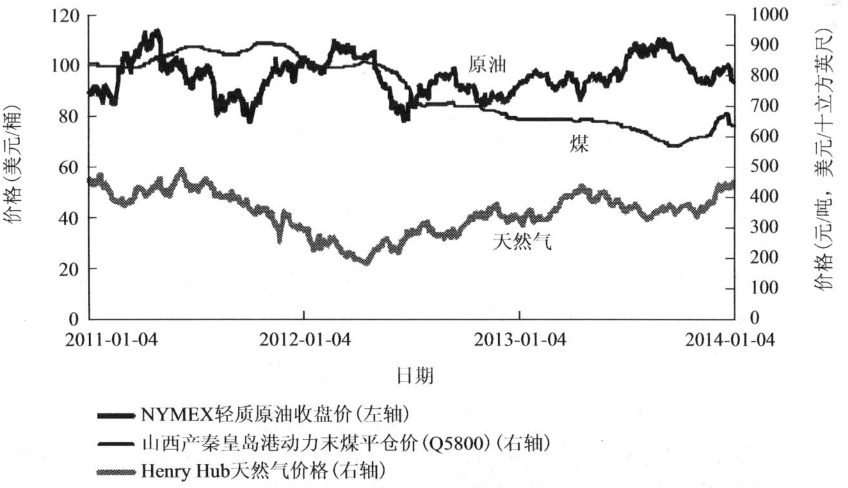

图 1-15　国际能源价格走势（2011～2014 年）

中国经济已进入相对低速的增长区间，但面临的国际风险均有所下降、不确定性因素有所减少，多数市场主体对国内经济系统运行状态和未来政策走向总体上持相对乐观

的预期。这为推进包括能源系统在内的全面改革提供了难得的历史机遇。但另一方面，由于进入了新的发展阶段，以及长期积累的结构性矛盾，经济增速在短期内回归到高位区间几乎无可能，甚至长期也无可能，由此能源需求高增长的可能性也较小。

1.3.2 世界能源格局正发生深刻调整，美国“能源独立”迈出实质性步伐

（1）美国正朝“能源独立”迈出实质性步伐，中东产油国政治稳定性可能减弱。

如图 1-16 所示，得益于以页岩气开发为代表的能源技术变革以及 Bakken 和 Eagle Ford 致密油大规模开发，近年来美国国内油气产量大幅增长，对能源进口形成了强有力的替代。这是自 1973 年美国总统尼克松提出“能源独立”计划以来，首次出现目标实现的迹象。据 IEA（2013）预测，美国有可能在 2035 年实现能源全部自给自足。随着美国国内能源供给保障程度逐步增强，美国对中东产油国的外交政策已开始发生转变。中东地区政局稳定在美国外交政策目标组合中的权重将继续下降。这意味着，原油净进口这一因素对美国推行其全球战略的制约作用将减弱。这有可能增加其他石油进口国的安全，不仅仅是能源安全，甚至包括国家安全。

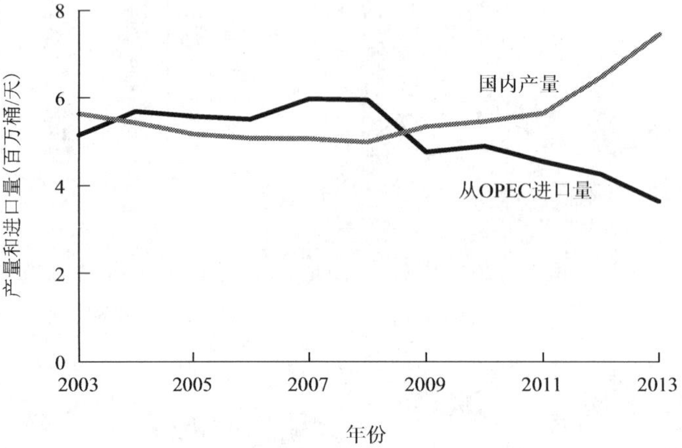

图 1-16 美国国内原油产量和从 OPEC 进口量（2003～2013 年）
数据来源：美国能源信息署

（2）世界能源贸易重心将从大西洋盆地转向亚太地区。

中国可能超过美国成为世界上最大的石油净进口国，天然气对外依存度继续攀升。按月度数据，中国已出现个别月份的原油净进口量超过美国。2014 年 5 月 21 日，中国与俄罗斯签订了一项天然气购销合同。从 2018 年起，俄方通过中俄天然气管道向中国出口天然气，出口量逐年增至 380 亿立方米/年，累计输气 30 年。根据 IEA（2013）预测，中国可能在 2025 年之前成为世界上最大的石油净进口国，印度将成为最大的煤炭进口国，全球能源贸易重心将从大西洋盆地转向亚太地区。

（3）全球气候谈判进入相持阶段，但主要国家均在努力推动国内能源转型。

由于各方分歧较大，持续多年的联合国气候谈判并没有取得令各方满意的突出成效，各方对谈判进程持较为悲观的态度。尽管国际谈判受挫，但主要国家从国内节能和

环保的现实需要出发，均在致力于推动国内能源转型，力求占领新一轮的能源技术变革的制高点。2009 年以来，IEA 国家政府能源研发和推广经费投入比 2008 年以前明显上升，特别是在能源效率和可再生能源领域（图 1-17）。

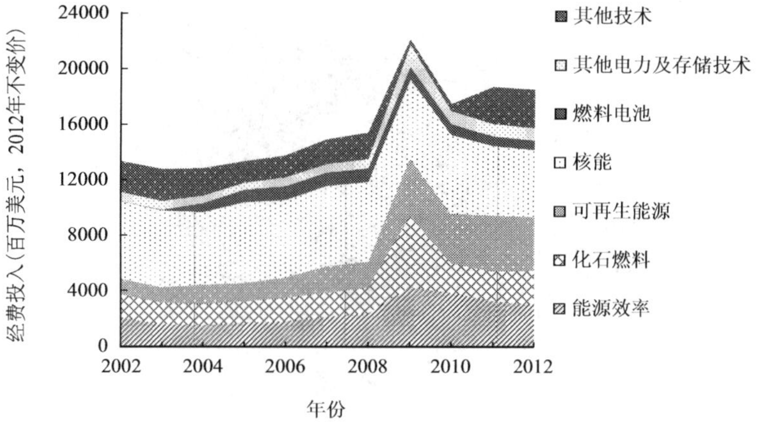

图 1-17　IEA 国家政府能源研发和推广经费投入（2002～2012 年）

数据来源：国际能源署

1.3.3　中国节能减碳难度增大，落实总量和强度双控制目标任务艰巨

国际经验显示，处于工业化进程中的国家，能源弹性相对较高。当经济增速较低时，能源消费增速也较低，这将导致能源强度降幅较小。没有适度较高的经济增速（但不宜过高），就难有较大的能源强度降幅；但经济增速较高，可能导致能源总量增长较快。

“十二五”规划目标明确指出 2015 年能源消费总量控制在 40 亿吨标准煤，用电量控制在 6.15 万亿千瓦时。这意味着今明两年的能耗和用电量年均增速不能超过 3.0%和 7.5%。从目前的经济运行情况来看，基本可以贴着警戒线实现。但如果未来经济增速超过 8.0%/年（能源弹性大于 0.45 区间内），能源总量控制目标实现的可能性很小。

“十二五”规划的强度目标是单位 GDP 能耗下降 16%，这意味着年均下降 3.43%；而前三年的实际情况是年均仅下降 3.0%，这要求未来两年降速超过 4.0%。按照目前的弹性，今明两年的年均经济增速要超过 8.5%才可能实现强度目标，但这样总量控制目标将无法实现。从数学规划的视角来看，经济系统在短期内（五年）的自适应相对较弱，约束条件过多可能导致无可行解。从 2014 年上半年的经济走势和预期来看，今明两年经济增速不会超过 8%，这意味着总量目标基本可以实现，但强度目标基本无法实现。

1.3.4　中国大气污染严重，防治工作受到前所未有的高度重视

近年来中国中东部地区持续出现大范围严重雾霾天气，给居民健康造成了严重影响。尽管雾霾成因复杂、迄今尚无量化的科学定论；但目前的科学共识表明，与化石燃料特别是煤炭利用有很大关系（图 1-18）。2013 年 9 月 12 日，国务院发布了《大气污染防治行动计划》。防治大气污染开始成为节能减碳的重要抓手。

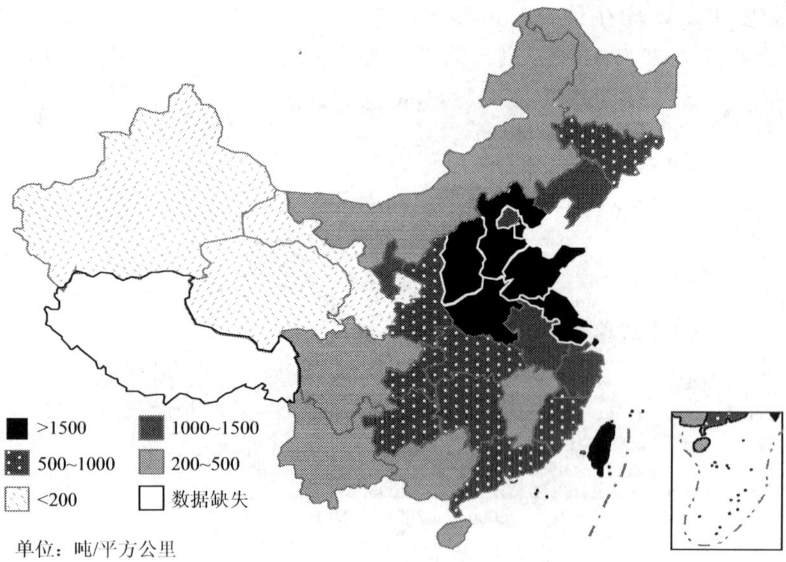

图 1-18 中国各地区单位国土面积煤炭消费量（2012 年）

1.4 能源贫困与世界能源贫困的主要特征

发展中国家能源贫困指居民不易获取和消费现代能源（IEA，2002），关注能源可获取性，主要表现在通电率低和利用较为传统低效的设施消费传统生物质能。发达国家能源贫困指居民因生活能源支出而承受较重的经济负担，关注能源可支付性，主要表现在生活用能支出占比较高。

1.4.1 发展中国家电力普遍服务水平较低，加大全球减贫难度

不可获得电力是发展中国家能源贫困的重要表现之一（IEA，2002）。2011 年全球有 12.6 亿人口无法获取和消费生活电力，其中 99.9%生活在发展中国家，特别是发展中亚洲（48.9%）和非洲（47.7%）。撒哈拉以南的非洲通电率仅为 32%，无电力人口达 7.0 亿（IEA，2013）。目前，发展中国家平均通电率达到 76%，城镇地区平均通电率为 92%，农村仅为 64%（IEA，2012）。图 1-19 反映了 2010 年无电力人口国家分布，印度无电力人口数达 2.9 亿，占世界无电力人口的 24%，超过其他国家（IEA，2012）。图 1-20 反映了无电力人数较多的国家的 2009 年和 2010 年通电率。亚洲发展中国家无电力人口较多，而非洲国家的通电率相对更低，其中乌干达 2010 年 91.5%的人口无电力可用，据世界银行不完全统计，2010 年乌干达通电率亦为全世界最低。尽管无电力人口数最多的印度的全国通电率已于 2010 年达到 75%，但印度区域通电率仍存在较大差距，印度喜马偕尔省通电率达到 97%，而比哈尔地区通电率仅为 16%（IEA，2012）。除尼日利亚、乌干达和菲律宾外，其余 8 个国家的通电率均有不同程度上涨，由于图 1-19 中的 11 个国家人口数量均呈现逐年增长趋势，由此可以认为与其他 8 个国家相比，尼日利亚、乌干达和菲律宾政府及电力行业在推动电力普及方面政策和措施效果不佳。

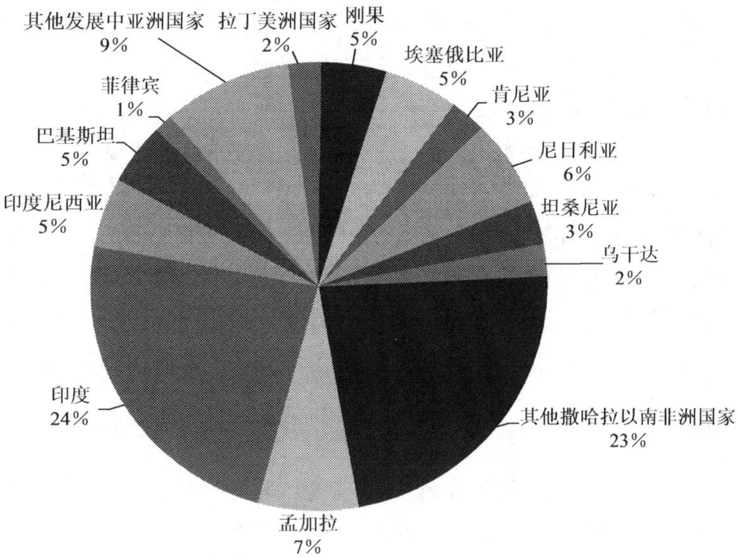

图 1-19　无电力人口国家分布图（2010 年）

数据来源：国际能源署

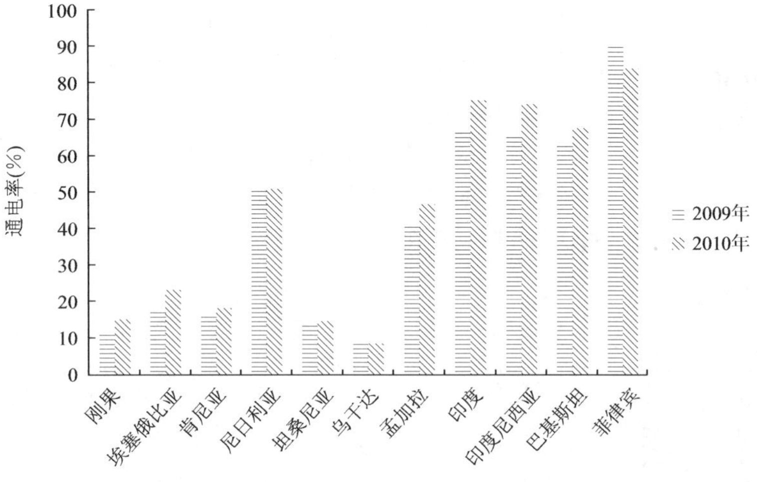

图 1-20　无电力人口聚集国家通电率（2009 和 2010 年）

数据来源：世界银行

据国际能源署预测，若所有国家政府仅实施现有的能源政策，不开展新的专项政策，到 2030 年全球仍有 10 亿人口无法获取生活电力，约占当时世界人口的 12%，其中亚洲发展中国家无电力人口减少约 50%，从 2010 年的 6.3 亿下降至 2030 年的 3.3 亿，中国可在 2020 年实现通电率 100%的目标，而印度尽管无电力人口到 2030 年可下降至 1.5 亿，但仍为全球无电力人口最多的国家；拉丁美洲国家将在 2030 年前消除无电力问题，实现区域内电力全覆盖；撒哈拉以南的非洲地区由于经济基础较差、能源价格较高、政策措施的无效性而导致无电力人口扩张，到 2030 年该地区无电力人口或增加至 6.6 亿，比 2010 年增长 11%；北非地区或在 2020 年实现全部通电。

实现千年发展目标的前提之一是保障能源可获得性（联合国，2014），提高电力普遍服务水平有利于实现消除极端贫困的目标，在农村经济发展和减贫中扮演着重要的角色。首先，对于地区发展而言，电力普及是开展现代农业和大规模工业生产的基础，有利于创造更多就业机会，保障区域经济发展，是消除经济贫困的重要手段（Pereira et al.，2011）。电力供应的缺失减少了地区发展现代经济的机会，缩短了劳动力创造收入的时间，低效且粗放的经济发展方式并不能带来持久的经济收入；其次，缺失电力普遍服务将限制学龄儿童的学习时间和学习质量，不利于培养高教育水平的专门人才，同时，将制约医疗水平的提高，不利于保障劳动力身体健康，而教育程度高和身体健康的劳动力资源是经济发展的重要保障。发展中国家电力普遍服务现状将加大全球减贫目标的实现难度。

1.4.2　发展中国家低效消费传统生物质能，引发环境及健康问题突出

发展中国家能源贫困的另一重要表现为居民使用较为传统、低效的设备消费传统生物质能，如通风效果差、燃烧效率低的三石炉灶、土灶等明火设备，其中家庭能耗设备考察的主要因素有能源种类/效率、总排放、室内排放和安全性（IEA，2012）。2011 年，全球约 26.4 亿人口依赖传统设备燃烧生物质能，约占世界人口的 38%，且 100%生活在发展中国家（IEA，2013）。就国家分布而言，2010 年全球 50%依赖传统设备消费生物质能的人口集中在印度（7.7 亿）、中国（3.9 亿）和孟加拉国（1.5 亿），印度为全球依赖传统设备消费生物质能人口最多的国家。就依赖传统设备消费生物质能人口占本区域总人口的比例而言，68%的非洲居民消费生物质能时使用传统设备，这一比例在亚洲、拉丁美洲和中东地区分别为 51%、14%和 5%，依赖传统设备消费生物质能人口占比最高的国家是乌干达和埃塞俄比亚，两者均为 96%，而这一比例在印度为 66%（IEA，2012），图 1-21 比较了依赖传统设备消费生物质能人口数最多的 10 个国家的绝对水平和相对水平。

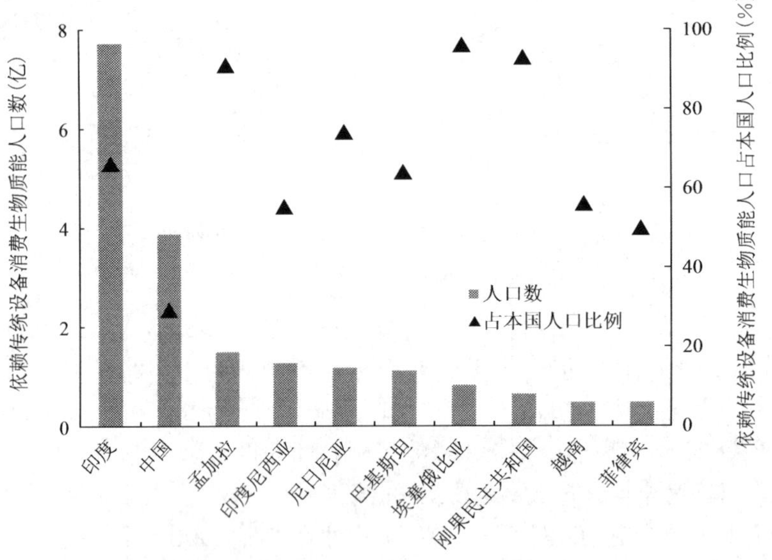

图 1-21　依赖传统设备消费生物质能人口数最多的 10 个国家间比较（2010 年）

数据来源：国际能源署

在仅实施现有的能源经济政策的前提下，到2030年全球无现代炊事设备的人口数将仍保持26亿，约占该年世界人口的30%。其中，中国在清洁炊事设备推广方面成效最为明显，到2030年新增清洁炊事设备消费者可达1.5亿，即仍有2.4亿人利用传统设备消费生物质能。印度利用传统设备消费生物质能人口会有小幅下降，但仍占全国人口的50%。基于撒哈拉沙漠以南非洲地区较为严峻的现状，预测到2030年该地区无现代炊事设备的人口数会增加至8.9亿，上升约25%，但人口占比可由2010年的68%下降至2030年的56%（IEA，2012）。

无电力人口和消费传统生物质能人口存在大量重复，无电力人口需要消费更多的能源满足生活所需，且更依赖传统生物质能。以发展中国家中通电率较低的安哥拉、刚果、埃塞俄比亚、肯尼亚、缅甸、莫桑比克、坦桑尼亚与发展中国家中通电率较高的突尼斯、乌拉圭、巴西、中国为例（图1-22），通电率较低国家中最高通电率为15%，人均生活能源消费200～500千克油当量不等，其中生物质能占比均超过90%，而通电率超过95%的国家的人均生活能源消费100～300千克油当量不等，其中生物质能占比在34%～57%。

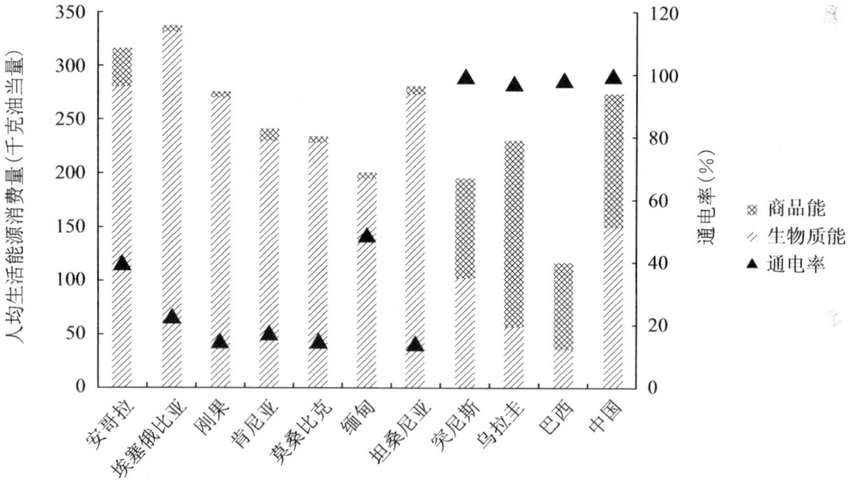

图1-22 发展中国家人均生活能源构成（2011年）及通电率（2010年）

数据来源：国际能源署和世界银行

能源贫困对于环境可持续发展有一定的负面影响。能源贫困群体传统生物质能（薪柴）消费量较大，无论是通过购买、拾取或砍伐的形式获得薪柴，都成为森林退化的推手。

以低效的方式燃烧传统生物质能会释放高浓度的可吸入颗粒物，恶化室内空气质量，危害公众的身体健康。这些颗粒物被人体吸收后，易患急性下呼吸道感染、肺炎、慢性支气管炎、慢性阻塞性肺病、肺癌呼吸类等疾病（Schirnding et al.，2002；Smith，2006；Almond et al.，2009）。固体燃料（包括传统生物质能和煤炭，以传统生物质能为主）燃烧导致的室内空气污染已成为全球十大健康风险之一。非洲、亚洲、拉丁美洲消费传统生物质能家庭室内可吸入颗粒物浓度在300～3000$\mu g/m^3$，炊事时可达峰值 10000μg/m^3，远超过其危险上限（150μg/m^3）。全球每年因传统生物质能燃烧产生的室内空气污染而死亡的人数约 127 万，长时间在室内活动的妇女及 5 岁以下儿童为主要受害人，每年约 80 万儿童的下呼吸道感染是由室内空气污染引起的（WHO，2006）。

1.4.3　发达国家能源贫困群体生活用能支出占比较高，影响社会整体公平

英国政府认为在 2011 年英国约 450 万常住居民（17%）存在燃料贫困问题，即这些居民为满足适宜的生存环境需支付的生活能源成本超过总收入的 10%，这一人口数与 2010 年相比下降了约 25 万。图 1-23 反映了 2001～2011 年基于 10%方法计算的英国燃料贫困人口数量。2001～2003 年间英国燃料价格较低，且家庭收入水平不断提高，使得生活能源成本和其收入比重均保持较低水平，燃料贫困人口数相对较少；2004 年开始燃料贫困人口数保持高位，造成这一现状的原因或是持续升高的燃料价格，2009 年电价和气价比 2004 年分别上涨了 75%和 122%；燃料贫困人口数从 2010 年开始呈现下降趋势，或是由于 2010 年开始实施提高能源效率标准的政策。2011 年，英格兰、苏格兰、威尔士和北爱尔兰燃料贫困人口数分别为 320 万、58 万、37 万和 29 万，分别占当地人口的 15%、25%、29%和 42%，北爱尔兰燃料贫困人口比例最高（DECC，2013）。2011 年英国 77.8%的燃料贫困人口分布于脆弱性较高的家庭中，即家庭中有年长、年幼或丧失劳动力的家庭成员。

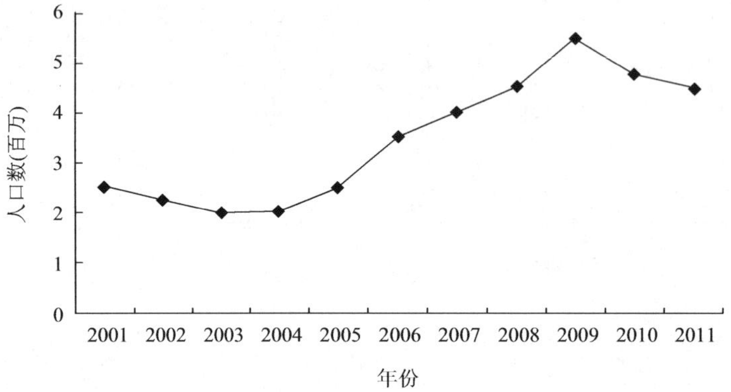

图 1-23　英国燃料贫困人口数（2001～2011 年）
数据来源：DECC（2013）

与存在能源贫困问题的国家相比，燃料贫困问题较为突出的国家居民消费更多的生活能源，且生活能源以商品能为主。图 1-24 比较了存在燃料贫困问题且相关研究较多的英国、爱尔兰和新西兰三国的人均生活能源消费量及其构成，三国人均生活能源消费量分别为 651、672 和 344 千克油当量，商品能所占比重均超过 90%。

生活用能支出占比较高威胁发达国家能源贫困群体的基本生活权益，影响社会整体公平。能源贫困群体无法利用有限的经济资源购买和享用基本能源服务，冬季无法维持室内基本热舒适度，因此，能源贫困群体冬季死亡率相对较高（Wilkinson et al.，2007a）。能源贫困群体更易产生社会隔离感且教育完成度相对较低（Roberts，2008）。

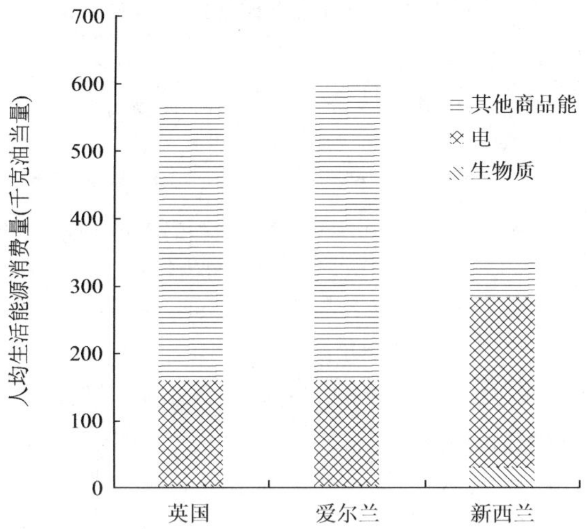

图 1-24　部分发达国家人均能源消费量及构成（2011 年）
数据来源：国际能源署、世界银行和作者计算

1.5　国际组织应对能源贫困的方案和行动

1.5.1　联合国：倡议“人人享有可持续能源”

在联合国秘书长潘基文的领导下，由 20 个联合国机构组成的协调小组于 2011 年提出了“人人享有可持续能源”的全球性倡议。潘基文呼吁，通过全社会共同努力，实现世界能源体系的基础性变革，并为下一代建设一个更加繁荣和健康、更清洁和安全的世界能源系统。该倡议得到来自政府、企业和民间社会等各方面的积极响应，并促使全球范围内于 2030 年实现三大目标：①确保全球普及现代能源服务；②将提高能源效率的速度增加一倍；③全球能源消费中可再生能源的比例提高一倍。由于认识到能源对可持续发展的重要性，联合国大会在第 65/151 号决议中宣布 2012 年为“人人享有可持续能源国际年”。

1）行动与承诺

如表 1-6 所示，“人人享有可持续能源”倡议正促使各国政府、私营部门和民间社会合作伙伴做出公开承诺，推进相关行动的实施，加快改造世界能源系统。为确保其三大目标的实现，该倡议制定了全球性的行动纲领，以为各国政府和利益相关方实现人人享有可持续能源的目标提供一个统一的行动框架。来自非洲和中东、美洲和加勒比、亚太地区及欧洲和独联体四个地区，共 80 多个国家政府正结合自身实际情况积极实施“人人享有可持续能源”举措。

表 1-6 “人人享有可持续能源”国际组织和国家层面的行动

时间	国家层面行动	内容及目标
2014 年 1 月	全面解决无电人口用电问题 3 年行动计划	中国国家能源局制定《全面解决无电人口用电问题 3 年行动计划（2013～2015 年）》，提出 2013 年年底前基本完成光伏独立供电建设任务，2014 年年底前基本完成电网延伸工程建设任务
2013 年 11 月	利益相关方公布方案	在“人人享有可持续能源”倡议顾问委员会会议上，包括国际组织、各国政府、私营部门和民间社会等主要利益相关方都公布了各自的方案、举措，以支持“人人享有可持续能源”倡议
2012 年 4 月	承诺和行动纲领的发布	在由 23 个国家政府、私营部门与民间团体领导人参与的第三届清洁能源部长级会议上发布了“人人享有可持续能源”倡议的承诺和行动纲领
2012 年 4 月	欧盟委员会开展的“活力发展”计划	欧盟将投资 5000 万欧元建立一个全新的“欧盟技术援助设施”，以便为加入“人人享有可持续能源”倡议的发展中国家提供相关技术和人员培训等
2011 年	20 国集团（G20）对清洁能源的投资	2011 年，20 国集团对清洁能源的投资达到 2630 亿美元，比 2010 年增加 6.5%，比 2004 年增加 600%。由于持续的投资和研发的进步，太阳能和风能发电的成本显著降低
—	加纳引领“人人享有可持续能源”	作为首个响应“人人享有可持续能源”倡议的发展中国家，加纳致力于改善现代化能源服务：①到 2020 年，可再生能源占到国家能源发电的 10%；②促进液化石油气的使用；③改善国家电网

2）家庭生活用能与千年发展目标

“联合国千年发展目标”是一项旨在将全球贫困水平在 2015 年之前降低一半（以 1990 年为标准）的计划（表 1-7）。国际能源署（IEA，2002）指出，传统生物质能燃料的广泛使用及现代化燃料获得的限制都是贫困的表现，同时这也阻碍了人类、经济和社会的发展。由于认识到消除能源贫困在确保环境可持续能力等方面的积极意义，为更好、更快地实现千年发展目标，联合国将“使用固体燃料人口比例”作为衡量“确保环境的可持续性”目标实现的重要指标。国际能源署（IEA，2006）、世界卫生组织指出，家庭生活用能的改善与千年发展目标有着多方位的紧密联系。

表 1-7 改善家庭生活用能对实现千年发展目标的重要性

千年发展目标	改善家庭生活用能实践的积极作用
目标 1：消灭极端贫穷和饥饿	①提高家庭成员的健康水平，减少医疗费用支出；②能源利用效率的提高不仅减少家庭燃料费用支出，还将提高生产效率；③延长工作时间，增加收入
目标 2：实现普及初等教育	①提高儿童入学率，增加儿童的学习机会和时间；②更好的照明条件能有效地降低视力风险
目标 3：促进良性平等并赋予妇女权利	①使妇女从繁重的炊事劳务中解脱出来；②增加妇女在家庭生活用能选择上的决策权力，促进性别平等；③提高妇女生育率
目标 4、5 和 6：降低儿童死亡率；改善产妇保健；与艾滋病、疟疾和其他疾病作斗争	①降低儿童的患病率和死亡率；②有效地降低呼吸系统疾病、慢性阻塞性肺疾病和肺癌等疾病的患病率；③大大改善医疗卫生基础设施状况

续表

千年发展目标	改善家庭生活用能实践的积极作用
目标 7：确保环境的可持续能力	①缓解由于对生物质能燃料的依赖而对森林资源造成的巨大压力；②有效减少 CO_2 等温室气体的排放，缓解气候变化；③减少污染，改善生态环境
目标 8：制定促进发展的全球伙伴关系	我们必须认识到家庭生活用能在经济和社会发展中发挥着基础性作用，如信息和通信设备的正常运转离不开电力的支撑等

1.5.2　世界卫生组织：关注固体燃料利用与室内空气污染和健康

世界卫生组织对能源贫困的关注主要集中于因固体燃料导致的室内空气污染，尤其关于室内空气污染造成疾病负担的评估及应对措施方面。世界卫生组织历年发布的《世界卫生报告》中，都有报告全球各地区使用固体燃料进行炊事的人口比例，该组织认为将固体燃料（生物质能和煤炭）放置于明火灶或传统炉灶中进行炊事和取暖造成的室内空气污染会对人体健康产生严重不良影响。为了发展中国家更有效地应对这一重大且日益严重的疾病负担，该组织制定了全面的行动计划，其中包括研发和评估、技术支持、相关政策制定及建立数据库等。

1）家庭生活用能健康风险的干预

世界卫生组织认为，量化疾病和死亡原因的相对风险，尤其在提前考虑预防干预措施方面，健康风险比较评估是十分有必要的。该组织在 2002 出版的《世界卫生报告》中公布了 2000 年固体燃料导致的全球疾病负担结果，并在之后出版的《生活燃料：家庭能源与健康》和《全球健康风险：由部分选定的主要风险因素导致的死亡率和疾病负担》中分别将固体燃料全球疾病负担数据更新至 2002 年和 2004 年。为降低固体燃料造成室内空气污染的健康风险，世界卫生组织提出了一系列有效的干预措施。依据干预措施的效用水平，世界卫生组织将它们分成三类（表 1-8）：①针对污染源的干预措施；②针对居住环境的干预措施；③针对用户炊事习惯的干预措施。其中，针对污染源的干预措施包括更换更清洁的燃料和使用改良炉灶，这是减少室内空气污染、降低健康风险最有效的措施。

表 1-8　世界卫生组织关于降低室内空气污染健康风险干预措施的建议

干预措施类别		干预措施的效果及其示例
污染源	更换燃料	使用更高效、清洁的燃料和能源技术能有效地减少室内空气污染。例如，更多地使用液态石油气、沼气、电力等清洁燃料替代固体燃料
	改进炉灶	改良炉灶不仅能促使燃料充分燃烧，大大减少烟尘排放，而且还能缩短炊事时间，能显著地降低室内空气污染水平。例如，为传统炉灶加装烟囱等
生活环境		改善厨房和起居区的通风条件，能有效降低室内空气污染物浓度，提高室内空气质量。例如，增加厨房面积，安装烟道，扩大厨房窗口等
用户行为		良好的炊事习惯能有效减少污染物的排放，降低暴露水平，以降低室内空气污染对健康的危害。例如，使用完全烘干的木柴燃料等

2）世界卫生组织的应对方案

世界卫生组织是全球清洁炉灶联盟的主要合作伙伴，该联盟由联合国基金会领导，包括多个联合国机构、捐助方、非政府组织、民间社会和国家合作伙伴等机构、组织。在对这类炉灶改良技术进行评估方面，世界卫生组织正在发挥积极领导作用，其向各国提供技术支持，协助自行开展评价并且逐步扩大使用有益于健康的炉灶技术。世界卫生组织尤其关注发展中国家的现代化能源普及状况，其在2009年发布的《发展中国家的能源普及状况：着眼于最不发达国家及撒哈拉沙漠以南非洲地区的回顾》报告中预测了三种不同情景下2015年发展中国家的能源普及状况。世界卫生组织开展的其他活动见表1-9。

表1-9 世界卫生组织针对室内空气污染健康风险的应对方案

方案	具体内容及作用
制定室内空气质量新指南	世界卫生组织针对家用燃料的燃烧问题制定室内空气质量新指南，以此为家用燃料、炉灶技术等方面补充一些与健康相关的指导意见
建立家用能源数据库	家用能源数据库的建立除能帮助评估家庭能源造成的疾病负担外，还能用来监测向更清洁燃料及改良炉灶过渡方面的全球进展
健康和气候变化共同利益计算工具	世界卫生组织致力于制定共同利益计算工具，帮助科学家和卫生专业人员围绕预计得到的健康受益（死亡/残疾）和污染物减排问题等方面估计新方案或者技术带来的影响
研究和方案评估	一直与各国、研究人员和其他合作伙伴保持充分合作，以应对不同情况下的评价方法，使做出的健康影响评价具有一贯性和严格性，同时还能使其与健康受益方面的经济学评估结合起来
对卫生界的领导与倡导	利用一系列全球论坛（包括涉及与肺炎有关的健康问题等相关的论坛）来宣传清洁家用能源的健康效益，有助于人们认识到，较清洁的家用能源对于改善健康状况的重要性
支持千年发展目标	每年都会评估使用固体燃料进行炊事的人口比例，并作出报告，以此作为评估卫生与发展方面取得进展的一项主要指标

1.5.3 国际能源署：持续评估发展中国家能源贫困状况

国际能源署发布的《世界能源展望》，从2002年起，便专门开辟“能源贫困”一章，其认为能源与贫困之间联系紧密，缓解能源贫困迫在眉睫。之后，每年发布的《世界能源展望》报告中，都有相当篇幅内容展示了其对当前全球各地区能源贫困现状的评估以及对未来能源发展状况的预测。2004年版《世界能源展望》指出，现代化能源服务的普及是经济发展的首要条件，而经济的繁荣发展将进一步刺激更多的、更高质量能源服务的需求。同时，据国际能源署（IEA，2013）估计，到2030年，全球仍有近10亿人口用不上电，且25亿人口仍无法获得清洁炊事燃料及设备。

1）能源贫困与发展

国际能源署（IEA，2004）指出，能源服务是经济活动的关键投入要素，其通过改善教育、提高公共健康水平推动社会的发展。现代化能源服务的普及还能通过缓解森林资源的快速流失、减少污染物的排放，以改善生态环境。此外，现代化能源服务正以各种方式改善穷人的生活状况。如电灯为人们提供了更多的阅读和工作时间；现代化炉灶使得妇女和儿童免于油烟的伤害，等等。更重要的是，现代化能源的普及能够通过提高贫穷国家的生产效率，以增加工人劳动收入，而直接消除贫困。然而，另一方面，过度的能源使用会加重污染，能源资源的管理不善将给生态系统造成永久性破坏。因此，能源与包括经济、社会和环境等在内的人类发展的方方面面都有着深层次的紧密联系，并且这种联系是极度复杂的。能源贫困引发的一系列问题正从各方面限制经济和社会的发展，如图 1-25 所示。

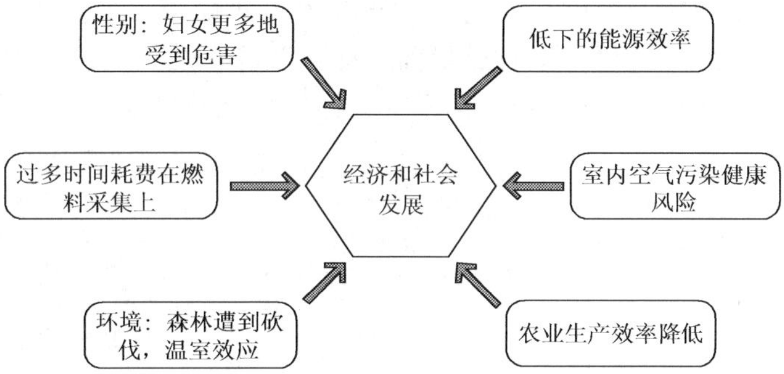

图 1-25　能源贫困引发的一系列问题限制经济和社会的发展

2）能源发展指数

国际能源署主要是从电力的普及度以及人们对传统生物质能等固体燃料的依赖度衡量全球各地区能源贫困状况。为了更好解释能源在人类发展中所起的巨大作用，国际能源署于 2002 年首次提出能源发展指数，并计算出了 75 个发展中国家的 2002 年能源发展指数结果。在 2012 年出版的《世界能源展望》中，国际能源署对能源发展指数的计算方法进行了改善。新的能源发展指数是一个多维度的指标，其主要从家庭和社区两个层面测量国家的能源发展状况。在家庭层面，其主要关注电力和清洁炊事设施的普及两个维度；而在社区层面，则更多的是考虑公共服务和社会生产两方面的能源使用情况。国际能源署研究发现，能源发展指数与人类发展指数之间存在着显著的正相关关系，这表明能源与发展之间存在着深层次的紧密联系。

1.5.4　世界银行：响应“人人享有可持续能源”倡议

世界银行对能源贫困问题的关注主要集中于家用燃料问题，其一直致力于大力推广清洁炉具和清洁燃料的供应。为此，其开展了多项研究，并发布了一系列相关研究报告，如《我们从中美洲地区家庭使用生物质做饭中汲取了哪些教训?》、《老挝通往家庭采用更清洁做饭用能方案之路》、《印度尼西亚——致力于普及清洁做饭用能方案》、《室内空气污染对健康的影响》、《中国：加速居民清洁炊事和采暖普及》等。世行银行在其发布的《能源部门发展方向》一文中承诺“加大在清洁做饭和供热用能方案方面的参与力度”。此外，作为联合国“人人享有可持续能源”倡议的主要合作伙伴，世界银行提供了大量的资金支持，并牵头实施相关措施。

1）《人人享有可持续能源全球跟踪框架》报告

世界银行综合了15个国际组织的工作发布的《人人享有可持续能源全球跟踪框架》显示了目前全球在能源普及、可再生能源和能源效率所处位置以及离实现2030年目标还有多远，接力“人人享有可持续能源”倡议。该报告是监测“人人享有可持续能源”所倡议的三个目标进展状况系列报告中的首个报告，其为三个目标提出了具体数字，并确定了在哪些方面需要作出哪些改变以及如何改变，对扩大行动的政策措施做出了具体说明。报告呼吁各国、国际组织、私营部门投资者和民间团体专门针对这三个目标加大能源投资，每年至少增加6000亿美元直到2030年，使投资水平较目前估计的4090亿美元增加一倍以上。此外，世界银行就目前全球在能源普及、可再生能源和能源效率所处位置以及离实现2030年目标的距离提出了具体的行动策略建议，见图1-26。

能源普及	能源效率	可再生能源
●投资电力生产，包括并网和离网发电 ●扩大输配电网络 ●在农村地区建立离网照明市场 ●提供有针对性的能源普及补贴 ●关注清洁烹饪解决方案 ●改进住户和国家层面的普查	●提高建筑物的能效标准 ●取消无针对性的化石燃料补贴 ●实行碳排放定价政策 ●采纳智能电网和智能电表技术 ●实施重视建筑、交通及其他基础设施节能的城市规划 ●加大公众宣传，提高节能意识 ●加强对能源强度、能效指标、政策和投资的数据收集能力	●制定碳排放价格 ●取消化石燃料补贴 ●实行促进可再生能源的政策激励，如上网电价、可再生能源投资组合标准、拍卖等 ●增加可再生能源投资的资金流量，减少相关风险

政府能做些什么？	●增加融资，采取果断的政策措施 如：取消无针对性的化石燃料补贴；使用针对性的补贴以促进能源普及；制定碳价；制定严格的能效标准；实行对可再生能源的政策激励；促进良好的能源投资环境

图1-26　世界银行关于2030年实现“人人享有可持续能源”目标的策略建议

2）实施相关措施和项目

世界银行在应对能源贫困方面，重点支持水电、风能、太阳能和地热能等可再生能源应用的推广，也在石油和天然气开采、生产、加工、输送和配送等方面向有关国家提供贷款和咨询服务。其资助项目包括印度电网扩建项目、埃塞俄比亚农村电气化项目、塞内加尔和喀麦隆水电项目、肯尼亚和印度尼西亚地热发电扩容项目以及孟加拉国和蒙古离网型家用太阳能系统项目等。此外，其还通过与国际金融公司合作实施“照亮非洲”计划，对非洲的离网照明项目提供支持。

目前，世界银行正与联合国其他机构紧密合作，实施“人人享有可持续能源”倡议。世界银行向加入倡议的国家提供技术援助，并与能源部门共同实施相关计划和项目，包括“全球地热能开发计划”、“照亮非洲计划”、“照亮亚洲计划”、全球清洁厨灶联盟项目等。

第 2 章　中国能源贫困的度量与总体特征

能源贫困问题持续存在，危害居民身体健康，制约国家经济快速发展，阻碍社会文明进步，是民生改善的藩篱、国家发展的羁绊，是全球共同面对的重要现实问题，已引起众多国际组织和各国政府关注。尽管中国经济高速增长，居民生活水平有所提升，但中国仍存在能源贫困问题，且能源贫困具有鲜明的中国特色。

为正确度量中国能源贫困，准确认识中国能源贫困的总体特征，本章将从以下几个方面分别讨论中国能源贫困的度量和总体特征：

- **能源贫困的一般概念是什么？本报告中的能源贫困界定范围是什么？**
- **能源贫困度量方法有哪些？对中国适用性如何？**
- **中国能源贫困的总体特征是什么？**

2.1　能源贫困概述

2.1.1　能源贫困概念

国际上广泛接受的能源贫困概念主要分为两类，燃料贫困（fuel poverty）和能源贫困（energy poverty）。

燃料贫困概念起源于20世纪70年代早期的英国燃料使用运动，80年代开始发展成为学术界关注的政策问题，最终成为英国政府立法项目。燃料贫困的核心是能源不可支付性，其学术研究多集中在英国、爱尔兰等欧洲国家。Lewis（1982）认为燃料贫困是指经济上无能力承担生活用能成本；Boardman（1991）将燃料贫困定义为需花费10%及以上收入购买生活能源才能维持室内适宜热舒适度，适宜热舒适度是指卧室温度达21℃，客厅等房间温度达18℃。2001年英国政府发表的《燃料贫困统计报告》采用了这一定义（DEFRA et al.，2001）；Boardman（2010）对燃料贫困定义进行了新的概括，认为燃料贫困指经济上无能力购买生活能源服务，主要表现在家庭室内温度低或家庭生活用能支出大；Hills（2011）将燃料贫困归纳为：为满足基本生活需要而支付的生活用能成本高于社会平均水平，且剩余收入低于官方经济贫困线。该定义被称为“低收入高支出”（low income high cost，LIHC），得到了英国政府的认可，在2013年《燃料贫困统计报告》中提及并应用。至此，英国政府同时采用10%和LIHC两种方法度量英国燃料贫困（DECC，2013）。

能源贫困概念从2000年起得到了国际机构和研究学者的广泛关注。能源贫困的核心是现代能源的不易获得性，有关能源贫困的学术研究多集中在非洲、印度、巴西等发展中国家。联合国开发计划署认为“不能自主地获取充足的、可支付的、高质量的、安全的、环境友好的能源属于能源贫困”（UNDP，2000），此概念在学术研究中得到应用（Parajuli，2011）；国际能源署在《世界能源展望2002》中将能源贫困定位为无法获取电力服务或生活依赖传统生物质能（IEA，2002），此概念在学术研究中得到最广泛应用（Sagar，2005；Birol，2007；Bhide et al.，2011；Kaygusuz，2011；Sesan，2012）；《世界能源展望2010》对能源贫困概念进行了修改，将生活依赖传统生物质能修改为利用传统炊事设备消费生物质能（IEA，2010）；部分学者根据研究主题或区域的不同对能源贫困概念进行修正和扩展，如Pereira等（2011）将能源贫困定义为实际生活能源消费量未满足基本生活需求；Sovacool等（2012）将人类基本生活需求、生产需求和现代社会需求纳入能源贫困概念中，关注照明、炊事取暖、机械化服务和交通运输的能源获取及消费。

能源贫困得到了国际机构、各国政府及研究学者的关注。联合国开发计划署、国际能源署和世界银行等国际机构均多次发表报告探讨能源贫困的现状及解决方案。IEA首席经济学家Birol（2007）呼吁能源经济学界给予能源贫困问题足够的重视。英国政府从2011年起每年发布《燃料贫困统计报告》以综述该国燃料贫困变化趋势，并将减缓燃料贫困作为立法项目之一，明确提出2016年全面消除英国燃料贫困目标（DECC，2013）。

能源贫困问题之所以受到多方关注，是因为能源贫困对经济发展、居民健康、教育和公平均造成一定程度的影响，不利于社会公平体系的建立和社会整体有序发展，从多方面阻碍千年发展目标实现（表 2-1）。

表 2-1　能源贫困与千年发展目标的相关性

千年发展目标（部分）	获取现代能源对千年发展目标实现的作用
消灭极端贫穷和饥饿	获取电力有利于发展现代经济，创造更多就业机会
普及小学教育	消费现代燃料保障儿童受教育时间；获取电力提供多样化学习方式
促进两性平等，赋予妇女权利	消费现代燃料可减少妇女劳作时间，减轻室内空气污染
降低儿童死亡率	消费现代燃料可减轻室内空气污染，获取电力可提高医疗水平
确保环境的可持续	消费现代燃料避免植被砍伐

获取电力服务在农村经济发展和减缓贫困中均扮演着重要的角色。不可获取电力将制约工业活动开展，限制现代农业改革，减少发展现代经济的机会，缩短了劳动力创造财富的时间。低效粗放的劳作方式和发展模式不利于国家地区的经济增长，为消除经济贫困增加了难度（Pereira et al.，2011）。能源贫困阻碍教育水平提高。缺失现代能源服务是受教育水平偏低的重要原因（Thiam，2011），学龄儿童常因收集传统生物质能而缩减学习时间（Takada et al.，2007）。较低的电力普遍服务水平制约学龄儿童的学习时间和学习方式（WHO，2006）。能源贫困引发的健康问题较为突出。固体燃料燃烧释放的室内空气污染已成为全球十大健康风险之一，燃烧固体燃料造成的室内空气污染每年可造成约 150 万人早亡（WHO，2006），长期暴露于高浓度的室内空气污染中，易形成急性下呼吸道感染（ALRI）、慢性阻塞性肺病（COPD）、肺癌等疾病（Schirnding et al.，2002；Smith，2006；Almond et al.，2009）。能源公平影响社会整体公平。现代能源的不易获得性剥夺了部分居民获取同品质生活燃料、享受同等生活条件的权利。收集传统生物质能的繁重工作多由妇女承担，且妇女由于长时间暴露于厨房空气中，更易因能源贫困引发健康问题，能源贫困加重了性别不公平（Kaygusuz，2011）。

燃料贫困从经济、健康、公平等方面给人类生活和发展带来负面影响。就经济发展而言，低收入群体为满足家庭生存需求需要比高收入群体支出更高的生活能源成本，燃料贫困状况易使低收入群体无法轻易摆脱经济贫困（Liddell et al.，2010）。就健康而言，燃料贫困群体长期暴露于室内温度较低的居住环境中，冬季死亡率相对较高（Wilkinson et al.，2007a）。就社会发展而言，燃料贫困影响房屋居住率（Healy et al.，2002），影响教育完成度，燃料贫困群体相对难以融入社会生活（Roberts，2008）。

2.1.2　本报告涉及的中国能源贫困界定

中国同时存在能源贫困和燃料贫困两类问题。表 2-2 归纳总结了能源贫困和燃料贫困概念的异同点。能源贫困问题核心是现代能源的不易获得性，中国农村居民大量消费传统生物质能且消费方式较为低效，部分现代能源可获得性较低；燃料贫困问题核心是生活用能的不可支付性，中国生活能源价格上涨趋势明显，生活用能支出显著增加，部分群体生活用能可支付性变差。

表 2-2　能源贫困一般概念比较

项目		能源贫困	燃料贫困
不同点	定义核心	可获得性	可支付性
	计量方法	EDI，MEPI	10%，LIHC
	研究对象	发展中国家	英国、爱尔兰等
	代表性的研究组织	IEA，UNDP	英国政府
	区域气候特征	全部	寒冷气候
	代表作	Birol（2007），IEA（2010）	Boardman（1991），DECC（2013）
相同点	研究部门	居民部门	
	人群特征	低收入	
	主要危害	贫困、健康、公平、社会发展	

注：EDI：能源发展指数，国际能源署用于评估比较发展中国家能源贫困现状，发表于《世界能源展望》；MEPI：多维能源贫困指数，由 Nussbaumer 等（2012）设计，已用于评估非洲国家能源贫困；10%：Boardman（1991）提出家庭能源需求花费占收入 10%能源贫困阈值，英国政府认可并应用；LIHC：低收入高支出法，Hills（2011）提出能源贫困评估标准为能源需求支出高于社会平均水平，且剩余收入低于官方经济贫困线，英国政府认可并应用。

为保证中国能源贫困问题的国际契合度，从更高层次定位能源贫困，本报告以能源贫困一般概念为基础，考虑基本生活需求和发展需求，界定中国能源贫困概念为：为了人类生存和发展，不能公平获取并安全利用能源，特别是充足的、可支付的、高质量的、环境友好的能源。

2.2　能源贫困度量方法及其对中国的适用性

能源贫困评估指标体系可以有效支持决策，有助于相关政策的制定和实施。本节对国际常见的能源贫困评估指标和测度方法进行了评述，按研究视角将其大致分为三类，如表 2-3 所示。

表 2-3　常见能源贫困评估指标和标准

内涵	主要评价指标	具体测度指标及其内容	应用层次	指标来源
能源服务可获得性	能源发展指数	获得电力人口比例、人均生活电力消费量、商品能源在生活用能中的比重等	国家	IEA（2012）
	能源贫困二维分析指数	从能源服务可获得和能源需求量两个维度构造能源贫困二维矩阵	区域	Pachauri 等（2004）
	能源可获取性指数	从生活燃料、电力、机械动力三个方面评价能源可获得性水平	国家	Practical Action（2010）
	能源不便利综合指数	生活能源不便利指数和生活能源匮乏指数	区域	Mirza 和 Szirmai（2010）
	多维能源贫困指数	现代炊事燃料、室内污染、电力、家电设备、娱乐与教育设备和通信工具情况等	区域	Nussbaumer 等（2012）

续表

内涵	主要评价指标	具体测度指标及其内容	应用层次	指标来源
能源服务质量	能源/燃料贫困线	贫困人口（世界贫困线±10%范围内的人口）的人均生活能源消费量	国家	Foster 等（2000）
		生活能源成本超过收入的 10%	区域	DTI（2002），DECC（2011）
	低收入高支出	满足基本需求的生活能源成本高于社会平均水平，且剩余收入低于官方经济贫困线	区域	Hills（2011）
满足人类生存和发展需求	满足基本需求的最低能源需求量	结合人类发展指数（HDI）计算人均每天基本能源需求	国家	Krugman 和 Goldemberg（1983）
		结合物质生活质量指数（PQLI）计算人均基本能源总需求量	国家	Goldemberg 等（1985）
		满足贫困人群基本需求的最低生活能源需求量	区域	Foster 等（2000）
		郊区和市区的最低生活电力消费量	区域	IEA（2012）
		基本生活能源消费量为阈值（能量消费不随收入减少而减少）	区域	Barnes 等（2011）
	满足不同层次需求的能源服务水平	满足四类不同能源服务水平的能源需求	区域	Pachauri 等（2004）
		满足基本生存、生产、现代社会需求的能源消费区间	国家	AGECC（2010）
		满足人类生存、生产、现代社会需求和欧洲平均水平四个不同层次需求的能源消费量	区域	Shoibal 和 Tavoni（2013）

2.2.1　基于能源可获得性的能源贫困度量方法

现代能源的不可获得性是能源贫困的重要表现之一。很多国际组织及学者从能源可获得性的视角探究解决能源贫困问题，认为能源贫困与能源服务和能源可获得性之间存在密切联系（Alam et al.，1991；Davis，1998；Barnett，2000；Pachauri et al.，2004）。基于能源可获得性的评估方法主要是构建综合评估指标体系，常用指标包括电力可获得性和传统生物质消费等指标。联合国环境与气候变化咨询小组 AGECC（2010）将能源可获得性定义为可以获得用于消费和生产用途的现代能源服务，这些现代能源服务必须是可靠的、可支付的、可持续的及低碳的能源，IEA（2011）将能源可获得性定义为一个家庭有可靠的、能负担的清洁烹饪设备，电力消费水平达到国家平均水平。能源可获得性不仅指可以获得能源，还需有购买能源的能力（包括时间和体力上）及使用清洁用能设备。

IEA（2002）基于人类发展指数提出了评估能源贫困的能源发展指数（energy development index，EDI），无法获取电力人口比重、商品能源在家庭终端用能中的比重均是 EDI 的常用指标，该类指标重点考察了电力和商品燃料的可获得性。IEA 在 2010 年报告中使用的 EDI 包含四个相同比重的指标：人均商品能源消费，人均生活电力消费，商品能源占生活终端用能比重，获取电力人口比重（IEA，2010）。IEA 在 2012 年报告中重新检查这些指标是否对能源可获得性有全面的覆盖，同时对相关变量数据集的覆盖性、频率和可靠性进行了检验，从而更新了 EDI。新的 EDI 从家庭和社会两个维度评估能源贫困，补充了生产用能和公共用能两个子指标。家庭维度的指标包括获取电力的人口比重、人均生活电力消耗量和商品能源占生活终端用能比例，社会维度的指标包括公共部门人均电力消费、生产用能占总能源消费比例。基于联合国统计司（United Nations Statistics Division，UNSD）数据、IEA 数据库和调研数据，IEA（2012）计算了 80 个国家的能源发展指数。EDI 具有方法简单、数据易获得、覆盖能源贫困问题广、易于操作和推广等优点，但是 EDI 评估结果更适合用于区域比较分析，而不适用能源贫困现状评价。

Pachauri 等（2004）设计包括能源服务可获得和能源消费量的能源贫困二维矩阵。能源服务可获得维度将可获得的能源服务类型划分为三个层次，第一层次只使用传统生物质能，第二个层次增加了电力服务，第三个层次增加了液化石油气服务。二维矩阵根据人们消费的能源服务类型和人均消费量将全部人口分为十二个组，通过矩阵的形式可以清晰地看出能源消费和能源服务获取的分布情况。这种方法结合了能源贫困线和能源分布两种方法的优点，可以适用于大多数发展中国家，但利用二维矩阵方法评估能源贫困需基于大量家庭调研数据。

Mirza 和 Szirmai（2010）从能源获得不便利和能源匮乏两个角度综合评估能源贫困，其中包含两个主要指标：生活能源不便利指标和生活能源匮乏指标。生活能源不便利指标包括购买和收集能源的频率、交通的距离、交通工具、参与能源采集的家庭人口数、每周花在能源采集上的时间、健康程度和儿童是否参与获取能源等。Mirza 和 Szirmai（2010）选择巴基斯坦旁遮普的 11 个主要地区六百多个家庭进行调研计算出家庭能源不便利性。能源匮乏指标是基于家庭基本能源需求量计算得到的，将家庭能源不便利指标和家庭能源匮乏指标两个指标平均后得到能源贫困指数。研究结果表明巴基斯坦的旁遮普省有 91.7%的家庭存在严重的能源贫困问题。将能源不便利包含到评估方法中是对能源贫困评估方法的改进，但是这种方法需基于大量调研数据，且未考虑家庭用能结构、能源和设备相关的成本。

Nussbaumer 等（2012）提出了评估能源贫困的多维能源贫困指数（MEPI），该指标主要考虑炊事用能和电力获取，包含具有不同权重的六个子指标：现代炊事燃料、室内污染、电力可得、家电设备、娱乐与教育设备和通信工具，使用牛津大学贫困和人类发展倡议（OPHI）中采用的多维贫困测度方法。多维能源贫困指数主要关注现代能源服务的可获得性。这种方法可以详细地评估能源贫困的不同方面，对具体政策的制定和实施效果的评价是有效的工具。

Practical Action（2010）从三个服务层面描述能源可获得性，分别为家庭燃料、电力、机械动力。用最低 1 到最高 5 的能源服务水平代表人们获得不同能源服务的水平和质量，如表 2-4 所示。

表 2-4　能源服务水平

能源服务		服务水平
家用燃料	1	收集木材或粪便，使用三石火炉①
	2	收集木材，使用改进的炉灶
	3	购买木材，使用改进的炉灶
	4	购买木炭，使用改进的炉灶
	5	采用了现代清洁的燃料和炉具组合
电力	1	完全无法获得电力
	2	只获得充电蓄电池
	3	家庭使用低压直流电
	4	质量很差且间歇供应 240V 交流电
	5	可靠的 240V 交流电可供所有用途
机械动力	1	不能获得机械动力，只能使用基本的手动工具
	2	机械动力优势扩大人类力量
	3	动力（用可再生、化石做燃料）机械设备用于一些任务
	4	动力（用可再生、化石做燃料）机械设备用于大多数任务
	5	主要购买机械加工服务

资料来源：Practical Action (2010)。

基于能源可获得性的能源贫困评估方法多是构建和利用综合评价指标体系进行评估，指标体系覆盖问题面较广，该类方法是评估能源贫困的直接方法，采用该类方法有助于降低指标阈值选择对整体评估结果的影响。但是此类方法强调指标设置内容与研究区域特征的符合度，且该类方法对评估数据的需求量一般较大。

2.2.2　基于能源服务质量的能源贫困度量方法

能源贫困可以通过设置类似于经济贫困阈值（Callan et al.，1991；Nolan et al.，1996）的方法进行评估，但目前国际上却没有一致的能源贫困线设置方法（Barnes et al.，2011），能源贫困线可主要考察能源服务获取所需成本，即经济学角度的能源服务质量，故将其归类为基于能源服务质量的能源贫困评估方法。

Foster 等（2000）将经济贫困人口的平均生活能源消费量作为能源贫困线的阈值，其中经济贫困人口是指日消费低于 1 美元（±10%范围内）的人口，并利用这种方法评估危地马拉地区能源贫困状况，评估指出 1998～1999 年间危地马拉地区能源贫困线阈值是人均年消费生活能源 2125 千瓦时。该方法将经济贫困人口等同于能源贫困人口，经济贫困家庭因使用低效率的燃料和设备，而花费更多经济成本购买生活能源（Leach，1987），同时花费更多的时间搜集和获取生活能源（Johansson et al.，1993）。但是 Pachauri 和 Spreng（2004）认为这种方法隐含了能源贫困人群对等经济贫困人群

① 三石火炉是一种用石头搭建的露天简易炉灶，燃烧效率低且污染严重。

假设，而事实上两者可能并非包含与被包含的关系。

能源贫困阈值多与用能支出预算相关联。Leach（1987）研究表明“最贫困人口的能源花费占收入比例在一般情况下比中高收入人口的比例大”，能源预算比例呈现出随收入上升而下降的趋势。能源花费占总收入比重常被用于评估能源贫困，Boardman（1991）提出燃料贫困人口的能源需求成本占收入比例较高，较高的比例会剥夺居民生活消费能源意愿，并将10%作为燃料贫困阈值。但决定能源需求成本的因素过于繁多复杂，10%阈值的选取缺乏理论支撑（Foster et al.，2000；Healy et al.，2004）。Hills（2011）提出“低收入高支出”方法评估燃料贫困，即为满足生活基本需求的生活能源成本高于社会平均水平，且剩余收入低于官方经济贫困线。

基于能源服务质量的能源贫困评估指标和标准体现了能源贫困与经济贫困的相关性，该类方法起源较早，且其中“10%”和“LIHC”法均得到英国政府的认同，使得此类方法真正服务于政府决策。但是，此类方法阈值标准的设置缺乏理论依据，对评估数据的要求较高，且推广适用性和借鉴性较差。

2.2.3　基于满足人类能源需求的能源贫困度量方法

部分能源贫困评估是从实际能源消费量能否满足人类生存和发展需求的角度展开的，此类方法需要估算满足人类需求的能源消费量，并以此作为评估能源贫困的标准阈值。基于满足人类生存和发展需求的评估方法多需要详细和大范围的家庭调研数据。

IEA（2012）估计郊区每个家庭（五个人的家庭）每年最低电力消费量是250千瓦时，市区每个家庭每年最低电力消费量为500千瓦时，预测2030年每个家庭每年电力消费量达到750千瓦时。Sanchez（2010）认为每人每年需消费120千瓦时生活电力。在电网覆盖的前提下，居民生活电力消费量会随着时间推移而增长（Government of India，2011）。

Pachauri等（2004）在获取基本能源需求（表2-5）、能源服务类型、人均实际能源消费和使用数据的基础上，用工程学法列出满足不同层次的能源需求量。以印度一个五人家庭为例定义了人均能源消费水平（表2-6）：小于15瓦，15～30瓦，30～60瓦和大于60瓦，分别对应最低、较低、较高、高水平，代表了满足人们不同层次需求的能源服务水平。这种方法将不同地区的习惯、气候、家庭人数这些影响因素考虑在内，且将能源需求扩展为区间范围。

表2-5　各类能源服务的需求（平均五人家庭）

能源服务类型	每个家庭平均能源需求（瓦）
汽车（10千米/天）	365
照明，1个电灯泡（5小时/天，40瓦）	8
照明1～2个煤油灯	19
1个房间空间制冷	145
一餐饭炊事使用传统生物质能	393
一餐饭炊事使用煤油炉	123

续表

能源服务类型	每个家庭平均能源需求（瓦）
一餐饭炊事使用液化石油气炉	93
热水（5L／天，利用薪柴）	52
热水（5L／天，利用煤油）	16
热水（5L／天，利用电热水器）	10
小冰箱	20
大冰箱	37
洗衣机	14
各种家用设备	2.5
收音机	6
电视机	14
电脑	17

资料来源：Pachauri等（2004）。

表2-6 印度家庭能源服务层次

能源服务层次	小于15瓦（最低）	15～30瓦（较低）	30～60瓦（较高）	超过60瓦（高）
能源服务示例	每天一餐热饭，一盏煤油灯，可能少许的热水	每天1～2餐热饭，几个煤油灯或者是一个电灯泡，一些热水	每天两餐热饭，热水和照明，电力运行小型家电，有一辆摩托车	每天两餐或多餐热饭，照明、采暖、制冷和其他家电，有一辆摩托车或汽车

资料来源：Pachauri等（2004）。

Barnes等（2011）用OSL估计模型构造能源需求公式，计算基本能源需求量并将其作为评估孟加拉国能源贫困现状的标准阈值，阈值之上能源消费量随着收入的增加而增加，阈值以下能源数量随着收入的减少能源消费量基本保持不变。其中基本能源需求是指满足家庭照明和炊事需求的能源量。Barnes等（2011）选择孟加拉国119个村庄的2388个家庭作为样本进行详细调查。该方法结合了能源消费方式、资源地域特点、能源价格以及能源政策，适用于大多数的气候和社会经济情况，应用范围更广泛，但是该方法只从能源消费量角度定义能源贫困，没有考虑能源服务质量。

Krugmann和Goldemberg（1983）、Goldemberg等（1985）从满足人类能源需求的角度设计了评估能源贫困的方法和标准。Krugmann和Goldemberg（1983）基于计量经济学模型估算了人类基本能源需求量，并以拉丁美洲、非洲和亚洲为研究对象，结合人类发展指数（HDI），考虑收入水平对基本需求的影响，用商品能源的收入价格弹性和非商品能源消耗数据计算出每人每天需至少消费27×10^3～37×10^3千卡能源，这一结果低于当时世界人均能源消费量。Goldemberg等（1985）结合物质生活指数计算人均能源需求量，将物质生活指数为20～80水平上的人均能源需求量作为满足基本生活的能源需求量，对应的阈值是人均500瓦。Goldemberg等（1985）还以温暖气候的发展中国家为例，给出了满足基本生活需求的终端用能量（表2-7）。

表 2-7　满足生活需求的人均单位时间终端用能量

生活需求	电（瓦）	燃料（瓦）	总和（瓦）
做饭	—	34	—
热水	29	—	—
电冰箱	14	—	—
电灯	4	—	—
电视机	3	—	—
洗衣机	2	—	—
合计	51	34	85

资料来源：Goldemberg 等（1985）。

联合国环境与气候变化咨询小组（AGECC，2010）设计的能源获得递增模型将能源需求扩展为满足人类基本生存需求、满足生产需求和满足现代社会需求，并用工程学方法得到满足三个不同层次需求的人均年能源消费范围（表 2-8）。这个矩阵包括照明、加热、机械能和交通四个主要的能源服务，第一层次是满足人类的基本生存需求，其中在照明、卫生、教育、通信上人均每年消费电力 50 千瓦时。另外使用固体燃料做饭和取暖，移动工具一般使用自行车，在固体燃料和交通上人均每年消费 50～100 千克油当量能源。第二层次是满足生产能源需求，如获得用于农业灌溉的机械能、商业用能和液体运输燃料，人均每年消费量上升至 500 千瓦时。第三个层次是现代社会需求，包括家用电器的使用、采暖制冷、热水和私人交通工具等，人均每年需要消费 2000 千瓦时电力和 250～450 千克油当量燃料。

表 2-8　能源获得递增模型的能源需求水平

需求	电力	人均年用电量（千瓦时）	固体燃料	交通	人均年消费油当量（千克）
基本生存需求	照明、卫生、教育、通信	50～100	做饭和取暖	步行或骑自行车	50～100
生产需求	农业、抽水灌溉、化肥、耕作机械化、加工	500～1000	极少	大众运输、摩托车或踏板车	150
现代社会需求	家用电器、制冷、制热	2000	极少	私人交通	250～450

资料来源：AGECC（2010）。

Shoibal 和 Tavoni（2013）的模型可以描述全球、区域和国家层面的生活终端能源消费分布图，并预测未来能源需求。该模型的数据源为世界银行和联合国世界发展经济学研究院（UNU-WIDER）的收入分配调查数据库。Shoibal 和 Tavoni（2013）参考联合国环境与气候变化咨询小组的能源获得递增模型（表 2-8），在基本生存需求、生产需求和现代社会需求的基础上，添加欧洲平均水平，将能源消费划分为四个等级。表 2-9 是四等级的能源消费量临界值，应用这一模型得到全球还有 18 亿人的能源消费未达基本能源需求量，34 亿人能源消费未满足生产能源需求量。

表 2-9　终端能源需求层次

需求层次	能源需求量（GJ）
基本生存需求：100 千瓦时每人每年＋100 千克油当量每人每年	5
生产需求：750 千瓦时每人每年＋150 千克油当量每人每年	10
现代社会需求：2000 千瓦时每人每年＋375 千克油当量每人每年	25
欧洲平均用能水平（美国平均水平的一半）	75

资料来源：Shoibal 和 Tavoni（2013）。

2.2.4　能源贫困度量方法的中国适用性分析

1）基于数据可获得性的适用性分析

合理和可靠的数据是能源贫困评估的基础，也是确定常用能源贫困评估指标和标准能否适用于中国能源贫困评估的关键，本节先从数据可获得性角度评价常用指标和标准在中国的适用性，这些指标和标准根据数据来源大致可分为统计数据型、统计调研数据混合型和调研数据型。

统计数据型评价指标和标准所需的核心数据在中国绝大多数可通过统计数据直接获得。例如，能源发展指数常用于评估比较多个国家和区域的能源贫困，指标涉及获取电力人口比重、居民部门终端用能中商品能源比重、人均生活电力消费量、人均生活商品能源消费量等，在中国应用此指数所需要的人口、能源数据一般可以通过中国统计年鉴、中国能源统计年鉴、中国城市统计年鉴、中国农村统计年鉴等直接获取；Pachauri 等（2004）的二维矩阵法需要依赖能源消费类型和各类能源消费量数据，若适当扩大该方法的评估口径或进行适当综合，也可基于年鉴统计数据，用于评估中国能源贫困问题。

统计调研数据混合型多指评价指标和标准所需的核心数据部分可以通过统计数据获得。例如，在中国应用英国 10%能源贫困评估方法时，能源价格和收入数据可以通过统计数据获得，但是家庭能源需求量计算需要依赖的家庭住宅类型、面积、利用时长、家庭规模、建筑材料、能耗设备效率等相关数据，获取此类数据需要依赖家庭调研（DTI，2002；DECC，2011）。在中国应用 Practical Action（2010）提出的能源获得性评估指标体系时，家庭燃料获得性和电力获得性指标涉及的数据有统计数据支撑，而机械动力层面的指标所需数据需要通过调研获得。Nussbaumer 等（2012）的多维能源贫困综合指数的部分指标数据可以通过中国的统计数据获取，如家庭电耗设备拥有量等，而部分指标数据需依赖调研数据，如室内空气污染程度等。

调研数据型评价指标和标准所需的核心数据完全需通过大规模调研获得。例如，Foster 等（2000）的评估方法应用需要依赖经济贫困人口的实际能源消费量，而中国生活能源消费的统计数据并未按居民收入水平进行分类，在中国采用此方法则需对经济贫困人口的人均生活能源消费量开展大规模调研。Practical Action（2010）的六个基本的能源服务最低需求水平指标体系完全需要依赖包含细节的全国普查和区域调查数据支撑。Barnes 等（2011）和 AGECC（2010）的评估方法需依赖大规模家庭调研数据计算平均生活能源需求量，此外，还需在调研基础上估算生产能源需求和社会能源需求量。Mirza 和 Szirmai（2010）的能源贫困指数需要获取购买或收集传统生物质能的频率、路程、交通、成人参与度、时间花费、健康和儿童参与度七方面数据，而中国该类数据目前尚无大规模相关统计数据。

2）度量指标的合理性和适用性分析

（1）不适用于中国能源贫困评估的指标和标准。

电力的不可获得性常被视为能源贫困的重要表现之一（IEA，2002；Pachauri et al.，2004；Practical Action，2010），电力可获得比例常用作评估能源贫困的重要指标（IEA，2004；IEA，2010；Nussbaumer et al.，2012）。而在我国，由于政府从 20 世纪 80 年代初开始陆续开展农村电气化试点、电力扶贫共富工程等工作，目前已经基本解决了无电区问题，到 2011 年全国通电率比例已经达到 99.9%（IEA，2013），即当前我国已基本不存在电力不可获得的问题，电力可获得比例指标在我国不存在区域差异，因此此类指标已不再适用于中国能源贫困评估。

尽管中国仍有为数众多的居民生活主要消费传统生物质能，且家庭无清洁炊事采暖设备，但该人群主要集中在我国农村地区，我国农村 60%住户选择柴草为主要炊事燃料，2011 年农村每百户拥有 13.2 台抽油烟机，而城镇居民基本不再消费传统生物质能，炊事采暖燃料和设备也基本符合现代要求，中国无法获取清洁炊事设备人口主要集中在农村地区，而城镇无法获取清洁炊事设备人口总量较少。因此涉及传统生物质燃料、非清洁炊事采暖设备的能源贫困指标，如 Foster 等（2000），IEA（2012），Pachauri 等（2004），Barnes 等（2011），AGECC（2010），Practical Action（2010），Mirza 和 Szirmai（2010），Nussbaumer 等（2012）提出的，当前已不再适用于评估中国城镇能源贫困。

尽管中国农村居民大量消费传统生物质能，早期消费薪柴燃料主要来源于薪炭林，农村居民常通过采伐的方式获取薪柴（黄鹤羽，1982），但是随着《中华人民共和国森林法》的颁布，政府开始对森林资源实行严格的封山育林政策，砍伐森林植被的方式不再是中国农村居民获取薪柴的主要方式。因此，关于砍伐森林获取传统生物质能的指标，如 Mirza 和 Szirmai（2010）提出的，已不再适用于评估中国农村地区能源贫困现状。

（2）调整后可用于中国能源贫困评估的指标和标准。

Boardman（1991）提出“10%”的阈值标准用以识别英国能源贫困人群，该方法得到了英国政府的认可和长期应用（DTI，2002；DECC，2011），此类能源贫困评价指标主要评估居民生活用能的经济负担，该指标同样适用于我国，特别是城镇地区。我国城镇居民的生活能源均为商品能源，农村居民也消费一定量的商品能源，因此我国居民均需要支出部分收入用于购买生活所需的商品能源，而商品能源需求量以及商品能源价格等因素形成的用能成本可能造成低收入居民的经济负担。但上述标准阈值则需根据中国实际发展现状进行调整，因为我国和英国的经济社会发展水平不同，居民整体生活水平存在一定差异，此外，我国商品能源的销售价格由政府严格监管，不同于英国的市场定价，我国政府通过对商品能源的销售价格进行补贴以使其保持相对低位，2011 年我国城镇居民人均生活电力、燃料和取暖费年支出 719.2 元，占收入的 3.3%，远低于英国的 10%阈值。因此适用于评估我国能源贫困的用能成本的阈值设置可能应低于 10%。

通过设置基本生活能源需求量阈值以识别能源贫困人群的方法适用于我国，阈值的确定可以参照国际已有评价标准，但仍需要根据中国实际情况进行调整。AGECC（2010），Practical Action（2010），IEA（2012），Shoibal 和 Tavoni（2013）设置的阈值标准曾用于全球范围内居民基本能源需求的测度和能源贫困的识别，Foster 等（2000），Pachauri 等（2004），Barnes 等（2011）则分别计算了危地马拉、印度和孟加拉国居民的基本能源需求量并对其能源贫困进行了识别。由于我国和这些国家在经济、气候、文化习惯、社会发展、国家政策、国际帮助等多方面均存在差异，直接应用上述阈值标准来评估我国能源贫困的准确性不高，需要利用我国统计或调研数据估算基本生活能源需求量，进而设置合适的标准用以识别中国能源贫困人群。

（3）适用于中国能源贫困评估的指标和标准。

我国能源贫困主要表现与其他发展中国家有一定相似性，部分指标当前可以应用于评估我国能源贫困。IEA（2002，2004，2007，2010，2012）的能源发展指数指标体系中仅有获取电力人数比例这一指标不再符合中国，而其他指标，如人均商品能源消费量、商品能源在终端能源消费总量中所占的比例、居民部门人均用电量等均适用于我国能源贫困评估。Nussbaumer 等（2012）的多维能源贫困综合指数中的家用电器拥有量、现代生活燃料选择等指标可以应用于中国能源贫困评估。Pachauri 和 Spreng（2011）的能源贫困评估指标体系中的居民生活用能支出、能源供应投资、能源进口量、炊事设备拥有量等指标也适用于中国，且相关评估数据在中国均可以获得。

综上所述，采用现有常见的能源贫困评估指标和标准，对我国能源贫困开展评估所面临的最大困难是数据不易收集，多数已有的评估指标和标准从居民部门切入，运用大量微观数据进行评估或基于大范围调查统计数据设置评价标准阈值。在数据可获得的基础上，运用微观数据评估的结果更贴近现实、更准确、也更有说服力，但对中国而言，当前条件下获取时间连续的和大范围全口径的家庭微观调研数据较为困难，且仅利用单年单地区的调研数据无法提供可持续的、可复制的、可比较的评估的结果，进而无法提出有实际意义的政策建议，因相应的评估指标暂时不适用于我国能源贫困评估。而根据上文分析，可以直接采用的或根据中国基本国情和经济社会发展现状进行修正和调整后可以应用于我国能源贫困评估的指标和标准，则是构建中国能源贫困综合评估指标体系的重要参考。

2.3　中国能源贫困的主要特征

2.3.1　电力已基本实现全覆盖，商品能源消费量不断增加

中国已逐步实现电力全覆盖，不可获取电力不再是中国能源贫困的主要特征。中国政府在解决中国无电问题的过程中发挥了巨大的作用。1983 年开展电气化试点县计划，于 1990 年超额完成规划，109 个县（市）达到初级农村电气化标准；1994 年实施“电力扶

贫共富工程"，使全国 28 个无电县通电，农村通电率达 95%以上，到 1996 年中国已有 14 个省区市实现了村村通电、户户通电；2010 年中国通电率达到 99.7%，城镇地区实现全部通电。在实现电力基本全覆盖的基础上，中国加紧开展农村电网改造升级工作。1998 年政府投资开展城乡电网建设和改造项目，在 3 年内完成农村电网改造、农村供电管理体制改革、城乡用电价格统一，基本实现了城乡同网同价。为更好地满足农村新增发展需求，彻底解决农村电网改造过程中的遗留问题，2010 年启动了新一轮农网改造工程。

生活电力消费量持续保持较快增长速度，且城乡差距逐步缩小。图 2-1 展示了 1985～2011年中国人均生活电力消费量变化趋势，1985 年起人均生活电力消费量呈现持续增加趋势，2011 年达到 417.1 千瓦时，是 1985 年消费量的 19.7 倍。图 2-2 展示了 2000～2011 年中国生活电力消费总量及城乡构成。2011 年中国城镇生活电力消费 3202 亿千瓦时，农村生活电力消费 2418 亿千瓦时，与 2000 年相比分别上涨 221.2%和 258.2%。2011 年城镇和农村生活电力消费量分别占总量的 56.9%和 43.0%，两者相差 13.9%，与 2000 年相比差距有所缩小（19.3%）。

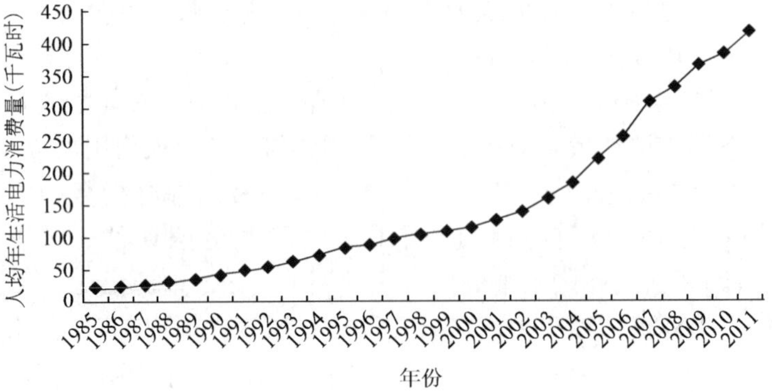

图 2-1　中国人均生活用电量（1985～2011 年）

数据来源：中国统计年鉴 2012

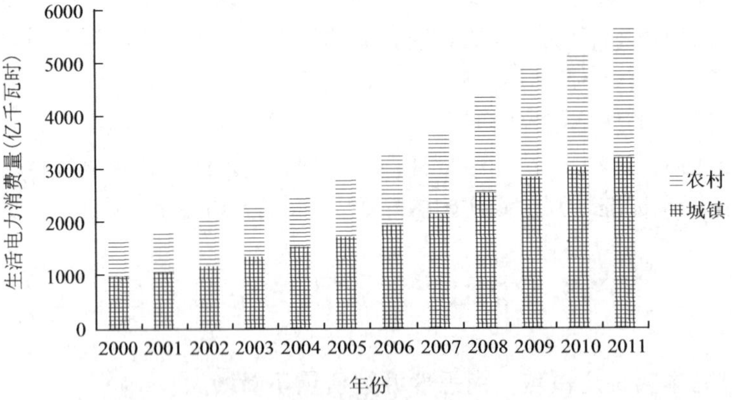

图 2-2　中国城乡生活用电量（2000～2011 年）

数据来源：中国能源统计年鉴 2000～2012

生活商品能源消费量不断增加。图 2-3 反映了 1983～2011 年中国人均生活商品能源消费量的变化趋势。1998 年起人均生活商品能源消费量呈现持续增加趋势。2011 年，人均生活商品能源消费量达 278.3 千克标准煤，是 1983 年的 2.6 倍。

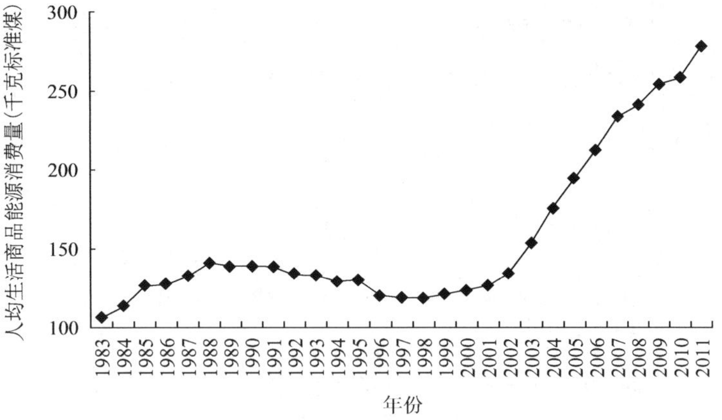

图 2-3　中国人均商品能源生活消费量（1983～2011 年）

数据来源：中国统计年鉴 2013（国家统计局，2013）

城镇天然气生活消费保持较快增长速度，农村天然气生活消费经历了从无到有的过程。1997 年全国生活天然气消费 21.2 亿立方米，100%为城镇居民所消费，到 2011 年消费量上升至 187.0 亿立方米，农村居民消费已占 1.9%。

中国城乡各类清洁能源供给能力不断改善。1997 年中国仅 2.7%农户拥有沼气池，这一比例到 2011 年上升到 23.4%，更多农村居民可以实现生物质能二次加工，提高传统生物质能利用效率；农村太阳能热水器覆盖面积由 1997 年的 663.4 万平方米上升到 2011 年的 6232.0 万平方米，太阳能热水器的普及一定程度上减少了传统生物质能使用量；2011 年城镇可消费人工煤气、液化石油气和天然气的人口数占 51.8%，而 1997 年该比例仅为 12.1%；2011 年城镇集中蒸汽供应能力达到 85274 吨/小时，相比 1997 年提高了 30.8%，清洁炊事、采暖能源普及面扩大和供应能力的提高均有利于引导居民消费清洁能源。

2.3.2　城乡生活用能差异显著，农村能源贫困问题更加突出

中国城乡生活用能差异较为显著。就能源消费结构而言，城镇居民生活用能均为商品能源，且以非固体能源为主，农村居民生活用能依赖传统生物质能，且商品能源消费以固体能源为主。就用能量而言，农村人均煤炭消费量已超过城镇，但人均商品能源消费总量和非固体商品消费量均少于城镇。与城镇地区相比，中国农村能源贫困问题更加突出，能源消费结构呈高碳化和非清洁化，人均煤消费呈增长趋势。

与城镇相比，农村商品能源生活消费结构呈现高碳化。图 2-4 展示了 2001～2011 年中国城乡固体商品能源生活消费量占商品能源生活消费量比重变化趋势。中国城镇生活用能以商品能源为主，固体能源占比逐步降低。2001 年城镇生活消费固体商品能源占 27.8%，到 2011 年该比例下降至 7.8%，即中国城镇地区电力等非固体能源已逐步取代煤等固体能源成为主要生活能源。中国农村商品能源生活消费结构中固体能源占比

较高。2001 年农村生活消费商品能源中固体能源占 74.9%，到 2011 年该比例下降至 54.8%。尽管农村生活商品能源消费结构中固体能源占比呈下降趋势，但固体能源仍为农村地区主要生活能源。

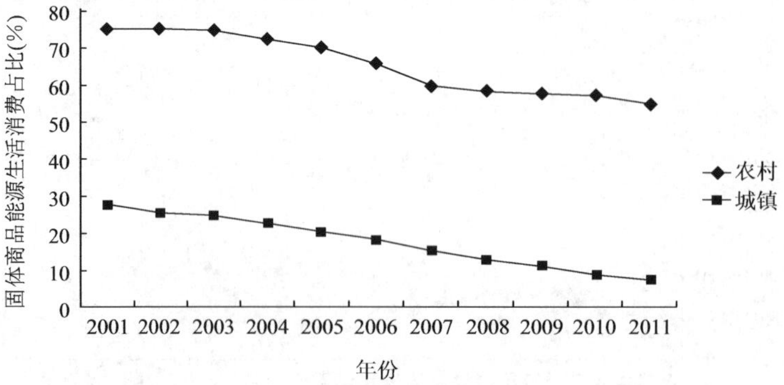

图 2-4　固体商品能源生活消费量占商品能源生活消费量比重（2001～2011 年）

数据来源：中国能源统计年鉴 2002～2012，作者计算

传统生物质能为农村主要生活能源，且近年人均消费量呈上升趋势。2011 年中国农村传统生物质能生活消费量约占生活用能总量的 64.3%。近年来农村传统生物质能人均生活消费量呈上升趋势。图 2-5 中展示了 1990～2011 年中国农村居民传统生物质能生活消费总量和人均量变化趋势，由图可知，传统生物质能生活消费总量 1995～2011 年呈现持续下降趋势，但是下降速度缓慢，平均年下降率仅为 1.0%。2011 年，中国农村传统生物质能生活消费约 2.7 亿吨标准煤，占世界传统生物质能生活消费量的 24%。农村人均传统生物质能生活消费量保持上升趋势，2011 年人均传统生物质能生活消费 0.4 吨标准煤，是 1990 年的 1.2 倍。

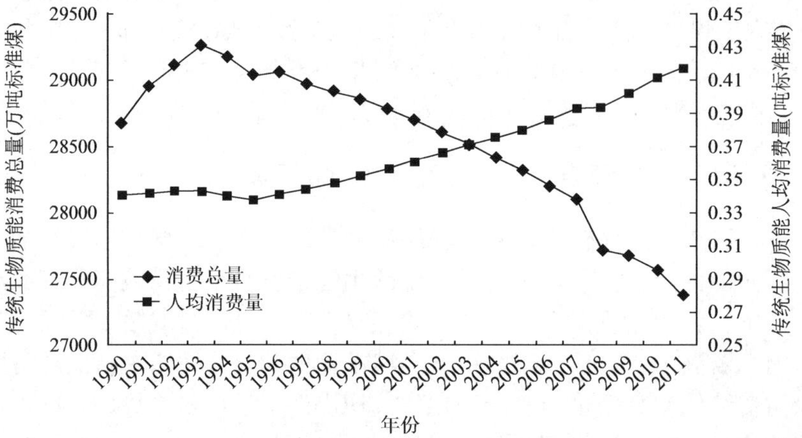

图 2-5　中国农村传统生物质能生活消费总量和人均量变化（1990～2011 年）

数据来源：IEA 数据库，中国统计年鉴 2013，作者计算

商品能源生活消费量持续增长，但城乡差异仍明显。图 2-6 展示了中国人均商品能源消费量的城乡差异（基于发电煤耗法）。城乡人均商品能源消费量均持续增长，农村

人均消费量始终少于城镇。2011 年，城镇人均生活消费商品能源 322.0 千克标准煤、天然气 38.1 立方米和电力 463.5 千瓦时，分别是农村的 1.4 倍、1.3 倍和 346.4 倍。人均天然气生活消费的城乡差异最为显著。

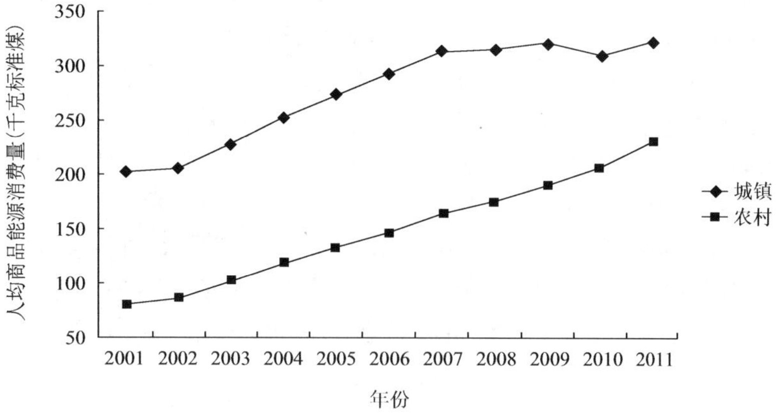

图 2-6　中国城乡商品能源人均生活消费量（2001～2011 年）

数据来源：中国能源统计年鉴 2002～2012，中国统计年鉴 2002～2012，作者计算

人均煤炭生活消费变化趋势城乡分化。城镇人均煤炭生活消费量呈下降趋势。图 2-7展示了 1997～2011 年中国城镇和农村人均煤炭生活消费量的变化趋势。由图可知，城镇居民人均煤炭生活消费量呈现波动下降趋势，从 1997 年的人均生活消费 0.14 吨下降至 2011 年的 0.07 吨，降幅达 50%，其中 1997～2003 年下降速度较快，2003～2011 年人均消费量在 0.07 吨附近波动。农村人均煤炭生活消费量呈现波动上升趋势。从 1997 年的人均生活消费 0.09 吨增加至 2011 年的 0.11 吨，增幅为 22.2%。2008 年后呈现持续增加趋势，年增长率约为 5.0%。2001 年起农村人均煤炭生活消费

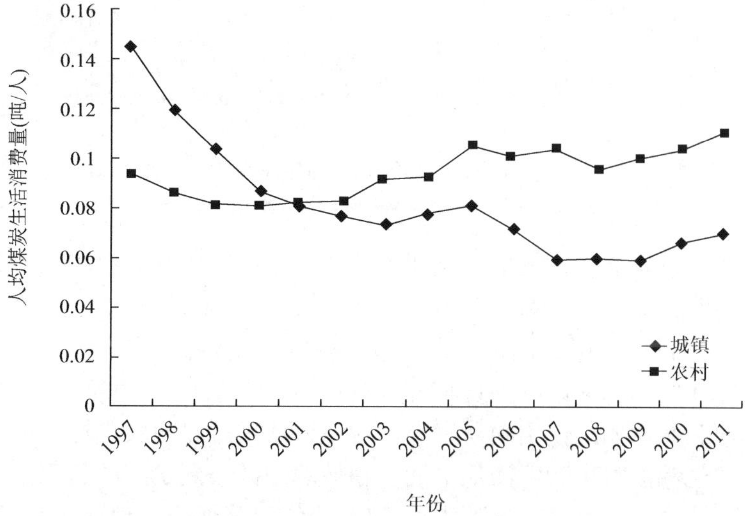

图 2-7　中国城镇和农村人均煤炭生活消费量（1997～2011 年）

数据来源：中国能源统计年鉴 1999～2012，中国统计年鉴 2012，作者计算

量多于城镇，两者差距维持在 0.04 吨。

2.3.3　农村生活用能地域差异明显，生活用能以固体燃料为主

生活能源中的传统生物质能主要是指薪柴、木炭、动物粪便、农作物废料等，可用于家庭炊事和取暖，传统生物质能本身具有价廉和相对清洁的特点，但传统低效的获取和消费方式不仅不能发挥传统生物质能的优良特点，反而使其成为家庭安全隐患、健康杀手，影响多方面发展进步。煤及煤制品也是居民部门重要的生活能源，在室内直接使用煤及煤制品会破坏家庭居住环境，危害居民健康，带来安全隐患等。传统生物质能和煤炭在本节中统称为固体燃料。

农村生活用能结构存在地域差异。图 2-8 展示了 2011 年中国各省区市农村商品能生活消费中固体商品能所占比例。7 个省区市农村中固体能源占比低于 20%，17 个高于 40%，其中海南省农村居民生活消费商品能源中固体能源占比为 0%，甘肃省该比例达到 89.0%。

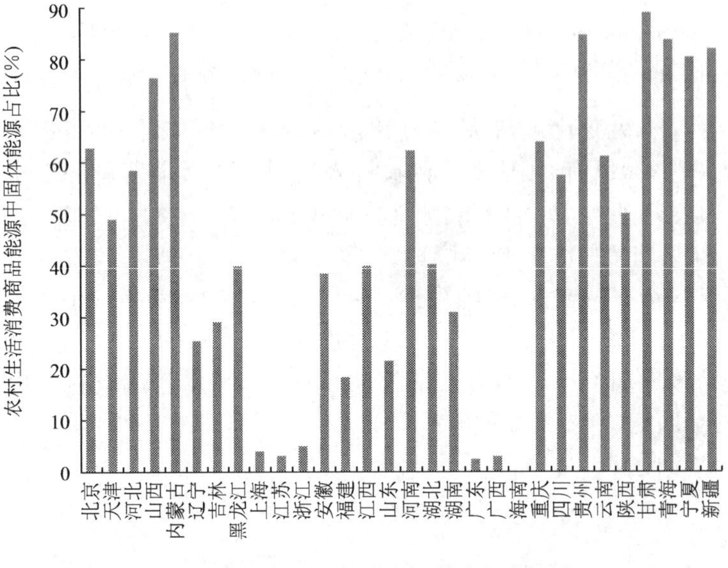

图 2-8　中国农村生活消费商品能源中固体商品能源占比（2011 年）

数据来源：中国能源统计年鉴 2012，作者计算

农村居民的主要炊事燃料以柴草和煤炭为主。表 2-10 展示了中国区域按主要炊事用能类型区分的农村常住户比例。全国分别有 60.2%和 26.1%农村常住户将柴草和煤炭作为主要炊事燃料，即选择固体燃料作为主要炊事燃料的农户达 86.3%。东、中、西和东北地区农户中炊事主要消费柴草的农户比例均超过 50%，东北地区甚至达 88.2%。中、西和东北地区使用固体燃料作为主要炊事燃料的农户均超过 90%。

煤气、天然气和电力作为清洁炊事燃料在城镇地区得到了广泛利用，但在农村，仅东部地区有 27.2%农户炊事主要消费煤气和天然气，其他三个地区该比例均低于 5%，电力也未成为农村居民的主要炊事能源，全国仅 0.8%的农户炊事主要消费电力。

表 2-10 按主要炊事用能类型区分的农村常住户百分比 （单位：%）

地区	柴草	煤	煤气、天然气	沼气	电	其他能源
全国	60.2	26.1	11.9	0.7	0.8	0.3
东部地区	53.1	18.5	27.2	0.2	1.0	0.0
中部地区	56.9	38.4	3.8	0.7	0.2	0.0
西部地区	66.2	27.1	3.2	1.3	1.4	0.0
东北地区	88.2	7.4	4.0	0.0	0.3	0.0

图 2-9 具体展示了各省区市按主要炊事用能类型区分的农村常住户结构，并按以柴草作为主要炊事燃料的农村常住户比例进行排序。吉林省将柴草作为主要炊事燃料的农户比例（93.4%）超过其他省区市，北京市该比例（14.9%）低于其他省区市。山西省98.2%农户将固体燃料作为主要炊事燃料，比例超过其他省区市，而上海市该比例仅为22.0%，低于其他省区市。两类最值之间的明显差距也体现了各省区市农村居民生活能源消费结构的差异。

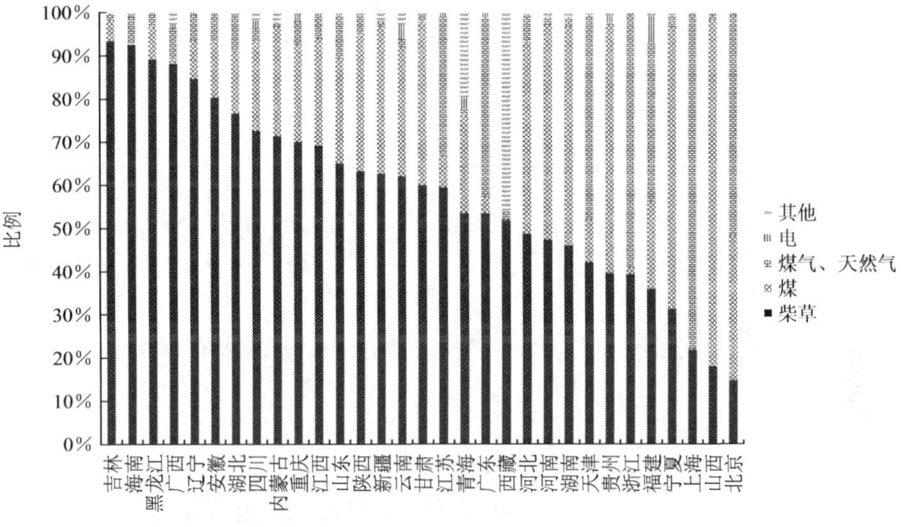

图 2-9 农村住户主要炊事燃料选择比例

数据来源：中国第二次农业普查资料汇编 2010

2.3.4 农村用能设施落后低效，清洁炊具普及率低

在居住环境通风不良的情况下，利用落后低效的用能设施燃烧固体燃料释放大量可吸入颗粒物会造成严重的室内空气污染，从而威胁居民身体健康，抹杀了生物质能价廉、污染小和易获得的优点。

利用落后低效的用能设施消费固体能源在中国农村较为常见。云南西北部老君山地区居民生活能源以薪柴为主，且多在无烟囱的情况下使用火塘、土灶、石灶等热效率在6.0%～18.8%的炊事和采暖设施（Yang et al.，2008）。火炕是北方农村家庭居室中最常见的采暖设施，采用内部烟道结构，炉灶常安置在厨房和室内。理论上，火炕使用过程中释放的烟尘可以通过烟道排到室外，减少固体燃料燃烧引起的室内空气污染。事实上，中国农村仅 7.1%农村家庭使用现代化火炕，且多数火炕并没有烟道或烟道疏于维护（Zhang et al.，2007）。

固体燃料的大量消费及落后低效用能设施共同造成了我国农村家庭严重的室内空气污染。我国室内 TSP（总悬浮颗粒物）浓度超过 500μg/m³（Almond et al.，2009；Hu et al.，2007）。每年因燃烧固体燃料导致的室内空气污染而死亡的人数约为 42 万（Mestl et al.，2007）。若我国农村炊事炉灶效率达到城镇水平，则农村死亡率可下降 23%。若我国农村居民放弃传统生物质能而消费清洁能源，每年农村儿童、成人患慢性支气管病概率可分别下降 80%和 45%（Mestl et al.，2006）。

清洁炊具在我国逐步普及，西部省区市清洁炊具使用率较低。抽油烟机作为厨房油烟的净化器，能将炉灶燃烧的废物和烹饪过程中产生的对人体有害的油烟迅速抽走，排出室外，并有防毒防爆的安全保障作用，抽油烟机在农村普及意味着更多家庭选择相对清洁高效的炊事设备。2000 年农村每百户拥有抽油烟机 2.8 台，2012 年增加至 14.7 台，平均年增长率为 15%，但整体利用率仍偏低。中国省区市间农村家庭抽油烟机普及率存在明显差异，北京、上海和浙江农村地区每百户分别拥有 70.9、66.5 和 61.8 台抽油烟机，而西部省区市农村每百户抽油烟机拥有量均少于 10 台，贵州省农村每百户仅拥有 1.0 台。

2.3.5　生活用能价格上涨，生活用能支出占比城乡分化

清洁能源较高的销售价格会阻碍居民的选择和消费，改善家庭用能结构和更新用能设备的意向或因能源价格的过快增长而改变，因生活能源不可支付性而产生的能源贫困问题将更加严重。

中国各省区市电力价格逐步趋同。图 2-10 展示了中国部分省区市居民电价 1996～

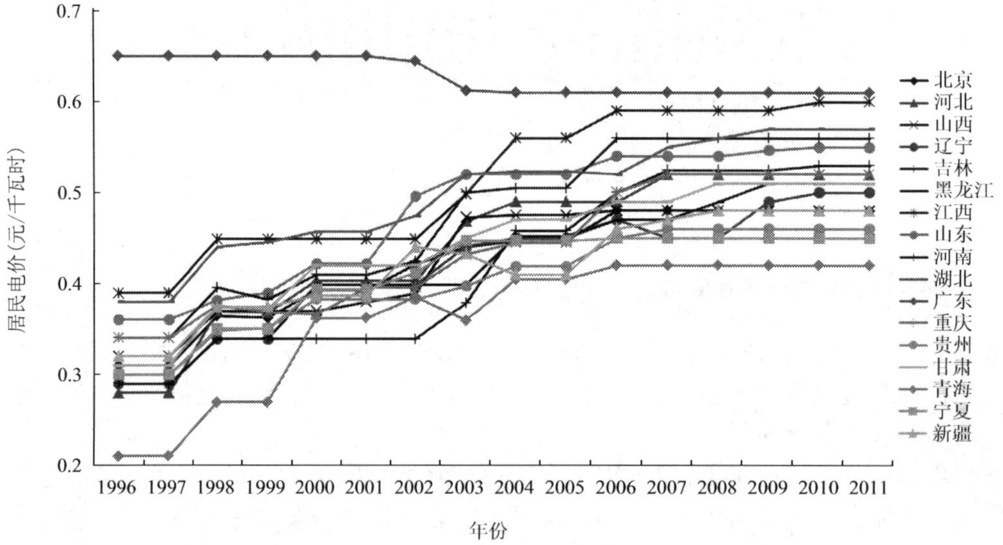

图 2-10　中国部分省区市居民电价变化（1996～2011 年）

数据来源：中国物价年鉴 1997～2012

2011 年变化情况。因中国从 1998 年开始实施统一城乡居民电价政策，故图 2-10 中展示的居民电价可理解为城乡居民共有价格。1996 年，中国 30 个省区市居民电价差距较大，广东省居民电价最高（0.65 元/千瓦时），是居民电价最低的青海省的 3 倍。各省区市居民电价分布在 0.2～0.7 元/千瓦时的区间内。在过去的 16 年内，除广东省居民电价有所下降外，其他省区市居民电价均有所上涨。2011 年广东省和青海省居民电价仍分别为两个最值，但两者差距有所缩小，各省区市居民电价分布在 0.4～0.6 元/千瓦时的区间内。居民电价高低并未完全体现各省区市经济发展水平，即部分经济发展较好省区市与相对落后省区市的居民电价维持在同一水平上，如 2011 年北京市居民电价和新疆相同，低于陕西和甘肃。

全国城镇煤炭及其制品零售价格在过去十年呈现剧烈波动，与 2002 年相比，2011 年全国平均零售价格增加 18.3%（图 2-11）。2011 年全国 31 个省区市城镇煤炭及其制品零售价格与 2002 年相比整体均有所上升。北京市零售价格增长 35.3%，增幅为各省区市之首，而增幅最小的是西藏，仅增长 1.0%。增长率在 10%以下的省份集中在西部地区，煤炭大省山西的增长率达到 25.4%。与其他年份相比，2011 年各省区市城镇煤炭及其制品价格指数表现出集中化的特点。

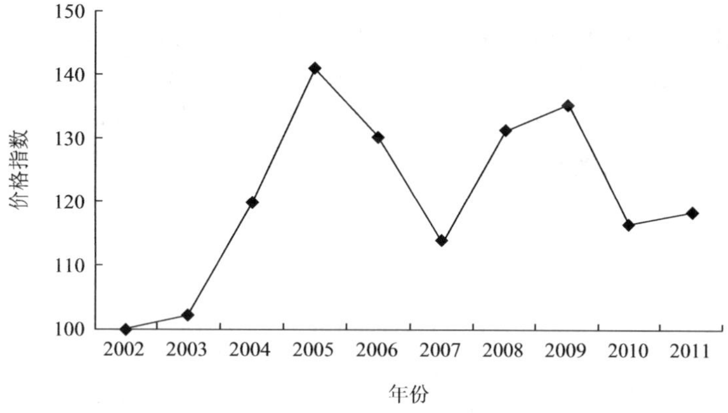

图 2-11　全国城镇煤炭及其制品零售价格指数（2002 年＝100）（2002～2011 年）
数据来源：中国城（镇）生活与价格年鉴 2003～2012

农村生活用能价格上涨态势明显（图 2-12）。2011 年农村生活用能价格指数是 1996 年的 2.1 倍，在过去的 16 年内（除 2009 年外）农村能源消费价格均保持增加态势。1997 年和 2008 年价格上涨最为明显，增长率均超过 10%。

生活用能支出占比是生活能源可支付性的重要表现之一，英国政府度量燃料贫困的重要指标阈值是生活能源理论支出占收入 10%。通过分析生活用能支出占比指标度量生活用能支出给居民造成的经济负担。受数据可获得性限制，本节将城镇生活用能支出分为电费、燃料费和取暖费，农村生活用能支出仅为燃料费，其中农村燃料支出主要用于购买柴草、煤和液化气。

城镇居民生活用能支出占收入比重呈下降趋势（图 2-13）。1999 年，城镇居民人均电力支出占总支出的 1.9%，在随后两年内保持增加趋势，2001 年小幅增加至 2.2%。

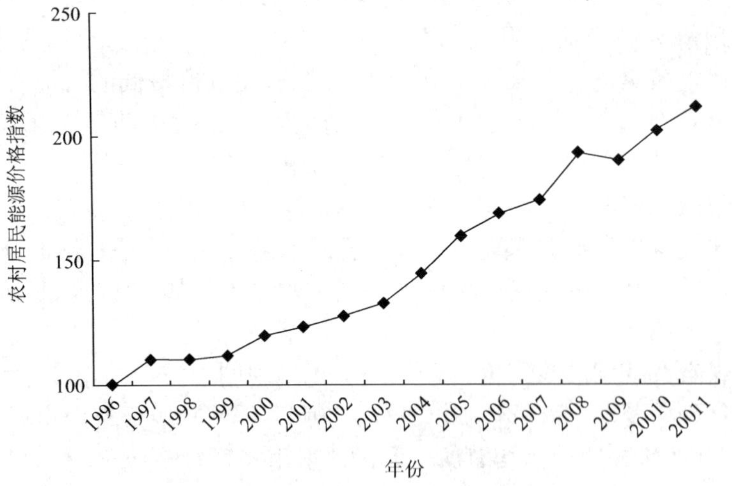

图 2-12　农村能源消费价格指数变化（1996 年＝100）（1996～2011 年）

数据来源：中国住户调查年鉴 1997～2013

从 2002 年开始在轻微波动中呈下降趋势。2011 年城镇居民人均电力支出占收入比重下降至 1.7%。城镇居民人均生活燃料支出占收入比重的下降趋势更为明显。1999 年城镇居民人均生活燃料支出占总支出的 1.6%，该比例在 2011 年下降至 0.9%。城镇居民人均取暖费用占收入比重从 2006 年起保持下降，从 2006 年的 0.8%下降至 2011 年的 0.6%。2011 年，城镇居民的人均生活能源总支出占收入的 3.3%，从 2005 年起该比例基本维持稳定。

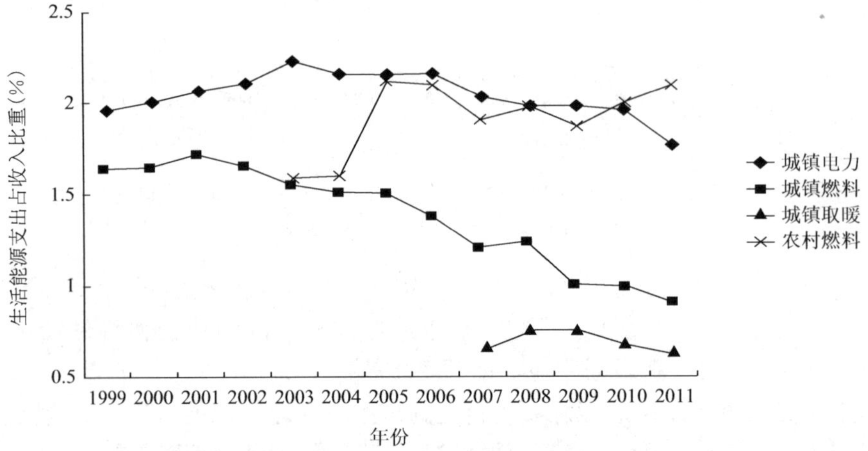

图 2-13　中国城镇和农村居民人均生活用能支出占收入比重（1999～2011 年）

数据来源：中国住户调查年鉴 2000～2012，作者计算

中国农村生活用能支出占比在波动中呈现增加趋势。2001 年农村居民人均生活燃料支出占收入的 1.6%，2011 年该比例增加至 2.1%。农村生活燃料支出占收入比在 2001 年与城镇水平相当，在随后的年份中，两者差距呈逐步扩大趋势。若将传统生物

质能价值化，并统计农村居民电力支出，农村居民生活用能支出占收入比将远超城镇。中国农村居民面临相对更严峻的生活能源不可支付问题。

中国经济发展水平较高省区市城镇居民用能支出占比较低。图 2-14 展示了基于三类生活用能支出的 2011 年中国各省区市城镇居民生活能源总支出占比，其中吉林省城镇人均生活能源总支出占比高于其他省区市，达到 5.4%。人均生活能源总支出占比最小的是上海市（1.8%）。

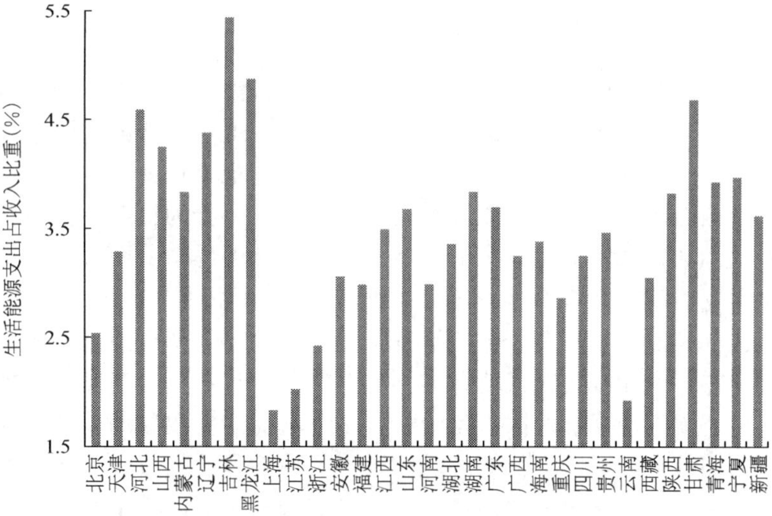

图 2-14　中国各省区市城镇居民人均年生活用能支出占收入比重（2011 年）

数据来源：中国住户调查统计年鉴 2012，作者计算

华北和西部省区市的农村居民生活用能支出占比较高。图 2-15 反映了中国各省区市 2011 年农村居民人均生活燃料支出占比。甘肃省农村居民人均生活燃料支出占收入

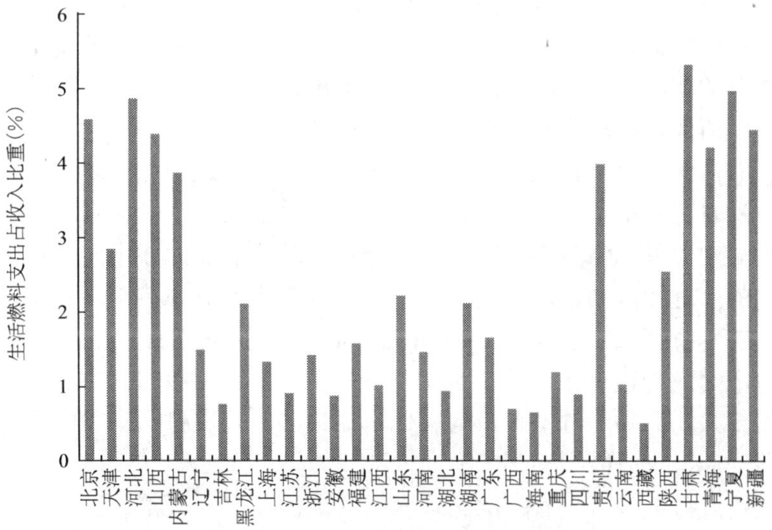

图 2-15　中国各省区市农村居民年人均生活燃料支出占收入比重（2011 年）

数据来源：中国住户调查统计年鉴 2012，作者计算

比重达到5.3%，为全国31个省区市最大值。西藏农村居民人均生活燃料支出占收入比重为0.5%，是全国31个省区市最小值。

综上所述，华北和东北省区市城镇居民生活能源可支付性相对较差，华北和西部省区市农村居民生活能源可支付性相对较差。农村居民虽消费更多免费的传统生物质能，但与城镇居民相比，仍面临更严峻的生活能源不可支付问题。

2.4 本章小结

本章在国际能源贫困概念的基础上，定义了本报告涉及的中国能源贫困概念；归纳总结了国际常用的能源贫困度量指标，分析了能源贫困度量方法的中国适用性；从用能结构、用能水平和用能能力等方面分析中国能源贫困的主要特征。

（1）定义中国能源贫困概念。能源贫困一般概念主要分为针对发展中国家能源不可获得性的能源贫困和针对发达国家生活用能不可支付性的燃料贫困。基于能源贫困一般概念，结合中国发展现状，综合生活需求和发展需求，本报告定义中国能源贫困概念为：为了人类生存和发展，不能公平获取并安全利用能源，特别是充足的、可支付的、高质量的、环境友好的能源。现代能源的不易获得制约了地区经济发展，加重了经济贫困的深度和广度。缺失现代能源服务是受教育水平偏低的重要原因，学龄儿童常因收集传统生物质能而缩减学习时间。低效燃烧传统生物质能释放的可吸入颗粒物成为家庭健康的潜在杀手。生活用能支出占比高使居民无法充分利用能源满足生活需求，易使家庭收支陷入恶性循环。能源贫困从经济、健康、公平等多个方面影响社会发展。

（2）国际能源贫困度量方法的评估视角可以分为能源可获得性、能源服务质量、满足人类生存和发展需求三个方面。基于能源服务可获得性的能源贫困度量方法多基于指标体系，指标体系强调指标设置内容与被研究区域的符合度，同时数据需求量较大。能源服务质量视角下的度量方法将经济贫困与能源贫困相联系，但此类方法的阈值标准设置缺乏可靠的理论依据，可参考性较差。满足人类能源需求视角下的度量方法利用工程学估算满足需求的能源量，标准阈值在一定范围可以参考使用，但此类研究方法并无固定模式，标准阈值的选择较易受研究人员主观影响。

从数据可获性角度分析常见能源贫困度量方法在中国适用性发现，中国可完全直接利用的度量方法较为有限，主要原因是中国官方统计数据多不包含家庭微观能源消费信息。但细致的微观家庭能源数据是能源贫困评估的基础，因此在中国开展多区域的、大规模的、细致的家庭能源调研对全面科学客观地判断中国能源贫困具有重要意义。

（3）中国基本实现电力全覆盖，商品能源消费量不断增加。经过近30年的努力，中国新增获取电力人口达7亿，基本实现电力全覆盖，不存在因无法获取电力而存在的能源贫困。城乡人均商品能源消费量均呈现增加趋势，且农村生活用能商品化程度有所提高。城乡清洁能源供应能力均逐步提高。

城乡生活用能差异显著，农村能源贫困问题更加突出。城镇居民生活用能均为商品能源，且以非固体能源为主。农村居民生活用能依赖传统生物质能，且商品能源消费以固体能源为主。农村人均传统生物质能、煤炭生活消费量保持增加趋势，人均煤炭消费量远超过城镇，人均商品能源消费总量和非固体商品消费量均少于城镇。与城镇地区相比，中国农村能源贫困问题更加突出，能源消费结构呈高碳化和非清洁化。

农村用能设施落后低效，清洁炊具普及率低。中国约 58%的农村居民仍使用最原始的设备直接燃烧传统生物质能，以满足家庭炊事和采暖需求，而农村居民，特别是妇女和儿童，因此长期暴露于室内空气污染程度高且不安全地用能环境中。2011 年中国农村每百户仅拥有 13.2 台抽油烟机，省柴节煤灶拥有量在过去 12 年内未有大幅增加，缺少清洁炊事取暖设备的状况在西部农村地区尤为突出。由此说明，中国农村居民因无法安全地消费现有的生活能源而存在能源贫困问题，而西部省份这一问题更为严重。

生活用能价格上涨，生活用能支出占比城乡分化。生活能源价格全国平均水平总体上涨，各省区市生活能源价格逐步趋同。中国城乡居民多类生活用能支出均有所增加，但城镇生活用能支出占总支出比重有所下降，而农村生活用能支出占总支出比重在波动中保持上升态势。经济发展水平较高省区市城镇居民虽支付较多生活能源成本，但生活用能支出占比较轻，经济发展水平较高省区市农村居民因购买商品能源而支付较多生活能源成本，且生活用能支出占比较高。整体而言，华北和东北省区市城镇地区生活用能支出占比相对较高，华北和西部省区市农村地区生活用能支出占比相对较高。

第 3 章　中国能源贫困的综合评估与区域比较

能源贫困已引起国际社会的广泛关注，中国的能源贫困问题也不容忽视。对中国能源贫困现象进行综合评估和全面分析是认清当前能源贫困状况的重要环节，也是国家制定消除能源贫困政策的必要前提。鉴于中国能源贫困问题的特殊性，现有国际上常用的各类能源贫困评估指标体系，对中国并不完全适用，需要在已有研究和实践的基础上，结合中国能源贫困的特征，设计中国能源贫困的综合评估指标体系。本章将构建能源贫困综合评估指标体系，并开展中国能源贫困的综合评估与区域比较，研究结果有助于揭示中国整体和不同区域的能源贫困状况，提高全社会对中国能源贫困问题的关注，推动减缓能源贫困的能力建设，最终消除能源贫困现象，进而促进中国能源可持续发展。基于上述背景，本章将回答以下几个方面的问题：

- 能源贫困综合评估指标体系的构成和评估方法是什么？
- 能源贫困综合评估结果的特征和变化趋势是什么？
- 不同区域间能源贫困状况的差异和主要原因是什么？
- 未来消除区域能源贫困的努力方向是什么？

3.1　能源贫困综合评估的指标和方法

由第 2 章内容可知，目前还没有被国际广泛认同且适用的能源贫困评估指标体系，鉴于中国能源贫困问题的特殊性，现有的各类指标和标准对中国的能源贫困评估并不完全适用，因此，需要在已有指标和标准的基础上，结合中国能源贫困概念，设计出适合中国能源贫困特征的综合评估指标体系。

由于能源贫困问题的复杂性，评估指标体系或无法全面反映中国能源贫困状况的所有方面，另外，数据的不可获得性也限制了指标的选择和应用，因此，尽管本章的能源贫困综合评估指标体系是基于中国能源贫困概念设计而出，但是仍未覆盖能源贫困在中国的全部表现。本章阐述的中国能源贫困综合评估指标体系期望在覆盖中国能源贫困各主要方面的基础上，识别出中国能源贫困的关键特征并进行综合评估比较。本节首先明确能源贫困综合评估指标体系的设计原则及功能定位，在此基础上构建可用于能源贫困综合评估的指标体系。

3.1.1　能源贫困综合评估指标体系的设计原则

1）全面性

设计指标体系时坚持全面性原则，并不意味着利用繁多的指标做到面面俱到，而是在众多的指标中提炼出最具代表性的、最能反映能源贫困问题的关键指标。过多的指标会增加操作的复杂度，也难以区分指标之间的主次程度，因此，应选用可直接反映能源贫困构成因素的指标（如能源消费量），而不是选用表征能源贫困影响因素的指标（如家庭收入）。选取反映多方面能源需求的指标，而不是仅局限于反映生存需求的能源贫困问题的指标。在相互关联的指标中，去除相关性高的指标，选取最有代表性的指标。尽可能选用相对指标，如人均指标和比重指标，以便于进行横向、纵向比较分析。

2）发展性

能源贫困是一个复杂的和不断完善的概念，具有很强的国家特性和时代性，与技术水平、设备推广等都有一定的相关性。能源贫困概念中的某个构成会随着社会的变化、政策的实施、技术的革新而有新的变化，例如，无法获取电力的人口数是国际衡量能源贫困的关键指标之一，而随着中国农村电网建设和改造工程的不断推进，中国电力覆盖率已经超过 99.7%，能否获取电力不再是评估中国能源贫困的关键指标。利用体现发展需求的能源贫困指标构建一个科学的、与时俱进的综合评估指标体系才能准确地反映出中国能源贫困的真实面貌和问题所在。

中国社会面貌的革新、发展标准的提高和有担当的大国形象均要求中国能源贫困评估指标具有发展性和可持续性。在中国高速发展的过程中，发展质量受到越来越多的关注，在能源贫困评估指标体系中主要表现为，不仅仅以能源消费量评估能源贫困程度，而是从发展的角度考察能源贫困的减缓潜力，从可持续的角度评估能源消费结构的清洁化和现代化。

3）科学性

能源贫困综合评估指标体系是理论与实际的结合。首先，指标体系设计应以能源经济学、发展经济学、系统理论以及相关数学理论为基础，从而保证评价的客观性和可信性。其次，评估的内容要有科学的规定，每个指标都要有科学和确切的概念，精确的内涵和外延，从而确保评价内容的本质性和代表性。最后，要选取科学而规范的研究方法，确保研究方法每一步的科学性和理论性。

4）系统性与独立性

能源贫困问题具有复杂性，中国能源贫困内涵可以概括为能源消费层和能源发展层两个递进层面，又可细分为能源服务获得性、能源消费结构、能源管理和能源支付性四个部分，每个部分之间相互作用、相互影响。因此，根据系统思想的要求，利用体系内各指标间的相互关系构建一个开放的、互动的系统，各个部分之间并不相互孤立，相互间存在着物质和信息的交换。

在整个综合评估体系中，要求指标间相互独立。在同一类指标中，必须避免具体内容的重复表达，在不同类指标中，也应尽量剔除内容重复的具体指标。保持相互独立性的指标体系才能利用较少的指标充分而准确地评估中国能源贫困现状。

5）可行性

设计中国能源贫困综合评估指标体系时，首先要求指标尽可能可量化，尽管定性指标在某些评估体系中扮演重要的角色，但是为了保证中国能源贫困综合评估体系的长期和广泛应用性，评估指标体系要求大多数指标保持可量化的特点，即指标的具体属性可以分成成本型指标、效益型指标和固定型指标，为了使评估指标可以进行横纵两向的比较，尽量选用人均型和比重型指标，搭配综合型和调研型指标。其次要求指标数据可测度，应用于中国能源贫困综合评估指标体系中的数据要具有可测和可获得性，数据可以是各类统计年鉴中包含的统计数据、调查机构或研究人员发布的调研数据和其他正规途径获得的具有科学性的数据。

3.1.2 能源贫困综合评估指标体系的功能定位

通过中国能源贫困综合评估指标体系的构建和分析，揭示中国的能源贫困问题，引导政府加强对能源贫困问题的关注，增强中国减缓能源贫困的能力，提高中国能源发展质量，并在中国能源贫困评估的过程中，对能源分配公平性、能源消费习惯、能源消费结构、能源可支付性及能源发展潜力进行评估。

1）客观反映中国能源贫困程度

中国能源贫困综合评估指标体系通过在全国范围内应用和在省市级推广，客观地反映中国能源贫困程度，真实反映中国能源贫困存在的问题。中国能源虽然经历着高速发展，已经跃身为世界能源生产大国和消费大国，但是中国能源发展质量与发达国家相比，仍有明显差距。中国现代能源的获取和分配、能源基础建设以及能源生产和消费结构的清洁化，均存在明显区域差异和城乡差异。中国能源贫困综合评估指标可以客观真实地反映中国能源贫困的现状及区域差异，同时指出各省市在减缓能源贫困工作中需要提升和改进的主导方向。

2）建立科学实用的能源贫困综合评估指标体系

在中国能源贫困综合评估指标体系的构建过程中，充分借鉴国际组织、研究学者在能源贫困领域已经开展的研究工作，结合中国能源发展的现状，从不同侧面和不同角度反映中国能源贫困的本质，把握造成能源贫困的影响、内在规律和未来发展趋势，全面综合地设计中国能源贫困综合评估指标体系。科学的指标体系是指在国际认可的理论基础上，充分考虑中国国情，并有所区别和选择性地借鉴国内外能源贫困领域的研究成果，分析所用数据的可靠性和相关性，从而科学地反映出中国能源贫困的现状。

3）为政府决策提供智力支持和信息资源

构建中国能源贫困综合评估指标体系，以期诊断出中国各省市的能源贫困问题，并为能源贫困减缓提供有效的借鉴，从而为政府决策提供有效的支持。基于中国能源贫困综合评估指标体系，开展区域比较研究，各地政府可以发现自身能源贫困问题的侧重点，有的放矢地实施能源贫困减缓措施，向其他省市学习借鉴宝贵的工作经验；中央政府可以有针对性地指导和扶持地方政府的工作，有区别地针对地方减缓能源贫困政策进行投资，以提高全国整体的能源发展质量。

3.1.3　中国能源贫困综合评估指标体系

本节根据中国能源贫困概念设计综合评估指标体系，侧重从生存和发展两个需求层面选取相关一级指标。国际认可的能源贫困概念是从满足人类基本生存需求的角度定义的，而作为一个整体社会经济实力处于上升期的发展中国家，仅从生存需求角度定义和解决能源贫困已无法满足国家和人民的发展需要。因此，中国能源贫困综合评估指标体系还需要从发展需求定位能源贫困，以发展的视角减缓能源贫困。

从生存需求出发，中国能源贫困综合评估指标体系选取一级指标时，参考国际其他能源贫困评估指标，设计了能源服务可获得性一级指标、生活用能可支付性和高效性一级指标，其中能源服务可获得性指标在选取时，因为中国已经基本实现电力全覆盖，所以未选择与电力普及率相关的指标。从发展需求出发，设计了能源消费清洁性和能源管理完备性一级指标，两个一级指标分别着重考察中国生活能源消费结构的现代化和清洁化，以及改善能源贫困现状的能力建设。

在指标体系设计原则的指导下，依据中国能源贫困综合评估指标体系的功能定位，参考国外能源贫困评估指标和标准，基于本报告中应用的中国能源贫困定义，最终构建了包含 4 个一级指标、11 个二级指标和 26 个三级指标的中国能源贫困综合评估指标体系，如表 3-1 所示。

1）能源服务可获得性

现代能源服务的可获得性是能源贫困一般概念的重要组成，中国作为发展中国家也存在明显的现代能源服务不可获得的问题，现代能源消费存在明显的区域差异和城乡差异。能源服务可获得性一级指标包括生活能源消费量、能源供应能力和能源供应安全 3 个二级指标。

（1）生活能源消费量。

生活能源消费量指标选自 IEA 能源发展指数（IEA，2004），该类指标考察居民对

表 3-1　中国能源贫困综合评估指标体系

一级指标	二级指标	三级指标	数据来源	指标属性
能源服务可获得性	生活能源消费量	人均生活电力消费量	中国能源统计年鉴、中国统计年鉴、计算	人均型、效益型
		人均生活热力消费量	中国能源统计年鉴、中国统计年鉴、计算	人均型、效益型
		人均生活天然气消费量	中国能源统计年鉴、中国统计年鉴、计算	人均型、效益型
	能源供应能力	城市集中供热（蒸汽）人均供应能力	中国能源统计年鉴、中国人口与就业统计年鉴、计算	人均型、效益型
		城市液化石油气人均供气量	中国能源统计年鉴、计算	人均型、效益型
		城市天然气人均供气量	中国能源统计年鉴、计算	人均型、效益型
		农村秸秆优质化供气处每百万人均数量	中国农村统计资料、中国人口与就业统计年鉴、计算	人均型、效益型
	能源供应安全	电网易损性	—	综合型
能源消费清洁性	能源消费结构低碳化	非固体商品能占商品能比重	中国能源统计年鉴、计算	比重型、效应型
		非火力发电量占发电量比重	中国能源统计年鉴、计算	比重型、效应型
	能源消费结构现代化	生物质能占总能源消费比重	中国能源统计年鉴、计算	比重型、成本型
能源管理完备性	能源管理基础建设	农村能源管理推广机构每百万人均个数	中国农村统计资料、中国人口与就业统计年鉴、计算	人均型、效益型
	能源投资	人均农村能源投入经费	中国农村统计资料、中国人口与就业统计年鉴、计算	人均型、效益型
		国有经济电力、蒸汽、热水生产和供应业固定资产人均投资	中国能源统计年鉴、中国统计年鉴、计算	人均型、效益型
生活用能可支付性和高效性	生活能源成本	城镇人均电和燃料支出占总支出比重	中国城市统计年鉴、中国人口与就业统计年鉴、计算	比重型、固定型
		农村人均生活用燃料支出占总支出比重	中国农村住户调查年鉴	人均型、固定型
	能源设备	城镇每百户家庭空调拥有量	中国统计年鉴	人均型、效益型
		城镇每百户家庭电冰箱拥有量	中国统计年鉴	人均型、效益型
		农村每百户家庭抽油烟机拥有量	中国统计年鉴	人均型、效益型
		农村每百人省柴节煤灶拥有量	中国农业统计资料、中国人口与就业统计年鉴、计算	人均型、效益型
		农村户用沼气池使用比例	中国农村统计资料、中国农村统计年鉴、中国人口与就业统计年鉴、计算	人均型、效益型
		农村太阳能热水器人均覆盖面积	中国农业统计资料、中国人口与就业统计年鉴、计算	人均型、效益型
	生活能源消费行为	家庭炊事取暖燃料是否以传统生物质能为主	—	调研型
		家庭生物质能获取方式	—	调研型
	生活能源污染物排放的健康影响	生活二氧化硫人均排放量	中国环境统计年鉴、中国统计年鉴、计算	人均型、成本型
		生活烟尘人均排放量	中国环境统计年鉴、中国统计年鉴、计算	人均型、成本型

于各类生活能源是否可获得，在可获得的基础上是否作为主要生活能源，因此主要考察各地区清洁商品能源的消费量，具体选择了人均生活电力消费量、人均生活热力消费量和人均生活天然气消费量 3 个三级指标，3 个指标均为效益型指标。在生活能源消费品种中，电力、热力和天然气均是处于能源阶梯高端的能源品种，具有现代、清洁及高效的特点，电力、热力和天然气三种能源覆盖了居民家庭取暖、照明和炊事所需。

人均生活电力、热力和天然气消费量（$A_{i,n}$）分别是指各省市居民部门生活消费电力、热力和天然气总量（$C_{i,n}$）与该省市总人口（P_i）的比值，包括城镇和农村地区，计算公式如下：

$$A_{i,n}=\frac{C_{i,n}}{P_i}\quad (n=1,\ 2,\ 3)$$

式中，i 表示第 i 个省市；n 表征生活能源品种，$n=1$ 是电力，$n=2$ 是热力，$n=3$ 是天然气。三种生活能源消费总量摘自各省市各年能源平衡表，来源于中国能源统计年鉴，各省市人口数据来源于中国统计年鉴。

（2）能源供应能力。

能源供应能力强弱受政府政策指向、政府投入经费和地区基础建设等多方面影响，能源供应能力高为能源服务可获得提供保障，在居民保有消费更现代、更清洁生活能源的意向时，能源供应能力对居民的能源消费选择起到了一定影响，为居民消费创造条件。设计能源供应能力二级指标是考察能源服务可获得性的可持续性。由于中国城市和农村都已基本实现生活电力全覆盖，因此，选择能源供应能力指标下的三级指标时未涉及电力供应，而是具体选择了城市集中供热（蒸汽）人均供应能力、城市液化石油气人均供气量、城市天然气人均供气量和农村秸秆优质化供气处每百万人均数量 4 个三级指标。前三个指标具体针对城市地区，第四个指标具体针对农村地区。

城市集中供热（蒸汽）供应能力是指热电厂、热力公司和达到标准的集中采暖锅炉房向城市输送的供热源的设计能力，即每小时向城市输送蒸汽的能力。中国城市集中供热（蒸汽）多发生于黄河以北的省份，城市集中供热可提高能源利用率，节约能源，减轻大气污染和节约城市用地，是城市能源建设的基础设施。城市集中供热（蒸汽）人均供应能力即为城市集中供热（蒸汽）供应能力与城市年末常住人口的比值，为效益型指标，城市集中供热（蒸汽）供应能力数据来源于中国能源统计年鉴，城市人口数据来源于中国人口与就业统计年鉴。

液化石油气是热值高、无烟尘、无炭渣、操作使用方便的生活燃料，中国城市居民消费液化石油气主要通过管道输送方式，它是由城市燃气公司把液化石油气与空气、液化石油气与煤气或液化石油气与化肥厂排放的空气等混合后，通过管理直接输送到居民家中使用，供居民炊事所用。中国乡镇农村仍多通过瓶装供给的方式消费液化石油气。城市液化石油气人均供气量为城市液化石油气供气量与供气人数的比值，是效益型指标，供气量和供气人数数据均来自于中国能源统计年鉴。

天然气是一种绿色环保、经济实惠、安全可靠的生活能源，可用于家庭炊事和取暖，其安全的特性有利于改善家居环境，提高生活质量。中国天然气普及仍处于起步阶段，天然气管道多集中在城市地区。城市天然气人均供气量是城市天然气供气量与供气人数的比值，是效益型指标，城市天然气供气量和城市天然气供气人口数据均来自于中国能源统计年鉴。

秸秆气化是中国农村能源建设推出的一项新技术，该技术是以农村丰富的秸秆为原料，经过热解和还原反应后生成可燃性气体，通过管网送到农户家中，供农村家庭炊事、采暖燃用。秸秆气化将低热值的秸秆资源转换成高效、洁净的生物质燃气，提高了农村居民的生活能源消费质量，改善家居环境。由于中国农村秸秆气化供气量数据统计不完善，数据年限较短，因此，选用秸秆优质化供气处数量替代，供气处数量多寡反映地区秸秆气化供气量能力。秸秆优质化供气处每百万人均数量是指农村每百万人口拥有秸秆优质化供气处数量，是效益型指标，农村秸秆优质化供气处数据来源于中国农村统计资料，中国农村人口数据来源于中国人口与就业统计年鉴。

2）能源消费清洁性

中国能源贫困区域综合评估指标体系从生存需求角度关注能源贫困的发展现状的同时，也从发展需求角度关注能源贫困发展的质量，即能源消费结构。生活能源消费品种和消费选择应该随着社会的发展变化而变化，停留在旧时的能源选择意向和持续消费无法满足人类发展需求的能源品种都是阻碍自身发展和制约社会进步的做法，是达不到现代社会需求水平的，由此，提出了能源消费结构现代化指标评估现有的能源消费结构。随着化石能源消费量的明显增长，二氧化碳排放量也显著上升，由此带来了以二氧化碳为主的温室气体造成的气候变化，气候变化是 21 世纪人类面临的最复杂的挑战之一，这对人类使用能源特别是化石能源的方式提出了新的课题。指标体系在能源贫困问题的框架下思考气候变化，由此提出了能源消费结构低碳化指标评估现有的能源消费结构。因此，在能源消费清洁性一级指标下设计了能源消费结构现代化和能源消费结构低碳化两个二级指标。

（1）能源消费结构现代化。

国际能源署在谈及能源贫困时多次指出，生活用能依赖传统生物质能是污染大、效率低和危害多的生活方式，是减缓能源贫困需要攻克的难关之一。传统生物质能包括薪柴、秸秆、稻草、稻壳及其他农业生产的废弃物和畜禽粪便等，是可再生的、易获得的非商品能源，多用于家庭取暖和炊事，传统生物质能直接燃烧造成严重的室内空气污染，且传统生物质能的获取是一项时间长、简单粗暴的工作，因此，传统生物质能的大量消费威胁着健康、教育、公平、环境和社会发展，评估能源消费结构的现代化是评估能源消费结构的重要内容之一。为考察中国居民生活能源消费的现代化，中国能源贫困区域综合评估指标体系选中生物质能占总能源消费比重指标，为成本型指标，由于中国城市居民不再消费传统生物质能，因此，该指标具体针对农村能源消费结构的现代化。生物质能消费量是指中国农村地区居民生活消费薪柴量和秸秆量的标准量加和，其中2000～2007 年的数据来源于中国能源统计年鉴，2008～2011 年传统生物质能消费量数据利用各省市 1998～2007 年传统生物质能消费量、农村人口数量、人均收入、仅完成初中及以下学历教育人口比例、农村果园种植面积（表征薪柴资源）以及谷物、豆类、薯类、油料及麻类作物播种面积（表征秸秆资源），进行多次多元回归拟合计算所得。农村商品能源生活消费量基础数据来源于中国能源统计年鉴的各省市能源平衡表，结合各种能源折标煤系数计算得到农村生活商品能源消费标准量，生物质能占总生活能源消费比重即为传统生物质能（薪柴和秸秆）生活消费量占总生活能源（传统生物质能和商品能源）消费量的比重。

（2）能源消费结构低碳化。

在能源消费结构低碳化指标下，具体针对生活商品能源消费结构进行评估，选取了非固体商品能占商品能比重和非火力发电量占发电量比重两个三级指标。

固体商品能源是指能产生热能或动力的固态可燃物质，在生活能源中主要指原煤、型煤等煤炭。相比于电力、天然气等其他商品能源，固体商品能源直接燃烧释放大量的二氧化碳、二氧化硫和一氧化碳。从低碳化的视角出发，应该平衡能源消费结构中固体能源的占比，鼓励消费有利于改善家庭居住环境且有利于改善大气环境的非固体商品能源。非固体商品能占商品能比重指标是效益型指标，其中，固体商品能源是由中国能源统计年鉴中各省市能源平衡表中煤炭类生活消费量结合各种能源折标准煤系数计算，商品能源是由中国能源统计年鉴中各省市能源平衡表中所有能源生活消费量结合各种能源折标准煤系数计算，数据均包含城镇消费和农村消费。

中国主要的发电形式是火力发电、水力发电和核能发电，其他能源发电形式虽然有多种，但规模相对较小。火力发电是利用煤、石油和天然气等化石燃料所含能量发电的方式，占领中国电力的大部分市场，但是火力发电大量燃煤、燃油，造成环境污染。水力发电是利用水位落差，配合水轮发电机产生电力，有价格低廉，污染小的特征。核能发电是利用核反应堆中核裂变所释放出的热能进行发电，核能发电具有无二氧化碳排放、无空气污染和成本稳定的特点，它是实现低碳发电的一种重要方式。在评估居民生活消费电力来源的低碳化的目标下，由于无法获取按照不同发电方式分解的居民生活电力消费量，而选择全行业非火力发电量占发电量比重指标作为替代，该指标为效益型指标，火力发电量和总发电量数据均来源于中国能源统计年鉴。

3）能源管理完备性

能源管理完备性指标从发展的角度评估中国减缓能源贫困的能力和潜力。减缓能源贫困的能力和潜力建设是顺利开展和完成减缓能源贫困工作的所需条件，这些条件需从精神上武装居民选择现代清洁生活能源的意识，从技术上改造和推广适宜家庭所用的生活能源消费设备，从物质上为居民消费现代清洁能源提供可能。因此分别从管理和投资的角度出发，在能源管理完备性一级指标下设计了能源管理基础建设和能源投资两个二级指标。

（1）能源管理基础建设。

中国农村地区能源发展与城市地区相比仍有较大差距，就生活能源而言，农村居民生活能源选择意向更为丰富和自由，农村生活能源改进模式更多样化且无一定的规律可言，因此，农村居民生活能源发展更需要政府的引导和管理，能源消费技术和设备更新更需要专业化的推广和管理，农村减缓能源贫困工作的具体设计和开展需要专门专业的人员负责，由此设计农村能源管理推广机构每百万人均个数指标表征能源管理基础建设，此指标为效益型指标。农村能源管理推广机构主要负责制定该地区农村能源发展规划、开展农村能源的综合开发与利用技术的试点及推广工作、承办并组织实施国家生态环境建设综合治理工程中的沼气、节柴灶项目、管理农村能源行业以及培训农村能源行业从业人员，是农村能源发展工作的重要执行者，是农村能源健康发展的看护员，同时也是减缓能源贫困工作计划的制定者和实施者。中国农村能源管理推广机构分为省级、地市级、县级和乡级，农村能源管理推广机构每百万人均个数指标使用四类管理推广机构个数总和与农村人口的比值，数据来源于中国农村统计资料，农村人口数据来源于中国人口与就业统计年鉴。

（2）能源投资。

农村能源的开发利用、农村有关节能技术的推广应用、农村能源管理与推广机构的正常运营等关联农村能源发展的方方面面都离不开经费的投入。政府在农村能源发展领域的投资也保障了农村能源的持续和健康发展，为农村开展减缓能源贫困的工作提供经费支持，由此设计人均农村能源投入经费指标，该指标为效益型指标，农村能源投入经费来源于省级投入、地市级投入、县级投入、乡级投入及用户自筹经费，人均农村能源投入经费指标选用五种经费的投入和与农村人口的比值，数据来源于中国农村统计资料，农村人口数据来源于中国人口与就业统计年鉴。

国有经济又称全民所有制经济，是国民经济的领导力量，是社会主义公有制经济的重要组成部分，在中国能源生产和供应业发展过程中起到关键性作用，而能源行业的健康发展又有利于中国能源贫困减缓工作的开展，因此，在能源投资二级指标下设计国有经济电力、蒸汽、热水生产和供应业固定资产人均投资指标，此指标为效益型指标。国有经济电力、蒸汽、热水生产和供应业固定资产投资数据来源于中国能源统计年鉴，人口为各省市城乡全部人口，数据来源于中国统计年鉴。

4）生活用能可支付性和高效性

能源贫困在居民消费行为上主要表现为居民自主选择非清洁、非现代的能源品种、生活能源成本较高、家庭能耗设备陈旧且低效，而这些导致能源贫困的行为也直接导致空气污染加重，威胁居民的身体健康。在生活用能可支付性和高效性一级指标下设计生活能源成本、能源设备、生活能源消费行为及生活能源污染物排放的健康影响 4 个二级指标。

（1）生活能源成本。

生活能源成本指标来源于英国的燃料贫困概念，Boardman（2010）定义燃料贫困为室内温度过低或有明显的家庭能源负债，具体测度方法是为维持适宜的室内温度而花费的能源成本超过收入的 10%。之后，Hills（2011）提出了全新的燃料贫困概念：为满足家庭生活基本需要，该人群需支付的家庭生活能源成本高于社会平均水平，且剩余收入低于官方经济贫困线。燃料贫困关注家庭室内温度和家庭能源成本，中国能源贫困区域综合评估指标体系选择其关于家庭能源成本的部分，结合中国家庭花费实际确定阈值。居民家庭能源花费或家庭能源花费占比超过阈值，认为该家庭承担过重的能源经济负担，若远低于阈值，则认为该家庭能源过少，未能消费满足人类生存所需的足够能源。在生活能源成本指标下，设计城镇人均电和燃料支出占总支出比重和农村人均生活用燃料支出占总支出比重 2 个三级指标，两者分别为固定型指标。计算城镇人均电和燃料支出占总支出比重指标用的城镇家庭人均电和燃料花费数据和城镇家庭人均总支出数据均来源于中国城市统计年鉴。计算农村人均生活用燃料支出占总支出比重用的农村居民户均生活用燃料支出数据和农村居民人均总支出数据来源于中国农村住户调查年鉴，其中生活用燃料不包含电力，家庭户规模数据来源于中国人口与就业统计年鉴。

生活能源成本指标均为阈值性指标，本节根据中国实际现实设置适合中国城镇和农村生活能源成本占比阈值，而非直接套用国际已有的相似阈值。城镇人均电和燃料支出占总支出比重指标的阈值设为8%，由于城镇家庭消费的生活能源全为商品能源，均需支出经济成本购买，故规定当城镇人均电和燃料支出占总支出比重小于8%时，认为其值越接近8%表示存在能源贫困问题越严重，当比重值等于或大于8%认为存在能源贫困问题，且其值越大表示能源贫困问题越严重。由于农村居民消费的生活能源中无经济成本的传统生物质能占有较大比重，且生活能源花费数据仅可获得生活燃料支出数据，缺失农村人均电力支出数据，故将农村人均生活用燃料支出占总支出比重阈值设置为2.5%，并规定当比重小于2.5%时，指标值越小表示能源贫困问题越严重，等于或大于2.5%表示不存在能源可支付性引起的能源贫困问题。

（2）能源设备。

能源设备指标下三级指标的设计分为城市家庭能源设备和农村家庭能源设备。在设计反映城市家庭能源设备指标时，由于考虑燃料贫困概念中关于家庭室内温度不足定义，而选择城镇每百户家庭空调拥有量指标，为效益型指标，数据来源于中国统计年鉴；由于生活用能可支付性和高效性一级指标是从满足生存需求的角度选择和设计指标，而在城市家庭能源设备中，用于储存食物的电冰箱是与满足城市家庭饮食需求息息相关的，因而选择城镇每百户家庭电冰箱拥有量指标，为效益型指标，数据来源于中国统计年鉴。

在农村家庭能源设备指标的选择和设计时，更关注炊事设备和生物质能利用设备。国际能源署在《世界能源展望2010》中对能源贫困概念进行了修改（IEA，2010），将能源贫困人群区分条件中的生活燃料依赖传统生物质能改为利用传统炊事设备消费生物质能，这种改变即强调了炊事设备改良的必要性，又强调了能源设备对于传统生物质能消费的重要性，由于能源设备的革新和改良有利于改变生物质能消费过程中产生的环境和健康问题，发挥传统生物质能本身具有的廉价、易获得和可再生的优势。从炊事设备角度出发，选择农村每百户家庭抽油烟机拥有量指标，该指标为效益型指标，数据来源于中国统计年鉴。从消费生物质能设备角度选择了农村每百人省柴节煤灶拥有量、农村户用沼气池使用比例和农村太阳能热水器人均覆盖面积3个三级指标。

省柴节煤灶是利用农村广泛的柴草、秸秆和煤炭资源，进行科学设计而建造或者制造出的用于农户炊事的高效烧柴或烧煤炉灶，多用于农村炊事、取暖，其效率一般在25%～30%，相对于农村传统的旧式灶，省柴节煤灶改革了内部结构，提高了效率，减少了排放，是卫生、方便、安全的家用能源设备，农村省柴节煤灶人均拥有量指标计算过程中的农村省柴节煤灶拥有量数据来源中国农业统计资料，农村人口数据来源于中国人口与就业统计年鉴。

农村户用沼气池生产的沼气主要用来做生活燃料，利用动物粪便等传统生物质能产生沼气，满足家庭炊事和照明所需。户用沼气池在农村地区的推广能大量节省秸秆、干草等有机物，减少乱砍树木和乱铲草皮的现象，有利于净化环境和减少疾病的发生，节约家庭经济开支，降低家庭主妇劳动强度，所以，农村户用沼气池使用比例指标为效益型指标，农村户用沼气池拥有量数据来源于中国农村统计资料，农村户数来源于中国农村统计年鉴和中国人口与就业统计年鉴。

太阳能热水器将太阳光能转化为热能，将水从低温度加热到高温度，以满足人们在生活中的热水使用，与农村家庭常用的燃气热水器和电热水器相比，太阳能热水器安全可靠且环保节能，因此，农村太阳能热水器人均覆盖面积指标为效益型指标。农村太阳能热水器覆盖面积数据来源于中国农业统计资料，农村人口数据来源于中国人口与就业统计年鉴。

（3）生活能源消费行为。

居民的生活能源消费行为、消费习惯都会影响居民对于生活能源的选择，同时也是能源贫困的具体表现。在国际能源贫困评估指标框架中，常将居民生活行为作为评估能源贫困的重要指标，Pachauri 和 Spreng（2011）为评估印度能源贫困问题而设计了能源贫困评估指标体系，其中家庭层面指标包含考察居民生活能源消费行为的指标，如家庭炊事特点和习惯、家庭炊事设备种类及效率等。Mirza 和 Szirmai（2010）设计的巴基斯坦能源贫困指标体系中包含考察家庭获取生物质能所需时间和获取方式等的指标。中国能源贫困概念基于国际能源贫困概念，生活能源依赖传统生物质能依然是能源贫困的重要表现之一，因此，在生活能源消费行为二级指标下，设计家庭炊事取暖燃料是否以传统生物质能为主的三级指标，该指标可以考察中国农村家庭主要生活用能源种类，但是应用该指标需要采用调查数据。在农村家庭多依赖传统生物质能的基础上，获取生活所需的传统生物质能需要花费的时间和精力成为能源贫困对农村家庭造成影响程度深浅的重要指标，花费更多时间更多精力的农户则浪费了家庭有效劳动力，阻碍了家庭经济条件改善的速度，由此设计家庭生物质能获取方式指标，考察生物质能获取对家庭有效劳动力的占用情况，该指标的应用需要采用调研数据。

（4）生活能源污染物排放的健康影响。

能源贫困人群多利用低效的方式消费包括传统生物质能在内的固体能源，而固体能源燃烧释放的烟雾中含有对人体有害的颗粒物，如一氧化碳、二氧化氮、二氧化硫（主要来自于煤）、甲醛及一些致癌物质（苯、苯并芘等）（Rehfuess et al.，2006），这些可吸入颗粒物会引起急性下呼吸道感染（ALRI）、慢性阻塞性肺病（COPD）、肺癌等疾病（Smith et al.，2004；Rehfuess et al.，2006），也可能引起新生儿出生体重低、产期死亡、哮喘、中耳炎、鼻咽癌、肺结核、白内障等疾病（Boy et al.，2002；Schirnding et al.，2002；Almond et al.，2009）。由于直接评估固体燃料燃烧造成的健康损失的指标缺乏数据支撑，因而选择生活污染物排放的三级指标表征健康影响，具体选择生活二氧化硫人均排放量和生活烟尘人均排放量 2 个三级指标。生活二氧化硫排放量和生活烟尘排放量数据来源于中国环境统计年鉴，人口数据使用各省市全部人口，数据来源于中国统计年鉴。

3.1.4 能源贫困综合评估计算方法

利用构建的能源贫困综合评估指标体系，采用相关统计数据，本节对中国区域能源贫困状况在省级层面上进行评估，评估涵盖中国除西藏、香港、台湾、澳门以外的 30 个省、自治区和直辖市，时间跨度为 2000～2011 年。

由于综合评估涉及的 23 个三级指标量纲不同，具备不同属性（成本性、效益型、固定型），在进行综合评估之前需对数据进行预处理，主要包括指标数据的无量纲化和同方向化。本研究采用下列方法同时完成上述数据预处理过程，对于成本型指标和效益型指标分别采用式（3-1）和式（3-2）进行处理：

$$y_i^t=\frac{\max\limits_{i,t} x_i^t - x_i^t}{\max\limits_{i,t} x_i^t - \min\limits_{i,t} x_i^t} \tag{3-1}$$

$$y_i^t=\frac{x_i^t - \min\limits_{i,t} x_i^t}{\min\limits_{i,t} x_i^t - \min\limits_{i,t} x_i^t} \tag{3-2}$$

式中，x_i^t 为 t 时期第 i 项指标值；y_i^t 为无量纲和同方向化后的指标值，其变化范围为［0，1］。本研究构建的指标体系中大部分三级指标均为成本型或效益型指标，经过上述预处理后均变为位于 0 到 1 区间内的效益型指标。此外，指标体系中还包括两个特殊的固定型（占比型）指标，其中之一为从负向越趋近某一个阈值越好，而大于该阈值后认为与等于该阈值无差异的指标，对于该类指标，可以采用式（3-3）进行预处理：

$$y_i^t=\begin{cases}\dfrac{x_i^t - \min\limits_{i,t} x_i^t}{\max\limits_{i,t} x_i^t - \min\limits_{i,t} x_i^t}, & x_i^t<\alpha_i \\ \dfrac{\alpha_i - \min\limits_{i,t} x_i^t}{\max\limits_{i,t} x_i^t - \min\limits_{i,t} x_i^t}, & x_i^t\geqslant\alpha_i\end{cases} \tag{3-3}$$

式中，x_i^t 为 t 时期第 i 项指标值；y_i^t 为无量纲和同方向化后的指标值，其变化范围为［0，1］；α_i为指标 x_i^t 对应的阈值。

另一个为从负向越远离一个阈值越好，而大于该阈值后认为与等于该阈值无差异的指标，类似的，可以采用式（3-4）进行无量纲化和同方向化处理：

$$y_i^t=\begin{cases}\dfrac{(\alpha_i - x_i^t) - \min\limits_{i,t}(\alpha_i - x_i^t)}{\max\limits_{i,t}(\alpha_i - x_i^t) - \min\limits_{i,t}(\alpha_i - x_i^t)}, & x_i^t<\alpha_i \\ 0, & x_i^t\geqslant\alpha_i\end{cases} \tag{3-4}$$

对三级指标值进行集结以获得二级和一级评价指数，以及能源贫困综合评估指数时，还需要对各类指标进行赋权，本研究采用数据驱动与功能驱动相结合的赋权方法。将一级指标集结为能源贫困综合指数时，采用功能驱动方法对 4 个一级指标进行赋权，即根据文献调研、专家判断等方法确定 4 个指标在能源贫困测度中的重要性。将三级指标值集结为二级指标和一级指标上的指数时，采用数据驱动方法对 23 个三级指标进行赋权，为了增强评价的区分度，可以根据被评价对象在某项指标下的指标值的分布离散程度（用变异系数衡量）来确定该指标的权重，离散程度越高（变异系数越大），则该指标对于整体评价的区分度贡献越大，相应可以为该指标赋予相对较大的权重，反之则赋予相对较小的权重。

4 个一级指标根据其对能源贫困的影响大小，本研究确定的权重：能源服务可获得性指标权重为 35%，能源消费清洁性权重为 25%，能源管理完备性以及生活用能可支付性和高效性权重均为 20%。采用经过处理的变异系数表征的三级指标权重如表 3-2 所示。

表 3-2　能源贫困综合评价指标权重

一级指标 EPI	一级指标权重（功能驱动）	二级指标	二级指标权重（合成权重）	三级指标 y	三级指标权重 w（数据驱动）
能源服务可获得性	35%	生活能源消费量	13.87%	人均生活电力消费量	1.75%
				人均生活热力消费量	5.67%
				人均生活天然气消费量	6.45%
		能源供应能力	21.13%	城市集中供热（蒸汽）人均供应能力	4.55%
				城市液化石油气人均供气量	2.62%
				城市天然气人均供气量	5.84%
				农村秸秆优质化供气处每百万人均数量	8.12%
能源消费清洁性	25%	能源消费结构低碳化	20.58%	非固体商品能占商品能比重	6.00%
				非火力发电量占发电量比重	14.58%
		能源消费结构现代化	4.42%	生物质能占总能源消费比重（转换后）	4.42%
能源管理完备性	20%	能源管理基础建设	4.85%	农村能源管理推广机构每百万人均个数	4.85%
		能源投资	15.15%	政府投入农村能源人均经费	10.71%
				国有经济电力、蒸汽、热水生产和供应业固定资产人均投资	4.44%
生活用能可支付性和高效性	20%	生活能源成本	5.02%	城镇居民家庭人均电、燃料花费占总支出比重	2.13%
				农村人均生活燃料支出占总支出比重	0.99%
		能源设备	10.88%	城镇每百户家庭空调拥有量	1.91%
				城镇每百户家庭电冰箱拥有量	0.24%
				农村每百户家庭抽油烟机拥有量	3.63%
				农村每百人省柴节煤灶拥有量	0.80%
				农村户用沼气池使用比例	2.20%
				农村太阳能热水器人均覆盖面积	4.01%
		生活能源污染物排放的健康影响	4.09%	生活二氧化硫人均排放量（转化后）	2.13%
				生活烟尘人均排放量（转化后）	1.96%

基于采用上述方法预处理后的评价指标值和选择的权重，本研究使用简单的算术加权平均方法进行指标值的集结，形成一个能源贫困综合指数和 4 个反映能源贫困不同维度特征的能源贫困子指数：能源服务可获得性指数、能源消费清洁性指数、能源管理完备性指数、生活用能可支付性和高效性指数。为了表述方便以及与人们的认知习惯相符，本研究最终给出的能源贫困综合指数为一个介于 0 和 100 的指数，数值越大代表对应地区的能源贫困状况越严重。相应的，4 个能源贫困子指数分别为介于 [0，35]、[0，25]、[0，20]、[0，20] 之间的指数，且其数值越大代表能源贫困状况在该子指数对应的维度越严重。

指标值集结可以采用式 (3-5) 完成：

$$\mathrm{CEPI}^t=\sum_{r=1}^{m}\mathrm{EPI}_r^t=\sum_{i=1}^{m}w_i y_i^t \tag{3-5}$$

式中，CEPI^t 为 t 时期能源贫困综合指数；EPI_r^t 为 t 时期第 r 项能源贫困子指数；y_i^t 为预处理后的 t 时期的能源贫困评价三级指标值；其对应的权重用 w_i 表示。

3.2　中国能源贫困的综合评估

根据数据可获得性情况，本研究对 2000～2011 年 12 年间中国除西藏、香港、台湾、澳门以外的 30 个省区市的能源贫困情况进行综合评估。并将中国划分为 8 大经济区域以评估各经济区域能源贫困程度，8 大经济区分别为：南部沿海地区（广东、福建、海南），东部沿海地区（上海、江苏、浙江），北部沿海地区（山东、河北、北京、天津），东北地区（辽宁、吉林、黑龙江），长江中游地区（湖南、湖北、江西、安徽），黄河中游地区（陕西、河南、山西、内蒙古），西南地区（广西、云南、贵州、四川、重庆），以及西北地区（甘肃、青海、宁夏、新疆）。表 3-3 给出了各省区市及 8 大经济区域 2000～2011 年能源贫困综合指数和均值排序。

表 3-3　中国 30 个省区市以及 8 大经济区能源贫困综合指数（2000～2011 年）

地区	年份												均值	排序
	2000	2001	2002	2003	2004	2005	2006	2007	2008	2009	2010	2011		
北　京	79	79	76	75	75	73	67	65	55	56	58	58	68	29
天　津	77	77	77	77	77	74	74	73	72	69	68	65	73	28
河　北	87	87	87	87	87	85	85	85	83	82	82	80	85	3
山　西	89	90	88	88	87	87	84	83	82	81	79	78	85	4
内蒙古	90	89	88	85	85	83	81	80	79	70	71	73	81	12
辽　宁	85	85	84	82	81	79	78	76	72	73	69	69	78	20
吉　林	84	85	85	84	83	82	85	83	77	79	76	77	82	10
黑龙江	85	85	85	85	84	84	84	82	79	77	75	76	82	11
上　海	80	80	79	79	78	77	76	76	75	65	74	72	76	24
江　苏	87	87	86	85	84	83	83	82	80	78	77	75	82	9
浙　江	82	81	80	78	77	76	76	76	74	72	71	71	76	23
安　徽	91	90	90	89	89	89	89	88	87	85	85	83	88	1

续表

地区	年份												均值	排序
	2000	2001	2002	2003	2004	2005	2006	2007	2008	2009	2010	2011		
福　建	77	78	80	82	81	78	77	78	75	76	72	73	77	21
江　西	83	84	85	86	84	84	83	84	81	81	80	79	83	5
山　东	85	85	86	85	84	83	83	82	80	78	78	78	82	8
河　南	90	90	90	89	88	88	87	87	85	85	83	81	87	2
湖　北	81	82	81	80	77	77	77	76	72	71	72	72	76	22
湖　南	81	81	80	81	81	82	81	80	78	77	76	76	80	16
广　东	81	80	80	79	79	77	78	78	76	76	75	75	78	19
广　西	76	75	75	75	76	76	76	77	72	72	73	74	75	26
海　南	83	82	82	80	81	81	81	81	77	75	76	76	80	15
重　庆	84	84	84	83	78	80	82	81	78	75	74	73	80	14
四　川	78	77	78	79	76	75	75	73	72	69	68	67	74	27
贵　州	85	84	85	83	83	83	85	83	82	81	80	79	83	6
云　南	77	78	78	74	77	74	77	77	73	72	71	69	75	25
陕　西	85	80	86	85	85	86	84	85	79	79	78	78	82	7
甘　肃	78	78	79	81	81	79	80	81	81	74	75	77	79	18
青　海	73	70	66	65	64	64	64	67	70	64	63	62	66	30
宁　夏	85	84	85	84	86	85	82	82	80	75	73	71	81	13
新　疆	85	82	82	83	83	82	81	80	78	72	72	70	79	17
全国	83	82	82	82	81	80	80	79	77	75	74	74	79	—
东北地区	85	85	84	84	83	81	82	80	76	76	74	74	80	3
北部沿海	82	82	82	81	81	79	77	76	72	72	71	70	77	7
东部沿海	83	83	82	81	80	78	78	78	76	72	74	73	78	5
南部沿海	80	80	81	80	80	79	79	79	76	76	75	75	78	4
黄河中游	88	87	88	87	86	86	84	84	81	79	78	77	84	1
长江中游	84	84	84	84	83	83	82	82	80	79	78	77	82	2
西南地区	80	80	80	79	78	78	79	78	75	74	73	72	77	6
西北地区	80	78	78	78	78	78	77	78	77	72	71	70	76	8

3.2.1 能源贫困整体状况呈下降趋势

中国整体的能源贫困程度在 2000～2011 年间持续减轻，图 3-1 展示了中国整体的能源贫困综合评估指数变化情况，指数值由 2000 年的 83 下降到 2011 年的 74。

就各省区市而言，安徽、河南、河北、山西、江西五省 12 年间能源贫困综合指数平均值较高，即能源贫困问题相对显著，指数较低即能源贫困状况较轻的五个地区依次为青海、北京、天津、四川、广西，图 3-2 展示了 2000～2011 年中国 30 个省区市能源贫困综合指数的 12 年平均值及其排序，安徽的平均指数值为 87，青海的平均指数值为 66。

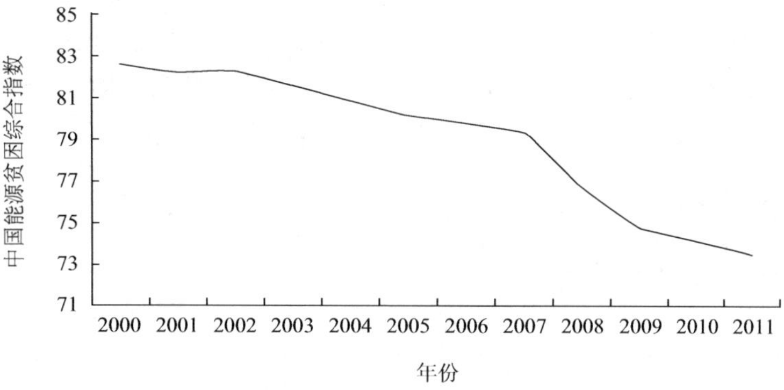

图 3-1　中国能源贫困综合指数（2000～2011 年）

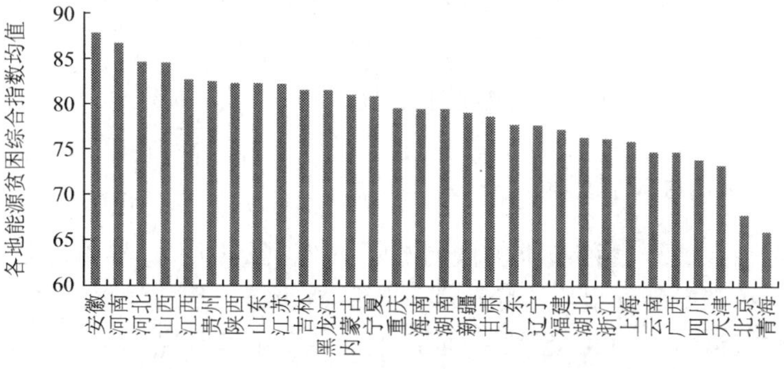

图 3-2　中国 30 个省区市能源贫困综合指数均值（2000～2011 年）

3.2.2　能源服务可获得性有所改善

现代能源服务的可获得性是能源贫困测度的重要组成部分，中国当前区域间、城乡间存在较为明显的现代能源服务获得性差异。能源服务可获得性通过评估居民部门能源消费和供应能力等反映区域能源贫困状况、差异和变化趋势。能源服务可获得性指数越高，即能源服务可获得状况越差，则能源贫困状况越显著。

能源服务可获得性较差的五个地区依次是江西、广西、海南、湖南和湖北。而能源服务可获得性较好的五个地区依次是天津、北京、辽宁、青海和新疆。图 3-3 展示了 2000～2011 年中国 30 个省区市能源服务可获得性指数的 12 年平均值及其排序，其中

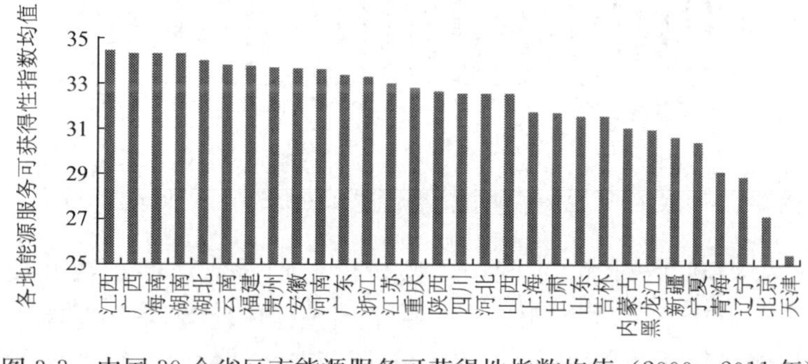

图 3-3　中国 30 个省区市能源服务可获得性指数均值（2000～2011 年）

江西的指数均值为 34，天津的指数均值为 25。

总体上看，中国整体能源服务可获得性在 2000～2011 年 12 年间有所改善，平均指数值由 2000 年的 33 下降到 2011 年的 31。图 3-4 展示了中国整体的能源服务可获得性指数变化情况。

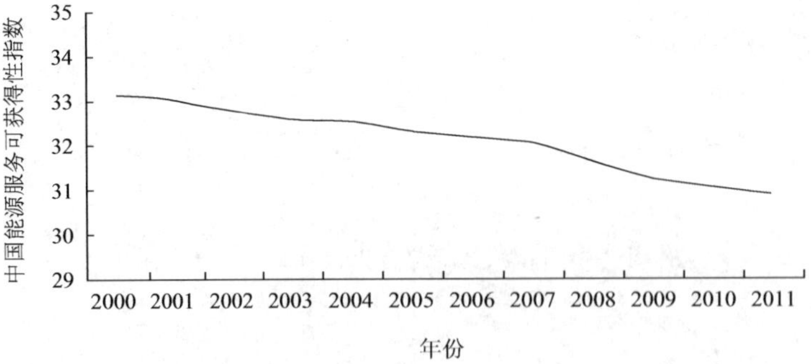

图 3-4 中国能源服务可获得性指数（2000～2011 年）

3.2.3 能源消费清洁性没有显著变化

能源贫困评估在关注生存需求的同时也关注发展的需求，随着经济社会的发展进步，人们生活能源消费品种也应不断改善，能源消费结构不断优化。能源消费清洁性指数从能源消费结构低碳化和现代化等方面反映能源贫困的状况、差异和变化趋势。能源消费清洁性指数越低，说明能源消费结构从低碳化和现代化的角度看越优化，相应能源贫困现象就越不显著。

中国 30 个省区市 2000～2011 年能源消费清洁性指数的 12 年平均值如图 3-5 所示，能源消费清洁性状况最差的五个省区依次是：安徽、河北、河南、山西、内蒙古，能源消费清洁性状况最好的五个省区依次是：青海、广西、四川、云南和湖北。安徽能源消费清洁性指数均值为 22，青海为 7。

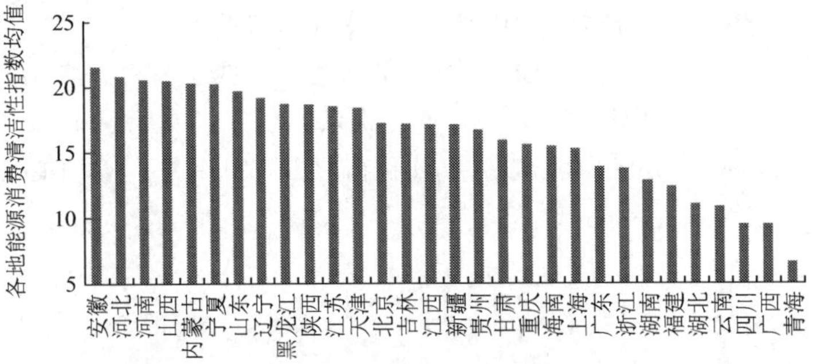

图 3-5 中国 30 个省区市能源消费清洁性指数均值（2000～2011 年）

如图 3-6 所示，2000～2011 年间中国整体能源消费清洁性指数并没有显著变化，长期维持在 15～17 的区间内，说明这一时期全国整体的能源消费结构并未发生明显改变，从低碳化和现代化两个方面反映的生活能源消费清洁性没有得到显著优化。

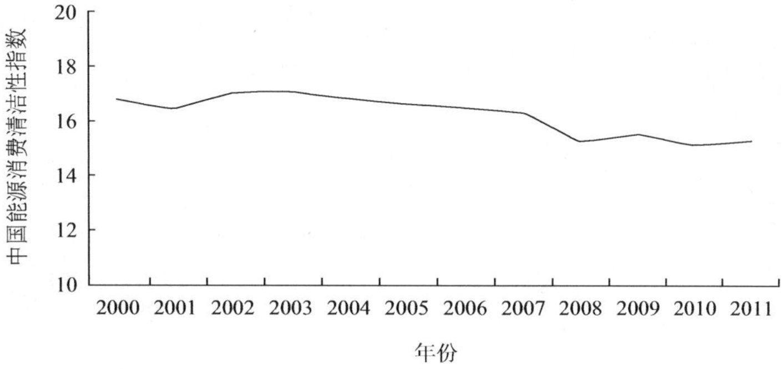

图 3-6　中国能源消费清洁性指数（2000～2011 年）

3.2.4　能源管理完备性在提升中有所反复

能源管理完备性是保障能源服务可获得性，优化能源消费结构，进而减缓能源贫困的重要保障条件，能源管理完备性指数从能源管理基础建设和能源投资等方面衡量了缓解能源贫困的能力和潜力，一定程度上也可以反映能源贫困的状况、差异及其变化趋势。能源基础建设越好、改善潜力越大，对应的指数越低，相应的能源贫困的状况越轻，且改善能源贫困的能力和潜力也越大。

如图 3-7 所示，通过比较 2000～2011 年能源管理完备性指数均值可知，安徽、河南、山东、湖南和江苏五个地区的能源管理完备性相对较弱，而北京、内蒙古、辽宁、云南和贵州的能源管理完备性相对较强，其中最高的安徽的指数为 19，最低的北京的指数为 14。

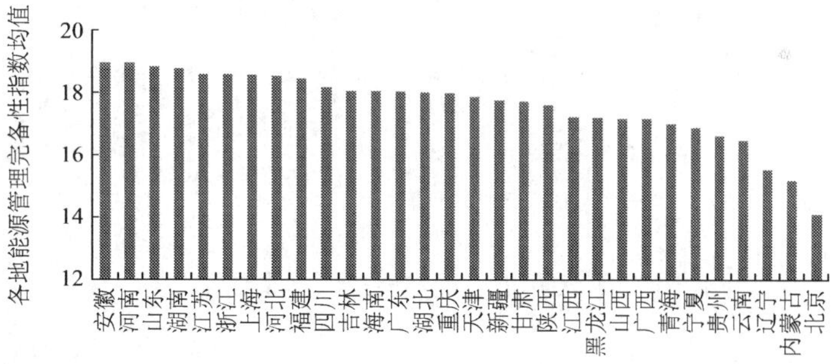

图 3-7　中国 30 个省区市能源管理完备性指数均值（2000～2011 年）

图 3-8 显示了中国整体能源管理完备性指数变化情况，指数从 2000 年的 19 降低到 2011 年的 16，数值虽然在最后两年有微小的反弹，但整体来看，全国的能源管理完备性在这一时期得到了一定的提升。

3.2.5　生活用能可支付性及高效性不断改善

居民能源消费特征也是能源贫困的重要表征，如果消费的能源品种为非清洁、非现代能源，所需支付的能源相对成本较高，使用能源的设备较为落后低效，能源消费导致的污染较多从而威胁人体健康，则说明能源贫困状况较为显著。生活用能可支付性和高效性指数从上述多个方面综合反映了能源贫困状况、差异和变化。生活用能可支付性和

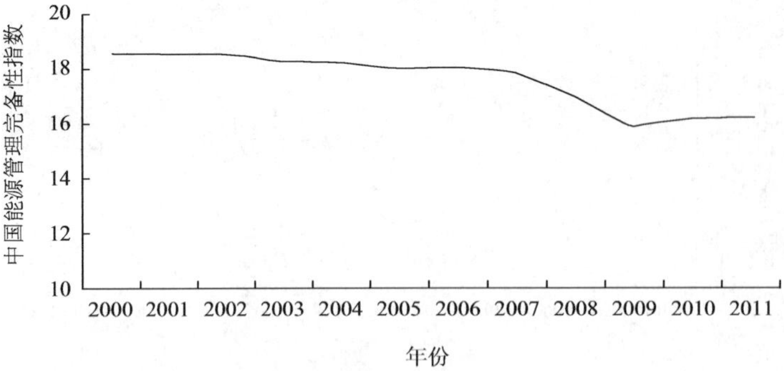

图 3-8　中国能源管理完备性指数（2000～2011 年）

高效性指数越低，反映了居民生活用能相对成本越低，用能效率相对越高且越清洁化，同时能源消费相关污染对健康的不利影响也越小，进而能源贫困状况越不显著。

中国 30 个省区市 2000～2011 年生活用能可支付性和高效性指数的均值如图 3-9 所示，生活用能可支付性和高效性较差的五个省区为贵州、吉林、黑龙江、内蒙古和山西，这些省份生活用能的非清洁、低效、存在不利健康影响等特征较为显著。生活用能可支付性和高效性较好的五个省市为北京、上海、浙江、天津和海南，这些省市生活用能更多采用高效清洁方式，能源消费支出成本也相对较低。30 个省区市中生活用能可支付性和高效性指数最高值为 16（贵州），最低值为 9（北京）。

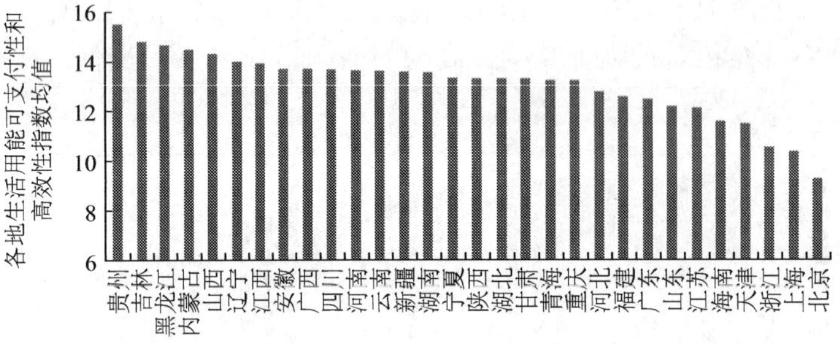

图 3-9　中国 30 个省区市生活用能可支付性和高效性指数均值（2000～2011 年）

从图 3-10 可以看到，2000～2011 年间中国整体生活用能可支付性和高效性指数呈现持续下降趋势，表明整体上居民生活用能特征向着更加清洁化和高效的方向不断改

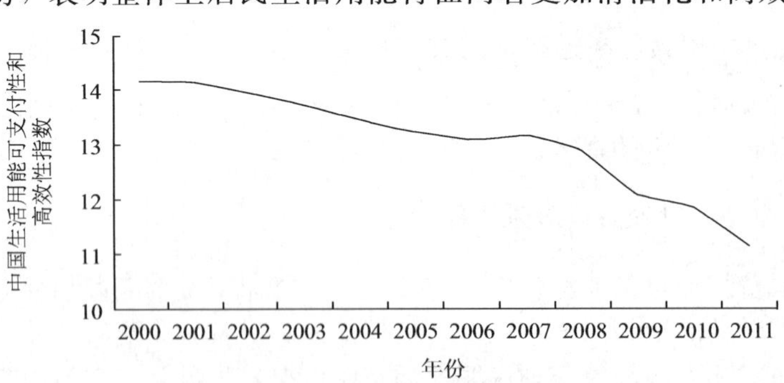

图 3-10　中国生活用能可支付性和高效性指数（2000～2011 年）

善，整体上居民能源消费相对成本也有所下降，同时由于能源清洁和高效利用的程度提升，能源消费相关污染物排放造成的健康影响也有所改善。全国年均生活用能可支付性和高效性指数从2000年的14下降到2011年的11。

3.3　中国能源贫困的区域比较

3.3.1　黄河中游地区和长江中游地区综合能源贫困状况尤为突出

2000～2011年间，中国8大经济区域能源贫困变化过程有所不同。图3-11展示了8大经济区能源贫困综合指数随时间变化情况。北部沿海和长江中游地区的能源贫困综合指数12年间持续下降；南部沿海和黄河中游地区的能源贫困综合指数在2000～2003年间处于波动状态，2004年以来持续稳步下降；东北地区、西南和西北地区的能源贫困综合指数在2000～2003年间，以及2008年以后均处于稳步下降趋势，但在2004～2007年间出现小幅的波动回升；东部沿海地区的能源贫困综合指数在2008年以前持续降低，但2009年以来出现小幅波动上升的趋势。

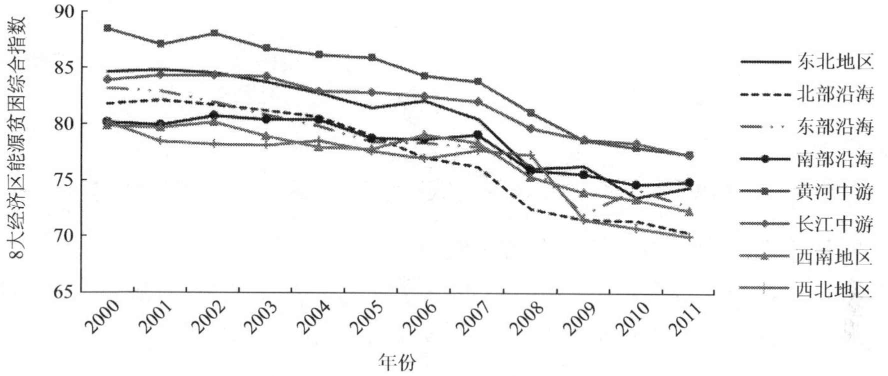

图3-11　中国8大经济区能源贫困综合指数变动情况（2000～2011年）

图3-12展示了8大经济区能源贫困综合指数12年平均值，综合而言，中国黄河中游、长江中游和东北地区的能源贫困状况相对更为显著，而北部沿海、西南和西北地区的能源贫困状况相对较轻。

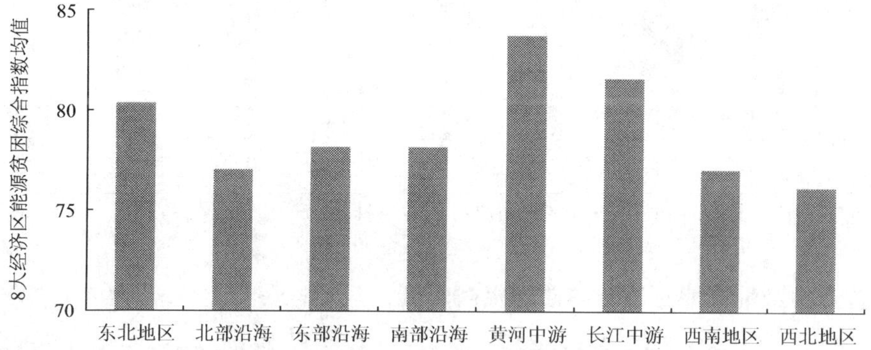

图3-12　中国8大经济区能源贫困综合指数均值（2000～2011年）

3.3.2 长江中游地区能源服务可获得性相对较低

2000～2011 年间，长江中游地区、南部沿海地区和西南地区的能源服务可获得性指数在波动中轻微下降，但数值整体较高，如图 3-13 所示，这一时期上述三个地区的能源服务可获得情况相对较差且改善不明显。东部沿海地区、黄河中游地区、东北地区和北部沿海地区的指数值在波动中出现相对明显的降低，即其能源服务可获得状况改善较为明显，但东部沿海地区和黄河中游地区的表现较北部沿海和东北地区稍差。西北地区的指数值在这一时期内有一定波动，但其能源服务可获得状况未有显著改善。

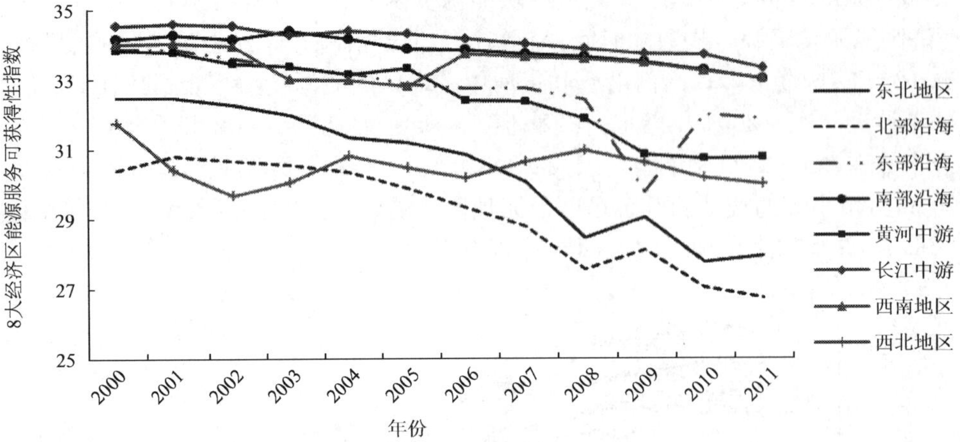

图 3-13 中国 8 大经济区能源服务可获得性指数变动情况（2000～2011 年）

这一时期中国 8 大经济区的能源服务可获得性指数的平均值如图 3-14 所示，按照能源服务可获得性由优到劣，8 大经济区的排序情况为：北部沿海地区、西北地区、东北地区、黄河中游地区、东部沿海地区、西南地区、南部沿海地区、长江中游地区。

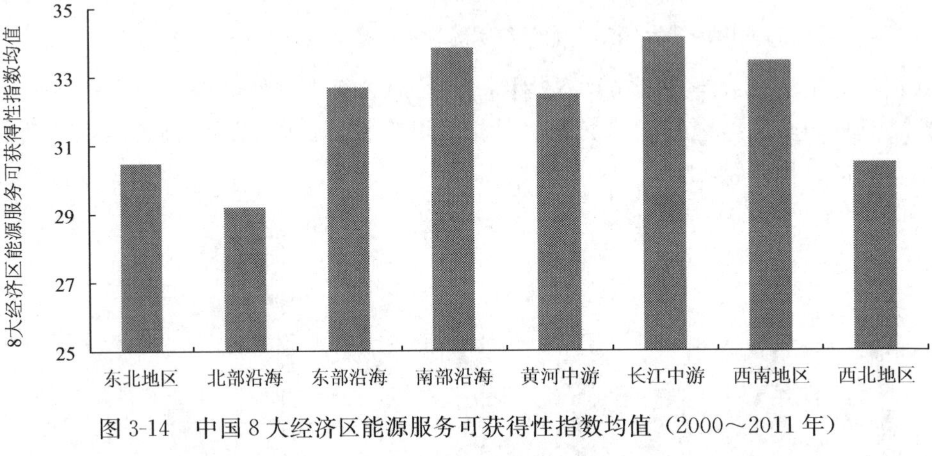

图 3-14 中国 8 大经济区能源服务可获得性指数均值（2000～2011 年）

3.3.3 黄河中游地区能源消费清洁性相对较低

2000～2011 年间，东部沿海地区和东北地区的能源消费清洁性指数值下降较为明显，表明这两个区域的能源消费清洁性较其他区域有所优化。北部沿海地区、黄河中游地区和西北地区的指数值略有波动但变化均不明显，显示这三个区域的能源消费清洁性没有明显的改变。南部沿海地区、长江中游地区和西南地区的指数波动相对明显，但在这一时期也未表现出显著的改善或恶化趋势，表明这三个区域的能源消费清洁性也未有明显的变化。图 3-15 展示了中国 8 大经济区的能源消费清洁性指数在 2000～2011 年间的变动情况。

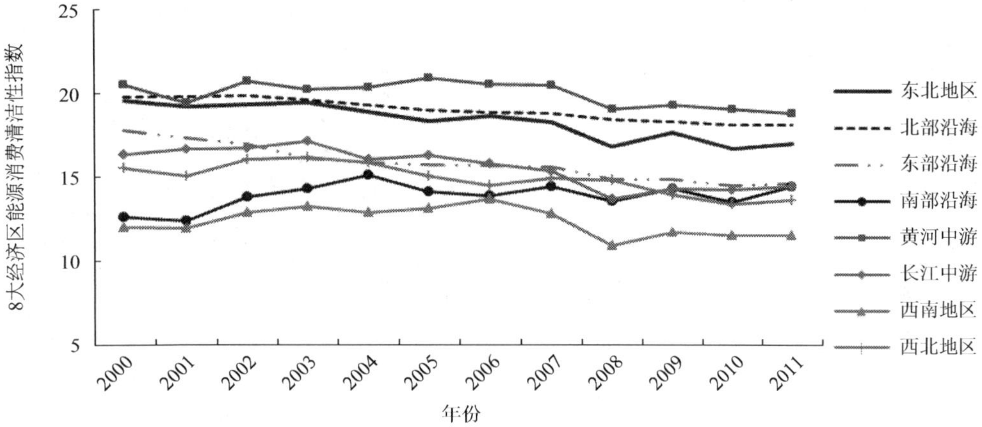

图 3-15　中国 8 大经济区能源消费清洁性指数变动情况（2000～2011 年）

按照能源消费清洁性程度由优到劣，8 大经济区的排序情况为：西南地区、南部沿海地区、西北地区、长江中游地区、东部沿海地区、东北地区、北部沿海地区、黄河中游地区。中国 8 大经济区的能源消费清洁性指数的 12 年平均指标值如图 3-16 所示。

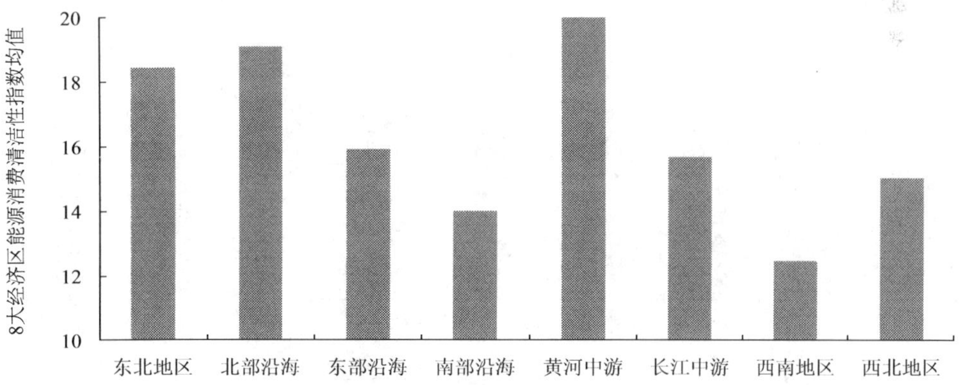

图 3-16　中国 8 大经济区能源消费清洁性指数均值（2000～2011 年）

3.3.4　东部沿海地区能源管理完备性相对较差

根据图 3-17 所示的 2000～2011 年间全国 8 大经济区能源管理完备性指数变化情况，可以进一步分析得到如下结果。总体来看，除了东部沿海地区的其余 7 大经济区的指数值均不同程度出现了下降，表明大多数区域的能源管理完备性得到了提升，其中西南地区和西北地区的指数下降比较明显，南部沿海地区、黄河中游地区和长江中游地区的指数有一定下降，北部沿海地区和东北地区的指数在波动中轻微降低。而东部沿海地区的指数值保持稳定，未发生大的变化。不同程度的变化趋势，造成了这一时期8大经济区的能源管理完备性表现的差异有所扩大。

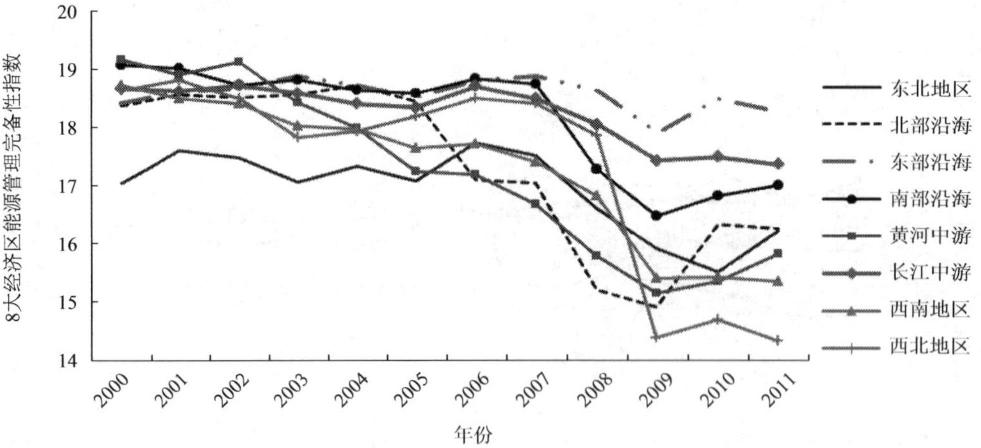

图 3-17　中国8大经济区能源管理完备性指数变动情况（2000～2011年）

如图3-18所示，将8大经济区域按照能源管理完备性由优到劣进行排序，其结果为：东北地区、黄河中游地区、西南地区、北部沿海地区、西北地区、南部沿海地区、长江中游地区、东部沿海地区。

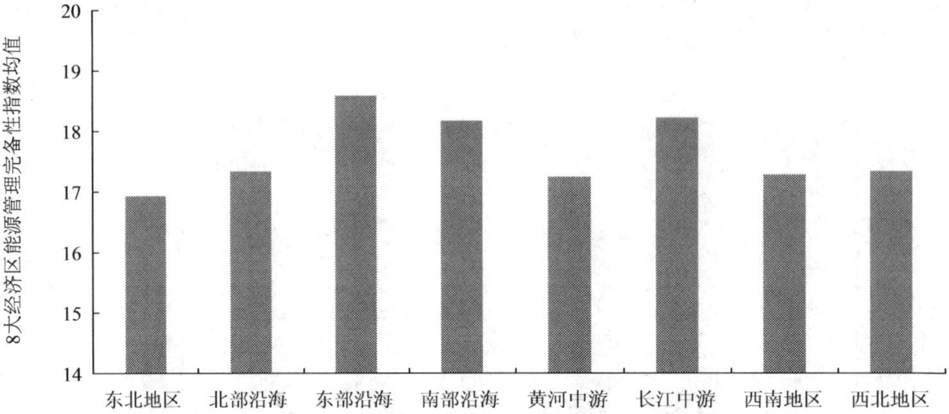

图 3-18　中国8大经济区能源管理完备性指数均值（2000～2011年）

3.3.5　东北地区生活用能可支付性和高效性相对较差

图3-19展示了中国8大经济区的生活用能可支付性和高效性指数在2000～2011年间的变动情况。可以发现8大经济区的指数值均出现下降，其中北部沿海地区、东部沿海地区和南部沿海地区指数下降最为显著，显示这些区域整体上生活用能可支付性和高效性明显改善。其余五个区域的指数降低虽不如上述三个区域显著，但也呈现出整体上

持续改善的趋势。

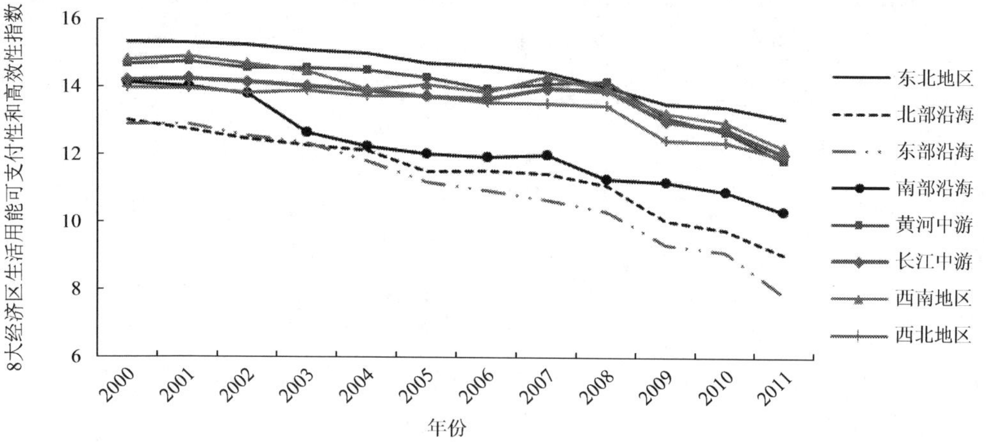

图 3-19　中国 8 大经济区生活用能可支付性和高效性指数（2000～2011 年）

根据图 3-20 所示的 8 大经济区的生活用能可支付性和高效性指数 12 年间的均值，可以将 8 大经济区域按照生活用能可支付性和高效性评估由优到劣进行排序：东部沿海地区、北部沿海地区、南部沿海地区、西北地区、长江中游地区、黄河中游地区、西南地区、东北地区。

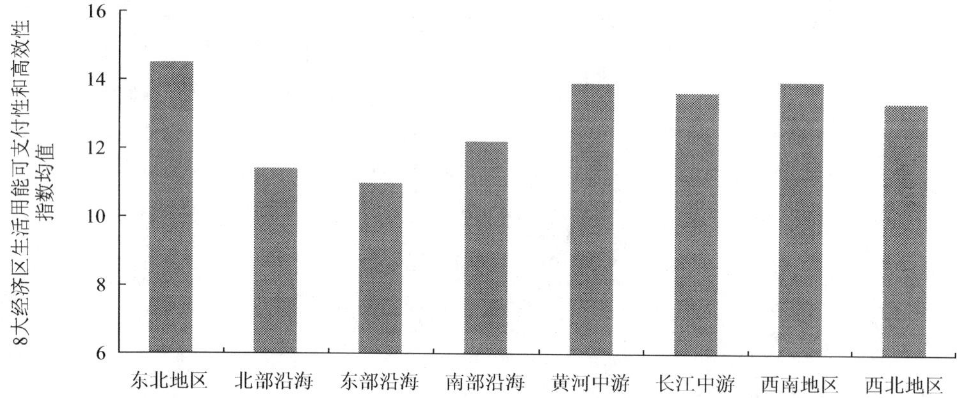

图 3-20　中国 8 大经济区生活用能可支付性和高效性指数均值（2000～2011 年）

3.4　中国区域能源贫困现状特征和变化趋势

通过比较中国能源贫困综合指数同其四个组成部分（能源贫困子指数）的联系和差异，可以进一步对中国不同区域能源贫困的现状特征进行识别，对造成能源贫困的可能原因进行发掘，从而给出相应的减缓能源贫困的努力方向和政策建议。表 3-4 给出了中国 30 个省区市和 8 大经济区 2000～2011 年间的四类能源贫困子指数的平均值及其排序情况。

表 3-4　中国 30 个省区市以及 8 大经济区能源贫困子指数均值（2000～2011 年）

地区	能源服务可获得性指数		能源消费清洁性指数		能源管理完备性指数		生活用能可支付性和高效性指数	
	均值	排序	均值	排序	均值	排序	均值	排序
北　京	27.2	29	17.3	13	14.1	30	9.3	30
天　津	25.4	30	18.5	12	17.9	16	11.5	27
河　北	32.6	17	20.9	2	18.5	8	12.8	21
山　西	32.6	18	20.6	4	17.2	22	14.3	5
内蒙古	31.1	23	20.3	5	15.2	29	14.5	4
辽　宁	28.9	28	19.3	8	15.5	28	14.0	6
吉　林	31.6	22	17.2	14	18.1	11	14.8	2
黑龙江	31.0	24	18.8	9	17.2	21	14.7	3
上　海	31.8	19	15.3	21	18.6	7	10.4	29
江　苏	33.0	13	18.6	11	18.6	5	12.1	25
浙　江	33.3	12	13.8	23	18.6	6	10.5	28
安　徽	33.7	9	21.6	1	18.9	1	13.7	8
福　建	33.8	7	12.4	25	18.5	9	12.6	22
江　西	34.5	1	17.2	15	17.2	20	14.0	7
山　东	31.6	21	19.8	7	18.8	3	12.2	24
河　南	33.6	10	20.6	3	18.9	2	13.7	11
湖　北	34.0	5	11.1	26	18.0	14	13.3	17
湖　南	34.3	4	12.9	24	18.8	4	13.6	14
广　东	33.4	11	14.0	22	18.0	13	12.5	23
广　西	34.4	2	9.5	29	17.2	23	13.7	9
海　南	34.4	3	15.5	20	18.1	12	11.6	26
重　庆	32.8	14	15.6	19	18.0	15	13.2	20
四　川	32.6	16	9.5	28	18.2	10	13.7	10
贵　州	33.7	8	16.7	17	16.6	26	15.5	1
云　南	33.8	6	10.9	27	16.5	27	13.6	12
陕　西	32.7	15	18.7	10	17.6	19	13.3	16
甘　肃	31.7	20	16.0	18	17.7	18	13.3	18
青　海	29.1	27	6.7	30	17.0	24	13.3	19
宁　夏	30.4	26	20.3	6	16.9	25	13.4	15
新　疆	30.7	25	17.1	16	17.8	17	13.6	13
全国	32.1	—	16.2	—	17.6	—	13.1	—
东北地区	30.5	6	18.4	3	16.9	8	14.5	1
北部沿海	29.2	8	19.1	2	17.3	5	11.4	7
东部沿海	32.7	4	15.9	4	18.6	1	11.0	8

续表

地区	能源服务可获得性指数		能源消费清洁性指数		能源管理完备性指数		生活用能可支付性和高效性指数	
	均值	排序	均值	排序	均值	排序	均值	排序
南部沿海	33.8	2	14.0	7	18.2	3	12.2	6
黄河中游	32.5	5	20.1	1	17.2	7	13.9	3
长江中游	34.1	1	15.7	5	18.2	2	13.6	4
西南地区	33.5	3	12.5	8	17.3	6	14.0	2
西北地区	30.5	7	15.0	6	17.4	4	13.4	5

图 3-21 对我国 30 个省区市和 8 大经济区的上述 5 项指数进行了横向比较。按照 2000～2011 年的平均值衡量，能源贫困综合指数在 8 大经济区中最高即能源贫困相对最显著的区域为黄河中游区域，其能源消费清洁性指数也是最高的，而其生活用能可支付性和高效性指数、能源服务可获得性指数排名处于中游，能源管理完备性指数较低，上述结果表明造成黄河中游区域的能源贫困相对显著的最主要原因是其能源消费清洁性较其他区域差，即整体来看该区域非固体商品能使用比重和非火力发电比重较低，而生物质能消费比重较高，使得其能源消费结构低碳化和现代化程度相对较低，最终造成其能源贫困状况相对显著。此外，生活用能可支付性和高效性表现较差可以认为是黄河中游区域能源贫困相对显著的次要原因，主要表现在该区域的生活能源成本相对较高，居民能源使用方式不够清洁高效，相应造成的生活能源污染排放对健康的不利影响相对明显。

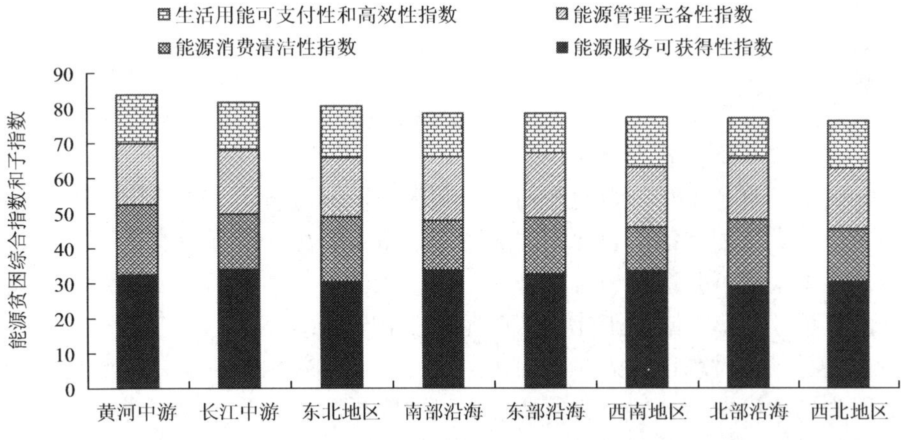

图 3-21　中国 8 大经济区能源贫困综合指数及其子指数（2000～2011 年均值）

长江中游区域的能源贫困综合指数在 8 大经济区中排名第二，且该区域的能源服务可获得性指数和能源管理完备性指数均较高，因此，可以判断能源服务可获得性表现较差是该区域能源贫困相对显著的主要原因，能源管理完备性表现较差则是该区域能源贫困相对显著的次要原因。具体来看，在满足居民生活能源消费的城乡能源供应能力方面，即在城市集中供暖和油气供应能力方面，在农村优质生物质能供应能力方面表现相对较差，以及城乡能源管理基础建设及相应投入方面表现相对较差，进而导致缓解能源贫困的能力和潜力不强，是造成该区域能源贫困相对显著的具体原因。

东北区域、南部沿海、东部沿海、西南区域的这一时期的平均能源贫困综合指数排名处于中游水平，其能源贫困状况在全国范围内属于中等水平，但是造成四个区域的能源贫困的主要原因有所不同。东北区域能源贫困的主要因素是生活用能可支付性和高效性表现较差，其生活用能可支付性和高效性指数在8大经济区中最高，即整体来看该区域的生活能源相对成本最高，居民能源消费方式最不清洁高效，生活能源相关污染排放可能造成的健康问题最为显著。能源消费结构不够优化是东北区域能源贫困的次要因素。类似的，南部沿海区域的能源服务可获得性表现较弱和能源管理完备性表现相对较弱，分别是其能源贫困的主要和次要原因。东部沿海的能源管理完备性指数在8大经济区中最高，可以视为其能源贫困的主要原因。西南区域的生活用能可支付性和高效性指数及能源服务可获得性指数均相对较高，是其能源贫困的主要和次要因素。

北部沿海和西北区域虽然整体的能源贫困综合指数较低，综合的能源贫困状况不显著，但其分别在能源消费清洁性表现和能源管理完备性表现方面仍存在一定的提升空间。具体的，北部沿海区域的能源消费结构的低碳化和现代化水平在全国范围看还相对较低，而西北区域的能源基础建设水平和相应的投入水平在全国范围内也较低，居民用能方式的清洁高效化水平也有待提升。

表3-5列出了中国30个省区市在本节研究涵盖时间段起始的2000年和末端的2011年的能源贫困综合指数排序，以及综合指数的四个组成部分（子指数）的排序及其变化情况。

总体来看，2000～2011年12年间，全国30个省区市中，能源贫困综合指数排序相对下降即能源贫困状况相对改善的省区市有11个，能源贫困综合指数排序相对上升即能源贫困状况相对恶化的省区市有14个，其余5个省区市的排名没有相对变化即能源贫困状况相对未发生变化。其中能源贫困状况相对改善较为明显（排序下降等于或超过9位）的为内蒙古、辽宁、江苏、宁夏、新疆，能源贫困状况相对恶化较为明显（排序上升等于或超过9位）的为福建、江西、广西、甘肃。

能源贫困状况改善相对较为明显的5个省区市，其改善的主要原因各不相同。内蒙古主要是因为能源管理完备性表现相对提升；辽宁主要源于能源消费清洁性改善相对明显；江苏是能源服务可获得性相对提升和生活用能可支付性和高效性相对改善共同作用的结果；而宁夏和新疆共同源于能源管理完备性表现相对提升。

能源贫困状况相对恶化较为明显的4个省区市，其恶化的主要原因亦有所差异。福建主要是因为能源消费结构相对有所恶化；江西除了能源消费结构相对恶化外，还因为生活用能可支付性和高效性相对退步；广西是能源消费结构相对恶化及能源管理完备性表现相对退步共同作用的结果；而甘肃则源于能源服务可获得性的相对退步和生活用能可支付性和高效性的相对退步。

3.5 消除中国区域能源贫困的政策建议

本小节进一步针对各省区市的特点，提出以最终消除当前存在的能源贫困问题为目

表 3-5 中国30个省区市2000年和2011年能源贫困指数排序变动情况

地区	能源贫困综合指数排序			能源服务可获得性指数排序			能源消费清洁性指数排序			能源管理完备性指数排序			生活用能可支付性和高效性指数排序		
	2000	2011	差值	2000	2011	差值	2000	2011	差值	2000	2011	差值	2000	2011	差值
北 京	23	30	−7	27	30	−3	15	19	−4	22	28	−6	30	30	0
天 津	28	28	0	30	29	1	12	4	8	23	19	4	17	27	−10
河 北	6	3	3	21	15	6	6	1	5	16	8	8	24	23	1
山 西	4	6	−2	18	21	−3	9	5	4	5	18	−13	4	12	−8
内蒙古	3	19	−16	12	26	−14	5	3	2	4	29	−25	5	10	−5
辽 宁	11	26	−15	26	28	−2	7	11	−4	30	27	3	6	6	0
吉 林	14	9	5	22	24	−2	13	18	−5	28	5	23	3	2	1
黑龙江	13	11	2	24	25	−1	10	10	0	29	15	14	2	3	−1
上 海	22	20	2	19	17	2	18	20	−2	26	2	24	28	29	−1
江 苏	5	14	−9	8	16	−8	8	14	−6	18	4	14	19	26	−7
浙 江	18	23	−5	11	13	−2	16	23	−7	8	9	−1	29	28	1
安 徽	1	1	0	9	11	−2	1	2	−1	9	1	8	12	13	−1
福 建	27	17	10	14	12	2	28	24	4	7	12	−5	21	22	−1
江 西	16	4	12	4	6	−2	19	12	7	24	22	2	11	4	7
山 东	7	7	0	25	20	5	4	8	−4	10	6	4	27	24	3
河 南	2	2	0	13	9	4	3	6	−3	3	7	−4	9	17	−8
湖 北	19	21	−2	5	7	−2	24	27	−3	17	11	6	16	18	−2
湖 南	21	13	8	1	4	−3	25	26	−1	12	3	9	26	5	21
广 东	20	15	5	16	10	6	21	22	−1	19	10	9	22	20	2
广 西	29	16	13	6	3	3	29	25	4	21	17	4	8	15	−7
海 南	17	12	5	2	2	0	23	16	7	2	14	−12	7	25	−18

续表

地区	能源贫困综合指数排序			能源服务可获得性指数排序			能源消费清洁性指数排序			能源管理完备性指数排序			生活用能可支付性和高效性指数排序		
	2000	2011	差值	2000	2011	差值	2000	2011	差值	2000	2011	差值	2000	2011	差值
重庆	15	18	−3	20	14	6	17	21	−4	1	24	−23	14	19	−5
四川	24	27	−3	17	18	−1	27	29	−2	6	16	−10	10	14	−4
贵州	12	5	7	3	5	−2	22	13	9	13	26	−13	1	1	0
云南	26	25	1	10	1	9	26	28	−2	25	21	4	18	11	7
陕西	8	8	0	15	19	−4	11	9	2	20	13	7	20	16	4
甘肃	25	10	15	28	8	20	20	15	5	15	20	−5	25	7	18
青海	30	29	1	7	22	−15	30	30	0	27	23	4	23	8	15
宁夏	9	22	−13	29	23	6	2	7	−5	14	30	−16	13	21	−8
新疆	10	24	−14	23	27	−4	14	17	−3	11	25	−14	15	9	6
	综合能源贫困变化情况			四个方面能源贫困变化情况											
排序变化位数（绝对值）	1～4	5～8	9～	1～4	5～8	9～	1～4	5～8	9～	1～4	5～8	9～	1～4	5～8	9～
相对恶化省区市个数	5	5	4	5	5	2	5	5	1	7	4	6	6	3	3
相对改善省区市个数	4	2	5	14	1	2	13	4	0	2	3	8	6	7	2

标的政策建议。图 3-22 和图 3-23 分别展示了中国 2011 年 30 个省区市能源贫困综合指数及其子指数构成、综合指数分布。受篇幅限制，本节并未逐一分析中国 30 个省区市

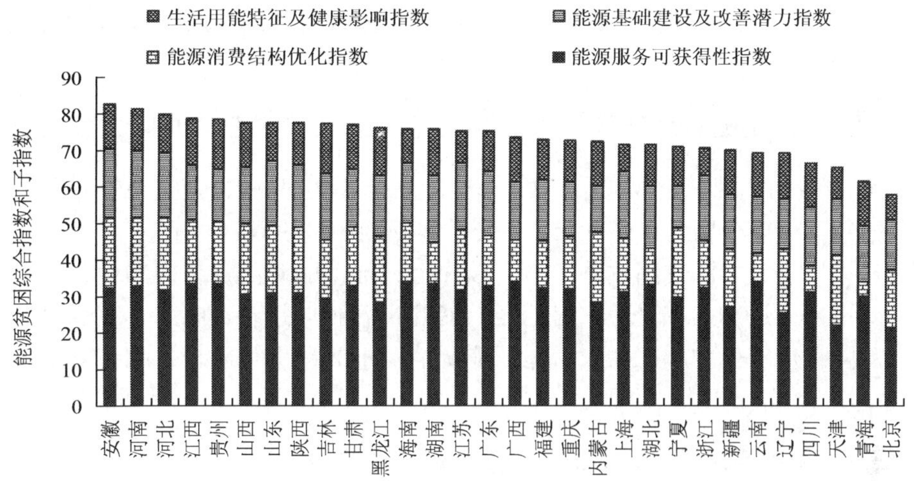

图 3-22　中国 30 个省区市能源贫困综合指数及其子指数（2011 年）

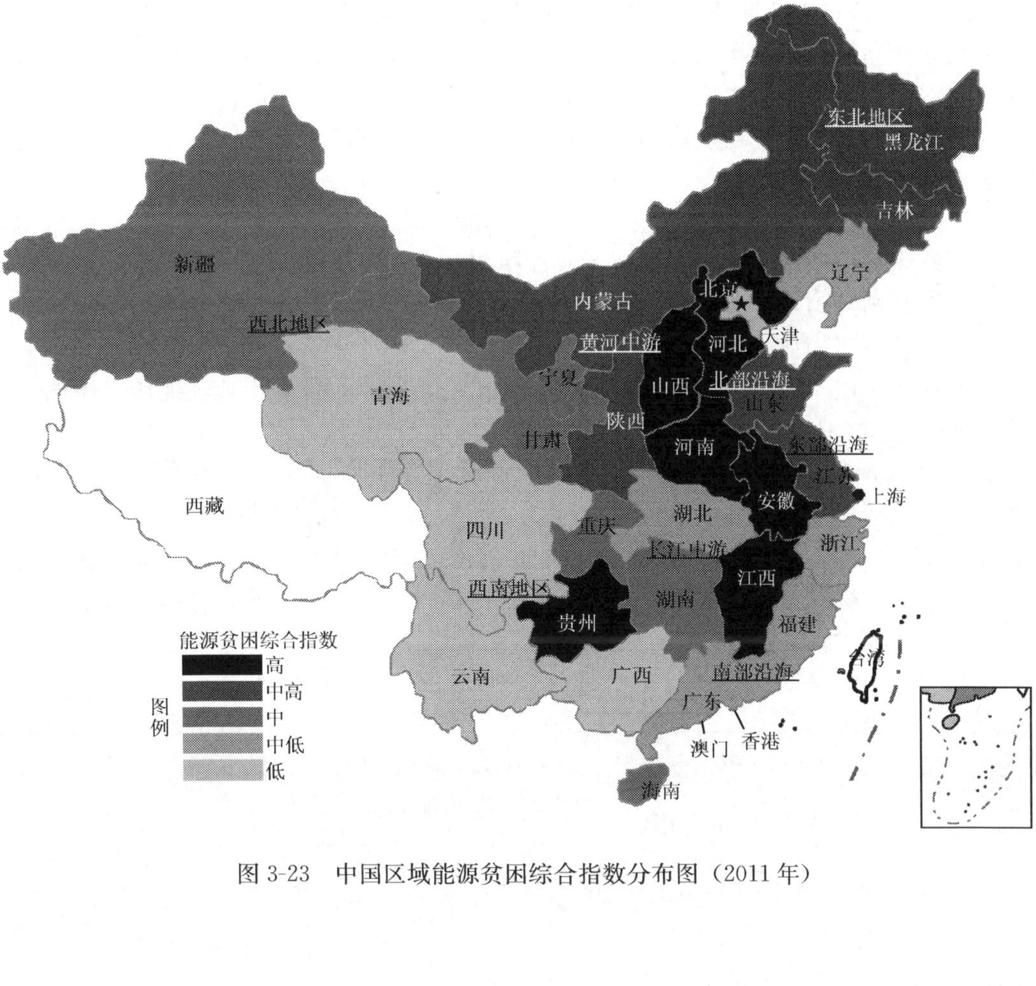

图 3-23　中国区域能源贫困综合指数分布图（2011 年）

未来消除能源贫困的政策建议，而采用举例说明的方式对代表性省区市进行分析，其他省区市消除能源贫困政策建议可类比提出。对于能源贫困综合状况较为显著的地区，以安徽、河北和贵州为例进行说明；对于能源贫困综合状况在全国范围内处于中等水平的地区，以海南和内蒙古为例进行说明；对于能源贫困综合状况相对不显著的地区，以云南和辽宁为例进行说明。

3.5.1 加大对农村地区的能源基础建设投入，加强农村能源管理和推广机构的建设

2011年安徽的能源贫困综合指数排名全国第1，其中能源管理完备性指数和能源消费清洁性指数的排序分别为第1和第2。安徽改善能源贫困状况的重点努力方向是加强能源基础建设以提升能源贫困改善潜力，以及努力推动能源消费结构的优化调整。具体来看，主要可以通过加大政府对农村地区的能源投入和加强农村能源管理和推广机构的建设，以及降低传统生物质能在农村地区能源消费中的比重等途径，改善安徽的能源贫困状况。

3.5.2 提升非固体商品能源消费比重，推广现代清洁的生物质能利用方式

2011年河北的能源贫困指数全国排名第3，其中能源消费清洁性指数的排序为第1。河北改善能源贫困状况的重点努力方向是推进能源消费结构的优化调整。具体来看，提升非固体商品能源在能源消费总量中的比重是最主要的途径。结合河北的能源资源禀赋条件，增加天然气以及包括光伏和风能在内的可再生能源消费的比重，是较为可行的途径。此外，降低传统生物质能消费比重，采用现代清洁的生物质能利用方式，也是河北缓解能源贫困的重要途径。

2011年内蒙古的能源服务可获得性指数和能源管理完备性指数均较低，排名均在倒数5位以内，生活用能可支付性和高效性指数在全国范围内处于中游水平，而能源消费清洁性指数则较高，排名全国第3，能源消费结构不够优化是内蒙古能源贫困状况的主要特征。提高非固体商品能源消费在商品能源消费中的比重，即增加天然气和可再生能源消费比重，以及降低传统生物质能的消费比重是内蒙古进一步减轻能源贫困的主要努力方向。

2011年海南的能源消费清洁性指数和能源管理完备性指数在全国范围内处于中游水平，生活用能可支付性和高效性指数较低，而海南的能源服务可获得性指数2011年全国排名第2，能源服务可获得性表现较差是海南能源贫困状况的主要表现。提高生活能源消费水平，提高城市天然气供气能力和农村秸秆优质化供气能力是海南进一步缓解能源贫困的主要途径。

2011年云南的能源贫困综合指数排名全国25位，处在较低水平，综合来看其能源贫困状况均不显著，但是云南的能源服务可获得性表现很差。提升城市天然气供气能力以促进城市生活天然气消费比重提升，以及加强农村秸秆优质化供气能力建设以促进农村现代生物质能源开发利用，是进一步缓解云南能源贫困的主要方式。

3.5.3　降低居民家庭商业用能相对成本，鼓励采用现代化和清洁高效的生活用能设备

2011年贵州的能源贫困综合指数排名全国第5，其中生活用能可支付性和高效性指数排序为第1，能源服务可获得性指数排序为第5。贵州缓解能源贫困的主要实现途径应集中在改善生活用能的高成本、非清洁和低效的问题，以及提升现代商业能源服务的可获得性两大方面。具体的，降低城镇居民家庭商业用能相对成本，鼓励采用更加现代化和清洁高效的能源使用工具和方式（如农村省柴节煤灶、抽油烟机、沼气池和太阳能热水器等），减少生活二氧化硫和烟尘排放，以及增强城市天然气供气能力和提升天然气消费占比等措施是改善贵州能源贫困状况的重要途径。

2011年辽宁的能源贫困综合指数较低，排名全国26位，综合来看其能源贫困状况不显著，但是辽宁的生活用能可支付性和高效性的表现较差。鼓励农村家庭增加生活燃料中的商品能源消费比重，以及采用现代清洁高效的生活用能设备，是进一步减轻辽宁能源贫困的主要手段。

3.6　本章小结

能源贫困已经成为国际广泛关注的重要现实问题，中国也普遍存在着能源贫困现象。能源贫困是居民部门能源发展不平衡、用能资源分配不公平、能源消费结构不可持续的表现，能源贫困问题的存在会阻碍民生的持续改善，不利于中国社会的健康可持续发展。全面评估中国能源贫困现状是科学制定消除能源贫困政策的基础，也是合理确定相关政策实施对象的前提。本章构建了中国能源贫困综合评估体系，对中国能源贫困状况开展了综合评估，分析了中国能源贫困的整体状况和区域特征，识别了造成不同地区能源贫困问题的主要原因，研究结果为中国制定和实施消除能源贫困的政策提供了一定的决策参考。本章主要研究结论和政策建议如下：

（1）2000年以来，中国能源贫困状况整体呈下降趋势。随着中国经济高速发展，社会基础设施逐步完善，居民生活水平日益提高，中国能源贫困整体上呈自然减缓趋势，符合国际能源署对中国能源贫困发展的判断和预测。分类来看，中国能源贫困的自然减缓主要得益于能源可获得性的改善，以及生活用能可支付性和效率的提升。近年来中国居民部门能够获取更加充足的清洁现代生活能源，且能源服务的可支付性和用能的高效性逐步得到提升。但是与此同时，居民部门能源管理工作相对松懈，使得相关能源管理完备性不足；此外，居民能源消费结构总体仍维持不变，居民部门能源消费的清洁性并未有显著提升，因此我们认为，随着中国经济社会的发展，能源贫困状况可以在一定程度上自然缓解，但要使能源贫困现象在中国大幅减少甚至彻底消除，关键在于引起全社会的广泛重视，并依赖政府部门制定和实施针对能源减贫的专项应对措施。

（2）2000年以来，中国各省区市能源贫困减缓速度存在相对差异。例如，2000～2011年间，安徽和河南始终为中国能源贫困综合指数最高的两个省份，即安徽和河南在评价期的12年间始终是中国能源贫困综合状况最显著的省份，其能源贫困减缓趋势较其他省份不明显。内蒙古能源贫困综合指数全国排序从2000年的第3位降至2011年

的第 19 位，相对而言，内蒙古能源贫困减缓趋势较为明显，但不够稳定。北京在 2000 年能源贫困综合指数全国排序第 23 位，从 2007 年起降至第 30 位，并一直维持这一水平，相对而言，北京市能源贫困状况改善明显，维持低能源贫困的状态也较为稳定。

（3）当前中国各省区市能源贫困的主要特征存在显著差异。2000～2011 年间，长江中游地区能源服务可获得性相对较差，黄河中游地区能源消费清洁性相对较差，东部沿海地区能源管理完备性相对较差，而东北地区生活用能可支付性和高效性相对较差。基于此，在制定国家层面的消除能源贫困的政策时，应充分考虑地区间差异，抓住不同地区导致能源贫困的主要因素。

（4）当前能源贫困现象在中国的区域分布情况与中国经济发展水平的区域分布情况并不一致。部分经济落后地区并不存在显著的能源贫困问题，而部分经济较发达地区也在一定程度上表现出较为明显的特定的能源贫困问题。因此，确定消除能源贫困政策的实施对象和资金的投入方向时，应区别于其他促进经济社会发展的一般性政策措施，即减缓能源贫困政策实施和资金投入的对象不应只针对贫困人口聚集和经济发展落后的地区，还应充分考虑综合评估识别出的不同地区能源贫困的具体现状。

第 4 章　能源贫困对城镇居民健康的影响

近年来，能源利用对居民健康的影响问题引起了社会各界的广泛关注。在学术界，诸多研究探讨由大量能源消费所引起的大气污染和室内空气污染对居民健康造成的危害；此外，关于节能减排政策实施带来的健康协同效应成为这类研究中的热点和亮点。尽管如此，目前在国内将能源贫困与城镇居民健康联系起来的研究和讨论还并不多见。这一方面是由于能源贫困的概念存在多种形式的界定，尚未达成统一认识；另一方面，由于我国在农村地区能源供给方面相对落后，农村能源贫困问题往往是讨论的焦点，从而导致城镇能源贫困问题被大大忽视。鉴于此，本章选取能源贫困与城镇居民健康的影响关系作为研究视角，简要评估我国城镇居民生活用能的能源贫困状况，从四个方面阐述能源贫困对我国城镇居民健康的影响，并在探讨不同国家针对能源贫困与居民健康的研究状况的基础上，有针对性地提出了我国在城镇能源利用及保障城镇居民健康方面的相关政策建议。

具体而言，本章主要围绕以下几个方面开展讨论：

- **能源贫困与城镇居民健康问题的相关研究。**
- **我国城镇居民生活能源消费与能源贫困现状。**
- **能源贫困对我国城镇居民健康带来的影响及其主要作用要素。**
- **针对我国缓解城镇能源贫困健康影响的政策建议。**

4.1　能源贫困与城镇居民健康研究进展

居民日常生活用能状况对其健康有着至关重要的影响。国际上很多研究关注能源贫困对居民健康的影响，越来越多的政策制定者也开始关注能源利用、室内居住环境与居民身体健康之间的关系。图 4-1 展示了建筑用能对居民健康的影响机理。首先，居民生活在同一大气环境下，大气中的污染排放、室外空气质量直接影响居民家庭室内空气质量水平，而室内空气质量不但影响居民自身心理幸福感，同时也是许多心肺系统疾病的主要影响因素之一。其次，建筑的能源效率和通风系统状况，直接影响室内温度和湿度，而这二者是造成诸多心肺系统疾病和过度寒冷死亡的重要原因，同时也是居民居住热舒适度和心理幸福感的主要影响因素。再次，居民家庭日常生活燃料使用，无疑是造成污染排放并影响室内外空气质量的主要源头，在另一层面，燃料选择和消耗水平通过燃料成本支出又直接影响家庭收入和支出的分配，从而间接影响家庭营养方面支出和居民健康。

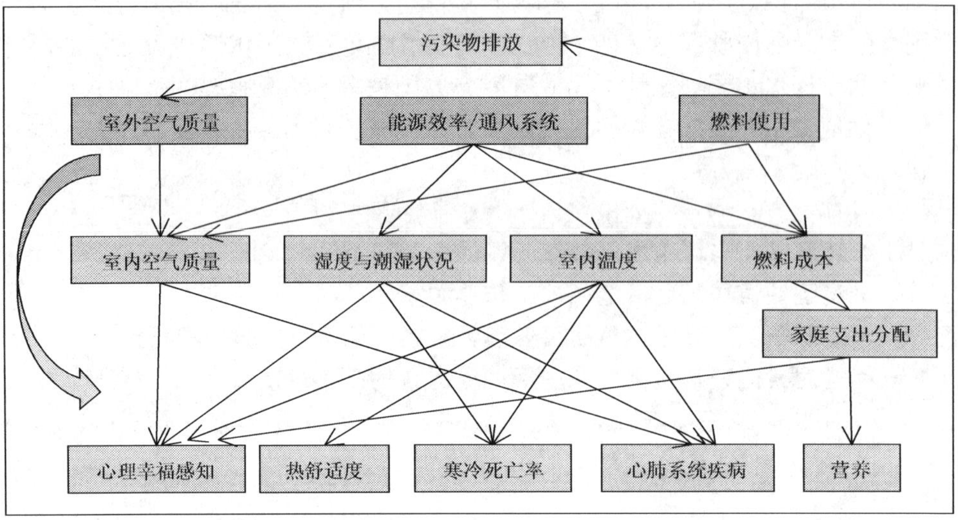

图 4-1　建筑用能与居民健康影响机理（Wilkinson et al.，2007b，2009）

4.1.1　发展中国家：能源供给不足，关注室内空气污染对居民健康影响

由于经济发展水平和能源供给状况的不同，发展中国家和发达国家对能源贫困的界定和侧重点有所不同。发展中国家由于受经济和能源发展水平的制约，应对能源贫困问题往往更注重缓解不发达地区能源供给不足、优化地区能源结构等问题。涉及能源贫困与居民健康影响的研究也多侧重于能源贫困造成的空气污染和污染物扩散对居民健康产生的影响。大量研究已经关注了农村家庭燃料利用带来室内空气污染以及由此引发的疾病问题，尤其是对妇女和儿童造成的健康危害。部分研究讨论了更广泛的居民健康危害问题。Oluwole 等（2012）指出传统生物质燃料利用造成室内空气污染已经是发展中国

家健康疾病的一个主要来源。Grieshop 等（2011）应用吸入响应关系（Intake-response relationship）比较分析了中国和印度的炉灶替代计划带来的健康和气候方面的协同效应，研究发现应用不同的炉灶改善技术带来的空气质量变化水平有所不同，室内空气质量的改善主要受燃料燃烧效率和通风条件影响，而气候变化协同效应则主要取决于燃料结构和燃料燃烧效率。Mestl 等（2007）运用情景分析方法研究了我国家庭固体燃料使用带来的健康影响。结合暴露响应函数和死亡率与发病率，他们研究发现中国每年约有 350 万人由于室内空气污染而过早死亡，通过改善农村地区家庭做饭用燃料每年能减少约 63 万人死亡；如果所有家庭的室内空气质量水平都能达到国家标准（$150\mu g PM_{10}/m^3$），那么将能够避免城镇 90 万人和农村 280 万人过早死亡；中国城镇居民的健康改善主要依赖室外空气质量的改善和城镇家庭燃料结构的优化，如加大更清洁能源的使用比例等。Pan 等（2007）同样应用情景分析 LEAP（long-range energy alternatives planning）模型结合暴露响应函数评估了中国北京地区不同能源情景下对居民健康的影响，研究发现通过优化能源结构能够大大改善大气环境，包括降低 PM_{10} 和 SO_2 等污染物的排放，从而极大地减少呼吸和心血管系统疾病发生率和死亡率，为城镇居民健康改善带来很大的协同效应。Wilkinson 等（2009）评估了家庭用能相关温室气体减排战略的健康协同效应。其中针对印度的炉灶改善计划，通过情景预测该研究发现，通过实施低排放的炉灶替代计划，到 2020 年将避免 24 万 5 岁以下儿童由于患呼吸系统疾病而过早死亡，同样避免 180 万成人过早死于心血管疾病和慢性阻塞性肺病。此外，许多研究关注了欠发达地区能源贫困干预计划带来的健康协同效应，如 Sesan（2012）评估了国际发展组织在肯尼亚实施的能源贫困干预计划带来的疾病发生率和死亡率下降效果。

综合国内外关于发展中国家能源贫困及其健康影响研究，可以发现目前的研究重点仍主要针对不发达地区缓解能源贫困计划，如针对农村地区的炉灶改善计划，该领域的学者多运用情景分析结合暴露响应关系研究方法评估或预测削减能源贫困的同时能够实现的健康协同效应。

4.1.2　发达国家：能源支出较高，聚焦相关政策成效对居民健康影响

发达国家关于能源贫困的研究和政策最早在英国、爱尔兰、新西兰等国家引起广泛讨论。根据英国能源与气候变化司最新的能源贫困报告（DECC，2013），按照能源支出占家庭收入 10%的标准衡量能源贫困，2011 年全英国有 450 万家庭处于能源贫困状态，其中，英格兰在 2010 年有 320 万能源贫困家庭；按照低收入高成本方式衡量，2011 年英格兰有 260 万家庭仍处于能源贫困。英国针对能源贫困的评估主要依据各地对大量数据调研的投入，包括英格兰开展的 EHS（English Housing Survey）计划，苏格兰的 SHCS（Scottish House Condition Survey）计划，威尔士的 LWS（Living in Wales Survey）计划和北爱尔兰 NIHCS（Northern Ireland House Condition Survey）计划。依据这些数据调研基础，英国能源与气候变化司评估各地区的能源贫困水平，如表 4-1 所示。此外，类似的研究对欧盟和新西兰等国家也进行了评估。根据 Howden-Chapman 等（2012）的研究，按照充足室内温度的定义，在新西兰 2001 年有 10%～14%的家庭处于能源贫困，而在 2008 年这一数值已增长到 25%。Thomson 和 Snell（2013）评估了欧盟国家的能源贫困现状，研究发现，依据

充足室内温度评估方法，葡萄牙的能源贫困比率最高，有35.3%的家庭不能支付维持家里足够温暖的能源成本，保加利亚（31.6%）和塞浦路斯（30.8%）等国家也有相当高比重的家庭处于能源贫困，远高于欧盟国家的平均水平（12.1%）。Healy 和 Clinch（2002）通过案例研究爱尔兰的能源贫困问题，按照能源支出占家庭收入10%的评估标准，其研究样本中有20.7%～25%的家庭处于能源贫困。

表 4-1　英国能源贫困家庭数量与比重

地区	能源贫困家庭数量（万）	能源贫困人口比重（%）	评估年度
英格兰	320	15	2011
苏格兰	58	25	2011
威尔士	37	29	2011
北爱尔兰	29	42	2011

资料来源：引自 DECC（2013）。

根据英国能源与气候变化司研究，家庭的能源贫困状态是家庭收入、燃料价格和燃料需求几个因素共同作用的结果，而燃料需求往往与家庭居住环境、隔热技术和能源效率等直接相关。通过干预这几类因素可以实现缓解能源贫困的效果。为应对能源贫困，一些典型国家先后出台了相应的应对战略、计划和政策措施。英国的应对能源贫困战略包括英格兰推出的“温暖前线计划”（Warm Front Scheme），威尔士实施的“家庭能效计划”（Home Energy Efficiency Scheme）和苏格兰的“集中供暖计划”（Central Heating Programme）。这三个计划致力于帮助那些正处在能源贫困并承受相应健康风险的家庭，尤其针对那些居住环境隔热效果较差甚至没有供暖系统的低收入群体。计划包括为居民更新燃气炉、进行供暖和隔热系统改造等。表 4-2 归纳了这些典型国家应对能源贫困的政策。

表 4-2　各国应对能源贫困相关行动和政策措施

国家/地区	相关政策文件/事件	具体措施
欧盟*	燃气与电力自由化指令（Gas and Electricity Liberalization Directives）	■ 要求各国政府出台合适的措施应对能源贫困，包括开发国家能源行动计划； ■ 建议在社会和能源效率政策框架内构件一种综合方法应对能源贫困，并确保国家政策鼓励消费者的自愿参与
欧盟*	能源自由化欧盟经济与社会委员会意见（European Economic and Social Committee Opinion on Energy Liberalization）	■ 强调现行统计应该进一步整合，尤其加强欧洲地区能源贫困状况的评估工作； ■ 提议构建“欧盟能源贫困监测中心”
欧盟*	欧盟委员会（European Commission）	■ 鼓励成员国采取长期而非暂时性的政策措施，政策重点应致力于改善住宅相关的能源质量而非现行的直接能源补贴； ■ 提议衡量统计能源贫困参照“支付能源账单有困难的家庭数量或比例”的定义

续表

国家/地区	相关政策文件/事件	具体措施
英格兰**	温暖前线计划（Warm Front Scheme）	■ 针对低收入、住房隔热水平低的家庭进行节能改造； ■ 设定家庭筛选标准；鼓励家庭自愿申请； ■ 包括燃气炉灶、集中供热系统、楼顶和墙体隔热、外墙保温等改造工程，气源热泵和生物质等新技术普及等
苏格兰**	集中供暖计划（Central Heating Programme）	
威尔士**	家庭能效计划（Home Energy Efficiency Scheme）	
北爱尔兰	温暖家庭计划（The Warm Homes Scheme）	■ 始于 2001 年的一项家庭能效提高计划，符合条件的家庭可以享受免费或低成本的住房改造，包括隔热系统和供暖系统的改善等； ■ 该项计划由北爱尔兰社会发展部和住房执行委员会共同监督执行； ■ 2007 和 2008 年两年间，该计划共支持完成 1 万个家庭的住房改造

资料来源：* Bouzarovski 等（2012）；** https：//www.gov.uk/browse/benefits/heating。

在英国几个计划实施的基础上，有研究进行了大规模调研来评估该国应对能源贫困战略的实施效果，尤其是对居民的健康影响（Liddell et al.，2010）。Green 和 Gilbertson（2008）在 2001～2003 年期间对英格兰和威尔士两个地区 2454 个家庭进行了监测和调研，通过实地监测和问卷调研评估了应对能源贫困计划实施对室内温度、居住者一般身体健康状况等指标的影响。针对苏格兰的“集中供暖计划”，有研究调研了 1281 个接受该计划进行节能改造的家庭，通过两年的时间监测并与其他未接受改造的 1084 个家庭进行比较，评估能源贫困对一般性物理性健康指标的影响，如血压、过敏性疾病等。此外，在新西兰、美国等国家都有类似的较大规模的针对能源贫困与健康影响的研究，如新西兰的“住房、供热和健康研究计划”（Housing，Heating and Health Study）和美国的“儿童营养评估计划”（Children Sentinel Nutritional Assessment）（Liddell et al.，2010）。

综合来看，发达国家在针对能源贫困的应对措施和研究方面都取得了很大的进展，取得了一定的成效。相比发展中国家对能源供给贫困和室内空气污染等问题的关注，发达国家对能源贫困的研究更多针对家庭能源支出和生活质量的提高。住房能源效率包括隔热系统技术和供暖系统改造等是这类研究和政策措施的主要关注点。

4.2　中国城镇居民能源消费与能源贫困

4.2.1　城镇商品能源消费水平虽远高于农村地区，但相比发达国家仍处于较低水平

随着社会经济发展和人民生活水平的提高，我国居民生活能源消费水平也在逐年提高。如图 4-2 所示，城镇居民人均生活用能量由 2000 年的 210 千克标准煤增长到 2012

年的 339 千克标准煤，年均增长率为 4.1%。相比之下，尽管农村人均商品能源消费水平也一直持续稳定增长，且年均增长率为 10.3%，2012 年达到了 246 千克标准煤，与城镇消费差距逐步缩小，但城镇居民生活用能水平仍远高于农村地区。总体上讲，城镇居民相比农村居民在获取能源尤其是商品能源方面更为便利。

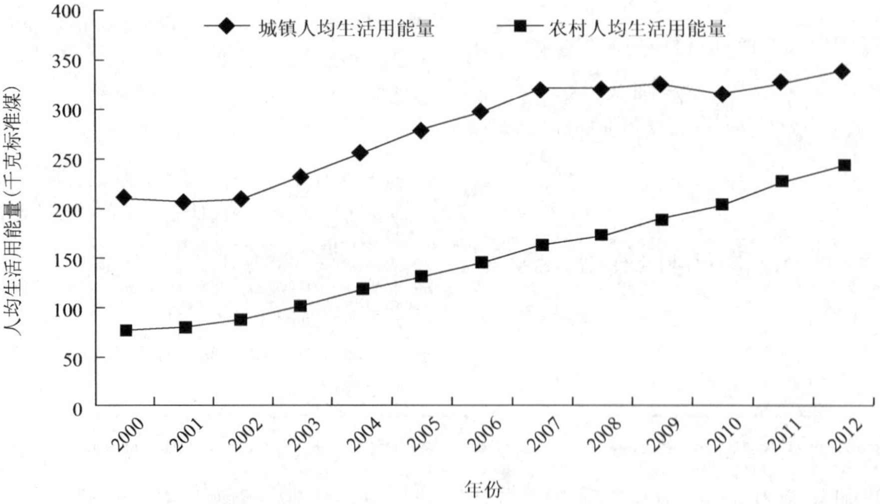

图 4-2　中国城镇及农村居民人均生活用能量变化（2000～2012 年）

尽管如此，相比世界其他国家，我国居民生活用能水平仍然较低。如图 4-3 所示，以欧盟环境署（EEA）成员国为例，2005 年我国人均生活能源消费量低于所有 EEA 成员国，城镇居民生活能源消费量只比马耳他略高；2010 年情况基本类似，全国及城镇人均生活能源消费量均有所上升，但都低于除马耳他之外的其他 EEA 成员国。部分国家（如卢森堡、芬兰、比利时等）的这一水平甚至相当于我国城镇居民生活用能量的 5～6 倍，这虽然一定程度上受气候条件影响，但相较我国供暖区的居民生活用能水平仍然高出许多。以北京市为例，2011 年北京市人均生活用能量为 684.3 千克标准煤，比 2010 年欧盟人均生活用能水平还低 21.9%。

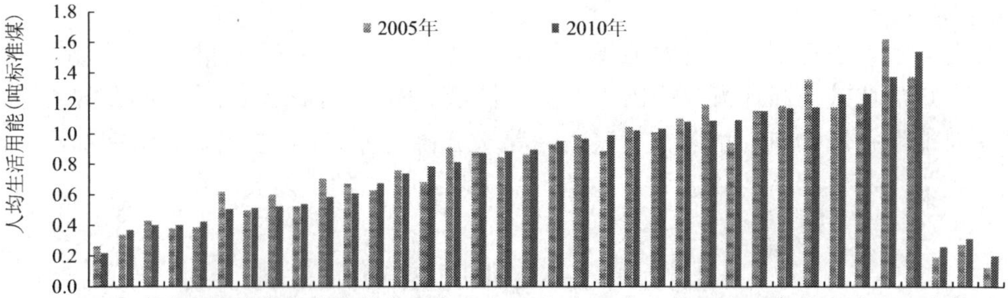

图 4-3　EEA 成员国与我国城镇及农村人均生活用能状况（2005 和 2010 年）

数据来源：EEA，中国能源统计年鉴 2013

4.2.2　能源消费结构逐渐优化，清洁能源比重逐步提高

过去几十年，我国居民用能水平逐年提高。在总量增长的同时，城镇居民生活能源消费的结构也在发生变化。如图 4-4 所示，我国城镇居民生活能源消费结构在过去几年间变化明显，比较突出的变化是相对高排放高污染的煤炭、液化石油气消费量及其在总能耗中的比重逐步下降，而电力、天然气的比重呈上升趋势。同时，随着我国电力行业发电能耗结构的不断优化，清洁电力的比重不断上升。整体上，城镇生活能源消费结构也呈现逐步优化的趋势，清洁能源如清洁电力和天然气的消费比重不断上升。

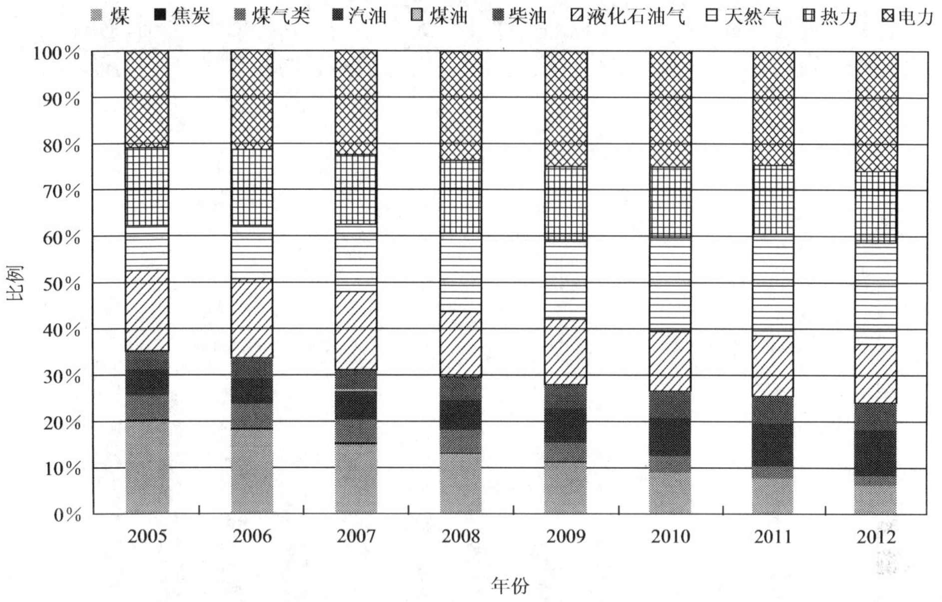

图 4-4　中国城镇居民生活能源消费结构（2005～2012 年）

数据来源：中国能源统计年鉴 2009～2013

4.2.3　城镇能源基础设施建设状况不断改善，城市燃气普及率不断提高

在清洁能源比重上升的同时，近年来，我国城镇能源基础设施建设方面也取得了很大进步。如图 4-5 所示，我国城镇天然气供气总量在十年间增长近 8 倍，这意味着相当规模的基础设施建设投资支持；人工煤气和液化石油气供给量则在近年来有所下降。

此外，如图 4-6 所示，以我国城镇集中供热情况为例，在 2000～2012 年间，无论是供热管道长度还是集中供热面积，都呈现高速增长的态势，体现了我国在城镇能源基础设施建设方面不断进步。

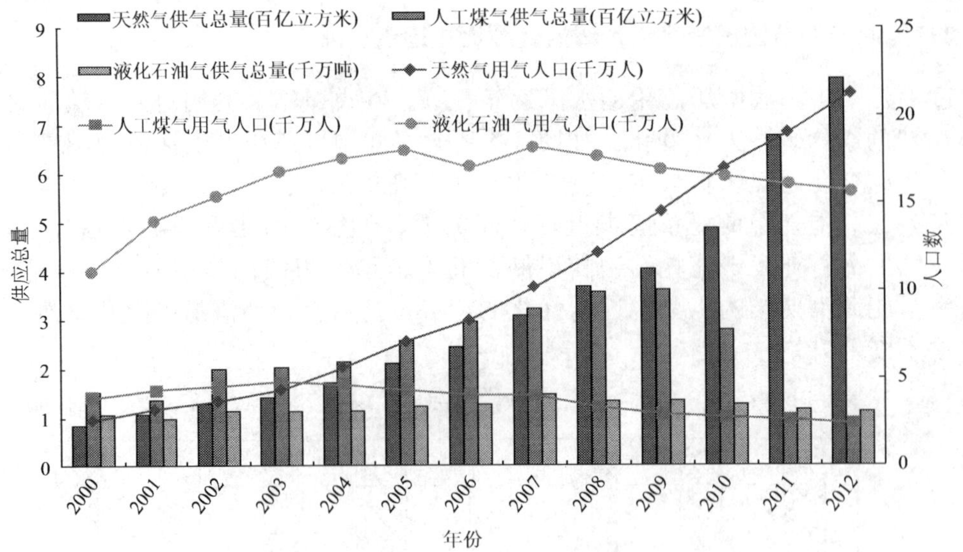

图 4-5　中国城镇气体燃料供给状况（2000～2012 年）

数据来源：中国能源统计年鉴 2000～2013

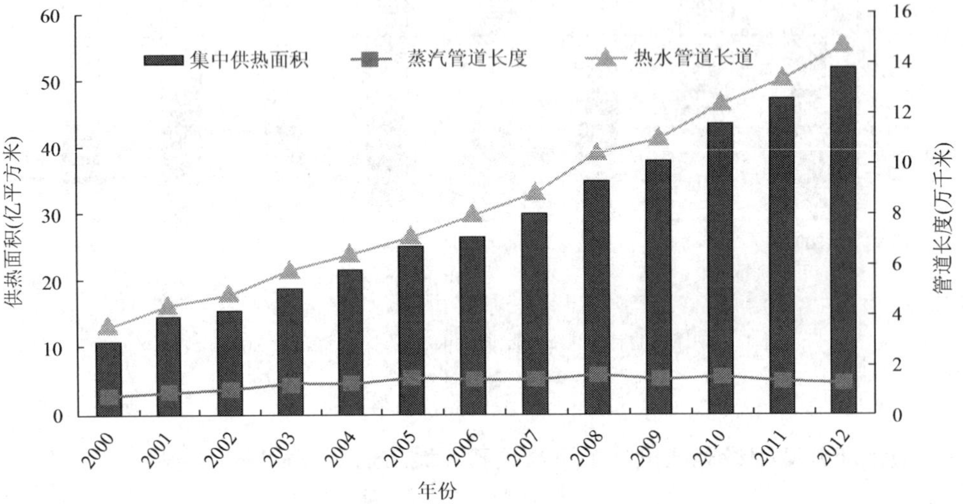

图 4-6　中国城镇集中供热状况（2000～2012 年）

数据来源：中国统计年鉴 1999～2013

4.3　能源贫困与城镇居民健康

4.3.1　室内热舒适程度低是危害我国居民健康的重要因素

室内温度与居民日常生活用能直接相关，是直接影响居民健康的重要因素之一（Yang et al.，2014）。在寒冷气候条件下，通过供暖实现一个舒适的室内温度对居住者健康是有利的。世界卫生组织（WHO）建议，对于居住的房间温度应该至少在21℃以上，而其他房间温度也应该在18℃以上（Liddell et al.，2010）。然而由于家庭收入、能源价格等多方面因素的制约，并非所有家庭都能通过供暖实现这一室内温度标准。正如英国等国家将不能维持WHO建议室内温度标准的家庭界定为能源贫困家庭，能源贫困也因此需要一套复杂的指标体系来衡量。如前所述，部分指标体系综合考虑家庭的能源支出成本与家庭收入状况和建筑用能效率等变量。一个相对较普遍的定义是需要支出家庭收入10%以上用于燃料费用以实现WHO建议室内舒适温度水平的家庭即处于能源贫困水平（Sefton et al.，2005）。按照这种界定，在英国有相当数量的家庭处于能源贫困水平，居住在被称为"cold and damp"的环境中，也因而产生诸多健康风险问题（Liddell，2008）。与过度寒冷相关联的健康风险在学术研究中已有广泛的讨论。早在20世纪初，就有学者指出寒冷天气导致死亡率上升（Young，1924）。这一关系在此后的诸多研究中得到进一步的确认。一般来讲，相比一年中的其他季节，在寒冷冬天发生的死亡率明显偏高，较低的室内温度在其中起着重要的作用，而家庭住房的隔热与能源效率则对其有着直接的影响（Wilkinson et al.，2007b）。寒冷相关的死亡发生主要是由于寒冷导致人体血压和血液运动过程发生变化，增加了心脑血管疾病发生的风险，如中风、心肌梗死等（Crawford et al.，2003），同时免疫系统也受到抑制，增加了传染病的发生概率（Howieson et al.，2005）。

我国城镇居民家庭的室内温度水平，距离WHO建议的温度标准仍有距离。从我国冬季供暖室内温度测定标准来看，针对我国北起黑龙江南至陇海铁路进行冬季采暖的广大地区，供热质量以用户室内温度为标准，部分城镇将供热温度标准规定为不低于16℃，部分城镇为不低于18℃。显然，不少城镇仍然不能达到18℃和21℃的舒适温度标准。许多公众反映供暖室温最低标准控制在16℃有些偏低，仅仅在温度上保持"温饱"水平（史晓菲，2006）。除北方冬季采暖地区的室温标准低以外，南方部分不采暖地区在冬天的室温问题也成为关注的焦点。尤其是近年来极端气候事件频发，偶然的极寒天气为南方地区冬季的适应性提出了严峻的考验，南方地区冬季集中供暖问题也引起热烈讨论。因此，整体上看，我国居民家庭室内温度距离健康标准还有一定差距，这在一定程度上威胁着居民的身体健康。

4.3.2 燃料选择和能源使用导致的室内空气污染对居民健康造成直接危害

对居民健康产生影响的另一重要因素是居民日常燃料使用。居民日常生活用燃料结构和利用效率，一方面直接决定其温室气体和污染物排放水平，从而影响室外空气质量；另一方面也决定了室内空气质量水平。此外，燃料选择的成本影响家庭支出的分配方向。根据Mestl等（2007）的研究，我国家庭固体燃料的使用为居民健康带来极大的影响。如果所有家庭的室内空气质量水平都能达到国家标准（150$\mu g PM_{10}/m^3$），那么将能够避免90万城镇人口的过早死亡；中国城镇居民的健康改善主要依赖室外空气质量的改善和城镇家庭燃料结构的优化，如加大更清洁能源的使用比例等。Pan等（2007）评估了中国北京地区不同能源情景下对居民健康的影响，研究发现通过优化能源结构能够大大改善大气环境，包括降低PM_{10}和SO_2等污染物的排放，从而极大地减少呼吸和心血管系统疾病发生率和死亡率，为城镇居民健康改善带来很大的协同效应。

居民日常生活用能导致健康危害的另一媒介是居民生活燃料使用导致的室内空气污染。室内空气污染是包括中国在内的广大发展中国家面临的重要环境和公共卫生问题。根据世界卫生组织报告（WHO，2002），在疾病负担方面，固体燃料释放的室内烟雾是全球十大主要危险因素之一；由于固体燃料使用造成的室内空气污染导致发展中国家每年160万人过早死亡，其中42万为中国人（Mestl et al.，2007）。诸多研究表明室内空气污染水平与人群呼吸系统疾病的发病率和死亡率有很密切的关系（周晓铁等，2006）。室内空气污染物还可以引起低出生体重，增加肺结核与白内障的发病率。室内空气污染引起的疾病在发展中国家，在高海拔地区，在更多地依赖生物燃料、低质量煤和没有通风结构的炉灶的农村范围内人群中更为严重。

有研究表示，人平均80%的时间在室内度过，而老年儿童等弱势群体在室内生活的时间更长，因此，加强室内空气污染源的控制尤为重要。目前被广泛关注的病态建筑综合征与室内空气污染直接相关，世界各国对室内空气污染也越来越重视。引起室内空气质量下降的主要污染物是甲醛、苯、挥发性有机物等。而室外污染、室内污染源的释放和建筑物的通风条件等都是造成室内污染的主要因素，这些因素也或多或少地与能源贫困有关。室内不清洁燃料的燃烧、烹饪油烟等都直接造成室内空气污染，影响居民健康。在我国城镇居民家庭中，由于不直接燃烧生物质等固体燃料，室内空气污染状况相比贫困农村地区势必改善很多。但部分城镇燃煤、液化气等在家庭日常取暖和做饭等活动中的使用也带来一定的室内空气污染问题，影响居民身体健康。同时，由于煤炭仍然是城镇集中供暖和电力供应的主要燃料来源，由此带来的室外空气污染也是危害城镇居民身体健康的主要因素之一。

4.3.3 建筑材料结构和设施是影响居民健康的重要因素

能源贫困直接影响居民的居住环境，包括决定室内温度状况和室内外空气质量，从而为居民健康带来了风险。这个过程中起着至关重要作用的一个因素是居民住房能源效率和通风系统（Wilkinson et al.，2007b）。一方面房屋隔热水平低将导致室内温度达不到理想温度水平；另一方面住房能源效率较低将导致满足日常生活需求的能源需求升高，高水平的能源消费又带来如空气污染、室内空气质量不良和增加温室气体排放等问题。住房的能源效率取决于建筑材料的热转换特征（包括墙、地面和屋顶的隔热效果）、通风系统的控制技术、供热效率和家庭使用耗能设施的能源效率以及小型能源设施的应用（如太阳能、风能、地热等）。能源效率的高低直接影响室内温度、室内空气污染状况和家庭能源使用成本，从而极大程度上影响着居民的身体健康（Milner et al.，2012）。

尽管建筑用能作为一个高耗能领域在近年来引起广泛的关注，关于建筑节能技术推广、温室气体减排潜力方面也已经有了很多研究，但我国建筑部门的能源利用效率仍然普遍处于较低水平。将我国建筑能耗与其他发达国家相比，无论是单位面积能耗还是人均能耗，我国都远低于发达国家水平（杨秀等，2007）。我国北方地区城镇建筑面积约为全国城镇建筑面积的十分之一，但却消耗了城镇建筑能耗总量的40%（仇保兴，2010），这其中能源利用效率尤其是供热利用效率低起着关键的制约作用。综合来看，目前我国城镇建筑能源利用效率仍然处于较低水平，这一现状极大地影响着居民家庭室内温度和居民健康，同时也造成极大的能源浪费和额外的污染物排放，影响空气质量。

4.3.4　农村燃料燃烧的污染物区域扩散危害城镇居民健康

城镇居民的身体健康不仅与城镇燃料结构和自身能源使用直接相关，同时生活在统一的大气环境下，空气污染物的区域扩散也为城镇居民的身体健康带来极大的风险。这一污染主要来自于城镇周边农村能源利用引发的空气质量下降。相比城镇，我国农村地区存在更为严重并且更为广义的能源贫困问题。我国农村聚集着大量以消费传统生物质能为主的能源贫困人群，西部、东北省份农村地区为最密集区域且能源贫困导致我国严重的健康损失。能源贫困人群常使用低效的方式燃烧大量传统生物质能，释放的高浓度可吸入颗粒物一方面在恶化室内空气质量的同时危害能源贫困人群的身体健康，另一方面传统生物质能燃烧释放的烟雾中含有一氧化碳、二氧化氮、甲醛及一些致癌物质（苯、苯并芘等），这些颗粒物释放到大气中，造成严重的空气污染，也因此对周边居住人群的健康造成危害。我国能源贫困人群学历层次低、家庭经济收入水平低、各省市农村清洁能源发展缓慢等因素在一定程度上限制能源贫困人群对清洁能源的选择，给缓解能源贫困设置了障碍。

郑晓燕等（2006）研究论证了生物质燃烧排放对北京市大气颗粒污染物的贡献。苏继峰（2011）则更为直观地研究了长江三角洲农村地区秸秆焚烧对南京及周边地区空气质量的影响。空气污染带来的居民健康问题，在近年来也引起越来越多的关注。很多研究直接关注居民家庭燃料利用造成空气质量变化对居民健康的影响。暴露响应关系（exposure-response relationship）是这类研究中广泛应用的一种研究方法。在相关研究中，不同研究人员选取的健康效应类型和剂量-反应关系并不完全相同。其中，哈佛大学 Ho 和 Jorgenson（2007）在世界银行研究基础上修正后的剂量-反应关系被广泛应用：

$$HE_{xrh}=DR_{xh}\times C_{rx}\times POP_r$$

式中，HE_{xrh} 为 r 地区由于污染物 x 导致的第 h 类型健康效应；DR_{xh} 为污染物 x 与第 h 种健康效应的剂量-反应关系系数；C_{rx} 为 r 地区大气污染物 x 的浓度；POP_r 为 r 地区的人口数。部分污染物的剂量-反应系数在不同的研究中应用有所不同，表 4-3 给出了一个剂量-反应系数估计的范例（Wang，2010）。

表 4-3　PM_{10} 和 SO_2 剂量-反应系数估计（Wang，2010）

健康影响		浓度上升 1μg/m³ 发生率（例/百万人）
PM_{10} 影响	死亡	7.14
	呼吸系统疾病住院治疗	12
	急诊	235
	下呼吸系统感染/小儿哮喘	23
	哮喘	2608
	慢性支气管炎	61.2
	呼吸系统症候	183
SO_2 影响	胸闷	10000
	呼吸系统疾病	5

在这类研究方法的基础上，部分研究进一步评估健康效应的经济损失，通过对估计每种健康类型效应的经济损失加总得到。经济损失估值也涉及多种研究方法，如支付意愿方法估算经济损失等。

空气污染造成健康损失的研究为我们评估能源贫困的居民健康影响提供了一定的思路。更多的研究需要关注能源贫困驱动下的空气污染影响以及这种空气污染影响区域扩散后的健康损失评估。如何将居民健康影响归因到具体的排放源，也需要更多定量化模拟研究。

4.4 消除能源贫困对城镇居民健康影响的政策建议

如前所述，发展中国家与发达国家应对能源贫困的研究和政策有所不同。发展中国家主要是从削减健康负面影响的角度应对能源贫困，目前多集中于应用如暴露响应关系等量化的系统分析方法，重点评估能源结构对公众健康的影响。如针对农村燃料结构改善对室内空气污染的影响从而对公众健康带来的协同效应、能源结构改善对整体空气质量的提高从而带来的公众健康协同效应。因此发展中国家应对能源贫困目前主要着眼于能源结构的优化。纵观发达国家关于能源贫困的讨论，传统意义上仅探讨能源可获得性问题，目前则更多开始关注实现合理室内温度的可能性和为实现健康室内供热水平支付能源成本的能力。这类研究将家庭收入、燃料价格和燃料需求几个方面作为应对能源贫困的主要突破口。相关政策措施则主要致力于控制燃料价格和燃料需求，通过政府干预市场措施和建筑节能改造计划，目标是改善居民家庭居住环境，提高建筑能源利用效率，减少家庭能源需求以提高其幸福感并降低健康损失。

目前，我国在缓解和消除能源贫困的立法和政策方面已经做出了相应的努力，如电力普遍服务政策。早在《国务院关于印发电力体制改革方案的通知》（国发［2002］5号）明确提出“监督电力普遍服务政策的实施”作为国家一件大事来抓之前，《中华人民共和国电力法》第8条就已经规定，国家帮助和扶持少数民族地区、边远地区和贫困地区发展电力事业。《电力供应和使用条例》、《供电服务监管办法（试行）》、《电力业务许可证管理规定》等也对电力普遍服务做了明确规定。此外，在优化城镇能源供给方面也取得了一定的进步。在燃气供应方面，1998年中国政府出台了鼓励民营企业进入城镇基础设施建设的政策，同时大力推广天然气的使用。尽管我国尚未出台天然气相关法律，但是我国在2003年制定的《中华人民共和国行政许可法》第67条规定，取得直接关系公共利益的特定行业的市场准入行政许可的被许可人，应当按照规定，向用户提供安全、方便、稳定和价格合理的服务，并履行普遍服务的义务。以此为依据，一些法规和规章，如建设部制定的《市政公用事业特许经营管理办法》、《城镇供热特许经营协议示范文本》，江苏、安徽等省出台的《江苏省燃气管理条例》、《安徽省燃气管理条例》，相继明确能源普遍服务制度。在供热领域，针对低收入困难群体，北方多数城镇已经建立“城镇供热保障金制度”，对低收入困难群体按不同比例给予采暖补贴。

尽管我国在能源普遍服务、缓解能源贫困方面取得了一定的成就，但我们必须看到，整体而言，目前我国的能源普遍服务制度仍存在很大的改进空间。应对农村地区能源贫困、优化农村地区能源结构、减少传统生物质能源的利用对减少室内空气污染、降低对农村居民的健康影响起着至关重要的作用；同时对减少大气污染从而缓解对城镇居民的健康危害也将做出巨大的贡献。相比世界其他国家对能源贫困以及健康问题的研究，我国在这一领域的关注度明显不足，尤其是针对城镇能源利用和健康影响关系的讨论仍然很少。随着我国城镇化进程的推进，更多的居民开始居住在城镇中，这为我国城镇能源供给和基础设施的建设提出了更大的挑战，如何保障城镇居民合理的能源需求、降低能源贫困比例并缓解能源使用的健康危害都需要在未来的政策制定中提供新的应对措施。基于此，我们提出以下政策建议：

■ **将应对城镇能源贫困纳入国家能源规划体系之中，制定长期的应对策略和能源计划。**未来的能源战略应该有计划地将应对能源贫困作为主要目标之一，制定长期的应对策略和政策措施，以缓解能源贫困对居民健康造成的危害，进一步提高居民生活质量。

■ **开展城镇能源贫困的评估，建立相应的监测体系。**探讨能源贫困问题，在我国还面临的一个问题是统计数据基础的薄弱，如传统生物质燃料难以量化、缺乏家庭能源支出的准确统计等。这些方面都需要加大对数据收集和研究的投入，鼓励科研部门开展城镇能源贫困的评估工作，识别家庭能源贫困状况，并建立相应监测体系，不断调整应对策略。

■ **进一步推动建筑节能相关计划和项目实施。**建筑能源利用效率在家庭能源需求和健康效应方面起着至关重要的作用。目前我国城镇建筑普遍存在能源效率较低的问题，这一问题也引起了广泛的关注。应对能源贫困，需要进一步完善和推动新建建筑节能标准的实施，促进更广泛的既有建筑节能改造计划推行，提高城镇供热效率，改善居民家庭室内温度水平和空气质量。

■ **确保城镇能源基础设施建设，提高城镇供热能力和用气比例，改善城镇能源结构，提高清洁能源比重。**优化城镇能源结构，无论是在应对气候变化建设低碳城镇方面还是在缓解能源贫困方面都起着决定性的作用。各地区应该因地制宜制定相应的能源供给目标和战略，优化能源结构，进一步提高清洁能源比重，并保证能源基础设施的建设，完善能源市场和价格机制，使其能够有效地改变家庭能源选择和使用行为，降低对传统高污染性燃料的依赖。

■ **进一步控制城镇周边农村地区、城郊地区传统燃料的使用，降低污染物扩散带来的城镇空气污染。**各地区应进一步控制城郊、城镇周边农村地区传统生物质燃料和低质燃煤的使用，降低其对大气环境的污染。探索分布式能源发展策略，在不方便接入城镇能源网络的地区发展分布式能源，增加居民能源种类选择。并通过行政管控结合价格补贴等方式推动居民转换能源使用方式，降低对低价高污染燃料的传统依赖。

4.5　本章小结

本章在分析我国城镇生活能源利用状况的基础上，重点探讨了能源贫困对城镇居民健康的影响机理和相关研究进展。

鉴于能源贫困对居民健康的显著影响，世界范围的学者就此问题展开广泛的研究。发展中国家关于能源贫困尤其是从削减健康负面影响的角度应对能源贫困问题的讨论，目前多集中于应用如暴露响应关系等量化的系统分析方法，重点评估能源结构对公众健康的影响，因此**发展中国家应对能源贫困目前主要着眼于能源结构的优化。**纵观发达国家针对能源贫困的相关讨论，则更多开始关注实现合理室内温度的可能性和为实现健康室内供热水平支付能源成本的能力。这类研究将家庭收入、燃料价格和燃料需求几个方面作为应对能源贫困的主要突破口。**发达国家相关政策措施则主要致力于控制燃料价格和燃料需求，通过政府干预市场措施和建筑节能改造计划，目标是改善居民家庭居住环境，提高建筑能源利用效率，减少家庭能源需求以提高其幸福感并降低健康损失。**

我国城镇居民生活用能状况在近年来获得了很大的改善。在提高用能水平、扩大能源基础设施建设和优化能源结构方面都取得了一定的进步。**但整体上我国城镇居民用能水平与同等气候条件下的其他发达国家相比仍然存在一定差距，存在一定程度的能源贫困。**然而，发达国家针对能源贫困开发的评价指标和方法，由于我国能源价格水平上与其他国家的显著差异而出现不适用性。但依据该方法仍可以判断，相较之下低收入家庭以及部分地区仍然面临能源支出压力大的问题。

无论是农村还是城镇的能源贫困现状都对我国城镇居民健康造成一定的负面影响。其中直接危害居民健康的几大重要因素包括：**居民家庭室内温度标准低；能源使用导致的室内空气污染；住房能源效率水平低下；家庭燃料选择影响下的空气质量与家庭支出结构；农村燃料使用造成大气污染物的区域扩散。**这几方面因素都与能源贫困问题息息相关，也都通过不同的媒介对居民健康造成直接或间接的影响。

借鉴其他国家的政策实践和研究经验，本章最后提出保障城镇居民合理能源需求、降低能源贫困比例并缓解能源使用健康危害的几点政策建议。

第5章 农村固体燃料利用及其对居民健康的影响

由于难以获得或者支付得起现代清洁商品能源，中国绝大多数农村家庭用固体燃料（煤炭、柴草和秸秆）来满足其主要的日常炊事用能需求。然而，固体燃料在简单炉灶中进行燃烧容易产生大量有害物质（例如一氧化碳、氮氧化物、硫氧化物、碳氢化合物及可吸入颗粒等）。这是室内空气污染的主要来源，可能对人体健康造成严重危害。据世界卫生组织数据，全球大约35.7%的下呼吸道感染、22.0%的慢性阻塞性肺疾病、1.5%的（支）气管炎和肺癌、2.7%的伤残调整生命年损失归因于固体燃料利用产生的室内空气污染。妇女通常是炊事劳务的主要承担者，儿童则经常陪伴在从事炊事的母亲身边，因此妇女和儿童所受的危害更为严重。同时，传统生物质燃料的采集需要耗费大量时间，大大减少了家庭成员从事其他生产和教育培训活动的时间和机会。因此，固体燃料利用不仅对农村居民健康造成严重危害，还会制约经济贫困的解决，并对居民长期福祉产生深远影响（特别是儿童教育和健康）。在中国农村电力普及率已接近100%、拉闸限电情形极少存在的今天，大多数农村家庭仍然以煤炭和柴草作为主要炊事用能。2010年中国有104万人口过早死于固体燃料导致的室内空气污染，占当年全国过早死亡总人数的12.5%；这与大气颗粒污染物造成的过早死亡人数（123万）相当。鉴于中国农村能源贫困问题的广泛性和严重性以及没有受到全社会的足够重视，本章旨在应用问卷调查数据探讨以下几个方面的内容：

- **农村居民固体燃料使用现状及地域差异。**
- **农村居民炊事用能特点及其历史变化趋势。**
- **固体燃料利用对农村居民健康的影响。**

5.1　能源贫困与农村居民健康研究进展

5.1.1　国际重要学术期刊和权威学者对固体燃料利用问题高度关注

农村居民生活中固体燃料导致的室内空气污染是一个容易被忽视的重要问题（Smith，2006，2012）。固体燃料包括传统生物质能燃料（木柴、动物粪便、作物残茬、木炭等）和煤炭。许多居民家庭，尤其是一些贫穷地区的农村家庭通常将固体燃料用于炊事和取暖，由此产生的室内空气污染会对人体健康造成严重不良影响（Rehfuess et al.，2011）。据世界卫生组织（WHO，2002）数据，全球大约35.7%的下呼吸道感染、22.0%的慢性阻塞性肺疾病、1.5%的（支）气管炎和肺癌、2.7%的伤残调整生命年损失归因于固体燃料利用产生的室内空气污染。据全球疾病负担研究小组（GBD）在 *The Lancet* 发布的数据（Lim et al.，2012），2010 年全球有 355 万人因使用固体燃料炊事和取暖产生的室内空气污染而过早死亡；该研究对全球 21 个地区 1990～2010 年引发疾病和伤害风险因素进行评估后发现，固体燃料造成的室内空气污染主导全球疾病负担的第三大风险因素，仅次于高血压、吸烟（包括二手烟）。根据世界银行（World Bank，2013a）数据，2010 年全球有 28 亿人使用固体燃料（秸秆、薪柴等传统生物质和煤炭）作为日常炊事和取暖用能，其中 78%为农村人口。固体燃料的广泛利用及清洁能源供应的限制作为能源贫困的主要体现方面，已成为各国（尤其是发展中国家）急需解决的一个重要问题（Kaygusuz，2011；Oseni，2012；Bansal et al.，2013；Serwaa et al.，2014；Shaaban et al.，2014）。

固体燃料在简单炉灶中进行燃烧容易产生大量有害物质（例如一氧化碳、氮氧化物、硫氧化物、碳氢化合物及可吸入颗粒等）。这是室内空气污染的主要来源，可能对人体健康造成严重危害。妇女通常是炊事劳务的主要承担者，儿童则经常陪伴在从事炊事的母亲身边，因此妇女和儿童所受的危害更为严重。据世界卫生组织（WHO，2002）估计，女性 2.8% 的伤残调整生命年损失源自室内空气污染，高于男性（2.5%）。Smith 等（2000）对发展中国家家庭生物质能燃料利用造成室内空气污染的文献调研结果表明，与生活在使用清洁燃料家庭的儿童相比，那些长期暴露于室内空气污染的儿童患急性下呼吸道感染疾病的风险显著增加。此外，世界卫生组织（WHO，2011）数据显示，在全球五岁及以下死于肺炎的儿童中有 50%是室内空气污染所致。

固体燃料利用造成的健康风险问题属于交叉学科研究范畴，是重要的公共政策与管理问题，近二十年来受到联合国、世界卫生组织、世界银行、国际能源署等机构高度关注。公共卫生界对这一问题的关注已有三十余年，并有大量论文刊发在 *Science*（Spengler et al.，1983；Martin et al.，2011）、*Nature*（Anenberg，2012；Sagar et al，2013）、*PNAS*（Smith，2000，2012；Zhou et al.，2011；Zeliadt，2012）等综合性期刊上，也有刊发在 *NEJM*（Mantzouranis，2008）、*JAMA*（Friedrich，2011）、*The Lancet*（Wilkinson et al.，2007a，2009；Smith et al.，2011；Lim et al.，2012）、*BMJ*（Johnston et al.，2013；Milner et al.，2014）等医学期刊上，还有大量文献出现在 *ARPH*（Smith et al.，2013）、*EHP*（Bonjour et al.，2013；Balakrishnan et al.，2014；Burnett et al.，2014）等公共卫生期刊上。这一领域的代表性人物是 Kirk

R. Smith（世界卫生组织室内空气质量标准和比较风险评估委员会主任、美国科学院院士、2012 年泰勒环境成就奖获得者、加州大学伯克利分校公共卫生学院教授）。近些年来，经济与管理科学界逐渐对此关注，研究视角侧重于室内空气污染造成的间接影响（劳动生产率、教育活动等），目前仍然处于起步阶段（Duflo et al.，2006；Edwards et al.，2012；Miller et al.，2013；Mueller et al.，2013；Agurto Adrianzén，2014）。这一领域的代表性人物有 Esther Duflo（克拉克奖获得者、麻省理工学院经济学教授）。依据研究目的，可以将相关学术文献大致分为以下几类。

5.1.2　针对固体燃料利用造成的室内空气污染与健康之间的因果效应开展研究

虽然固体燃料利用对健康的危害是不言而喻的，但是不同燃料导致的空气污染水平及对健康的影响程度存在较大差异。Peabody 等（2005）对中国陕西、湖北与浙江三省农村居民炊事燃料使用与健康状况的研究表明，不同燃料对健康的影响程度存在显著差异；总体而言，相对于木柴和作物残茬，煤炭对人体健康的危害最大。Holdren 等（2000）也指出，煤炭可能是比木柴更劣质的燃料，其危害更大。此外，中国一些地区（如云南、贵州）盛产大量含有氟和砷的煤炭，这种煤用于炊事及取暖极易导致氟砷中毒。室内空气中的氟除被居民直接吸入外，还易被使用煤火干燥的食物吸收，对人体健康造成进一步风险。Ando 等（2001）的比较研究发现，相比无氟化物污染的江西招贤镇，受燃煤氟污染的贵州龙里县和四川彭水县两地居民的健康状况明显偏差。煤炭在不充分燃烧时还会排放大量一氧化碳，造成煤气中毒。

该类研究大部分属于观测性分析，主要是从室内空气污染物含量检测中判断各类燃料利用对健康造成危害的程度。例如，Bruce 等（2000）关于发展中国家室内空气污染对健康的影响研究，忽略了通风条件、房屋结构等因素的影响，其结论存在着一定偏误。Bruce 等（1998）发现，考虑家庭住房类型（用地板类型来代理）后，估计结果可能发生颠覆性变化。除此之外，观测性研究的另一缺陷是未能考虑到家庭成员的优化配置行为，即家庭成员会寻求一种最优策略以减轻空气污染的不利影响。对孟加拉国 1638 个、印度 7734 个农村家庭的调查表明，那些意识到靠近炉灶会对妇女及所照看儿童的呼吸道健康产生不利影响的家庭，正试图改变她们炊事劳务时间分配决策以减轻空气污染的不良影响，即让那些带有年幼孩子的妇女更少接触污染物，同时那些平时较少暴露于空气污染中的妇女从事更多的炊事工作。这样家庭成员以一种优化的劳动方式抵御疾病风险（Pitt et al.，2006）。

5.1.3　探究减轻固体燃料利用造成室内空气污染对健康影响的措施

大量研究证实，经过改良的炉灶能大幅度降低固体燃料使用造成的健康风险。Duflo 等（2008）在对使用传统炉灶的 2400 户奥里萨邦农村家庭健康状况的调查研究中发现，受访家庭成员的呼吸道疾病发病率非常高，在进行调查的前 30 天内，约有 1/3 成年人和 1/2 儿童有过呼吸道疾病症状，有 10%成年人和 20%儿童患过严重咳嗽。Pitt 等（2006）在对孟加拉国和印度的农村家庭进行调查后发现，为家用炉灶增加烟囱可显著降低固体燃料对健康的不利影响。此外，一项针对危地马拉玛雅妇女开展的随机炉灶干预实验也得到一致结论，与对照组（使用明火灶）相比，实验组［使用改良炉灶

(plancha)］的眼痛和头痛患病率有显著减少，实验组妇女呼出的气体中一氧化碳含量的中位数也明显低于对照组（Diaz et al.，2007）。Chapman 等（2005）在对中国云南宣威县的回顾性队列研究中发现，为无排气管灶安装烟囱能显著降低慢性阻塞性肺疾病的发病率。因此，正确安装烟囱将大大有利于居民健康。Dasgupta 等（2013）的研究还发现，增加厨房面积、改善通风性能也可以显著降低固体燃料利用对健康造成的危害。

5.1.4　陆续关注室内空气污染对家庭经济福利的间接影响

除以上两类研究外，近年来已有学者陆续关注室内空气污染造成的间接影响（Duflo et al.，2006；Agurto Adrianzén，2014；Edwards et al.，2012；Miller et al.，2013；Mueller et al.，2013）。Duflo 等（2008）认为，室内空气污染除直接对健康产生不良影响外，还由此间接地减少了整个家庭的经济福利。首先，室内空气污染对成人健康造成不良影响，进而降低其工作或生产效率。因室内空气污染而患病的人难以胜任一些高强度的持续性工作，同时也会失去很多工作机会。即使能够得到聘用，工资报酬也会偏低。没有正常经济来源，使得原本贫困的家庭更加缺乏获取优质营养食物和良好医疗服务的支付能力，身体状况得不到改善，工作能力也无法提高，贫困进一步加剧。这就是“固体燃料炊事或取暖—室内空气污染—疾病—能力下降—经济贫困—继续使用固体燃料”的恶性循环。Ray 和 Streufert（1993）在其研究中将这一现象称为“贫困陷阱”（poverty trap）。为了更好地理解“贫困陷阱”，学者们做了一些实证和实验研究。Frankenberg 等（2005）关于印尼森林大火对健康的影响研究表明，1993～1997 年间大火引发的阴霾对当地居民健康及生产能力均造成了不良影响。此外，Smith 等（2000）依据居民患病的天数估计得出，印度由于室内空气污染造成的疾病负担导致了每年16～20亿个工作日损失。更为重要的是，室内空气污染对儿童健康产生不良影响，进而影响其课堂出勤率（Bobonis et al.，2004；Miguel et al.，2004；Duflo et al.，2008）；高度依赖固体燃料的妇女由于需要帮助采集生物质燃料（通常是柴草）而不能（或更少）从事其他增加收入的生产性活动（Ekouevi，2001；Kammen et al.，2001；Ward，2002；Rehfuess et al.，2006）。然而，迄今为止，有关室内空气污染造成的间接影响的实证研究文献还不多（Duflo et al.，2008）。

包括医学、社会学和经济学在内的众多学科研究表明，固体燃料利用产生室内空气污染，不仅对健康造成严重危害，还会进一步对社会长期福祉产生深远的负面影响，如图 5-1 所示。然而，就全球而言，由于对清洁燃料存在难以支付、难以获得等因素，固体燃料的使用仍然相当普遍。Desai 等（2004）指出，全世界大约有 50％的家庭（90％的农村家庭）利用固体燃料进行炊事和取暖。据国际能源署（IEA，2013）估计，2011 年全球有约 26 亿人（占全球总人口的 38％）依赖传统生物质能燃料进行炊事；而且在当前政策下，到 2030 年，全球仍有约 25 亿人口缺乏清洁炊事燃料及设备。面对日益严峻的能源形势，国际能源署、世界银行和联合国等国际组织一直保持着高度关注，并积极寻求解决方案。在联合国秘书长潘基文的领导下，由 20 个联合国机构组成的协调小组于 2011 年提出了一项全球性倡议，即“人人享有可持续能源”。世界银行（Ostojic et al.，2011）指出，积极推广电力和高效、清洁的炊事燃料及炉具是实现在东亚和太平洋地区现代能源全面普及的两条重要路径。

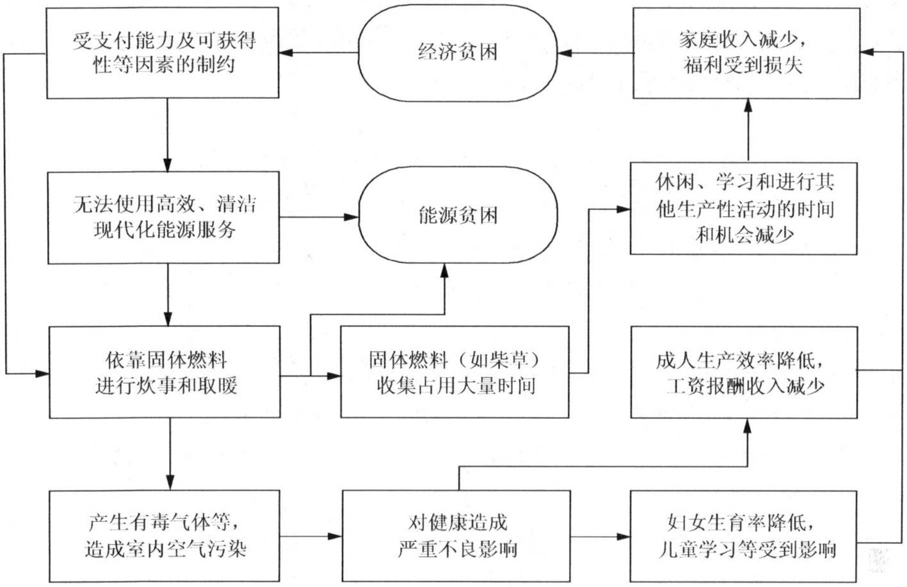

图 5-1　“能源贫困—健康—社会福祉”传导机制

5.1.5　部分国外学者针对中国部分地区开展了长期跟踪研究

我国经过农村电网改造之后，目前已基本不存在电力普遍服务问题，预计到 2015 年可以全面解决电力普遍服务问题，但是固体燃料利用仍然广泛存在。第二次全国农业普查数据表明，2006 年全国仍分别有 60%和 26%的农村家庭主要使用柴草和煤进行炊事，这种情况将会持续很长一段时间。据 GBD 数据（Lim et al.，2012），中国在 2010 年有 104 万人口过早死于固体燃料导致的室内空气污染，占全部过早死亡人口的 12.5%；这与大气颗粒污染物造成的过早死亡人数（123 万）相当。除了国内学者研究以外，也有较多国外学者针对中国农村居民炊事用能及其相关问题进行长期跟踪研究。如 Peabody 等（2005）关于中国农村家庭室内空气污染的研究，Sinton 等（2004）和 Edwards 等（2004）针对中国农村家庭炉灶改良项目的研究，Zhang 和 Smith（2007）对 1980～2006 年的 200 余篇有关中国室内固体燃料利用与健康方面的中英文文献进行了评述和分析。加州大学伯克利分校公共卫生学院的家庭能源、气候与健康研究小组已有多篇博士学位论文以中国农村固体燃料利用问题作为选题。

目前中国的相关实证研究主要针对某个县市地区，例如，对云南宣威县的长期跟踪研究（Mumford et al.，1987；Chapman et al.，2005；Shen et al.，2009；Barone-Ades et al.，2012）。另外，目前相关研究大都是基于某一年份或较短时期数据开展的，没有从较长历史时期来看待固体燃料利用对健康造成不利影响的动态变化。本章采用“中国健康与营养调查”项目对全国 9 个省（自治区）农村居民的 1989～2011 年二十余年间进行的 9 次追踪调查数据进行研究。

统计数据显示，二十余年来农村居民对固体燃料的依赖程度呈下降趋势，越来越多居民开始选用电力、液化气等清洁燃料进行炊事。但是，截至 2011 年仍有超过一半的受访居民使用固体燃料（煤和柴草）进行炊事，农村居民对固体炊事燃料的依赖程度仍然较大。此外，与使用非固体燃料居民相比，使用固体燃料炊事居民的整体自评健康水平明显偏低，且具有较高呼吸系统疾病患病率。

5.2　大样本问卷调研数据来源与说明

除特别注明外，本章使用的数据均来源于“中国健康与营养调查”项目（China Health and Nutrition Survey，CHNS）。该项目是由美国北卡罗来纳大学人口中心与中国预防科学医学院联合进行的大规模社会健康调查，其内容涉及住户、营养、健康、成人、儿童和社区等，调查数据为长期固定观察数据（又称追踪数据）。到目前为止，该调查一共进行了 9 次，分别是 1989、1991、1993、1997、2000、2004、2006、2009 和 2011 年。该调查采用多阶段整群抽样的方法，其中有几年的调查省份发生了变更，最新的 2011 年的调查区域范围在原来的辽宁、黑龙江、江苏、山东、河南、湖北、湖南、广西和贵州 9 个省（自治区）的基础上加入了北京、上海和重庆 3 个直辖市。从图 5-2 可以知道，其调查地区覆盖全国众多典型区域，各地区地理环境、能源资源和经济发展水平差异较大，在一定程度上能体现全国整体状况。

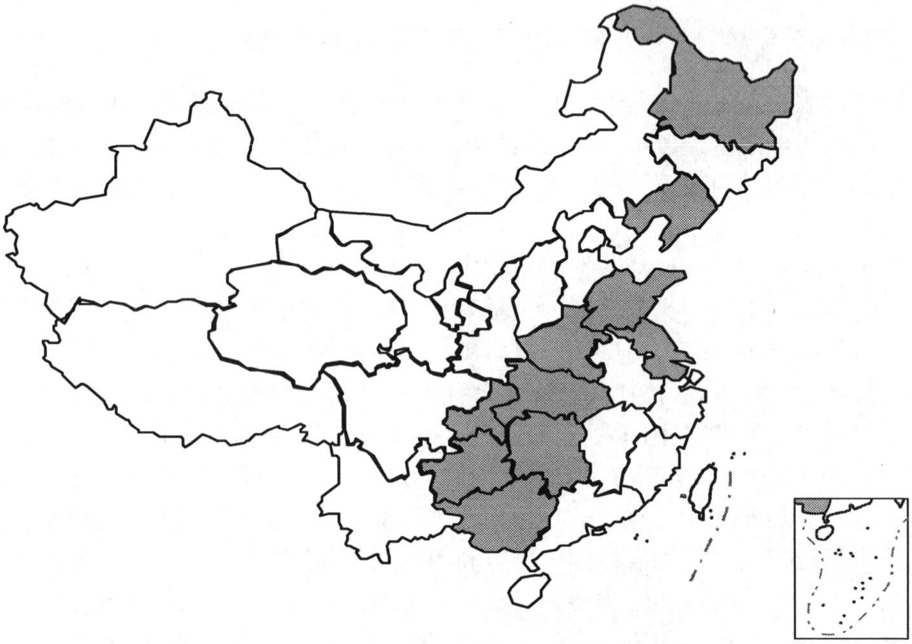

图 5-2　调研省（自治区、直辖市）分布图

仅 2011 年调查范围包括北京、上海和重庆，但为了使研究结果具有一定的全国代表性，本章将不考虑北京和上海两市。地图仅为示意，不代表行政区划的精确度量

本章使用的原数据为 1989～2011 年 9 次调查获得的分类别纵向数据（图 5-3），具体见各图表的数据来源说明。

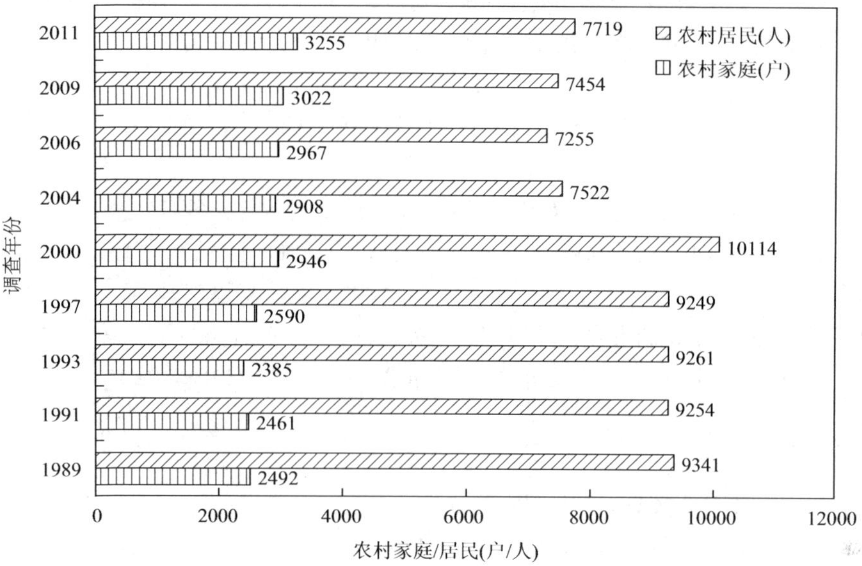

图 5-3　各年份调查农户及居民人口总样本量

本章将调查地点位于农村的家庭户归为农村家庭，其家庭成员则为农村居民，此外，各年份农村家庭及居民数据均不包括未报告做饭燃料的农户及居民；其中，1997 年数据不包括辽宁省，1989、1991 和 1993 年三年数据不包括黑龙江，2011 年数据包括重庆市农村居民人口，不包括北京和上海

本章拟应用以上数据分析我国农村炊事固体燃料利用状况及其对居民健康的影响。首先，我们使用最新一次调查（2011 年）相关数据对各地区农村居民的炊事用能现状及特点作简要分析；接着，利用 1989～2011 年调查数据分析农村居民固体燃料使用的历史变化趋势；最后，比较分析使用各类燃料居民的健康状况，探究固体燃料利用对健康产生的危害。

“中国健康与营养调查”将居民户使用的做饭燃料分为煤，电，煤油，液化气，天然气，木炭，木柴、柴草等与其他共 8 个类别。为了便于分析，这里将木炭与木柴、柴草等两类燃料合在一起进行分析，统称为“柴草”。另外，只有极少数农村家庭使用煤油，因此将煤油归类于其他燃料类别之中。这样处理之后，本章分析的燃料类别包括煤，柴草，天然气、液化气、电及其他共六类。如无特别说明，本章数据分析中的固体燃料仅指柴草和煤。另有，针对使用两种或两种以上燃料的农村家庭，我们将其最常使用的做饭燃料称为其主要炊事燃料（或主要炊事用能），其次使用的称为其次要炊事燃料（或次要炊事用能），仅使用一种做饭燃料的农村家庭，该燃料则为其主要炊事燃料，同时该家庭无次要炊事燃料。

同时，为了便于分析固体燃料利用对居民健康的影响，本章在相关分析中将各农户炊事燃料使用分为“固体＋固体”、“固体＋非固体”、“非固体＋固体”、“非固体＋非固体”四种燃料使用类型。其中，“固体＋固体”表示该农户的主要炊事燃料和次要炊事燃料（或者无次要炊事燃料）都为固体燃料；“固体＋非固体”表示该农户的主要炊事燃料为固体燃料，同时使用非固体燃料作为其次要炊事燃料；“非固体＋固体”表示该农户的主要炊事燃料为非固体燃料，同时使用固体燃料作为其次要炊事燃料；“非固体

＋非固体”表示该农户的主要炊事燃料和次要炊事燃料（或者无次要炊事燃料）都为非固体燃料。若无特别说明，本章所有分析中涉及的燃料类别及名称均遵从此处说明。

5.3 农村居民炊事用能现状与趋势

随着收入水平的提高，越来越多的农村家庭开始使用电、液化气和天然气等清洁燃料进行炊事，逐步实现炊事用能的多元化。然而，受能源资源的可用性与可获得性及支付能力等因素的制约，我国农村居民对固体燃料的依赖程度仍然较高。在农村地区，生物质资源通常可以通过非商业的途径收集获得，而现代化清洁燃料又相对昂贵，因此，农村地区广泛使用固体燃料的局面可能长期存在（World Bank，2013b）。

5.3.1 农村居民炊事用能现状（2011 年）

1）农村居民对固体燃料的依赖程度仍然较高

2011 年调查数据显示，仍有大量农村居民依赖煤和柴草燃料进行炊事。受访的 3255 户农村居民中分别有 509 户和 667 户家庭将煤和柴草作为其主要炊事燃料。如图 5-4 所示，截至 2011 年，仍有 1176 户（占 36.2%）的农户主要依赖生物质和煤。从居民人口数据看，分别有 15.0%和 19.6%的农村居民将煤和柴草作为其主要炊事燃料。此外，分别有 21.6%和 37.8%的农户主要使用液化气和电，还有少量农户使用天然气和其他燃料进行炊事。

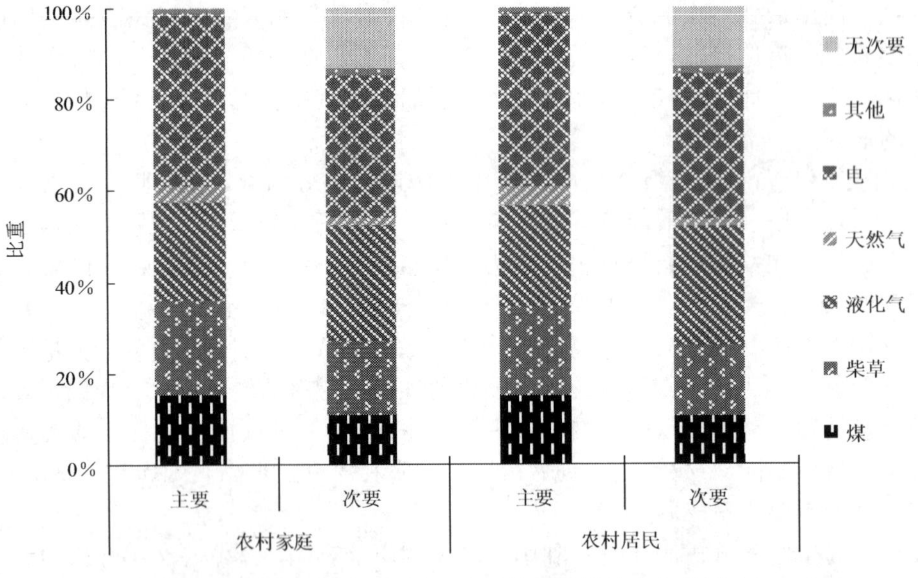

图 5-4 2011 年将各类燃料作为主要/次要炊事燃料的农户及居民人口比重

图中“主要”与“次要”分别指该农户（居民）的主要炊事燃料与次要炊事燃料；“无次要”则表示该农户（居民）只使用一种燃料进行炊事，即只有主要炊事燃料，无次要炊事燃料

另外，我们可以看到约 86.8%的农户（87.3%的农村居民）通常使用两种或两种

以上燃料作为炊事燃料，主要使用煤和柴草的农户分别占 11.0%和 16.1%，同时，分别有 25.6%和 30.8%的农户将液化气和电作为次要炊事燃料。图 5-5 显示的是使用各类燃料的农村居民人口比重（不区分主要炊事燃料和次要炊事燃料）。从图中可以看出，分别有 69.3%和 47.8%的居民使用电和液化气，这说明已有相当一部分的农村居民开始使用清洁燃料进行炊事。但是，受访居民中仍有大量居民依靠煤和柴草进行炊事，分别占 25.4%和 35.0%。据 2011 年数据，共有约 55.4%（4277 人）① 有使用固体燃料（煤和柴草）进行炊事，农村居民对固体燃料的依赖程度仍然较高。

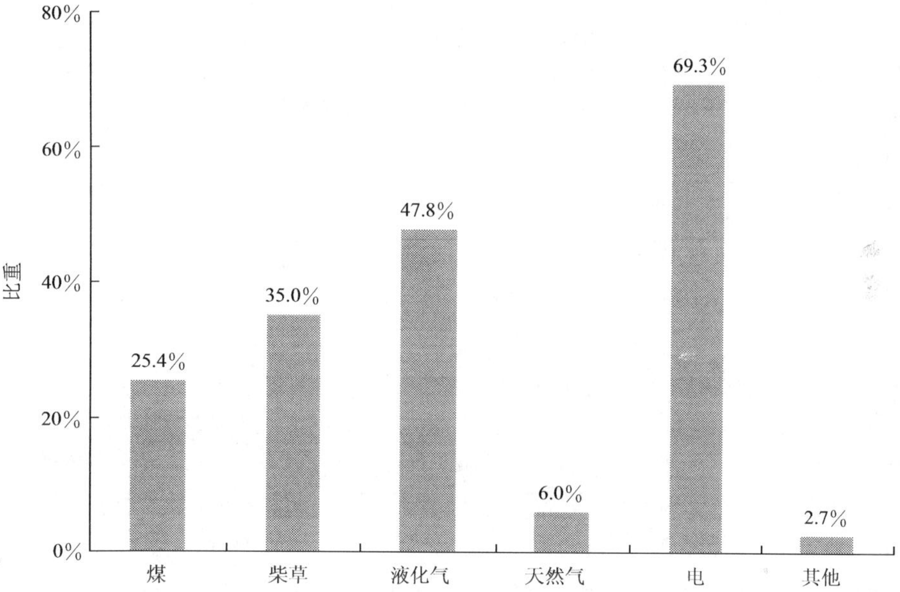

图 5-5　2011 年有使用各类燃料进行炊事的农村居民人口比重

该图显示的是使用各类燃料的农村居民人口比重结果（未区分主要炊事燃料和次要炊事燃料）

2）农村居民炊事燃料的选择与其家庭收入紧密相关

近 20 余年来，随着收入的增加，越来越多的农户用清洁燃料代替固体燃料进行炊事。通常情况下，不可支付是农村居民选择固体燃料进行炊事的主要因素之一，农村居民的收入水平与固体燃料的使用具有密切联系。如图 5-6 所示，较高的家庭收入水平大都与较低的使用固体燃料农户比重相联系。1991～2011 年 20 余年间，地区家庭人均纯收入从 1991 年的 2596 元持续升至 2011 年的 12352 元，与此同时，固体燃料使用农户比重从 1991 年的 93.6%下降至 2011 年的 57.5%，各省（自治区）的农户固体燃料使用变化情况与地区平均水平的变化趋势基本保持一致。这在一定程度上说明，农村居民炊事燃料的选择与其家庭收入紧密相关，即随着收入水平的提高，越来越多的农户用清洁燃料代替固体燃料进行炊事。我们几乎可以据此推断，2012 年与 2013 年使用固体燃料的农户比重极有可能会小于 2011 年的 57.5%的平均水平。

---

①因有居民同时使用煤和柴草进行炊事，所以该数据并不能由使用煤和柴草居民人口比重进行简单加总得到。

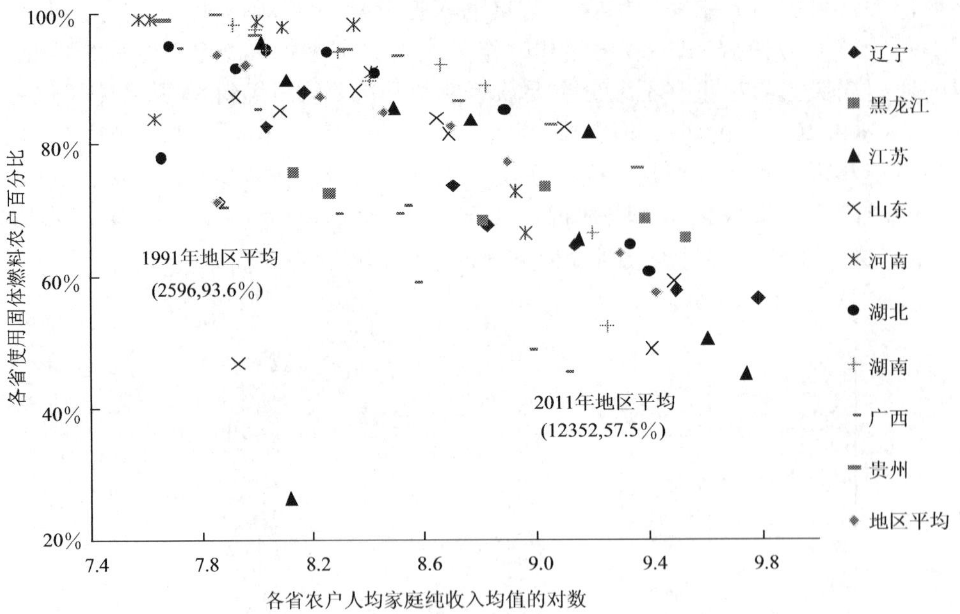

图 5-6　农户固体燃料的选择与其家庭收入

各数据点均为各省于 1989～2011 年间 9 次调查获得的各省使用固体燃料农户百分比与其家庭人均纯收入（根据当年的通货膨胀指数换算到 2011 年的实际收入，数据直接来源于“中国健康与营养调查”）的对数值所构成，其中家庭人均纯收入的单位为“元”；固体燃料仅包括柴草和煤，只要报告有使用固体燃料（无论主次）进行炊事的农村居民均计算在内；1997 年辽宁省未参与调查，1989、1991 和 1993 年黑龙江未参与调查，因而无此相关数据点；地区平均的数据点为 9 个省（自治区）的整体情况

3）各区域农村居民炊事用能差异较大

2011 年数据显示，农村居民炊事燃料的使用状况存在着显著的地区差异，这在很大程度上是由各地区资源禀赋与经济发展水平的差异造成的。从图 5-7 可以看出，在经济相对落后的贵州，有 21.6％和 40.3％的农村居民分别将煤作为主要和次要炊事燃料，而经济发达的江苏省，则分别有 61.5％和 85.4％的居民有使用电和液化气进行炊事。另外，煤炭资源相对丰富的河南与湖南分别有 40.7％和 31.1％的居民主要使用煤，而薪柴资源丰富的黑龙江和辽宁则有更多的居民选用柴草进行炊事。此外，电在农村居民的炊事中的使用已相当普遍。随着中国农村电力的不断普及，各省中都存在大量使用电的农村居民，辽宁和广西都有超过一半的农村居民主要依赖电进行炊事，贵州尤为突出，该省将电作为主要炊事燃料的居民人口占 72.4％。除电外，各省份都有不少的居民采用液化气，少数几个省份还有居民使用天然气进行炊事，如重庆、山东和广西等。最后，除山东、湖南与贵州三省外，其余省份几乎全部居民都使用两种或两种以上燃料进行炊事，且通常将固体燃料与电、液化气等清洁燃料互相作为备用燃料交叉使用。

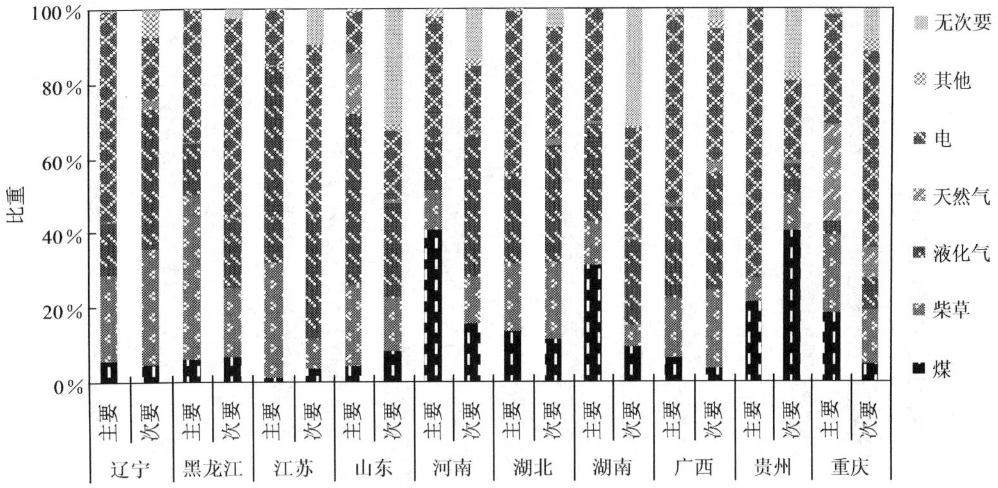

图 5-7　2011 年主要省（自治区、直辖市）将各类燃料作为主要/次要炊事燃料居民人口比重
图中"主要"与"次要"分别指该居民的主要炊事燃料与次要炊事燃料；"无次要"则表示该居民家庭只使用一种燃料进行炊事，即只有主要炊事燃料，无次要炊事燃料

5.3.2　农村居民炊事用能的历史变化趋势（1989～2011 年）

改革开放以来，我国农村经济不断快速发展，农村生活水平持续提高，农村居民已不再满足传统的炊事方式，他们开始逐渐使用液化气、天然气和电及其他清洁能源，农村居民炊事用能正逐步实现多元化。近年来，农村居民对固体燃料的依赖程度总体呈下降趋势，然而，由于各省经济发展水平的不一致及资源禀赋存在差异等原因，各地区农村居民炊事用能向清洁、高效的发展步调并不一致。

1）农村居民炊事用能逐步实现多元化

随着生活水平的提高，我国的农村家庭正逐步实现燃料的多元化，绝大多数农村家庭通常使用两种或两种以上燃料满足其日常炊事用能需求。农村居民炊事燃料使用的多元化主要体现在两个方面：一方面，越来越多的居民同时使用两种或两种以上燃料进行炊事；另一方面，越来越多新燃料（主要是清洁燃料）被居民选作为炊事燃料。如图 5-8 所示，1997～2011 年间，越来越多的农村家庭使用两种或两种以上燃料进行炊事。此外，农村居民所使用的燃料种类也逐渐丰富起来。在 1993 年以前，大部分农村居民都只能使用煤和柴草进行炊事，之后，有少数居民开始使用天然气，电在农村居民中的使用也越来越普遍。总体而言，农村居民炊事燃料的使用经历了从以固体燃料为主到同时使用固体燃料和清洁燃料进行炊事的显著变化。农村居民炊事燃料的选择范围不断扩大，同时使用多种燃料进行炊事已经变得越来越普遍。

2）农村居民对固体燃料的依赖程度呈下降趋势

农村居民对固体燃料的依赖程度呈显著下降趋势。图 5-9 数据显示，虽然，总体来看，越来越少的农村居民选择依赖固体燃料进行炊事，但是，各地区的具体情况差异颇大。1989～2011 年间，贵州依赖固体燃料炊事居民人口比例的下降十分缓慢，到 2011

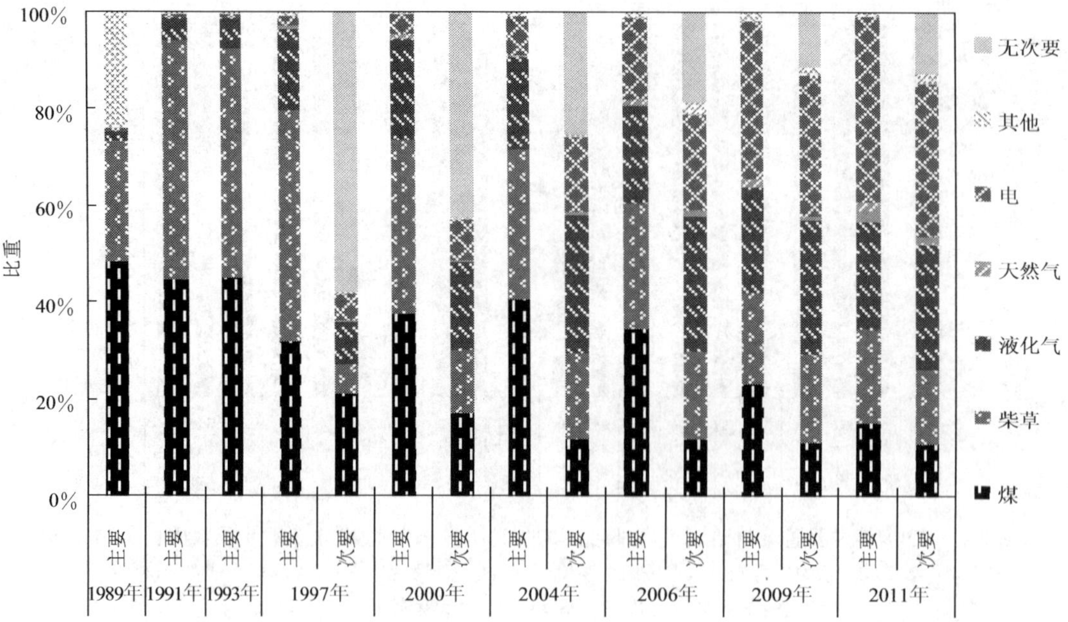

图 5-8　主要年份将各类燃料作为主要/次要炊事燃料居民人口比重

图中“主要”与“次要”分别指该居民使用的主要炊事燃料与次要炊事燃料；其中，1989、1991 和 1993 年未针对农户的次要炊事燃料进行调查，因此，无该 3 年居民次要炊事燃料使用情况数据

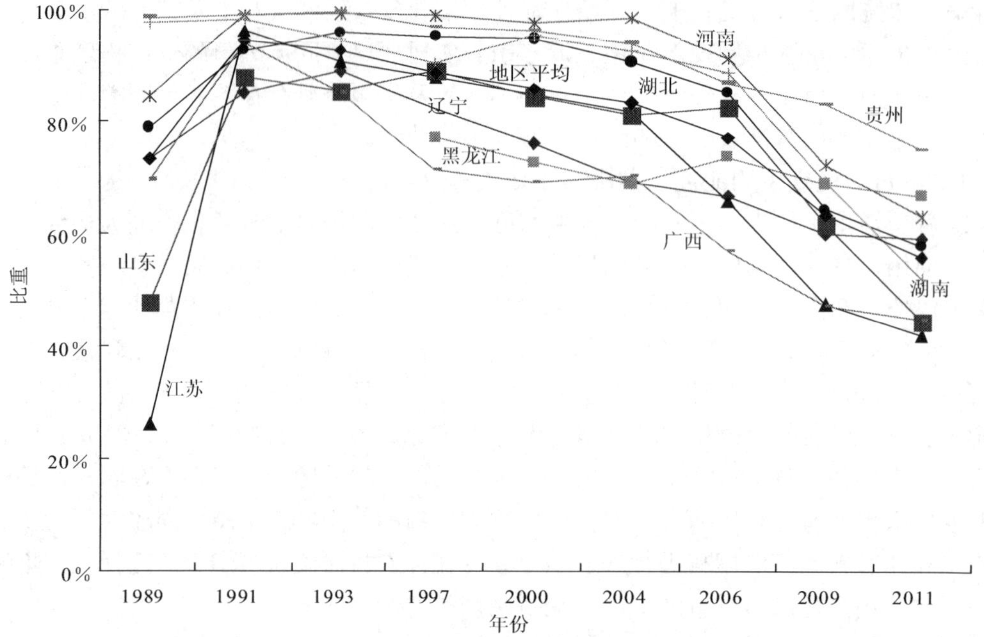

图 5-9　1989～2011 年使用固体燃料农村居民人口比重变化趋势

固体燃料仅包括柴草和煤；1997 年辽宁省未参与调查，1989、1991 和 1993 年黑龙江未参与调查，因而无此相关数据；只要报告有使用固体燃料（无论主次）进行炊事的农村居民均计算在内

年，贵州使用固体燃料的居民人口比重仍达 75.1%。相对而言，江苏的固体燃料使用情况则有明显的改善。1991 年，其依赖固体燃料居民比例高达 96.3%，而到 2011 年，该数据下降至 60%左右。此外，广西使用固体燃料农村居民的比重下降也是显著的。另外，从图中还可以看到 1989～1991 年间使用固体燃料居民的一个迅速上升趋势，这可能是由于 1989 年数据统计中忽略了使用除煤、柴草和木炭外其他固体燃料的居民，而使得该年份使用固体燃料炊事居民比重与实际值相比偏小。图 5-8 中 1989 年数据表明，有约 24.0%的居民选用“其他”燃料进行炊事，而该“其他”燃料中很有可能包括动物粪便等固体燃料。

3）农村居民炊事用能历史变化趋势的地区比较

由于经济发展水平、能源资源禀赋及居民炊事习惯等的不同，各地区居民炊事用能历史变化趋势有着显著差异。图 5-10 与图 5-11 显示的分别是各省（自治区）20 余年来煤和柴草在农村居民中的使用情况。从图 5-10 可以知道，用煤进行炊事的农村居民占比最大的省份是贵州，其次是河南和湖南，但都呈逐年下降趋势，其余省份使用煤燃料的农村居民较少。

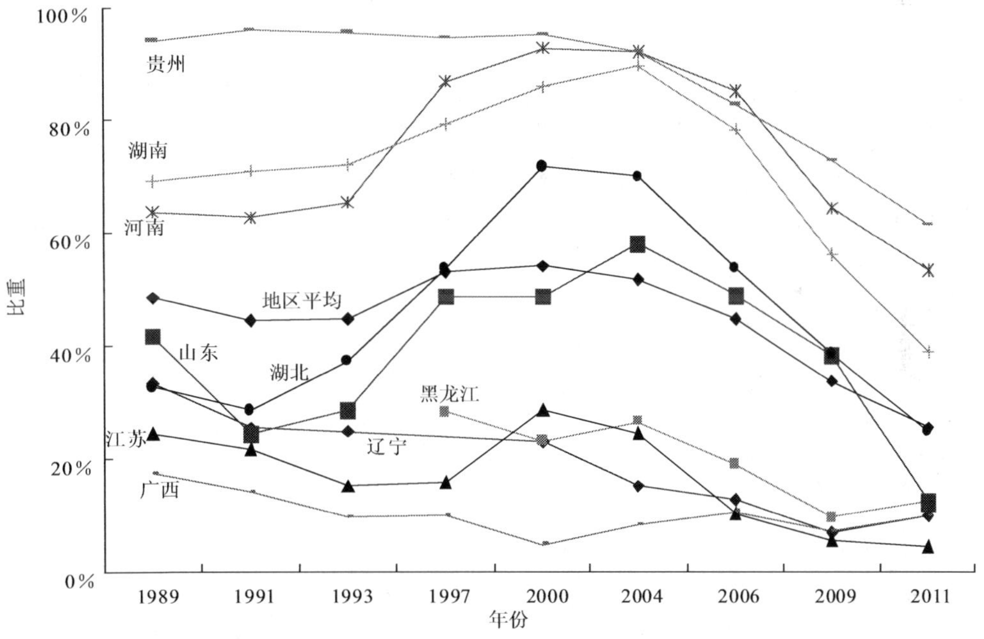

图 5-10　1989～2011 年使用煤进行炊事农村居民人口比重变化趋势

1997 年辽宁省未参与调查，1989、1991 和 1993 年黑龙江未参与调查，因而无此相关数据；只要报告有使用煤（无论主次）进行炊事的农村居民均计算在内

与煤燃料的使用变化趋势一致，各省份将柴草作为炊事燃料的农村居民人口比重也呈逐年下降趋势，但是下降幅度不大，如图 5-11 所示。与煤燃料使用情况有所不同的是，使用煤燃料农村居民占比较大的贵州、河南和湖南三省恰好是使用柴草燃料相对较少的省份。其余省份都有着大量的农村居民将柴草作为炊事燃料，江苏和黑龙江两省尤为突出。

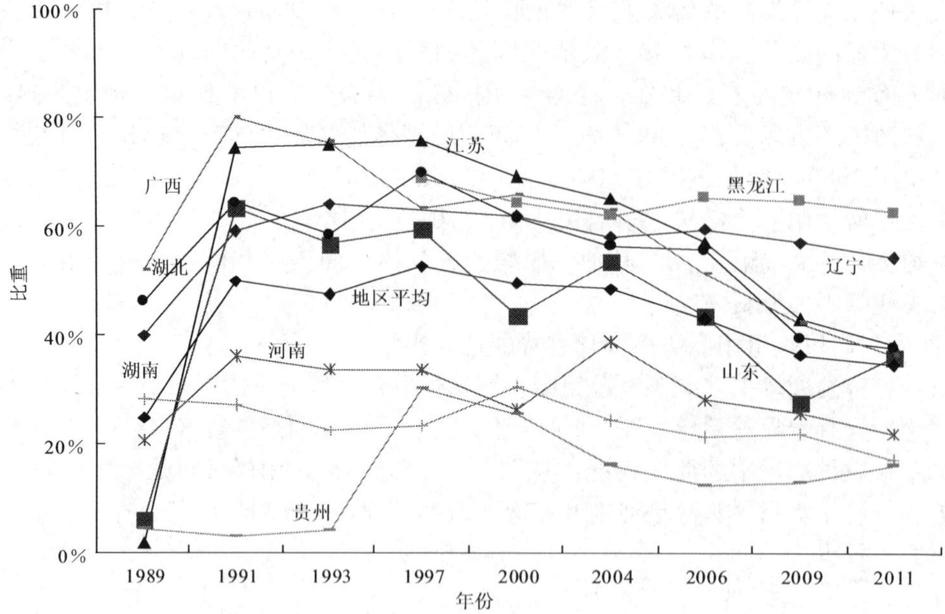

图 5-11　1989～2011 年使用柴草进行炊事农村居民人口比重变化趋势

1997 年辽宁省未参与调查，1989、1991 和 1993 年黑龙江未参与调查，因而无此相关数据；只要报告有使用柴草（无论主次）进行炊事的农村居民均计算在内

在固体燃料（柴草和煤）使用呈不断下降趋势的背景下，电力在农村居民中的使用呈不断上升趋势。从图 5-12 中可以看出，在 1993 年前，除广西、辽宁有少量农村居民

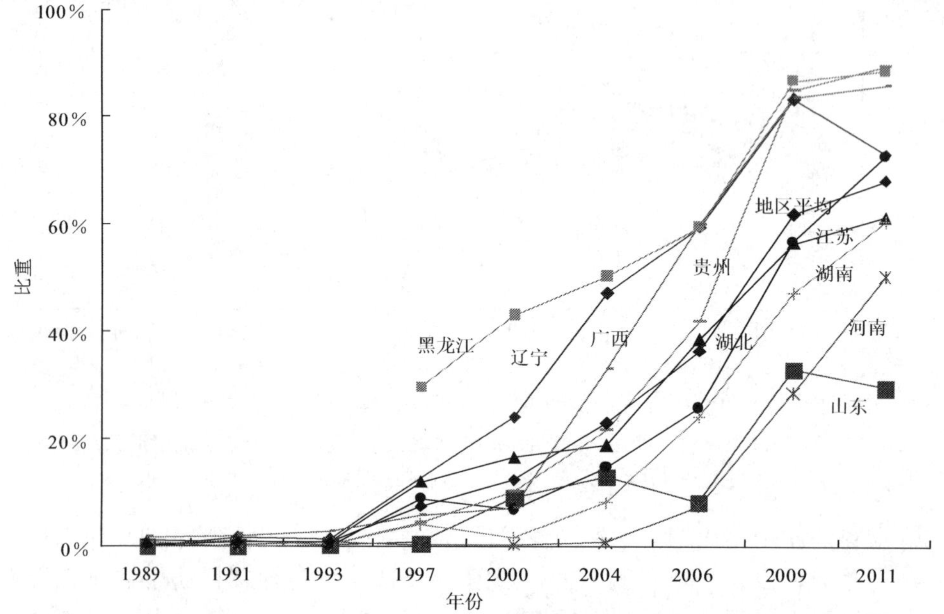

图 5-12　1989～2011 年使用电进行炊事农村居民人口比重变化趋势

1997 年辽宁省未参与调查，1989、1991 和 1993 年黑龙江未参与调查，因而无此相关数据；只要报告有使用电（无论主次）进行炊事的农村居民均计算在内

用电外，其余省份几乎没有农村居民使用电。但是，由于中国农村实行电网改造，2000 年以后，电力在农村地区的使用比例迅速上升。其中，2011 年，贵州省有近 90%的农村居民开始用电进行炊事。当然，也有个别省份使用电力农村居民人口比重上升缓慢，如山东，到 2011 年，用电居民人口比重仍不足 30%。

4）农村居民炊事燃料选择的变化

从 1989～2011 年的 20 余年间农村居民使用炊事燃料的历史变化趋势可以看出，农村居民对炊事燃料的选择并不是固定不变的，农村居民会根据自身情况适时调整炊事燃料的选择。通常而言，当电的价格下降时，那些原来主要依赖固体燃料进行炊事的家庭可能会更多地考虑使用电进行炊事。此外，当居民自身由于某种原因变得更关注自身健康时，则会更多地考虑使用液化气、电等清洁燃料进行炊事。图 5-13 展示了 1989～2011 年 20 余年间农村家庭主要炊事燃料选择变化的具体情况。

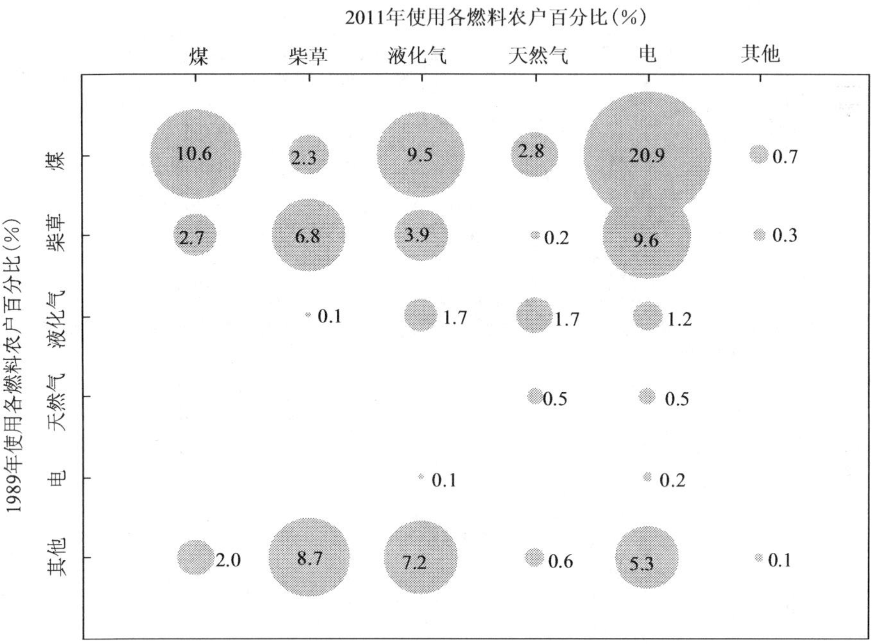

图 5-13　1989～2011 年农户主要炊事燃料选择转移矩阵图

该图数据由“中国健康与营养调查”1989～2011 年追踪的 2094 户农村家庭得出，横标与纵标分别表示 2011 年与 1989 年农户使用的各种炊事燃料类别；各数据点均表示，在 1989 年主要使用各类燃料的农户中，2011 年选择主要使用各类燃料农户占总农户（2094 户）的百分比；各气泡的面积与其相对应百分比的大小成正比

如图 5-13 所示，在 1989 年分别有 46.7%和 23.5%的农户将煤和柴草作为其主要炊事燃料。其中，10.6%的 1989 年将煤作为主要炊事燃料农户在 2011 年继续选择将煤作为主要炊事燃料，然而，当中的 2.3%、9.5%、2.8%和 20.9%的农户于 2011 年转而分别选择柴草、液化气、天然气和电作为其主要炊事燃料。同时，分别有 3.9%和 9.6%的 1989 年使用柴草作为其主要炊事燃料的农户于 2011 年选择液化气和电作为其主要炊事燃料。换言之，1989 年以煤和柴草（固体燃料）作为家庭主要炊事燃料的农户中有超过三分之二的农户在 2011 年选择了将液化气、天然气和电等清洁燃料作为其

主要炊事燃料。此外，将煤和柴草加总计算可以知道，在1989年将固体燃料作为其主要炊事燃料的农户中，有22.4%的农户与2011年的选择并无发生变化，其余47.8%的农户选择了非固体燃料进行炊事。

考虑到次要炊事燃料对于农户的重要性，我们将分析农户主要炊事燃料与次要炊事燃料组合选择的变化。图5-14展示的是1997～2011年农村家庭对于固体与非固体燃料分别作为其主要和次要炊事燃料组合选择变化的具体情况。如图所示，1997年完全使用固体燃料进行炊事的农户中，只有8.8%的农户没有发生变化，有20.3%的农户与2011年转而选择完全使用非固体燃料进行炊事，其余农户于2011年则选择同时使用固体和非固体燃料进行炊事。1997年使用各类炊事燃料的农户中的大部分农户都在2011年选择非固体燃料进行炊事。总体而言，大多数的农户正朝着选择清洁、高效的炊事燃料的方向发展。

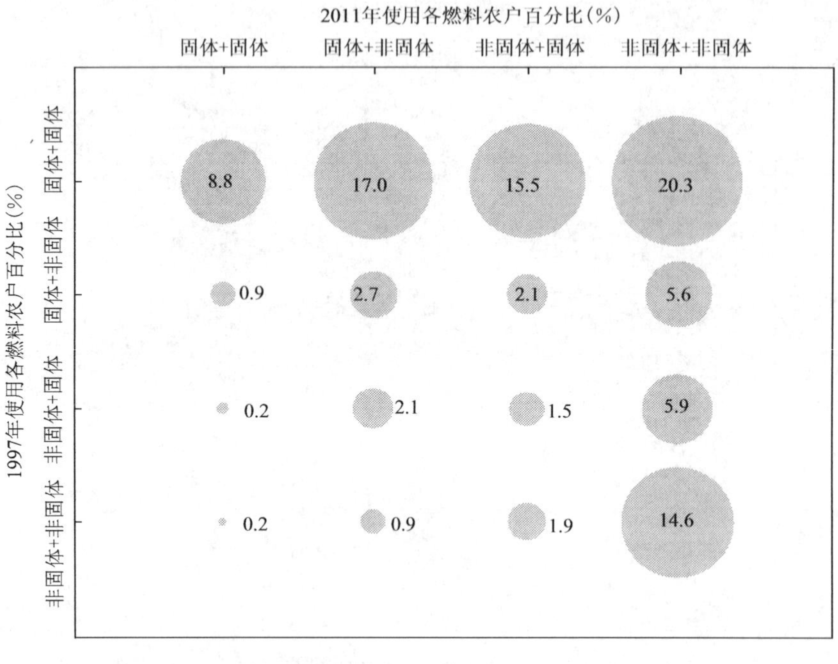

图5-14　1997～2011年农户主要/次要炊事燃料选择转移矩阵图

该图数据由“中国健康与营养调查”1997～2011年追踪的2522户农村家庭得出，横标与纵标分别表示2011年与1997年农户使用的各种炊事燃料类别；各数据点均表示，在1997年主要使用各类燃料的农户中，2011年选择主要使用各类燃料农户占总农户（2522户）的百分比；各气泡的面积与其相对应百分比的大小成正比；各燃料类别详细解释见5.2节

5.4　固体燃料利用对农村居民健康的影响

上文分析表明，中国农村地区仍存在大量的农村居民使用固体燃料（柴草和煤）作为主要炊事燃料。固体燃料在简单炉灶中燃烧产生许多有毒气体及可吸入颗粒造成室内空气污染，其产生的健康危害已成为中国的一个主要的健康风险因素。此外，妇女是炊

事劳务的主要承担者，因此她们所受危害最为严重。事实上，固体燃料利用对居民健康的影响程度通常还受诸多其他因素的影响，如该居民的居住环境卫生如何、自身健康偏好等。燃料类别详细解释见 5.2 节。

5.4.1　室内污染空气中暴露程度大的居民受到的健康危害更大

本章所用到的数据为“中国健康与营养调查”项目中的居民自评健康情况数据，具体而言，是居民自认为自己与同龄人相比的自身健康状况如何。由于 2006 年以后其调查内容不包括居民自评健康状况，因此本章选取 2006 年数据。考虑到固体燃料对成人影响会相对显著，且固体燃料的使用对健康影响的滞后性，本章将根据 2000～2006 年对农村居民的追踪数据，分析 2000 年使用固体燃料或非固体燃料成人（大于等于 18 岁）居民于 2006 年的健康状况。

1）固体燃料利用与居民自评健康状况

将 2000 年与 2006 年相关数据进行处理后，我们获得了一个包括 4773 名成人的数据样本。使用“固体＋固体”、“固体＋非固体”、“非固体＋固体”和“非固体＋非固体”燃料类型进行炊事的农村居民分别有 2499、964、628 和 682 人。

如图 5-15 所示，相对那些不完全使用固体燃料的农村居民而言，仅使用固体燃料进行炊事的农村居民健康状况相对较差。在仅使用固体燃料进行炊事的 2499 人中，感觉自己健康状况与同龄人相比“非常好”的占 9.2%，“好”的占 42.9%，均低于使用其他几种燃料类型进行炊事的居民。然而，仅使用非固体燃料农村居民的健康状况却不

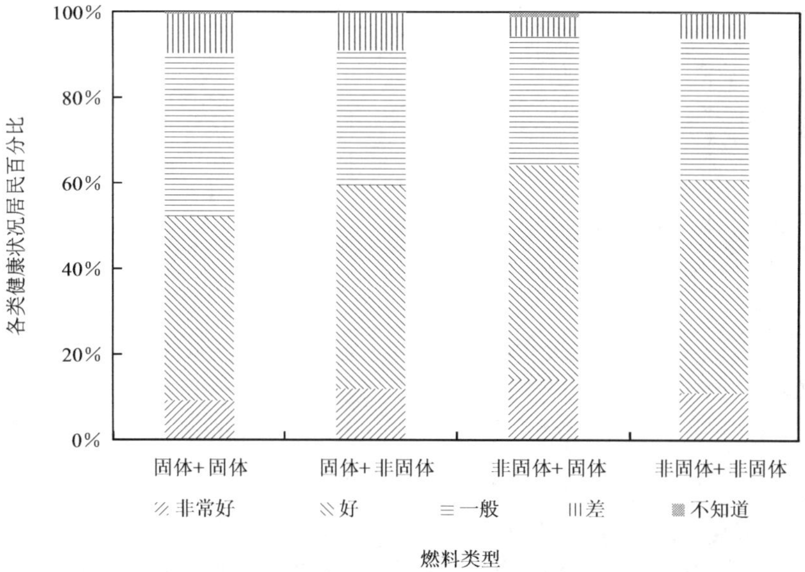

图 5-15　使用各燃料居民自评健康状况

所有数据分别由各成人居民 2000 年的炊事燃料使用情况及其 2006 年的自评健康状况组成，不包括未报告其主要炊事燃料、自评健康状况如何的居民

如同时使用固体和非固体燃料进行炊事的居民。在仅使用非固体燃料的682人中，感觉自己健康状况“非常好”和“好”的分别占11.1%和50.0%，而使用“非固体+固体”燃料的628名居民中，感觉自己健康状况“非常好”和“好的”分别占14.1%和50.0%。可能有两方面原因造成了这种结果，一方面，居民的健康状况可能还与除炊事燃料以外的因素相关；另一方面，可能是仅使用非固体燃料做饭的居民对自己的健康状况有着更高的要求，即相对其他居民而言可能会低估自己的身体状况。但是，总体而言，使用非固体燃料进行炊事农村居民的健康状况相对较好。

如图5-16所示，在使用各种燃料进行炊事的农村家庭中，男性报告自己健康状况为“非常好”和“好”的人口比重均超过女性。导致这种结果的原因可能是：农村女性由于更多地承担炊事劳务，加大了其在室内污染空气中的暴露程度，进而使其健康水平整体低于男性。据2000年数据，有超过80%的成人女性承担家庭炊事劳务，显著高于男性（仅约20%）。

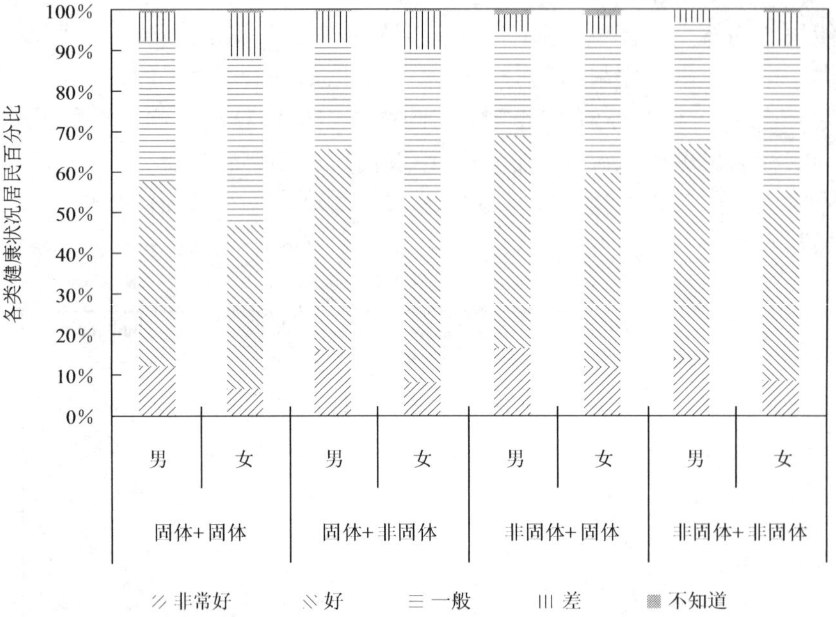

图5-16　使用各类燃料居民健康状况的性别差异

所有数据分别由各成人居民2000年的炊事燃料使用情况及其2006年的自评健康状况组成，不包括未报告其主要炊事燃料、自评健康状况如何的居民

2）室内空气污染的暴露程度与农村居民健康的状况

图5-16数据显示，无论使用何种燃料进行炊事，女性的整体健康水平均低于男性，并且，我们猜测这可能是由于女性更多地承担炊事劳务，进而受到更大的健康危害。此处，我们将对室内空气污染的暴露程度与居民健康的状况之间的联系作更进一步分析。如图5-17所示，相比不承担炊事劳务的居民，那些承担炊事劳务的居民的健康状况显著较差。在仅使用固体燃料且承担炊事居民中，认为自己身体健康情况属于“非常好”和“好”的分别占6.4%和41.4%；而在那些仅使用固体燃料但不承担炊事的居民中，

认为自己身体健康情况属于“非常好”和“好”的分别占 12.6%和 44.9%。在使用其他燃料类型的居民的健康状况也呈现这一特点。这进一步说明，承担炊事劳务，即室内污染空气中暴露程度更大的居民遭受固体燃料利用的危害更大。

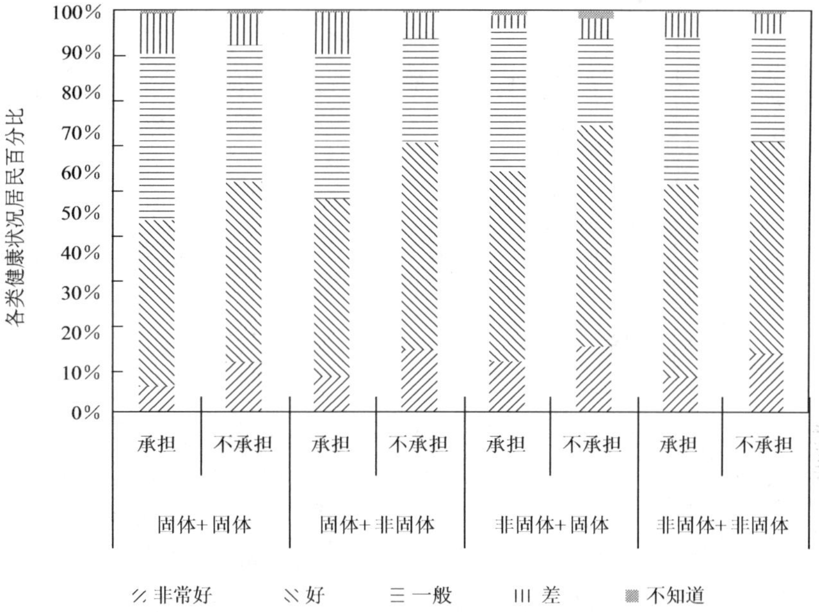

图 5-17　是否承担炊事与使用各类燃料居民健康状况

所有数据分别由各成人居民 2000 年的炊事燃料使用情况、炊事劳务承担情况及其 2006 年的自评健康状况组成，不包括未报告其主要炊事燃料、自评健康状况的居民；将受访上周有为家人做饭的居民归为承担炊事劳务的居民，其余的居民归为不承担炊事劳务居民，不包括未报告做饭情况及不知道自己有没做饭居民

3）居室环境卫生状况与农村居民健康状况

环境卫生状况的好坏与居民健康息息相关，固体燃料对居民健康的影响程度必定与居住环境卫生有着紧密的联系。如图 5-18 所示，总体而言，不论使用何种炊事燃料，居住卫生好的居民的健康水平都要略高于居住卫生差的居民。仅使用固体燃料的居民中，居住卫生好的居民认为自己健康状况“非常好”和“好”的居民占 54.2%，显著高于居住卫生差的居民（50.7%）。然而，在同时使用固体和非固体燃料的农村居民中，居住卫生差的居民健康水平竟然高于居住卫生好的居民。一方面，可能由于其他方面原因影响了其健康状况；另一方面，则可能是居民对自身健康的要求不一致造成的，即可能出现低估或者高估自己健康状况的情形。

5.4.2　使用固体燃料的居民呼吸系统疾病患病率更高

固体燃料燃烧造成室内空气污染导致普遍的健康问题就是引发居民呼吸系统疾病。据世界卫生组织（WHO，2011）的数据，在全球 5 岁以下死于肺炎的儿童中，有 50%是与室内空气污染有关。本章试分析农村居民炊事燃料利用与居民呼吸系统疾病患病状况之间的联系，以进一步探究固体燃料利用对农村居民健康状况的影响。

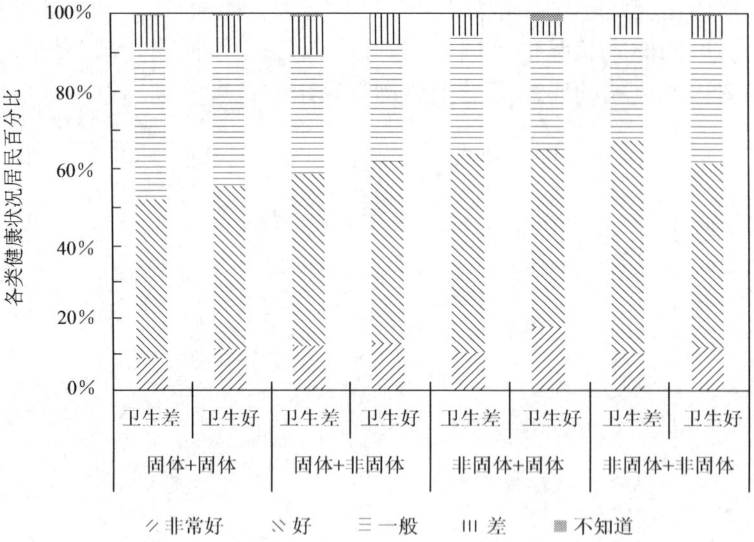

图 5-18　居室卫生与使用各种燃料居民健康状况

所有数据分别由各成人居民 2000 年的炊事燃料使用情况、居室卫生状况及其 2006 年的自评健康状况组成，不包括未报告其主要炊事燃料、自评健康状况的居民；将居室周围有粪便（很少、有一些或很多）的农户归为卫生状况差的农户，若无粪便则认为该农户居住卫生状况好，不包括未报告居室卫生状况的居民

与前文一致，考虑到固体燃料利用造成室内空气污染对成人影响更为明显，以及其影响的滞后性，本章采用 2000 年与 2011 年的追踪数据，分析使用各类炊事燃料的 2000 年成人（大于等于 18 岁）于 2011 年呼吸系统疾病患病情况。将相关数据进行必要处理后，可以得到一个包含 3982 人在内的农村居民成人样本。使用“固体＋固体”、“固体＋非固体”、“非固体＋固体”和“非固体＋非固体”燃料进行炊事的农村居民分别有 2154、800、505 和 523 人，使用各类燃料进行炊事居民呼吸系统疾病患病情况如图 5-19 所示。

数据显示，相对于那些使用非固体燃料的居民而言，使用固体燃料的居民呼吸系统疾病患病率更高。在主要使用固体燃料居民中，受访前 4 周每 1000 人中约有 35 人患此病，这与仅使用固体燃料居民的患病率相当［35 人/（千人 · 四周）］，这在一定程度上说明，仅使用固体燃料与主要使用固体燃料对健康的危害程度无太大差异。但仅使用非固体燃料与主要使用非固体燃料居民受访前 4 周每 1000 人中患病人数约为 19 人和 16 人，显著低于使用固体燃料和主要使用固体燃料患病人数，因此，固体燃料利用与居民呼吸系统疾病之间可能存在紧密的联系，即固体燃料燃烧产生室内空气污染可能是诱发呼吸系统疾病的因素之一。

与自评健康状况的分析结果一致，女性的健康水平都显著低于男性。如图 5-19 所示，除使用“非固体＋非固体”燃料外，使用“固体＋固体”、“固体＋非固体”和“非固体＋固体＋固体”燃料的居民中女性的患病率明显高于男性，尤其使用“固体＋固体”燃料炊事的居民中，女性的患病率近乎男性的 2 倍。与居民自评健康状况分析结论一致，女性由于更多地承担炊事导致在污染空气中暴露的程度更大，时间更长，受到的危害更大。因此，我们有理由推断，女性高呼吸系统疾病患病率正是由于相比男性更多地受到固体燃料燃烧产生室内空气污染的不良影响。

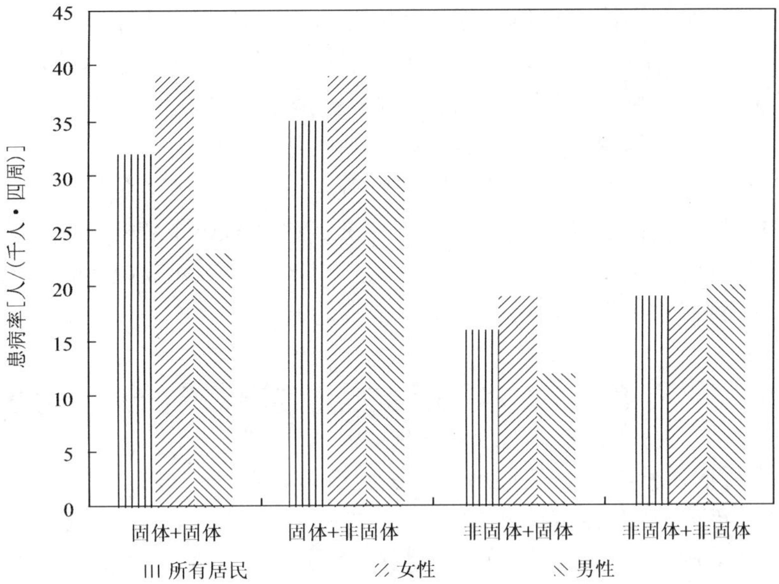

图 5-19　农村居民呼吸系统疾病患病状况

所有数据分别由各成人（大于等于 18 岁）居民 2000 年的炊事燃料使用情况及其 2011 年的呼吸系统疾病患病情况组成，不包括未报告其主要炊事燃料的居民，所有未报告患病情况的居民则认为其未患此病

图 5-20 进一步说明了关于空气污染物中的暴露程度与呼吸系统疾病之间的紧密联

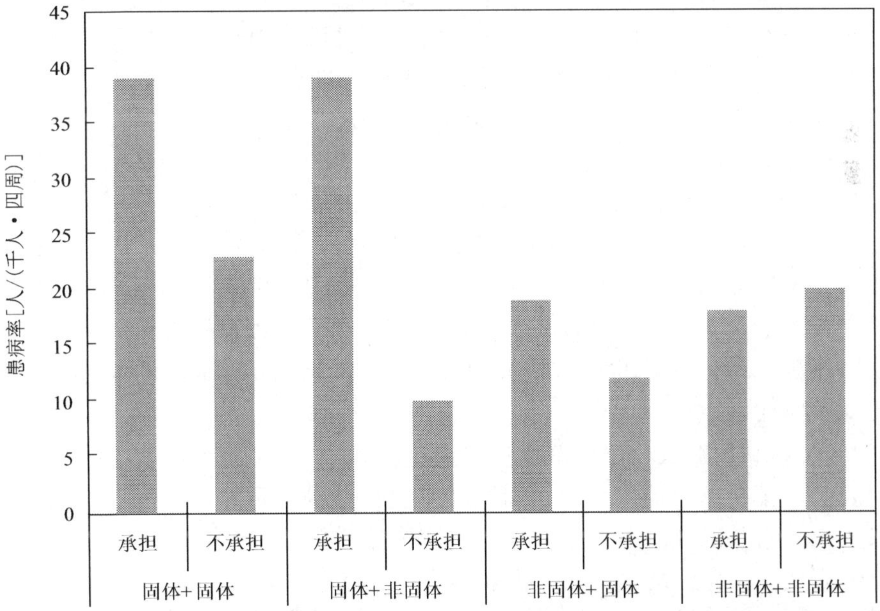

图 5-20　是否承担炊事劳务居民呼吸系统疾病患病状况

所有数据分别由各成人（大于等于 18 岁）居民 2000 年的炊事燃料使用、炊事劳务承担及其 2011 年的呼吸系统疾病患病情况组成，不包括未报告其主要炊事燃料的居民，所有未报告患病情况的居民则认为其未患此病；将受访上周有为家人做饭的居民归为承担炊事劳务的居民，其余的居民归为不承担炊事劳务居民，不包括未报告做饭情况及不知道自己有无做饭居民

系。数据显示，使用“固体＋固体”燃料但不承担炊事劳务的居民受访前四周每 1000 人中约有 23 人患病，为仅使用固体燃料承担炊事劳务居民的一半。此外，使用“固体＋非固体”、“非固体＋固体”燃料的居民患病状况均呈现如此规律，即在所有有使用固体燃料进行炊事家庭中承担炊事劳务的居民患病率更高。

从以上分析结果可以看出，固体燃料利用造成室内空气污染对农村居民健康的影响是十分复杂的，它与居民的炊事方法、炊事习惯、健康偏好等诸多因素相联系，简单的描述性统计分析只能得到一些浅显的结论。关于固体燃料与居民健康之间的因果关系更为深入的研究，我们将留待在以后科研工作中陆续开展。

5.5　消除能源贫困对农村居民健康影响的政策建议

1）我国农村居民炊事燃料的使用正逐步实现多元化

随着生活水平的提高，农村家庭正逐步实现炊事燃料的多元化。1997～2011 年间，越来越多的农村家庭使用两种或两种以上燃料进行炊事。1997 年仅有约 42%的农村居民使用两种或两种以上燃料进行炊事，而至 2011 年，该人口比重已超过 80%。此外，农村居民所使用的燃料种类也逐渐丰富起来，许多农村家庭开始使用液化气、电等清洁燃料进行炊事。

2）农村地区固体燃料的使用呈缩减趋势，且地域差异明显

越来越多的农村居民选择使用电、液化气等更加清洁的燃料替代固体燃料进行炊事。1991～2011 年 20 余年间，固体燃料使用农户比重从 1991 年的 93.6%下降至 2011 年的 57.5%。但是，由于资源禀赋与经济发展水平的差异，各地区农村居民的固体燃料使用情况存在巨大差异。如贵州依赖固体燃料进行炊事的农村居民人口比重一直居高不下，而广西却下降明显。

3）我国农村居民对固体燃料的依赖程度仍然较高

虽然农村居民对固体燃料的依赖程度呈下降趋势，但农村居民对固体燃料的依赖程度仍然较高。统计数据显示，截至 2011 年，受调查地区仍有一半以上的农村居民依赖固体燃料进行炊事。尤其在一些经济欠发达地区，绝大多数农村居民仍然将固体燃料作为主要炊事能源。2011 年，贵州省仍分别有 27.5%和 61.5%的农村居民将固体燃料作为其主要和次要炊事燃料。

4）固体燃料利用对农村居民健康造成严重不良影响

数据表明，相对那些不完全使用固体燃料的农村居民而言，仅使用固体燃料进行炊事的农村居民健康状况相对较差。在仅使用固体燃料进行炊事的 2499 名农村居民中，感觉自己健康状况相比同龄人而言“非常好”的占 9.2%，“一般”的占 42.9%，均低于使用其他几种燃料类型进行炊事的居民。同时，固体燃料对健康的影响还与居民于空气污染中的暴露程度及其居室卫生状况相联系。此外，使用固体燃料进行炊事的农村居民呼吸系统疾病的患病率更高，因此，固体燃料与呼吸系统疾病之间可能存在一定关联，即固体燃料利用造成室内空气污染可能会诱发呼吸系统疾病。

5）继续积极普及更高效、更清洁的现代化炊事能源

继续积极向农村地区推广高效、清洁的现代能源不仅能够改善和提高缺乏能源居民生活水平，还能增加其收入，促使贫穷地区的农村居民尽快摆脱贫困。如本章所提到的，用电、液化气等清洁能源替代柴草燃料，能节约大量的燃料采集时间，农村居民可以利用这部分时间进行其他生产性活动以增加收入。此外，固体燃料燃烧产生的室内空气污染对人体健康危害极大，而清洁炊事能源的推广在一定程度上能提高我国农村居民的整体健康水平。据国际能源署估计（IEA，2013），2011 年全球有近 13 亿无电人口，在撒哈拉沙漠以南的非洲国家，电力的普及问题更为严重。虽然中国已不存在电力普及的问题，但仍有一半以上的农村家庭依赖柴草和煤进行炊事和取暖，农村居民对固体燃料的依赖程度仍然较大。因此，我们应因地制宜，加大针对农村地区清洁能源开发及相关基础设施建设的投入，为农村居民提供更为便利的清洁能源。

6）继续大力推广清洁炉灶并开展减少室内空气污染相关的宣传教育活动，以减少对农村居民健康的危害

近期，由于清洁商品能供应基础设施不完善、部分农村居民难以支付得起清洁燃料等因素，普及清洁炉灶在很多地区仍然是比较现实的途径。在我国，仍然有许多农村家庭由于缺乏现代化清洁炊具，目前仍使用简单的传统炉灶（甚至是明火灶）进行炊事，产生大量有毒气体，造成严重健康风险。而改良的清洁炉灶通常能显著减少有毒气体及可吸入颗粒的排放，大幅度降低固体燃料燃烧产生的健康风险。因此，在农村地区加快推广改良生物质炉具与燃煤炉具的使用具有重要意义。然而，除补贴资金有限、产品质量差等因素外，公众缺乏对于清洁炉灶效益的认识是其推广的最大障碍。由于不了解家庭室内空气污染造成的重大健康风险以及改良炉灶在降低该风险中的巨大作用，许多居民缺乏投资和使用改良炉灶的热情，进而选择继续使用简单的传统炉灶进行炊事。因此，有必要通过电视、网络等媒体以及其他渠道向公众展示清洁炊事技术的诸多优点以及传统炊事方法的危害，增强民众用清洁炉灶替换传统炉灶的积极性。

第 6 章　能源贫困与经济发展互动关系

能源贫困和贫困并非彼此割裂的两个问题，而是一个相互作用的整体，能源贫困已经成为阻碍中国减贫进度的重要因素。贫困是导致能源贫困的重要原因之一，减缓贫困对减缓能源贫困起到正面作用；而能源贫困会阻碍经济发展，是消除贫困的障碍。能源贫困在不同经济发展水平国家及省区市间的表现是否相同？能否通过提高经济发展水平实现减缓能源贫困的目标？减缓能源贫困对提高经济发展水平是否具有反馈作用？本章围绕上述问题，从以下几个方面展开讨论：

- 不同经济发展水平国家的能源贫困表现差异如何？
- 我国不同经济发展水平省区市的能源贫困表现差异如何？
- 经济发展水平对能源贫困的影响怎样？
- 减缓能源贫困对提高经济发展水平是否具有反馈作用？

6.1　能源贫困与经济发展关系概述

能源贫困和贫困并非相互割裂的两个问题。贫困是能源贫困的重要特征之一，贫困和能源贫困的程度往往同时降低。能源贫困人群多聚集在经济落后的国家和地区（IEA，2002），如爱尔兰地区燃料贫困人群的主要特征之一是低收入（Healy et al.，2004）；经济因素是英国政府评估燃料贫困的重要指标之一（Boardman，2010；Hills，2011）；在生活能源消费阶梯中（图 6-1），低收入群体的生活能源多为农业生产的废弃物、畜禽粪便、薪柴等传统生物质能，而生活用能中传统生物质能比例的高低是国际能源署定义能源贫困的重要指标之一。在减缓能源贫困的措施中，经济措施可能发挥重要作用（Khandker et al.，2012；Saunders et al.，2012）。另一方面，减缓能源贫困的同时可降低贫困水平，因为减贫可以为居民创造更有利于提高收入的生存环境。国际能源署认为减缓能源贫困的工作，即为家庭用能行为和农业生产提供高效、健康、安全的现代能源和能耗设备，将有利于降低家庭生活成本，刺激地区经济发展，从而有助于消灭极端贫穷，即千年发展目标的首要任务（IEA，2010）。Sagar（2005）认为能源贫困的减缓最终将有利于全世界贫困人口的减少。中国政府为实现国家扶贫目标而开展减缓能源贫困工作，利用 7 年时间消灭全国 28 个无电县，为“八大片”无电人口实现供电。Kanagawa 和 Nakata（2008）通过分析印度阿萨姆地区的缓解能源贫困的实际案例，发现现代电力的普及有助于地区经济社会发展。

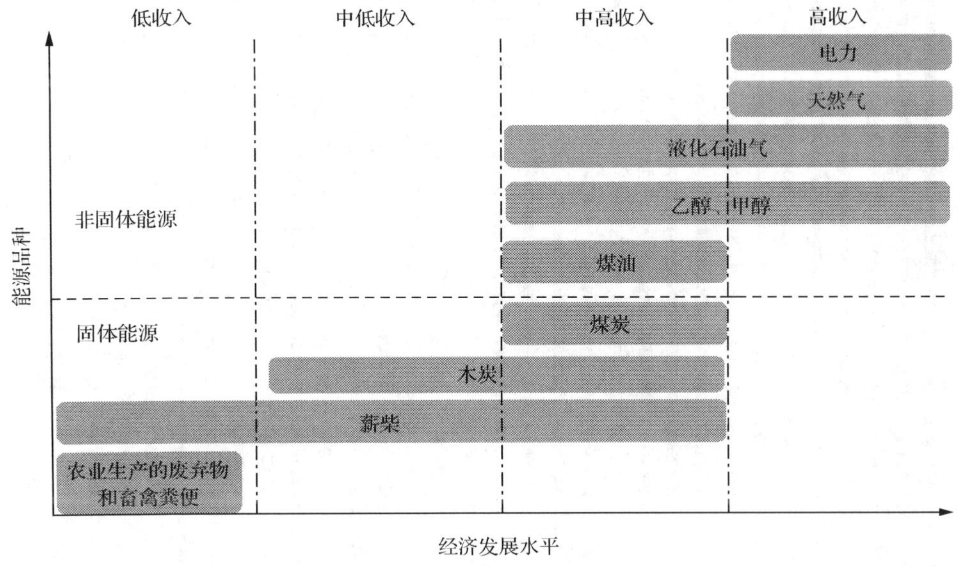

图 6-1　生活能源消费阶梯

图片译自：WHO（2006）

为分析不同经济发展水平国家居民部门的生活能源消费结构差异，本节基于世界银行 2011 年各国人均国内生产总值（购买力平价法计算）将 180 个国家均分为 5 类，并从每一类中分别选择 3 个代表性国家进行分析。其中，最发达国家的人均国内生产总值大于 26647 国际元，由美国、英国和日本代表；较发达国家的人均国内生产总值为 12643～26647 国际元，代表国家为葡萄牙、俄罗斯和委内瑞拉；中等发达国家的人均国内生产总值为 5902～12643 国际元，代表国家为阿根廷、南非和中国；欠发达国家的人均国内生产总值为 2247～5902 国际元，由危地马拉、印度和尼日利亚代表；最不发达国家的人均国内生产总值为 422～2247 国际元，代表国家为孟加拉国、尼泊尔和刚果民主共和国。

图 6-2 比较了 15 个代表国家居民部门的生活能源消费结构在 1990～2011 年间的变化情况。国家顺序排列为按照人均国内生产总值从左到右依次递增。最不发达和欠发达国家居民部门的生活能源以生物质能为主，2011 年这六国居民部门生物质能消费量占能源消费总量比重均在 70%以上。这一比重在刚果民主共和国最高，达到 98.4%。尼泊尔的生物质能中 99.2%为传统生物质能，这一比例在另外五个国家均为 100%。在过去 20 年间，最不发达和欠发达国家生活能源消费结构改善程度不同。与 1990 年相比，2011 年刚果民主共和国和尼日利亚居民部门生物质能消费量占比均有小幅上升，而孟加拉国和印度居民部门能源消费结构变化幅度更大，2011 年两国居民部门生物质能占能源消费总量的比重比 1990 年分别下降了 18.2 和 10 个百分点，填补生物质能下降空缺的是电力和天然气消费。

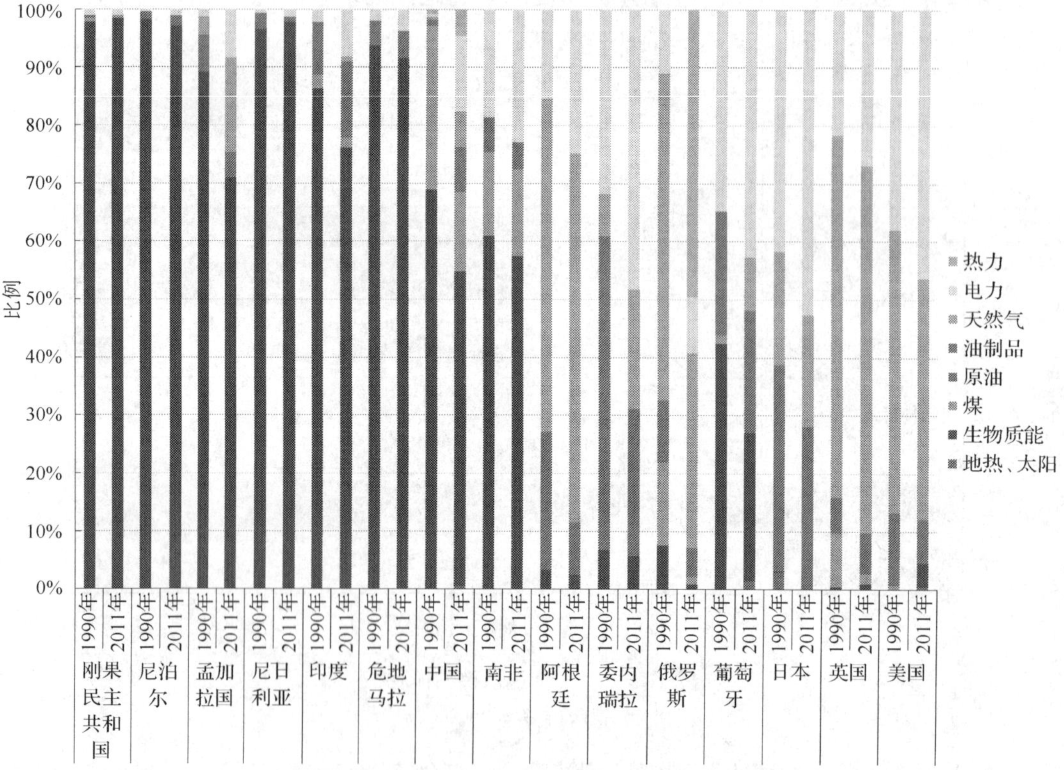

图 6-2　代表性国家居民部门能源消费结构比较（1990 和 2011 年）

数据来源：世界银行数据库

中等发达国家的能源消费结构存在较大差异。中国和南非居民部门能源消费仍以生物质能为主，2011年两国居民部门能源消费结构中生物质能占比分别为54.2%和57.4%，这两个比例与1990年相比均出现了下降，其中中国生物质能占比下降程度更为明显，且生物质能利用也更为多样化。1990年中国居民部门消费的生物质能100%为传统生物质能，而到2011年这一比重下降至95.9%，相应地沼气比例有所上升。而阿根廷居民生活能源主要为天然气等现代商品能源，2011年生物质能占比仅为2.4%。

较发达和最发达国家居民部门生活用能以商品能源为主。1990年葡萄牙居民部门的能源消费中生物质能占50.3%，到2011年该比重下降至38.5%，但消费的生物质能仍全部为传统生物质能。这两类国家中除葡萄牙外五个代表国家居民部门生物质能消费占比均低于6%，但生物质能占比均在1990年基础上有所提高。英国和美国居民部门生物质能占比分别由1990年的0.4%和0上升至2011年的1.0%和4.1%，其中英国生物质能中的传统生物质能占比由100%下降至97.4%。

通过比较分析五类不同经济发展水平的国家发现：

(1) 最不发达和欠发达国家居民部门生活能源以生物质能为主，而这些国家中生物质能的绝大部分为薪柴、秸秆等传统生物质能。这些国家居民在获取现代能源方面存在一定障碍，为满足生存需求而不得不过分依赖传统生物质能。考虑到传统生物质能多以低效的方式收集和燃烧，能源贫困问题在经济发展水平较低的国家中尤为明显。

(2) 较发达和最发达国家居民部门生活能源消费以电力和天然气为主。较发达和最发达国家可投入更多的资金用于推动国内能源发展和能源基础设施建设，为居民获取现代能源扫平障碍。而这些国家的居民相对而言更重视家庭能源消费结构，收入水平较高，用于改善家庭用能环境和支付家庭能源开支的收入也更充沛，因而更倾向于选择清洁生活能源。因此，这些国家的居民基本摆脱了能源贫困，但这些国家中的低收入群体仍可能需要承担相对较高的能源使用成本，因而低收入群体中的燃料贫困问题依然存在。

(3) 中等发达国家多处于生活能源转型阶段。中等发达国家生活能源消费结构差异较大，主要因为这些国家已经基本具备了发展国内能源产业、调整居民部门能源消费结构的经济实力。因此，中等发达国家的居民在已经满足生存需求的基础上，开始逐渐重视自身的发展需求，产生了转变生活能源消费品种的意向。但受限于各国的历史因素和国情，中等发达国家生活能源消费结构优化改善速度不一。

(4) 居民部门生活能源消费结构呈现出清洁化的趋势。在过去20年间，无论国家经济发展处于何种水平，多数国家居民部门生活能源消费结构是朝现代、高效和清洁的方向发展，但进展的速度存在差异。在最不发达国家中存在生活能源消费结构恶化的现象，这是由于最不发达国家居民较难获取现代能源，在仍未能满足基本生存需求且收入过低的情况下，居民大量消费免费的传统生物质能。部分最发达国家生物质能占比略有反弹，因为现代生物质能（如沼气）作为生活能源具有廉价、清洁和易获得等优势，在配备高效的炊事取暖设备和排气装置的条件下，可能加大生物质能的消费比例。

6.2 经济发展水平对能源贫困影响机理研究

6.2.1 经济发展与炊事能源选择

本节将除西藏、香港、台湾、澳门外的中国30个省区市2000～2011年人均国内生产总值的平均值按照水平高低分为高、中高、中等、中低和低五类，具体分类标准和结果见表6-1。图6-3反映了五种不同发展水平省区市中农村居民炊事用能主要选择意向。高收入省区市农村中分别有49.6%和5.8%家庭日常选择柴草和煤炭作为主要炊事燃料，相应地，55.4%的高收入省区市中农村家庭炊事主要选择固体燃料，而43.7%的高发展省区市农村家庭选择煤气、天然气作为炊事燃料。在中高收入省区市的农村中，选择柴草，煤，煤气、天然气作为主要炊事燃料的家庭比例分别为62.4%、25.9%和10.1%，而仅

表6-1 中国不同经济发展水平省区市分类结果

类别	人均国内生产总值平均值（万元/人）	省区市名称
高收入	2.73～5.16	上海、北京、天津、浙江、江苏、广东
中高收入	1.74～2.43	辽宁、内蒙古、山东、福建、吉林、河北
中等收入	1.41～1.71	黑龙江、湖北、新疆、重庆、山西、陕西
中低收入	1.20～1.40	宁夏、河南、海南、湖南、青海、江西、四川
低收入	0.72～1.15	安徽、广西、云南、甘肃、贵州

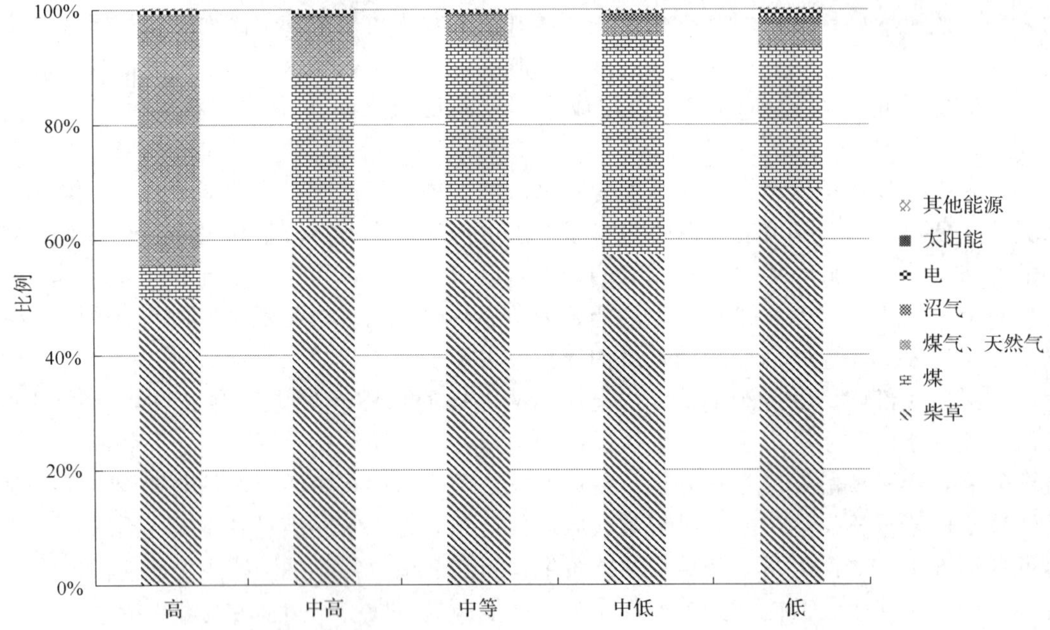

图6-3 按主要炊事燃料划分的五种不同经济发展水平省区市的农村居民比例

数据来源：中国第二次农业普查资料汇编2010，作者计算

有 1.0%的家庭选择电力作为主要炊事燃料。中等收入水平省区市中的农村居民更多地选择柴草作为主要炊事燃料，其次为煤，选择煤气、天然气等相对清洁能源的居民比重仅为 4.5%。中低收入省区市中分别有 57.4%和 37.9%的农村家庭选择柴草和煤作为主要炊事燃料。而低收入省区市中，选择柴草作为主要炊事燃料的农村家庭比例在五类省区市中最高，达到 68.8%，选用煤气和天然气作为主要炊事燃料的比例仅为 4.0%。

通过五类不同经济发展水平省区市居民的炊事燃料选择情况分析，我们发现高发展水平省区市中有更多的农村家庭选择高效、清洁、环境友好型的炊事能源，如煤气、天然气、电力；高收入省区市中 55.4%的农村家庭中选择固体能源作为主要炊事能源，这一比例在其他类型省区市中均超过了 85%。各类发展水平的省区市的农村家庭中选择柴草作为主要炊事燃料的比例相对稳定。高收入省区市中仅 5.8%农村家庭选择煤作为主要炊事燃料，该比例在其他发展水平省区市中最高达 37.9%。所有类型的省区市中将电力作为主要炊事燃料的农村家庭比例均小于 1%。由此可知，我国仍有一定数量的农户存在能源贫困问题，且经济发展水平是影响居民能源选择的重要因素之一。

6.2.2　收入水平与生活电力消费

随着经济发展水平的提高，居民收入相应提高，对生活电力消费的影响并不确定。过去的几十年间，中国城乡居民人均纯收入均有显著提高，2011 年中国城镇、农村居民人均纯收入分别是 1978 年的 10.5 和 10.6 倍（按 1978 年不变价计算），居民生活水平的提高在一定程度上刺激了生活电力消费。这有几个方面的原因。首先，人均住宅面积的不断增加提升了生活电力消费需求。统计数据显示，1989 年中国城镇、农村人均住宅面积分别为 13.5 和 17.2 平方米，到 2011 年分别扩大至 32.7 和 36.2 平方米，这意味着居民需要消费更多电力以满足生活照明、采暖和制冷需求。其次，中国城镇和农村家庭均添置了更多的电耗设备，表 6-2 反映了每百户城镇和农村家庭主要家电拥有量的变化情况，在过去的 21 年间，家庭拥有洗衣机、电冰箱、电视机和空调的数量均成倍增长，家用电器的增多意味着更高的生活电力需求。高档住房基本配备和电耗设备的引入或逐步取代原有的家庭固体能源消费设备，从而提高生活能源中电力消费比例。

表 6-2　中国城镇、农村家庭每百户主要家电拥有量

家电	城镇家庭		农村家庭	
	1990 年	2011 年	1990 年	2011 年
洗衣机（台）	78.41	97.05	9.12	62.57
电冰箱（台）	42.33	97.23	1.22	61.54
电视机（台）	59.04	135.15	4.72	115.46
空调（台）	0.34	122	0	22.58

数据来源：中国统计年鉴 2012。

经济发展水平的提高可能引起电力生活消费量和电力消费比例的下降。首先，经济发展水平的提高、技术进步和节能设备的更替在一定程度上影响居民生活能源消费（Hirst et al.，1977；Balaras et al.，2007），居民电力生活消费量或因能耗设备效率的提高而减少。其次，经济发展水平的提高有可能促使家庭维持并深化原有能源消费结构，居民将增加的收入用于消费更多的固体能源，从而在不增加家庭硬件投入的基础上，满足家庭增多的能源需求，但生活电力比例会因此下降。

6.2.3　收入水平与传统生物质能消费量

收入水平的提高与传统生物质能消费量之间并非简单线性关系。图 6-4 展示了 1998～2007 年全国农村生活薪柴消费与人均纯收入变化，现有的农村生活薪柴消费数据仅统计到 2007 年。我国农村薪柴生活消费在 2004 年达到峰值，当年全国农村平均每天消费 57.8 万吨薪柴，相比之下整个非洲每天约消费 50 万吨（Schirnding et al.，2002）。2007 年农村薪柴消费量比 1998 年增加 23.8%，大多数省区市农村薪柴消费量呈现明显上升趋势，在样本期的 10 年间海南、甘肃、新疆、贵州的薪柴消费量增幅均超过 100%，仅浙江、江西、福建、湖南出现了 10%以上的下降。全国农村人均纯收入日益提高，10 年间增长了 91.5%。各省区市农村人均收入均呈现持续增加的趋势，但地区间收入水平的差异仍然明显，贵州、甘肃、陕西、青海等西部省份农村居民 2007 年的收入水平与山东、河北、吉林等省份 1998 年的收入水平相近，2007 年北京农村居民平均收入甚至接近贵州农村居民的 4 倍。

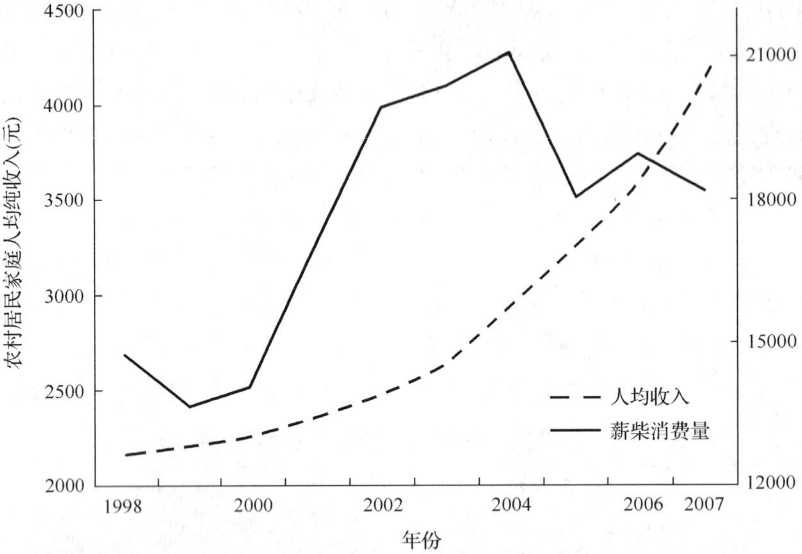

图 6-4　中国农村薪柴生活消费量与人均纯收入变化图（1998～2007 年）

数据来源：中国能源统计年鉴 2000～2008，中国统计年鉴 2000～2008

图 6-5 显示了各省 1998 年和 2007 年农村人均传统生物质能生活消费量与人均纯收入的变化关系。通过分析全国 28 个省区市（上海、西藏、宁夏、香港、澳门、台湾除外）农村人均传统生物质能生活消费与人均收入的关系，可以发现如下结论：整体而言，1998 年农村人均传统生物质能生活消费量随着居民收入水平的提高而增加，到 2007 年尽管传统生物质能生活消费量与经济发展水平的整体关系并未改变，但收入与

传统生物质能生活消费的正相关关系在减弱。在我国现阶段经济发展水平下，对农村居民而言，改善能源消费结构可能并非最优先关注的问题。将 28 个省区市大致分为 2 个组别进行分析，分类标准为生活中传统生物质能消费与收入为正相关还是负相关，对应于经济条件改善减缓还是加重能源贫困。通过对这两组省区市的分析来探究影响传统生物质能生活消费的原因。

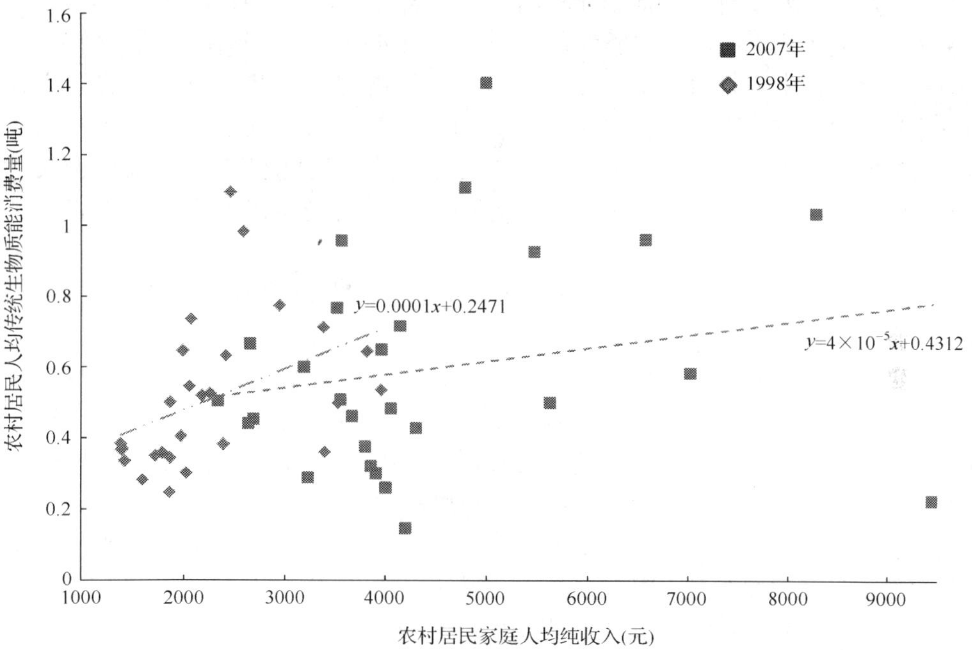

图 6-5　各省区市农村人均传统生物质能生活消费与人均纯收入关系变化图（1998 和 2007 年）

数据来源：中国能源统计年鉴 1999，2008，中国统计年鉴 1999，2008，改革开放三十年农业统计资料汇编，作者计算

（1）部分省区市农村地区收入提高伴随着能源贫困状况的改善，如浙江、湖南、江西、北京、江苏、山东六省市。浙江、湖南、江西三省农村居民收入上升后逐渐选择非传统生物质能替代生物质能，薪柴人均消费量下降趋势明显；对于北京、江苏、山东三个省中农户倾向于维持原有的低消费水平。上述六个省市农村经济发展水平本身较高且清洁能源发展进程较快。北京、浙江、江苏农村居民人均年收入相对较高，几乎已全部脱离贫困。当收入可满足基本生存需求时，建设更好的生活环境、改善能源消费结构就显得更为重要，增加的收入为清洁能源替代传统生物质能提供资金支持。在清洁能源发展方面，湖南、浙江两省分别有 5553 处、5205 处用于处理农业废弃物的沼气工程，限制传统生物质能易获得性的同时推进了清洁能源的发展，浙江、江苏、湖南、山东、北京电力燃气及水的生产和供应业投资额均大于 24 亿，六省市该数值均为全国前列（国家统计局，2010b），为农村居民改善能源消费结构提供可能，为能源贫困减缓提供有力支撑。

（2）研究中其他 22 个省区市农村传统生物质能生活消费并未随经济条件改善而下降，且消费量增加趋势明显。这些省区市农村居民在收入增加的同时消费了更多的薪柴。这一现象有几个可能原因。首先，部分省市农村居民的收入绝对量不高，特别是西部省区市农村居民仍处于贫困边缘。如贵州有 108 个村庄人均年收入低于 500 元，云南、甘肃、山西省分别有 9.2%、6.5%、4.2%的农村居民人均年收入低于 1000 元。在整体经济发展水平较低时，农村居民会将满足生存需求摆在首位，利用新增收入继续消费传统生物质能。其次，在经济条件改善的情况下，部分省市对清洁能源发展重视程度不够。甘肃、陕西、新疆等地用于处理农业废弃物的沼气工程均不超过 4 处；内蒙古、陕西、甘肃等西部省份电力燃气及水的生产和供应业投资额仅 2 亿（国家统计局，2010b）；吉林、西藏、青海等地长期缺乏乡级农村能源管理推广机构。清洁能源消费基础设施建设水平低、清洁能源难获得、清洁能源售价高、使用清洁能源的技术投入成本高、清洁能源消费知识普及面窄等可能存在的不利于清洁能源发展的客观因素，打击居民消费清洁能源的积极性，迫使居民继续消费传统生物质能以满足能源需求。

6.3　经济发展水平与生活电力消费关系的实证分析

居民用能可以大致分为两类：一是以传统生物质能、煤炭等能源为代表的低效高污染能源；二是以电力、天然气和热力为代表的现代清洁能源。本节以电力作为能源贫困研究的具体切入点开展研究。电力是满足人类生存和发展需求的重要商品能源，是现代且相对清洁的生活能源。为实现“村村通电，户户通电”的目标，中国政府积极推进农村电气化试点工作和“电力扶贫共富工程”，大力改善农村电网设施，加快城乡电力同网同价改革进程。中国在电力普及方面所取得的成就得到了国际广泛认可。中国经验为其他发展中国家减缓能源贫困提供了成功范例（IEA，2002）。目前中国政府着力提高居民生活电力消费量。电力和固体能源是中国居民用能主要来源。提高电力消费比例意味着减少固体能源消费，有助于减缓中国能源贫困现状。因此，本节以电力为切入点，定量分析中国电力生活消费与经济发展水平的变化关系，从而评估经济发展与我国能源贫困的关系。

6.3.1　经济发展促进生活电力消费

通过定量分析经济发展水平与生活用电量之间的关系，可以得出人口数与生活用能量之间呈正相关（魏一鸣等，2010a；魏一鸣等，2012）。为了减少人口因素对分析结果的影响，更准确地分析经济因素对居民生活电力消费水平的影响，这里采用人均生活用电量作为因变量。用电量数据来源于《中国能源统计年鉴（1998～2012）》（国家统计局能源统计司，1999，2000，2001，2002，2003，2004，2005，2006，2007，2008，2009，2010，2011，2012，2013）中 30 省区市（除西藏）能源平衡表。30 个省区市（除西藏）人口数据来源于《中国统计年鉴（1998～2012）》（国家统计局，1998，1999，2000，2001，2002，2003，2004，2005，2006，2007，2008，2009，2010a，2011，2012）。本节选择经济发展水平、教育程度、电力价格和气候四个影响因素开展研究。

经济发展水平。本节采用各省市人均国内生产总值表征地区经济发展水平。居民生活水平的提高一方面表现为家庭可能添置更多家用电器、扩大居住面积；另一方面也表现在家庭可能购置节能高效设备。计算人均生活电力消费量，需要同时考虑这两点。各省市国内生产总值数据、人口数据来源于《中国统计年鉴》。

教育程度。高教育水平的居民更倾向于消费更清洁、更现代的生活能源，从而减缓能源贫困（魏一鸣等，2012）。受教育水平会影响居民的生活能源选择（李慷等，2011）。受教育程度较高的居民往往也是高收入群体，进而影响家庭能源消费选择。同时，这一群体更易接受关于环境保护的知识，愿意放弃固体能源（Wolfensohn，2002）。本节用受教育年限指标表征居民受教育程度，受教育年限计算公式如下：

$$W_{i,t}=P_{i,t,1}\times 0+P_{i,t,2}\times 6+P_{i,t,3}\times 9+P_{i,t,4}\times 12+P_{i,t,5}\times 16$$

式中，$W_{i,t}$表示i省份t年居民受教育年限；$P_{i,t,1}$、$P_{i,t,2}$、$P_{i,t,3}$、$P_{i,t,4}$、$P_{i,t,5}$分别表征i省份t年 6 岁及以上人口中各种学历人口比例（1 至 5 分别表示未上过学、小学、初中、高中和大专及以上不同学历）。相关数据来源于《中国统计年鉴（1998～2012）》（国家统计局，1998，1999，2000，2001，2002，2003，2004，2005，2006，2007，2008，2009，2010a，2011，2012）。数据覆盖 1997～2011 年我国 30 个省区市。

电力价格。本节使用各省区市城镇居民用电价格表征各省区市城乡居民的电力价格水平，数据来源于《中国物价统计年鉴（1998～2012）》和 Wind 数据库，数据覆盖 1997～2011 年我国 30 个省区市。

气候。气温会影响居民生活能源消费（Zhang，2004；Al-Ghandoor et al.，2009）。中国幅员辽阔，气候因素可能会影响各省区市居民生活电力消费量。高温天气下，居民需要消费更多的电力制冷，而在低温天气下居民可能消耗更多电力采暖。由此，高、低温持续天数有很大可能影响我国居民电力生活消费。因此，本节选择采暖与制冷天数来表征气候因素。基于我国统计惯例，本节采用 5℃作为采暖气温阈值，采用 26℃作为制冷温度阈值，以各省省会城市和直辖市日平均气温数据表征省区市气温。其中，上海市、重庆市、四川省、陕西省和甘肃省由于观测点数据获得性问题，而分别采用宝山、沙家坝、宜宾、榆林和酒泉观测点的日气温数据。各主要城市日均气温数据均来自于中国气象科学数据共享服务网，数据覆盖 1997～2011 年我国 30 个省区市，制冷采暖天数由作者计算所得。

综上所述，本节构造以下方程：

$$\ln AE_{i,t}=\beta_0+\beta_1\times \ln I_{i,t}+\beta_2\times W_{i,t}+\beta_3\times D_{i,t}+\beta_4\times \ln EP_{i,t} \tag{6-1}$$

式中，$AE_{i,t}$表示i省份t年居民人均生活用电量；$I_{i,t}$表示i省份t年人均国内生产总值；$W_{i,t}$表示i省份t年居民受教育年限；$D_{i,t}$表示i省份t年采暖和制冷天数；$EP_{i,t}$表示i省份t年居民用电价格；β_0为常数项；β_1、β_2、β_3、β_4分别表征各影响因素的弹性系数。

本节所用数据的截面数大于时序数，且考虑到不同地区样本截面异方差的存在，而采用截面固定的最小二乘法对模型进行估计。针对式（6-1），模型 I 为基础模型，仅考虑经济发展水平对我国居民人均电力生活消费量的影响；模型 II 在模型 I 的基础上添加教育程度因素、气候因素和电力价格因素；模型 III 在模型 II 的基础上增加被解释变量的一阶滞后项；模型 IV 在模型 II 的基础上，增加时间趋势项。各模型分析结果见表 6-3。

表 6-3　中国居民人均电力生活消费量影响因素分析

项目	模型 I	模型 II	模型 III	模型 IV
常数项	−2.52** （−15.30）	−1.87** （−5.40）	−1.98** （−4.32）	1.25（1.47）
经济发展水平	0.95** （47.16）	0.78** （16.85）	0.86** （15.05）	0.40** （3.87）
教育程度		0.08* （2.19）	0.01（0.26）	0.01（0.30）
气候		0.003** （4.66）	0.002** （3.62）	0.003** （4.28）
电力价格		0.38** （3.13）	0.21（1.13）	0.25* （2.02）
一阶滞后项			0.34** （7.06）	
时间趋势项				0.05** （4.00）
R^2	0.91	0.91	0.92	0.92

注：表中括号内是 t 值；* 表示在 0.05 的水平上显著；** 表示在 0.01 水平上显著。

由表 6-3 结果可知，居民人均生活用电量对人均国内生产总值的弹性最大，模型 I 的结果表明，在其他条件不变的情况下，人均国内生产总值增加 1%，人均电力生活消费量增加 0.95%。这说明在 1997～2011 年间，中国居民生活水平提高有利于刺激电力生活消费。从长期来讲，随着区域经济发展水平的进一步提高，居民生活和发展需求逐步得到满足，居民生活能源消费专项现代清洁的非固体能源，能源将在整个居民消费体系中成为中低端消费品，居民人均生活用电量对人均国内生产总值的弹性应有所下降。现阶段中国居民能源消费仍处于未满足生存发展需求的阶段。

居民人均生活用电量对教育程度的弹性系数为 0.08。这表示在其他条件不变的情况下，居民受教育年限增加一年，人均生活用电量增加 8%。可见，教育程度的提高有利于我国推广现代能源。居民人均生活用电量对气候因素的弹性系数为 0.003，即在其他条件不变的情况下，采暖制冷天数增加一天，人均电力生活消费量增加 0.3%，说明采暖制冷天数与居民生活用电量正相关。居民人均生活用电量对电力价格的弹性系数是 0.38，即在其他条件不变的情况下，居民用电价格增加 1%，人均电力生活消费量增加 0.38%，由此说明，在我国现行的居民用电定价机制下，电价上涨未能影响居民加大电力消费的意向，其原因可能是目前居民用电与其他消费品相比定价较低，电力花费未成为主要经济负担，由此现行居民用电价格在居民可以接受的范围内，且居民可以接受电价一定幅度内的上涨。

此外，由于居民有相对固定的消费行为模式，家庭能源消费量也受到家庭硬件设施的影响，因此，居民当期电力消费量或受到上期消费的影响，故在模型 II 的基础上添加一阶滞后项，由模型 III 的结果可以发现，在考虑历史因素对居民人均电力生活消费影响的前提下，经济发展水平依然产生显著影响，对人均国内生产总值的弹性系数为 0.86。为控制时间效应而添加时间趋势项的模型 IV 的结果表明，居民人均电力消费量对人均国内生产总值的弹性系数依然为正，在其他条件不变的情况下，人均国内生产总值增加 1%，居民人均电力生活消费量随之增加 0.4%。

6.3.2　经济发展有利于改善居民生活用能结构

随着我国能源供应能力的不断增强，居民能源消费逐步转向发展需求，由此引起各类生活能源消费量不同程度的上涨。中国能源贫困的减缓需要关注生活能源结构。就电力比例而言，一方面伴随经济发展水平的提高，居民或会改善家庭用能环境，拆除消费固体能源的设备，提高电力比例；另一方面，部分省市居民或会利用新增收入扩容旧的固体能源消费设备，从而刺激固体能源消费量的上涨，降低电力生活消费比例。因此，本节选用生活商品能源中电力占百分比作为因变量。

生活用电量数据来源于《中国能源统计年鉴（1998～2012）》（国家统计局能源统计司，1999，2000，2001，2002，2003，2004，2005，2006，2007，2008，2009，2010，2011，2012，2013）中各省区市能源平衡表；生活商品能源数据来源于《中国能源统计年鉴（1998～2012）》（国家统计局能源统计司，1999，2000，2001，2002，2003，2004，2005，2006，2007，2008，2009，2010，2011，2012，2013）中各省区市能源平衡表，各类数据均按各类能源折标准煤系数进行处理。经计算得到 1997～2011 年生活商品能源中电力占百分比数据，包括 30 个省区市的面板数据。构建方程如下：

$$\mathrm{CE}_{i,t}=\beta_0+\beta_1\times\ln I_{i,t}+\beta_2\times W_{i,t}+\beta_3\times D_{i,t}+\beta_4\times\ln\mathrm{EP}_{i,t} \tag{6-2}$$

式中，$\mathrm{CE}_{i,t}$表示 i 省份 t 年居民生活消费的商品能源中电力所占百分比；$I_{i,t}$表示 i 省份 t 年人均国内生产总值；$W_{i,t}$表示 i 省份 t 年居民受教育年限；$D_{i,t}$表示 i 省份 t 年采暖和制冷天数和；$\mathrm{EP}_{i,t}$表示 i 省市 t 年居民用电价格；β_0 为常数项；β_1、β_2、β_3、β_4 分别表征各影响因素的弹性系数。

本节所用数据的截面个数大于时序数，且考虑到不同地区样本截面异方差问题的存在，而采用截面固定的最小二乘法对模型进行估计。针对式（6-2），模型 V 为基础模型，仅考虑经济发展水平对我国居民生活消费电力占比的影响；模型 VI 在模型 V 的基础上添加教育程度因素、气候因素和电力因素；模型 VII 在模型 VI 的基础上增加被解释变量的一阶滞后项。

表 6-4 展示了主要因素对居民生活消费电力占比的影响结果。模型 V 的结果表明，居民生活消费电力占比对人均国内生产总值的弹性最大，在其他条件不变的情况下，人均国内生产总值增加 1%，居民生活用电量占比增加 0.0617 个百分点。由此说明，经济发展水平的提高有利于居民改善家庭能源消费结构，使用相对现代清洁的电力替代低

表 6-4　中国居民生活消费电力占商品能百分比影响因素分析

项目	模型 V	模型 VI	模型 VII
常数项	−30.75** (−8.23)	−26.64** (−3.36)	−11.71 (−1.14)
经济发展水平	6.17** (13.49)	2.36* (2.23)	3.14* (2.52)
教育程度	—	2.78** (3.32)	0.74 (1.05)
气候	—	0.06** (3.37)	0.01 (0.73)
电力价格	—	3.82 (1.37)	0.39 (0.10)
一阶滞后项	—	—	0.64** (16.57)
R^2	0.84	0.85	0.91

注：表中括号内是 t 值；* 表示在 0.05 的水平上显著；** 表示在 0.01 水平上显著。

效且污染力强的固体能源，随着居民生活能源消费结构的进一步改善，居民生活消费电力占比对人均国内生产总值的弹性将有所下降，现阶段中国居民能源消费仍处于消费结构不优化的阶段。

居民生活用电量占比对教育程度的弹性系数为 2.78，即在其他条件不变的情况下，居民受教育年限增加一年，生活消费电力占商品能百分比增加 2.78 个百分点，由此说明，教育程度的提高显著有利于优化家庭能源消费结构。居民生活消费电力占比对气候因素的弹性系数为 0.06，即在其他条件不变的情况下，采暖制冷天数增加一天，居民生活用电量占比增加 0.06 个百分点，说明采暖制冷天数因素对消费结构优化起到正向作用。由于居民有相对固定的消费行为模式，消费模式也受到家庭硬件设施的影响，因此，居民生活能源消费结构或受到上期消费的影响，故在模型VI的基础上添加一阶滞后项，由模型 VII 的结果可以发现，在考虑历史因素对居民生活消费电力占比造成影响的前提下，经济发展水平依然对其产生显著影响，对人均国内生产总值的弹性系数为 3.14。

6.3.3 生活电力消费促进经济发展

通过讨论经济发展水平与人均生活用电量和其所占比重的关系发现，中国人均国内生产总值变化可以影响且正向影响中国人均生活用电量。随着人均国内生产总值的上升，居民可支配收入逐步增多，居民可利用这部分新增收入满足生存需求，如延长家庭照明时间、加大家庭采暖制冷力度等。而满足生存需求后，会将注意力转向自身和家庭的发展需求。为了营造更舒适、更安全和更清洁的家庭环境，居民或利用可支配收入改造家庭用能环境、置换高能耗设备、购买节能电器等。由此，人均国内生产总值的增加或刺激了生活能源更替的速度，而在这一过程中，固体能源逐步被电力所取代，人均生活用电量逐步提高，同时，经济发展水平的提高有利于改善家庭能源消费结构，即经济发展水平的提高从多方面减轻了居民的能源贫困程度。为讨论能源贫困与经济发展水平之间是否具有相互影响的关系，本节利用人均生活用电量表征能源贫困，人均国内生产总值表征经济发展水平，采用 1997～2011 年中国 30 个省区市的面板数据，利用格兰杰因果关系检验的方法分析两者是否具有统计上的因果关系。

进行格兰杰因果关系检验前应对各指标时间序列的平稳性进行单位根检验（unit root test），在此基础上通过协整检验说明变量之间存在长期均衡关系。在本节中，格兰杰因果关系检验假设了有关变量人均电力生活消费量（y）和人均国内生产总值（x）的预测的信息全部包含在这些变量的面板数据之中。检验要求估计以下的回归：

$$y_t = \sum_{i=1}^{q} \alpha_i x_{t-i} + \sum_{j=1}^{q} \beta_i x_{t-i} + u_{1t} \quad （零假设\ H_0: \alpha_1 = \alpha_2 = \cdots = \alpha_q = 0） \tag{6-3}$$

$$x_t = \sum_{i=1}^{s} \lambda_i x_{t-i} + \sum_{j=1}^{s} \delta_i x_{t-i} + u_{2t} \quad （零假设\ H_0: \delta_1 = \delta_2 = \cdots = \delta_s = 0） \tag{6-4}$$

式中，白噪音 u_{1t} 和 u_{2t} 假定为不相关的。式（6-3）假定当前人均电力生活消费量（y）与其自身以及人均国内生产总值（x）的过去值有关，而式（6-4）对人均国内生产总值（x）也假定了类似的行为。

在格兰杰因果关系检验过程中，为消除异方差性，数据均经过自然对数处理。本节采用增广的迪基—富勒检验（ADF 检验）分别对两个指标的平稳性进行单位根检验，结果发现在 5%的显著性水平下，所有变量序列的水平项都是非平稳序列；经过一阶差分后，所有变量序列都是平稳的，故它们都是一阶单整的，因此，人均电力生活消费量指标和人均国内生产总值指标满足分析协整关系的前提条件。通过协整检验发现，两个指标存在长期稳定的均衡关系。由于格兰杰因果关系检验对于滞后期长度的选择有时很敏感，其原因可能是被检验变量的平稳性的影响，或是样本容量的长度影响，不同滞后期可能会得到完全不同的检验结果，故本节分别采用滞后 2 期和滞后 3 期进行格兰杰因果检验，表 6-5 具体展示了人均电力生活消费量和人均国内生产总值指标间格兰杰因果关系检验的结果。

表 6-5　格兰杰因果关系检验结果

因果关系假设	滞后期	F 值	P 值	结论
人均国内生产总值不是人均电力生活消费量的格兰杰原因	2	15.00	0.00	拒绝
人均国内生产总值不是人均电力生活消费量的格兰杰原因	3	5.43	0.00	拒绝
人均电力生活消费量不是人均国内生产总值的格兰杰原因	2	4.31	0.01	拒绝
人均电力生活消费量不是人均国内生产总值的格兰杰原因	3	2.60	0.05	拒绝

从表 6-5 的检验结果可以看出，就统计而言，中国人均生活用电量和人均国内生产总值之间存在双向的格兰杰因果关系，即人均生活用电量的变化影响人均国内生产总值，且人均国内生产总值的变化同样影响人均生活用电量。

6.4　本章小结

本章在定性分析国内外能源贫困与经济发展水平关系的基础上，选择生活电力作为能源贫困关键因素，利用 1997～2011 年我国 30 个省区市居民人均电力生活消费量、居民生活消费电力占商品能百分比及其影响因素的面板数据分析了经济发展水平、教育程度、气候和电力价格因素对我国居民电力生活消费量和生活能源消费结构的影响，其中重点分析了经济发展水平的影响力，并利用格兰杰因果检验定量分析电力生活消费与经济发展水平的相互关系，通过研究我们发现：

（1）经济发展水平较高国家生活用能结构更趋清洁化。通过比较不同经济发展水平国家生活能源消费结构发现，最发达国家生活能源以天然气和电力为主，而最不发达国家生活能源集中为传统生物质能和煤炭，美国居民部门生物质能消费约占 4.1%，而这一比例在刚果民主共和国达到 98.4%，两国生活能源清洁化差距悬殊，经济发展水平的巨大差异或是导致这一现状的主要原因。

（2）经济发展水平的提高有利于减缓我国能源贫困。人均国内生产总值的提高会带动我国居民电力生活消费量和推动生活能源消费结构改善，在其他条件不变的情况下，若人均国内生产总值提高 5%，人均年电力生活消费量或由 417.1 千瓦时（2011 年全国水平）增长至 436.9 千瓦时，居民生活消费商品能中电力所占比例或由 18.5%（2011

年全国水平）增长至18.8%。电力生活消费量和生活能源消费结构的上涨，意味着在经济发展水平提高的刺激下，我国居民会逐步减少或放弃固体能源的消费，居民的这种行为有助于中国能源贫困减缓。

在个人生活能源需求量变化区间不大的前提下，电力消费增加意味着传统生物质能消费量的减少，即农村妇女儿童可以减少花费在收集传统生物质能上的时间，从而妇女有更多的时间从事有意义的生产活动，为地区和家庭解放了部分劳动力，儿童有更多的时间学习文化知识；电力消费量的增加或是被用于延长家庭照明时间及为家庭教育文化设施提供动力，从而为学龄儿童提供更好的教育学习条件，为社会培养更多优秀人才；相比于固体能源，电力相对安全，电力生活消费量增加可以降低家庭明火燃烧的机会，从而减少意外带来的经济损失；电力也是相对清洁的生活能源，固体能源低效燃烧造成的空气污染物会威胁居民身体健康，电力消费量提高的同时降低了固体能源的消费，为地区和家庭节约了可观的医疗成本。由此，电力消费量的增加为居民节省经济成本的同时，保障了社会健康有序发展，也为社会经济发展水平提升、人均收入增加提供条件。

（3）提升经济发展水平与能源贫困存在相互影响关系。提高中国整体经济发展质量、增加经济发展水平、提升居民生活品质，有利于减缓我国能源贫困问题，反之，中国能源贫困问题的减缓也是保障我国经济发展质量、提升居民生活水平的基础因素。

第7章　清洁能源发展与能源贫困

能源贫困考虑的是现代能源服务的可获得能力，归根结底是能源发展不均衡性问题。随着环境问题凸显、生活水平提高，能源服务向清洁化和可持续的方向发展变得尤为重要。世界能源展望2012（IEA，2012）表明：中国已基本实现电力全民普及，炊事用能中传统生物质能比例过高是中国目前面临的主要能源贫困问题。

清洁能源的发展为中国促进现代能源的使用、解决能源贫困问题提供了巨大的机会。一方面其在一定程度上可满足中国巨大的能源需求，有效解决能源安全问题；另一方面也可用于解决农村和偏远地区的能源贫困问题，有助于提高能源服务的清洁度和电力的普及度。因此，有必要从世界可再生能源发展进程、中国可再生能源发展现状、区域清洁能源发展等视角分析和探讨中国清洁能源的发展情况及其在解决中国能源贫困问题中的作用。

针对上述情况，本章主要围绕以下几个方面开展讨论：

- **世界可再生能源的利用对能源贫困产生了什么影响？**
- **世界主要能源贫困国家的可再生能源利用现状如何？**
- **中国清洁能源的利用如何解决能源贫困问题？**
- **中国区域间清洁能源的利用与能源贫困的关系如何？**

7.1　世界可再生能源发展与能源贫困

能源危机推动了可再生能源的发展，环境污染、气候变化问题的出现也使得世界各国加快了可再生能源利用的步伐，这对世界能源格局产生了深远影响。

清洁能源的发展在改变能源格局、解决能源安全问题的同时，可有效解决能源贫困问题（魏一鸣等，2012；IEA，2012）。一方面，巨大的世界能源需求迫切需要可再生能源的发展，使得可再生能源在提供能源服务，特别是电力服务方面发挥作用。另一方面，清洁能源代表着能源利用更加清洁、健康、环境友好，有助于解决能源贫困中利用传统生物质能进行炊事与供热取暖的问题，兼顾环境效益。本节从世界可再生能源的空间分布、发展进程、案例分析等角度探析可再生能源在解决能源贫困问题中的重要作用。

7.1.1　可再生能源利用促进各国能源发展

从世界范围来看，21 世纪的第一个 10 年是可再生能源发展最迅速的时间段。欧洲和北美地区的可再生能源发展居于世界前列，中国、巴西和印度等发展中国家的可再生能源利用取得巨大进展。可再生能源在发展中国家具有广阔的应用前景，对发展中国家消除能源贫困具有重要现实意义，但需要资金和政策的支持才能发挥更大的社会价值。

可再生能源利用的空间分布在最近几十年发生了重大变化，其发展的主要市场逐渐向发展中国家转移。可再生能源在满足能源需求、增强电力供给能力、提供清洁电力和炊事用能等方面发挥着日益重要的作用，大大推进了消除能源贫困的进程。

图 7-1 显示了不同时期下世界上主要可再生能源发展大国的可再生能源（包括水能、风能、生物质能、太阳能、地热能等）发展情况。从图中可以看出，2012 年中国与巴西的可再生能源消费量居前两位，取代了其他各个时期下居于世界前列的欧美国家。发展中国家的可再生能源发展在改善能源服务和满足电力需求等方面发挥重要作用。值得注意的是，在进入 21 世纪之前，欧美国家一直是可再生能源利用的典范，在可再生能源技术研发与利用等方面取得了重要突破，为可再生能源在发展中国家的应用做了开创性的贡献。例如，瑞士与瑞典的可再生能源发电分别于 1980 和 1990 年占当年的电力发电一半以上，其可再生能源发展在当时的电力供应、普及电力服务等能源贫困方面发挥着重要作用。总之，欧美发达国家的可再生能源技术条件比较成熟，利用程度居于世界领先位置，其发展经验值得借鉴，中国等发展中国家的可再生能源开发潜力巨大，技术研发不断取得突破，世界可再生能源发展的重心正从欧美发达国家向发展中国家转移。

1）水能利用在解决亚洲地区能源贫困中发挥重要作用

通过水电站进行水力发电是水能利用的常用形式，也是目前发展最为完善的可再生能源利用形式，其历史可以追溯到 1878 年法国建设的世界上第一座水电站。到 20 世纪 80 年代，一些发达工业国家的水能资源已几近全部开发，此后其水能利用量基本没有发生变化，如瑞士、瑞典和法国等（BP，2013）。

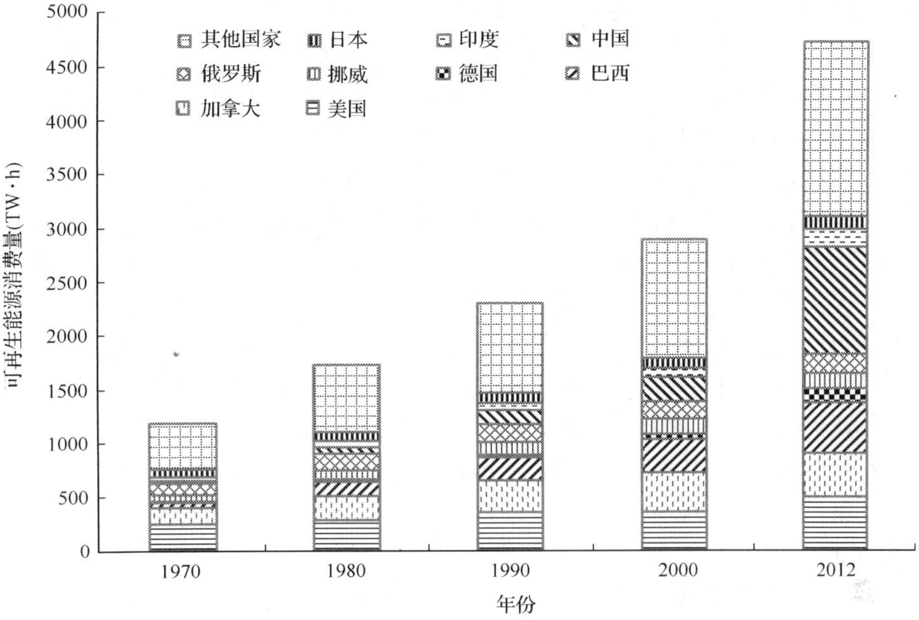

图 7-1　世界可再生能源发展的区域分布
数据来源：BP（2013）

表 7-1 揭示了世界上主要水能生产大国在不同时期的水能发展情况。水能利用首先在北美与欧洲地区得到广泛利用，利用程度不断提高。21 世纪以来，以中国、巴西、印度为代表的发展中国家水能利用量快速增长，开始超过欧美国家居于世界前列。值得一提的是，20 世纪世界装机容量最大的水电站是巴西和巴拉圭合建的伊泰普水电站，目前世界上最大的水电站是中国的三峡水利工程。中国与巴西的水能发展及其在电力结构中的所占比例较大，表明了其在解决两国能源贫困问题中具有重要意义。

表 7-1　各时期下主要水能利用国家及其能源发展情况　（单位：TW·h）

国家	1970 年	1980 年	1990 年	2000 年	2010 年	2012 年
美国	253.49	282.00	295.82	278.36	262.83	279.33
加拿大	155.32	222.51	295.79	356.87	350.93	380.21
巴西	39.81	128.93	206.75	304.46	403.25	417.61
挪威	57.85	83.98	121.41	142.25	117.94	142.90
俄罗斯	132.10	156.40	166.85	165.33	168.39	167.01
中国	24.04	58.22	126.74	222.45	722.22	860.85
印度	30.44	55.44	66.40	76.99	110.71	115.65
总计	693.05	987.49	1279.76	1546.71	2136.27	2363.56
世界	1175.59	1699.67	2164.91	2662.09	3456.54	3673.13
七国所占比重	58.95%	58.10%	59.11%	58.10%	61.80%	64.35%

数据来源：BP（2013）。

发达国家中，加拿大的水能利用为该国清洁电力生产起到了重要作用。2011 年的加拿大能源统计数据显示水力发电在该国电力生产结构中所占比例达到 62.94%，在 11 个存在水力装机的行政区中，5 个行政区的水力发电量占总电量的比重超过 90%（Canadian Electricity Association，2013）。加拿大南部地区丰富的水能资源为该国的持续能源发展、现代化清洁能源服务发挥了重要作用。加拿大各水电公司的统计年报显示，各电力公司优先满足本地区的电力需求，在电力供给盈余的情况下，才会通过电网输送到美国。这种优先政策一方面满足了本地区的工业电力需求，另一方面也为本区域的居民电力部门提供了优质电力，节约了电力成本（Hydro-Quebec，2013）。

2）风能利用力助欧洲地区解决能源贫困

风力发电可以追溯到 20 世纪 80 年代初在美国的加利福尼亚州兴起的风力发电场。整体来说，风能的集中利用晚于水能利用，从 BP 统计数据（BP，2013）可以看出，风能的统计资料是从 1990 年开始，当时只有美国、丹麦、德国和荷兰四国的风能消费数据被统计在册，而最新数据则收录了 45 个国家的风能发电数据，显示了风能在最近十年大规模的开发利用。

表 7-2 揭示了世界上主要风能利用大国在不同时期的风能发展情况。可以发现：风能利用首先在美国、欧洲地区得到广泛利用，且利用程度不断提高。21 世纪以来，中国的风能利用量快速增长，居于世界前列，发展前景广阔。此外，发达国家中，西班牙、德国、丹麦等国的风能利用为该国的清洁电力生产起到了重要作用。典型案例是丹麦，其在风电历史、技术研发、风电利用水平、海上风机生产等方面居于世界领先地位。2012 年，丹麦风电装机容量为 4.62GW，风力发电量为 10.37TW · h，约占其电力总供给的 1/3。丹麦政府制定了到 2025 年风力发电占全部电力供应量一半的风能发展目标。

表 7-2 主要风能利用国家及其能源发展情况 （单位：TW · h）

国家	2000 年	2006 年	2012 年
美国	5.65	26.86	141.50
丹麦	4.28	6.17	10.37
德国	7.55	30.71	46.00
西班牙	4.72	23.25	49.15
英国	0.95	4.24	20.71
中国	0.59	3.71	100.40
印度	1.58	9.55	31.20
总计	25.32	104.49	399.33
世界	29.48	133.23	521.27
七国所占比重	85.89%	78.43%	76.61%

数据来源：BP（2013）。

欧洲引领海上风电建设，而中国海上风电尚处于示范阶段。据全球风能理事会的全球风能发展报告（2012）显示，相比常规风电，海上风电建设起步晚，发展缓慢，主要集中在北欧地区与中国东部的几个示范性项目中。海上风力发电有风速高、湍流少、受环境制约小的优势，尤其适合大规模建立在以主要港口城市为首的用电量大的沿海地区或某些离岸海岛。海上风电一方面可提高海岛能源自给自足率，另一方面，可有效弥补沿海大型港口城市的电力短缺问题，解决需要较长输电线路将电力运送到需求地的电网建设投资等问题。

3）其他可再生能源利用在消除局部地区的能源贫困尚处典型示范阶段

除水能和风能之外，其他可再生能源的发展也对部分国家的能源贫困问题产生了重要影响。非洲及中美洲的太阳能建设如火如荼，在解决能源贫困中发挥作用。委内瑞拉在 IEA 能源发展指数的评价当中居于第二位，已逐步摆脱能源贫困的困境（IEA，2012）。政府制定了电力工业发展规划，到 2030 年，水力发电比重提高到 41%，风力发电与光伏发电比重达到 21%，火力发电则下降到 38%。由此可见，其能源贫困现况必将发生改变，可再生能源在其中发挥着重要作用。

南美洲生物质能利用取得重要进展，在消除能源贫困中产生重要影响。巴西的可再生能源发展取得了巨大的成功，其一半的能源消费来自于可再生能源，以乙醇为主的生物质能利用居于世界前列。巴西政府从法律建设、价格机制、税率政策、汽车等配套产业政策等方面对生物质能的发展进行了大力扶持。从 IEA 发布的巴西能源发展指数（IEA，2012）的变化来看，其能源发展取得了巨大进步。

分布式发电为偏远地区能源贫困现状的改善起到了关键作用。分布式发电是指位于用户所在地附近的，所生产的电力除就近供用户自用外，多余电力可接入当地配电网的发电设施、发电系统或有电力输出的多联供系统。据国际分布式能源联盟的资料显示，分布式能源的历史可追溯到 1882 年爱迪生在纽约建立的珍珠街电站，为 1 平方英里区域内的住户提供电能和热能。2004 年，美国、加拿大、英国、澳大利亚等国相继发生的大面积停电事故暴露了传统能源供应形势的技术缺陷，推动了分布式能源大规模商业应用。现今，这一能源利用方式在可再生能源领域取得突破，可有效解决偏远地区电力服务质量差、炊事用能电力化等方面的难题。分布式发电系统是集中供电的一种有益补充，特别是在无电网覆盖的边远地区和其他公用事业领域。

4）可再生能源发展进程促进亚太地区消除能源贫困

可再生能源发展的历史进程揭示了可再生能源的发展对消除世界各地，特别是对亚太地区的能源贫困问题产生了深远影响。首先，传统化石能源的稀缺性促进了可再生能源的发展，石油危机的爆发使得能源安全问题备受关注；核能安全问题引起了各国民众的担心，其全面发展面临挑战；气候变化议题与环境污染问题的产生进一步为可再生能源的发展提供机遇；其他能源价格上涨使得可再生能源利用更具经济性。其次，可再生能源的持续性、环保性、利用形式的多样性等将为解决能源贫困问题提供重要支撑。

图 7-2 显示了五个地区可再生能源的历史发展情况。由图可知，随着时间的推移，亚太地区与中南美洲地区可再生能源所占比重不断增加，逐渐超越欧洲与北美洲，成为可再生能源发展的新兴市场。欧美地区的可再生能源的开发程度较高，可开发潜力已相对较低，在清洁能源生产、消除能源贫困中已发挥了重要作用；亚洲、南美洲等新兴市场可再生能源开发潜力大，伴随着技术不断成熟和规模化应用，其在解决能源贫困问题中的作用将会进一步提升。

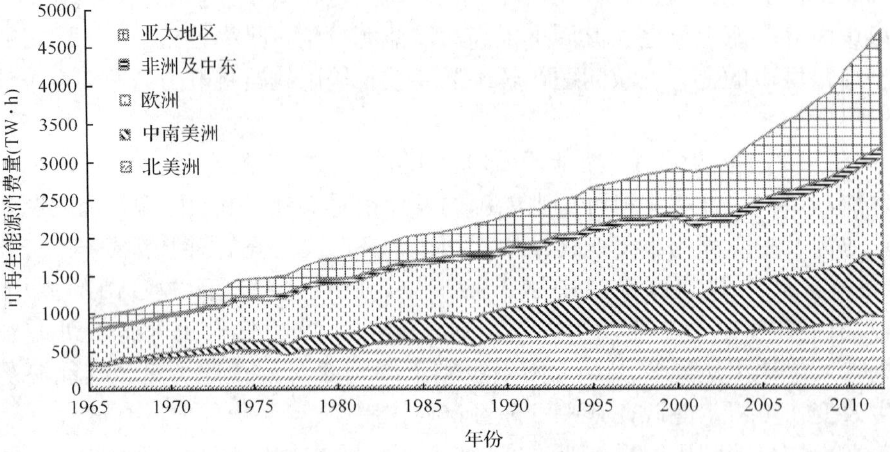

图 7-2　世界各地区可再生能源发展变化趋势（1965～2012 年）

数据来源：BP（2013）

图 7-3 显示了各种可再生能源随时间变化的趋势。从图中可以看出，水能是目前利用最为广泛、所占比重最大的可再生能源。近年来，风能与生物质能逐渐得到推广，其比例不断增大。自 2000 年以来，太阳能消费量的年平均增长率为 45.69%，风能和生物质能次之，分别为 27.04%和 16.97%。而水能利用增长率只有 2.72%，在可再生能源消费总量的比重由 2000 年的 92%下降到 2012 年的 78%。2000～2012 年，新增可再生能源消费量主要集中在中国、巴西、美国、德国和印度等国，其中，中国所占比例约为 42.36%（BP，2013）。可见，近年来中国可再生能源的发展是世界可再生能源增长的主要动力，其为中国解决能源安全、能源贫困、环境污染等问题发挥了一定的作用。

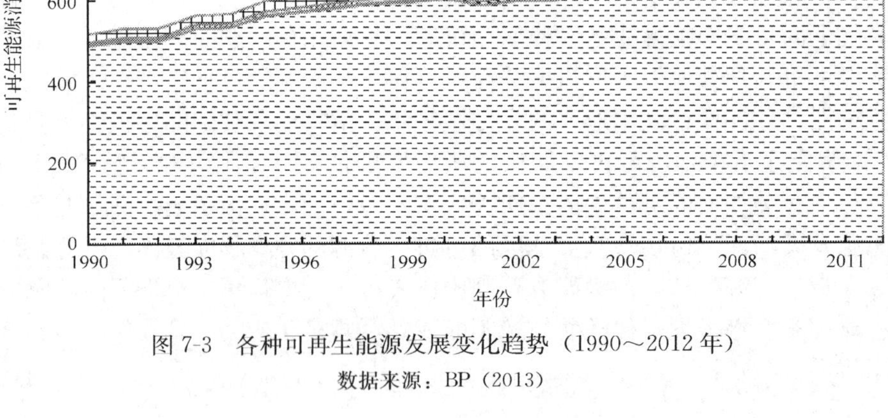

图 7-3　各种可再生能源发展变化趋势（1990～2012 年）

数据来源：BP（2013）

7.1.2　主要能源贫困国家的可再生能源利用现状

截止到 2011 年，世界范围内未获得现代能源服务的国家和地区主要分布在非洲、亚洲的部分发展中国家以及拉丁美洲和中东地区（IEA，2013）。本节将选取印度（亚洲）和巴西（拉丁美洲）作为案例，对两国是如何利用可再生能源来解决能源贫困问题进行分析，以期为其他能源贫困国家，特别是中国，在利用可再生能源消除能源贫困中提供一定的借鉴。

1）印度可再生资源丰富，但开发利用程度不够

印度和中国是邻邦，并且是新兴的两个最大的经济体，但是相比于中国人口的能源获得情况，印度还有较长一段路要走。印度发电量居世界第五位（BP，2013），但 IEA 的报告（IEA，2013）显示，现在仍有 3.06 亿人口未获得电力使用，占印度总人口的 25%。另外还有 66%的人口依赖传统生物质能进行取暖和炊事。因此，印度近些年虽然经济发展迅速，但是能源贫困现状仍不容乐观。

印度是一个可再生能源丰富的国家，主要体现在生物质能、沼气、太阳能、风能和水能，但开发利用的程度远远不够。图 7-4 为 2012 年印度并网发电容量结构，可以发现，火电仍然占主导地位（67.00%），可再生能源发电量占到三分之一，其中水力发电在可再生能源中所占比例最大，达到 19.00%，风电其次，占 8.21%，其他种能源发电所占比例甚微。

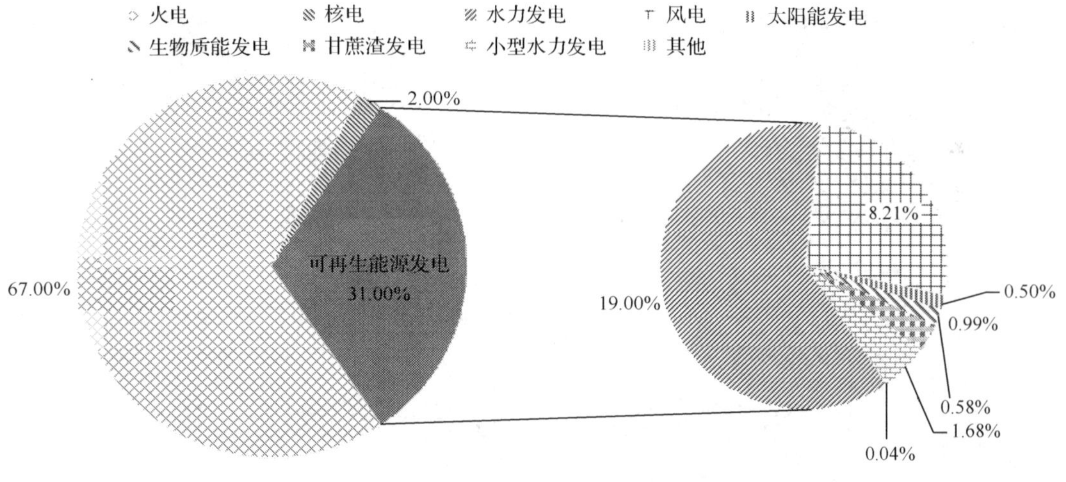

图 7-4　印度并网发电容量结构（2012 年）

数据来源：Mahesh 和 Shoba Jasmin（2013）

虽然水电和风电在印度的并网发电容量中所占比例较大，但两者的开发程度还很低。印度风电可开发量达到 45GW，但目前总装机容量尚不够十分之一，水电利用情况仅是可开发利用总量的 20%左右（Bhide et al.，2011）。但印度在可再生能源方面的投资逐年增大，据 REN21 的报告（REN21，2012），2011 年在可再生能源投资上占全球总投资的 4%，排在世界第五位。

2）巴西能源贫困现状基本消除，水力发电发挥巨大作用

巴西采取了一系列措施以提高全国范围内对现代能源服务的可获得性，比如2003年发起的Luz Para Todos（Light for All）项目，目标是到2014年实现全国人口可获得电力，该项目免费为用户提供电力接入以及灯泡和插座等，并且每月为每户提供至多220千瓦时的电力折扣，成为巴西解决极度贫困人口的重要举措。截止到2013年，该项目已经为148万人口提供了电力服务。

目前，巴西基本实现了全国人口都可获得电力服务，45%的一次能源供给是可再生能源，其中水力发电占全国电力生产总量的80%（IEA，2013）。为了解决日渐凸显的能源安全问题，巴西大力开发水能资源，以水电替代化石燃料。巴西的水能可开发潜力为245GW，但目前的开发量仅有三分之一。受多种因素的影响，未来巴西水力发电将受到限制。虽然风电所占比例较低，但其在电力部门发挥的作用日益增加。

世界能源展望2013（IEA，2013）对巴西在新政策情景下的发电结构进行了预测，如图7-5所示。到2035年，其水电仍占主导地位，但是比例将从2011年的81%下降到2035年的62%，其中天然气发电和风能、太阳能发电所占比例将明显上升。

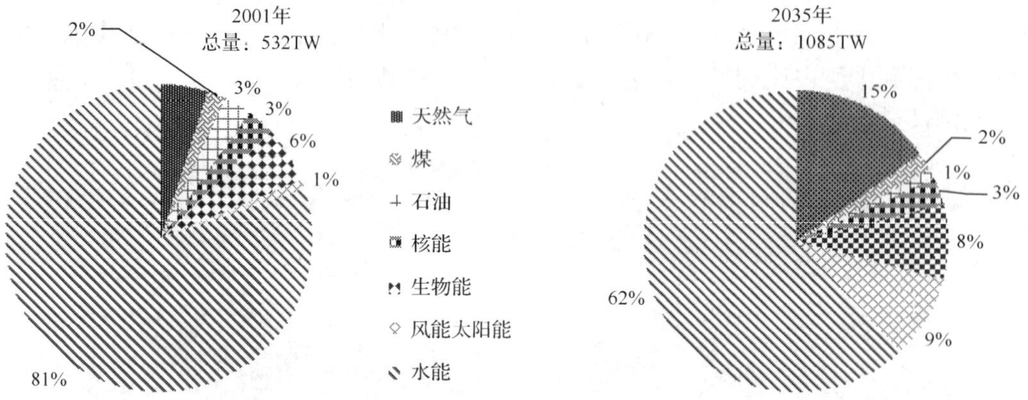

图7-5　新政策情景下巴西电力结构

数据来源：IEA（2013）

7.2　中国清洁能源开发有助于减缓能源贫困

加快可再生能源的开发利用，可以提高电力供应质量，解决偏远地区电力供应问题。根据世界能源展望2013（IEA，2013），2011年中国不可获得电力的人口仅为300万，并且在2015年中国将实现全部人口可以获得电力。虽然电力普及度已经相当高，但是由于资源禀赋限制，电力消费结构不合理，煤电一直占有主导地位。而清洁能源由于其环境友好以及可再生性，相比于化石能源，在电力生产中优势突出，近些年来发挥的作用越来越大。但是相比于火力发电，风电、核电和水电在电力生产总量中所占比例还非常小，如图7-6所示。

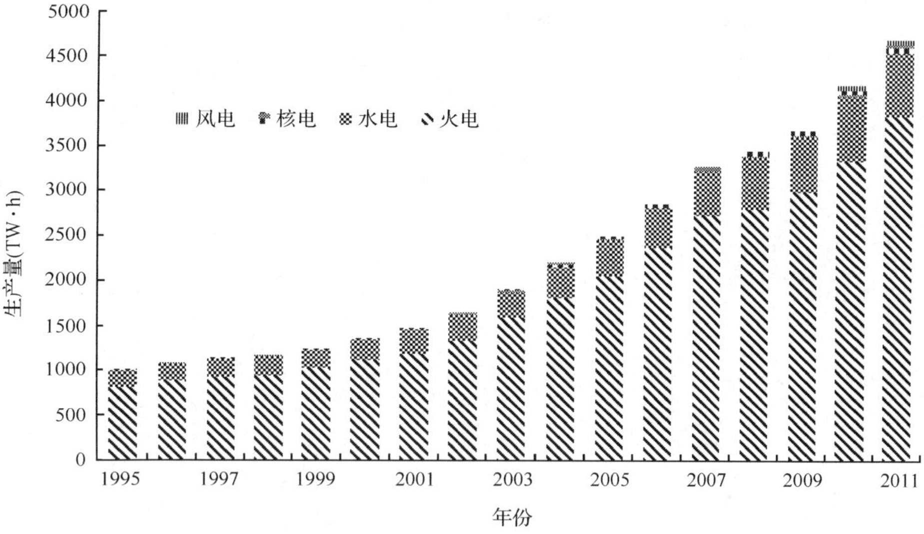

图7-6　中国电力生产结构（1995～2011年）

数据来源：《中国能源统计年鉴（2007～2012）》（国家统计局能源统计司，2008，2009，2010，2011，2012，2013）

火力发电占电力生产总量的比例从1995年到2011年一直维持在80%左右，在非化石能源中，仅水力发电量较大，2011年在总发电量中占比14.83%，核电和风电尚处在起步阶段，2011年在总发电量中分别占比1.83%和1.49%。截至2012年年底，中国水电装机容量249GW，风电并网装机63GW，太阳能光伏发电装机6.5GW。加上12.57GW核电和8GW的生物质能发电，2012年，中国包括风电、太阳能光伏发电、生物质能发电和核电等在内的新能源发电装机容量超过90GW。

《可再生能源发展"十二五"规划》要求可再生能源发电在电力体系中上升为重要电源。到2015年可再生能源发电量争取达到总发电量的20%以上，新增发电装机160GW，其中常规水电61GW，风电70GW，太阳能发电20GW，生物质发电7.5GW。

7.2.1　风电发展迅速，有助于消除能源贫困

风力资源潜力大，并且是技术基本成熟的可再生能源。自2009年以来，中国保持着全球新增风电装机容量第一的位置，图7-7为2001～2012年新增及累计风电装机容量情况。

2012年风电装机和发电量继续稳步上升，其中风电（并网）新增装机容量12.96GW，发电量100TW·h，同比增长35.5%。截至2012年年底，全国（不含港、澳、台）累计装机容量75.32GW（李俊峰等，2013）。风电首次超过核电，成为继煤电和水电之后的第三大主力电力来源。目前全国有30个省、市、自治区有自己的风电场，风电累计装机超过1GW的省份有10个，超过2GW的有9个省份。内蒙古仍然领跑中国风电发展，2011年累计装机量占全国市场21%，紧随其后的是河北、甘肃、辽宁（图7-8）（李俊峰等，2012）。

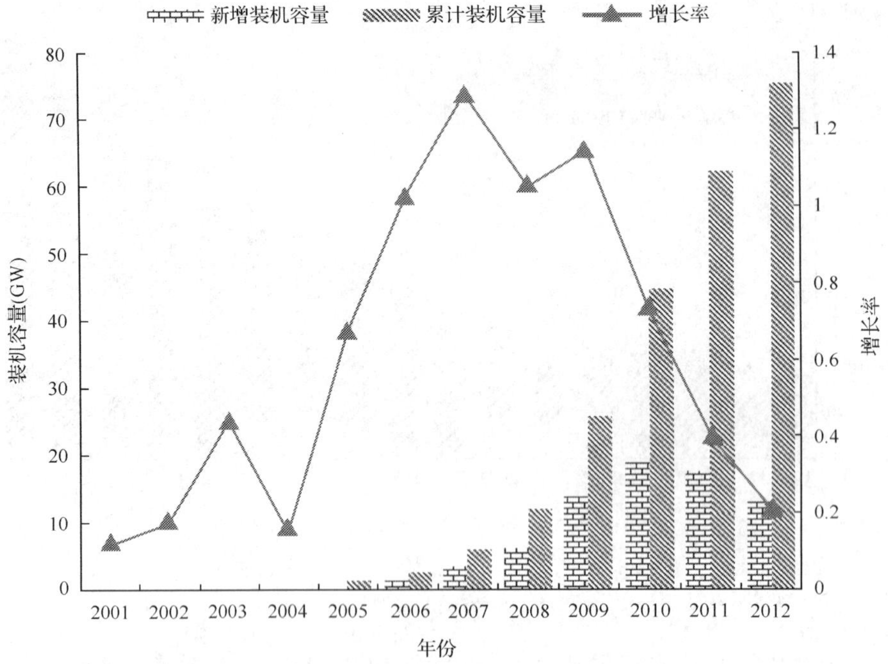

图 7-7　中国新增及累计风电装机容量（2001～2012 年）

数据来源：《中国风电发展报告 2013》（李俊峰等，2013）

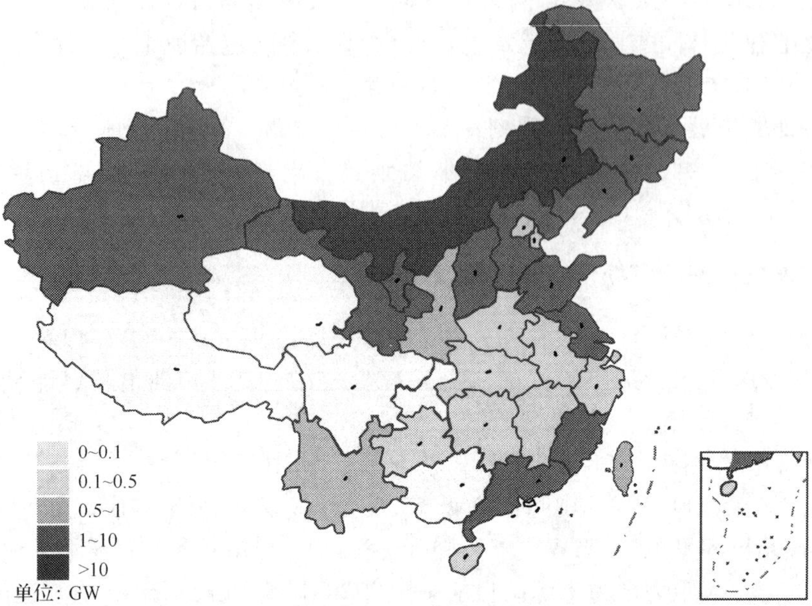

图 7-8　中国风电装机容量分布图（2011 年）

根据风能太阳能资源中心提供的中国有效风能资源分布，西北、东北地区属于风能丰富带，并且可建设风电场的面积较大，但是由于电网建设薄弱，以及电力需求相对较少，导致风电装机容量不高，尤其是西北地区（图 7-8）。然而东北、西部省市农村地区是中国能源贫困人口聚集区域，东北、西部分别有 88%和 66%的农户依赖传统生物质能（李慷等，2011）。因此，对风能资源丰富的西北、东北地区加以充分利用，会大幅度减少未获得电力或尚未使用稳定电力服务的人群，从而降低能源贫困的程度。

2012 年出台的《风电发展“十二五”规划》明确了未来风电发展的目标，到 2015 年并网装机容量达到 100GW，到 2020 年装机容量达到 200GW。

7.2.2　水力资源丰富，覆盖相当一部分能源贫困人口所在区域

中国水力资源非常丰富，理论蕴藏量、技术可开发量和经济可开发量均居世界第一。根据 2005 年的复查结果，中国水力资源理论蕴藏年发电量为 6082TW・h，平均功率为 694GW；技术可开发装机容量 541GW，年发电量 2474TW・h；经济可开发装机容量 402GW，年发电量 1753TW・h。

水电是目前技术成熟和最具有经济性的可再生能源，2011 年，全国水电装机容量达到 230GW，居世界第一。近些年来，中国水力发电量保持稳步快速上升，从 1995 年的 191TW・h 上升到 2011 年的 699TW・h，年均增长率为 8.5%。但是按照发电量计算，水电开发程度仅为 27.7%，低于发达国家水平，开发潜力仍较大。

按行政区划分，中国水电资源主要集中在经济发展相对滞后的西部地区。西南、西北 11 个省、市、自治区（云、川、藏、黔、桂、渝、陕、甘、宁、青、新）的水力资源约为 407GW，占全国总量的 78%，其中云、川、藏三省区共 295GW，占 57%。这部分区域涵盖了中国相当一部分能源贫困人口所在区域。根据《可再生能源“十二五”规划》，到 2015 年，西部地区常规水电装机容量将达到 167GW，占全国常规水电装机容量的 64%，水能资源开发程度为 38%，这将在一定程度上减少部分无法获得稳定电力的人口。另外，《可再生能源“十二五”规划》预计到 2015 年，全国水电装机容量达到 290GW，其中常规水电 260GW，抽水蓄能电站 30GW，已建成常规水电装机容量占全国技术可开发装机容量的 48%。到 2020 年，全国水电总装机容量达到 420GW，其中常规水电总装机容量达到 350GW，抽水蓄能电站装机容量达到 70GW。

7.2.3　太阳能利用多元化，可解决能源贫困人口的用能问题

中国太阳能资源丰富、分布广泛，有三分之二的国土面积年日照量超过 $5000MJ/m^2$，大部分地区平均日辐射量超过 $4kW \cdot h/m^2$，在太阳能最丰富的西藏高达 $7kW \cdot h/m^2$，仅次于撒哈拉沙漠，居世界第二位（图 7-9 和表 7-3）。特别地，西北偏远地区（区域 I 和 II）日照量大，而这部分地区也是能源贫困人口的集中地。对于尚未并网的偏远农村地区，由于太阳能发电安装灵活、环境友好、可支付性强，因而，较易实现，可满足大部分没有获得电力服务的人口的电力需求（李俊峰等，2007）。

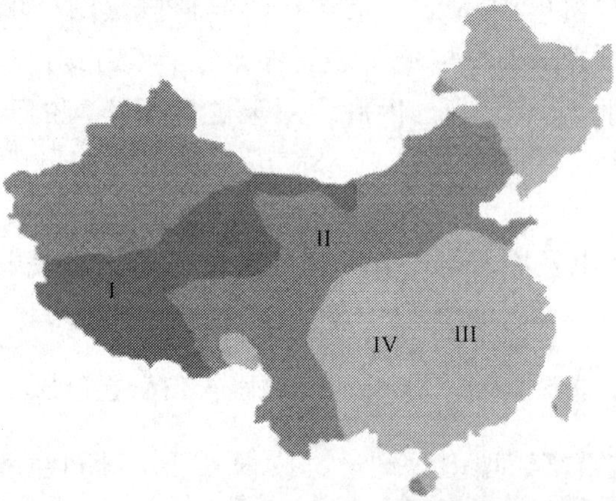

图 7-9　中国太阳能资源分布图

资料来源：《中国光伏发展报告 2007》（李俊峰等，2007）

表 7-3　中国太阳能资源分布情况

区域	年辐射量（kW·h/m²）	区域面积所占比例
区域 I	≥1750	17.4
区域 II	1400～1750	42.7
区域 III	1050～1400	36.3
区域 IV	<1050	3.6

数据来源：《中国光伏发展报告 2007》（李俊峰等，2007）

中国光伏发电市场发展迅速，光伏发电安装量增速明显，尤其是从 2009 年开始，呈现翻倍式增长，如图 7-10 所示。2012 年光伏发电安装量达到 8300MW，太阳能发电 3.5TW·h，同比增长 414.4%。即便如此，中国与光伏应用市场最早的欧洲国家，如

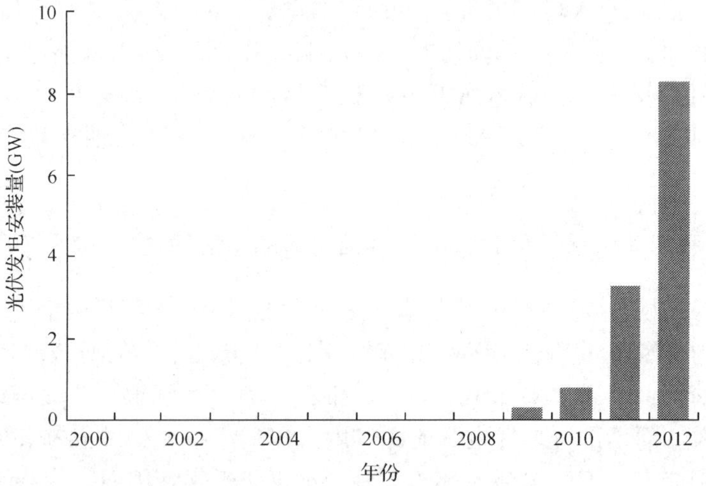

图 7-10　光伏发电安装量（2000～2012 年）

数据来源：BP（2013）

德国、西班牙、意大利等差距仍然较大。目前，德国光伏总装机量已经超过35GW，意大利逼近20GW，是中国的数倍。

《能源发展“十二五”规划》和《可再生能源“十二五”规划》都对未来的太阳能发电进行了部署，按照就近消纳、有序开发的原则，重点在西藏、内蒙古、甘肃、宁夏、青海、新疆、云南等太阳能资源丰富地区，利用沙漠、戈壁及无耕种价值的闲置土地，建设若干座大型光伏发电站，结合资源和电网条件，探索水光互补、风光互补的利用新模式。中国将太阳能发电装机容量目标上调，到2015年，预计达到35GW。

7.2.4　生物质能有效利用，有助于消除农村能源贫困

中国能源贫困主要体现为高度依赖传统生物质能。而生物质能是重要的可再生能源，来源广泛，利用方式以及能源产品多样化，不仅可以充分利用有机废弃物，还可减少空气污染物以及温室气体排放。中国目前可利用的生物质能资源主要是传统生物质能，包括农作物秸秆、薪柴、工业有机废渣及废水、畜禽粪便等。在中国农村，虽然生物质能资源广泛，但是大多采用直接燃烧的方式，不仅能源利用效率低下，而且污染空气、破坏环境。根据《生物质能发展“十二五”规划》，中国可作为能源利用的生物质资源总量每年约为4.6亿吨标准煤，目前已利用量约0.2亿吨标准煤，还有约4.4亿吨可作为能源利用。由此可见，绝大部分的生物质能未得到有效利用，可开发利用潜力巨大。

生物质能利用包括利用生物质发电以及生物质燃料。生物质发电是利用生物质具有的生物质能进行发电，是可再生能源发电的一种，主要包括农林生物质发电、沼气发电和垃圾发电。《生物质能发展“十二五”规划》提出到2015年，生物质年发电量约为78TW·h，装机容量达到13GW，其中农林生物质发电8GW，沼气发电2GW，垃圾发电3GW。

生物质燃料主要包括生物质成型燃料以及生物液体燃料（以生物燃料乙醇和生物柴油为主）。生物质燃气主要指沼气。表7-4为到2010年年底，各类生物质能利用规模。《生物质能发展“十二五”规划》显示，到2015年，生物质年供气220亿立方米，生物质成型燃料1000万吨，生物液体燃料500万吨，其中生物燃料乙醇年产量达到400万吨。

表7-4　中国各类生物质能利用规模

利用方式	利用规模	年产能量	折合标准煤（万吨标准煤/年）
户用沼气	4000万户/年	130亿立方米	930
生物质成型燃料	300万吨/年	—	150
生物燃料乙醇	180万吨/年	—	160
生物柴油	50万吨/年	—	70

数据来源：《生物质能发展“十二五”规划》。

7.2.5　核能潜力巨大，将成为未来消除能源贫困的有效手段

中国核电事业虽然起步较晚，但发展迅速，目前中国在建核电机组共29台，在建规

模保持世界第一。根据中国核能行业协会2013年的统计数据，目前中国大陆有16台核电机组投入商业运行，总装机容量达13.62GW。2012年核能发电量为98.32TW·h，较2011年增长12.75%，占全国总发电量的1.97%，占全国清洁能源发电量的9.22%。

日本福岛核事故发生以后，世界范围内的核电发展陷入了低谷。2011年3月以来，中国对待新建核电机组与核电安全的态度非常谨慎，国务院对全国核设施进行全面的安全检查，及时向社会公布了检查结果，并暂缓对新建核电项目的审批。直到2012年10月24日，在国务院常务会议审议并通过了《核安全与放射性污染防治“十二五”规划及2020年远景目标》、《核电安全规划（2011～2020）》和调整后的《核电中长期发展规划（2011～2020）》等三个规划后，中国核电发展才恢复了正常发展建设。

自1995年以来，核能发电量占总发电量的比例维持在1.2%～2.2%。根据《能源发展“十二五”规划》，中国将加快建设现代核电产业体系，打造核电强国。计划到2015年，运行核电装机达到40GW，约占全球核电装机容量十分之一，有望进入世界前三。中国新调整的《核电中长期发展规划（2011～2020）》确定到2020年核电装机规划提高到86GW的目标，占届时总装机的5%，在建规模约40GW。

7.3 能源贫困视角下区域清洁能源发展评估

为推动世界各国采取有效措施实现现代能源服务普及化进程，IEA从2004年发布了能源发展指数（Energy Development Index），EDI-2004包含三个维度，即人均商业用能量、商业用能所占比重和获得电力服务的人口比重。2012年，IEA在EDI-2004的基础上对其进行了改进，用家庭和社区两个层面的5个指标衡量了一个国家的能源开发利用程度和现代能源服务水平。IEA发布的世界能源展望披露了世界上80个国家的2010年能源发展指数排名，并将其与部分国家2002年的能源发展指数进行对比（IEA，2012）。作为有效测量一个国家能源进步的指标体系，能源发展指数明确反映了各国政府在能源发展中所做的工作、取得的能源进步以及存在的不足，为推动各国政府进一步普及现代化的能源使用，解决能源贫困问题等提供借鉴。

本节依据IEA最新发布的能源发展指数评价框架，结合中国能源发展实际和数据可获得性，试图建立可有效衡量能源贫困问题的中国区域清洁能源发展评价体系，计算出各地区清洁能源发展指数，分析与之相关的能源贫困问题。

7.3.1 清洁能源发展评估框架及数据来源

1）清洁能源发展评估框架

IEA的最新能源发展指数从家庭和社区两个层面讨论世界各国的能源发展问题，选取了电力普及人口比重、人均居民电力消费量、居民部门现代能源使用比例、公共基础设施部门人均电力消费量、生产部门能源消费比重等5个指标，并使用几何平均数方法将前两个指标融合为表征居民部门电力发展的衡量指标。借鉴IEA的最新能源发展评价体系，本节建立了如图7-11所示的从可再生能源视角分析中国区域间能源贫困的研究框架。

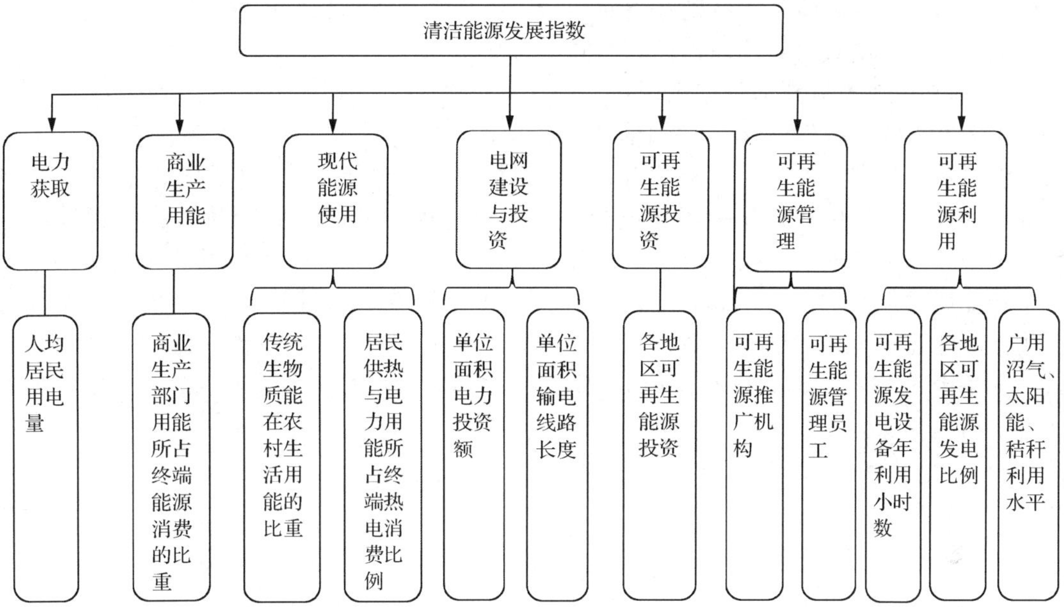

图 7-11　清洁能源发展指数

首先，IEA 报告介绍了衡量能源发展的五个属性：现代能源服务的可获得性、可支付性、充分性、便捷性和可靠性。本节基于现代能源服务的这五个属性来讨论清洁能源发展问题，用能源发展现状来表征能源贫困问题。

其次，根据世界能源展望 2012（IEA，2012），中国的能源贫困问题现状为：电力普及率接近 100%；存在 29%（3.87 亿）的人口，其炊事用能主要来自于传统生物质能，成为中国能源贫困的主要问题。但中国电力服务的质量、电力服务的清洁度等问题并没有考虑，因此需要更加贴切实际的指标来表示中国目前的能源贫困现状。

最后，近年来中国统计数据的完善已允许更加细化的指标出现，有助于将清洁能源指标融合到能源贫困的研究框架当中，量化清洁能源发展在解决能源贫困中的具体作用。

如图 7-11 所示，基于 IEA 能源发展指数，改进后的能源发展指数不仅包含人均用电量、居民部门现代能源使用比例等 IEA 能源发展指数中的常见指标，还融入了可再生能源发展指标，我们将其称之为“清洁能源发展指数”。清洁能源发展指数继承和发展了 IEA 能源发展指数的特点，结合中国能源发展的实际情况，做出了如下改进：①基于中国电力可获取能力接近 100%，删除了电力可获取比例这一指标；②原有 IEA 能源发展指数中的人均居民用电量和商业生产用能比例指标保持不变；③居民部门现代能源使用比例用农村居民秸秆和薪柴的使用比例和居民供热与电力用能占终端热力与电力消费比例来代替；④由于中国电力可获取能力已接近 100%，电力服务的质量用电网建设与投资这一指标进行表示，具体为单位面积电力投资和单位面积输电线路长度两个指标；⑤从三个方面补充了清洁能源发展指标，如可再生能源投资、管理水平、可再生能源设备年利用小时数等。除秸秆等传统生物质能在农村生活用能的比重外，其他所有指标数值越大，清洁能源发展越好。而秸秆等传统生物质能在农村生活用能的比重则采用标准化处理，使其值与其他指标表征同一含义。

2）清洁能源发展评估数据来源

表 7-5 解释了图 7-11 所示评估框架中各指标含义、单位及数据来源。由图 7-11 可知，清洁能源发展指数分为七维子指标，各指标下还有分指标，所有指标数据采取0～1标准化处理后，均值化得到七维子指标，最后对七维子指标相加得到清洁能源发展指数。其中，电力、输电线路、可再生能源发电比例与年利用时长等数据均来自中国电力年鉴；能源数据来源于中国能源统计年鉴；可再生能源利用数据摘自于中国新能源与可再生能源年鉴；人口、面积等数据来自于中国统计年鉴。此外，香港、澳门、台湾、西藏、上海由于部分数据缺失而不包含在本研究之中，最终选取的 29 个省级行政区为本研究的研究对象。

表 7-5　清洁能源发展评估数据含义及来源

<table>
<tr><th>指标</th><th>含义</th><th>单位</th><th>数据来源</th></tr>
<tr><td>电力获取</td><td>人均居民用电量</td><td>千瓦时</td><td>中国电力年鉴（2011，2012），中国统计年鉴（2012）</td></tr>
<tr><td>商业生产用能</td><td>商业生产部门用能所占终端能源消费的比重*</td><td>%</td><td>中国能源统计年鉴（2011，2012）</td></tr>
<tr><td rowspan="2">现代能源使用</td><td>秸秆、薪柴等传统生物质能在农村生活用能的比重**</td><td>%</td><td>中国新能源与可再生能源年鉴（2010）</td></tr>
<tr><td>居民生活部门供热与电力用能所占终端热电消费比例</td><td>%</td><td>中国能源统计年鉴（2011，2012）</td></tr>
<tr><td rowspan="2">电网建设与电力投资</td><td>单位面积 35kV 及以上输电线路长度</td><td>千米/万平方千米</td><td>中国电力年鉴（2011，2012），中国统计年鉴（2012）</td></tr>
<tr><td>单位面积电力投资额</td><td>亿元</td><td>中国统计年鉴（2012）
中国能源统计年鉴（2011，2012）</td></tr>
<tr><td>可再生能源投资</td><td>各地区可再生能源投资额</td><td>亿元</td><td>中国能源统计年鉴（2011，2012）</td></tr>
<tr><td rowspan="2">可再生能源管理水平</td><td>单位面积可再生能源推广机构</td><td>个</td><td>中国新能源与可再生能源年鉴（2010）</td></tr>
<tr><td>单位面积可再生能源管理机构员工数</td><td>人</td><td>中国新能源与可再生能源年鉴（2010）</td></tr>
<tr><td rowspan="5">可再生能源利用</td><td>各地区可再生能源发电比例</td><td>%</td><td>中国电力年鉴（2011，2012）</td></tr>
<tr><td>可再生能源发电设备年利用小时数</td><td>小时</td><td>中国电力年鉴（2011，2012）</td></tr>
<tr><td>户用沼气开发水平</td><td>立方米</td><td>中国新能源与可再生能源年鉴（2010）</td></tr>
<tr><td>太阳能利用水平***</td><td>万平方米</td><td>中国新能源与可再生能源年鉴（2010）</td></tr>
<tr><td>秸秆利用水平****</td><td>处</td><td>中国新能源与可再生能源年鉴（2010）</td></tr>
</table>

*商业生产部门包括农、林、牧、渔、水利业、工业、建筑业、交通运输、仓储和邮政业；

**假定城镇所使用的能源都是现代能源，现代能源的定义为石油产品、天然气、可再生能源和热力等；

***太阳能利用技术包括太阳能热水器、户用太阳房、太阳能校舍等；

****秸秆利用技术包括秸秆气化、秸秆生物气化、秸秆固化成型、秸秆炭化等技术。

表 7-6 描述了各指标的统计学特征。数据显示：天津在输电线路建设、电力投资等方面发展较好，但是其可再生能源投资与推广建设情况较差，这与其可再生能源可利用潜力密切相关。青海在居民供热与电力、输电线路建设、电力投资等能源发展方面位居各地区的末位。

表 7-6　清洁能源发展指数各指标统计特征

含义	单位	最大值	最小值	均值
人均居民用电量	千瓦时	11345.85（宁夏）	1860.52（江西）	3935.77
商业生产部门用能所占终端能源消费的比重	%	92.05（重庆）	60.79（北京）	81.84
秸秆、薪柴等传统生物质能在农村生活用能的比重	%	88.02（广东）	5.08（福建）	27.53
居民生活部门供热与电力用能所占终端能源消费比例	%	60.66（北京）	7.21（青海）	25.25
单位面积 35kV 及以上输电线路长度	千米/万平方千米	7918.58（天津）	230.33（青海）	2897.38
单位面积电力投资额	亿元	154.87（天津）	2.39（青海）	27.66
各地区可再生能源投资额	亿元	601.06（四川）	0.44（天津）	83.60
单位面积可再生能源推广机构	个	986.00（云南）	9.00（天津）	413.24
单位面积可再生能源管理机构员工数	人	2937.00（云南）	53.00（天津）	1313.14
各地区可再生能源发电比例	%	74.90（青海）	0.25（北京）	19.30
可再生能源发电设备年利用小时数	小时	3925.62（陕西）	633.33（北京）	2202.00
户用沼气年户均产气量	立方米	720.00（海南）	260.00（北京）	385.30
太阳能利用水平	万平方米	742.00（山东）	3.00（重庆）	224.24
秸秆气化等利用水平	处	66431.00（山东）	0.00（海南）	4814.10

7.3.2　东北及西北地区清洁能源发展不足使得能源贫困问题亟待解决

由 7.1 节分析可知，进入 21 世纪以来，中国可再生能源领域取得重大进展，各方面都位居世界前列。与此同时，IEA 于 2004 和 2012 年分别发布的能源发展指数，表明中国在接近 10 年的时间里在解决能源贫困问题方面取得了明显进步。本书建立的清洁能源发展指数不仅包含了表征能源贫困的关键指标，如人均用电量等，也囊括了清洁可持续能源发展的指标，可有效衡量可再生能源领域的发展在解决能源贫困中的作用。

如图 7-12 所示，云南、天津、山东是中国清洁能源发展指数最高的三个省份。但是三个省份的能源发展情况不同。天津清洁能源发展指数较高，其表征一般性能源发展指标较好，即能源服务的质量较好、电力普及度高、居民用能清洁化程度高等，但其可再生能源的发展水平有限，主要原因在于：首先其可再生能源潜力不足，存在“天花板效应”；其次，可利用的可再生能源没有得到充分开发。云南省属于一般性能源服务水平中等，可再生能源利用水平较高的区域。山东能源发展较为均衡，可再生能源管理、太阳能利用等方面发展较好。

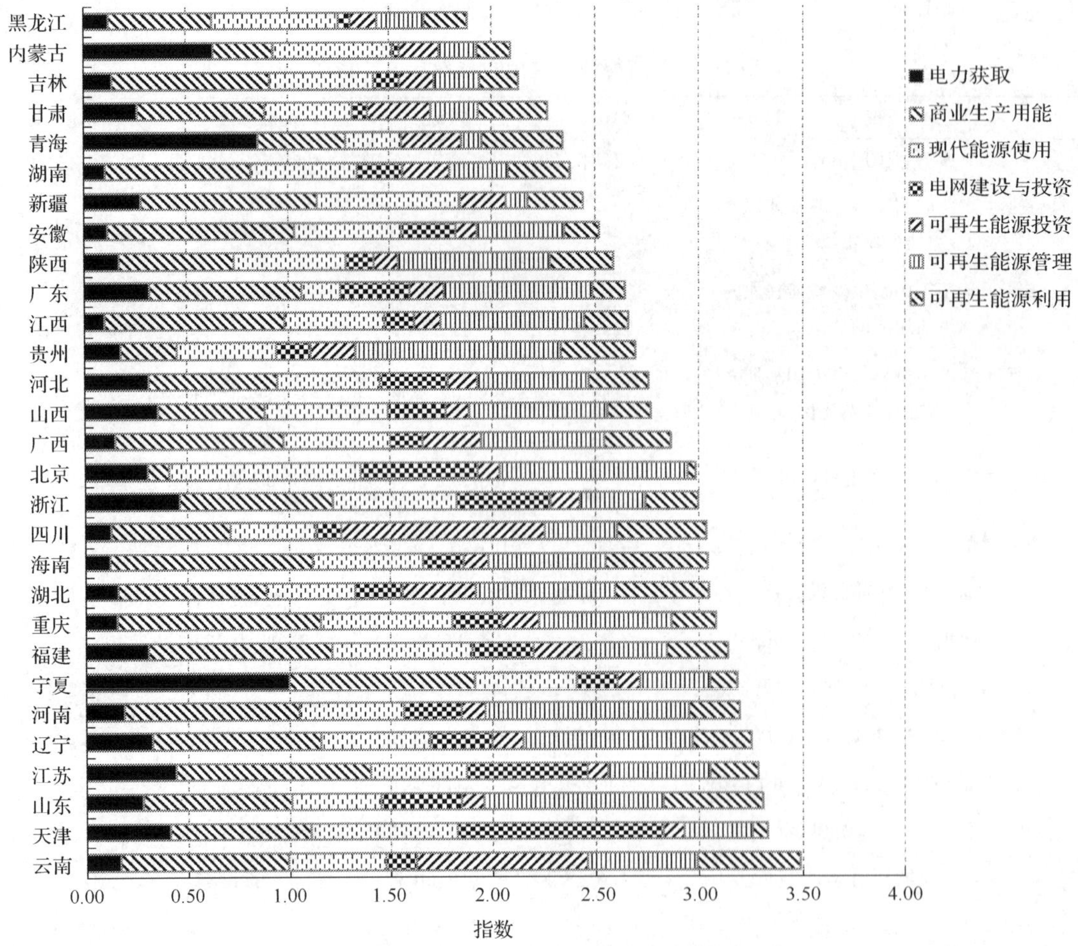

图 7-12　中国区域清洁能源发展指数排名

图 7-12 中电网建设与投资指标揭示了经济能力在支撑电网建设和能源投资中的重要作用。天津、北京、江苏、浙江、广东、山东等 6 省市在这一指标上位居全国前列，而这些省市又是中国的经济发达地区，可见区域经济水平在一定程度上决定了区域电网投资与建设的资金来源。

黑龙江、内蒙古、吉林是中国清洁能源综合指数较低的省份。一方面，其可再生能源发展未能在实现清洁能源发展中发挥重要作用；另一方面，以上三省的电网建设投资方面不足也是制约其清洁能源发展的原因。内蒙古的商业用能指标、黑龙江和吉林的电力获取指标均显示了其能源发展的不足之处。此外，这三个省份也是中国能源贫困人口聚集的区域（李慷等，2011）。

7.3.3　西南地区可再生能源发展为解决能源贫困问题发挥重要作用

本节将清洁能源发展指数的前四个指标和后三个指标分离出来形成一般性能源发展指标和可再生能源发展指标。图7-13是根据各省可再生能源发展指标计算而来的可再生能源发展指数。

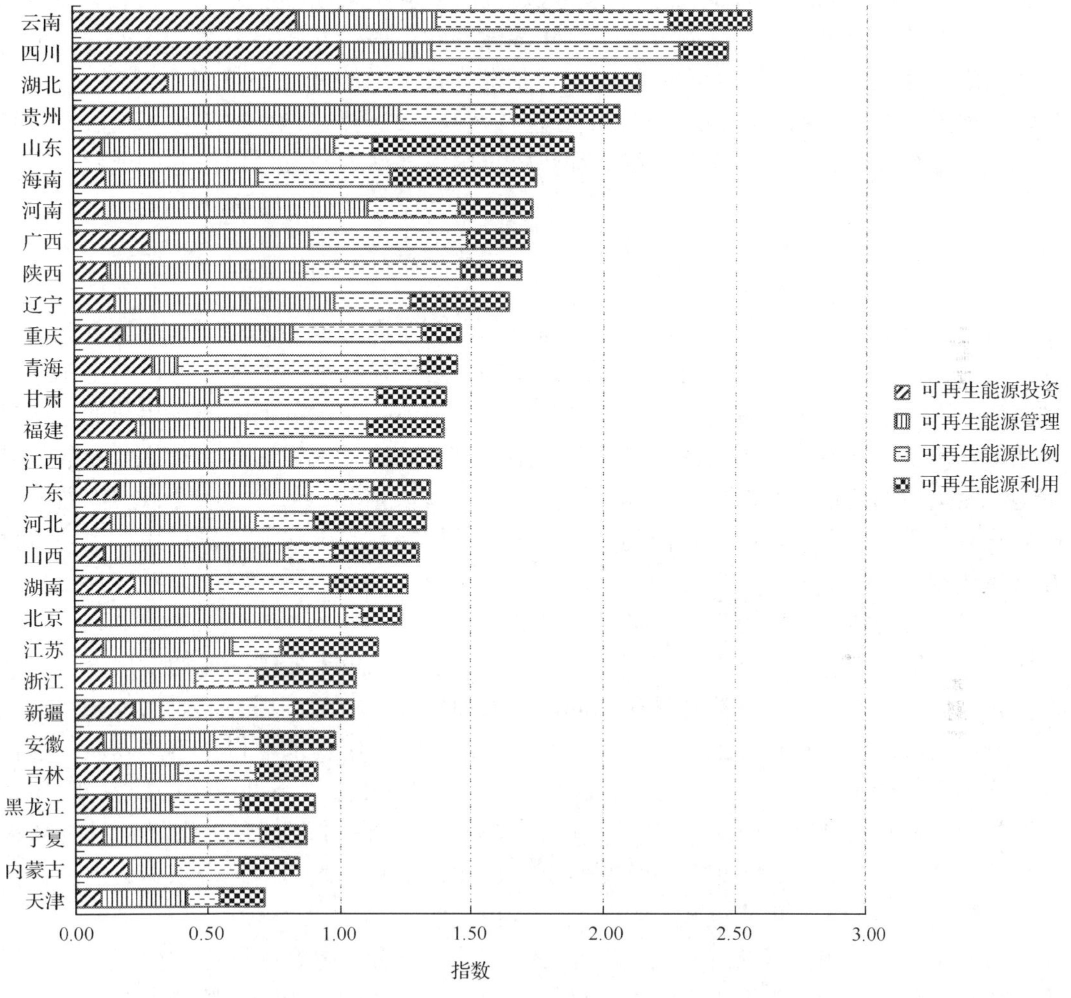

图7-13　中国区域可再生能源发展指数排名

如图7-13所示，云南、四川、湖北是中国可再生能源指数最高、能源可持续性最好的三个省份。这三个省份在清洁能源综合指数排名当中分别居于第一、第十二、第十位。这些地区的可再生能源发展为消除能源贫困、能源持续健康发展发挥了重要作用。此外，可再生能源的发展使得九个省份（云南、山东、辽宁、河南、湖北、四川、广西、贵州、陕西）的能源发展（一般性能源发展指数）排名发生了变化。这些省份分布于中国西南、中部、华北地区，由此可见，可再生能源的发展确实为解决中国区域性能源贫困问题发挥了重要作用，但是这种作用是不均衡的，即可再生能源在解决能源贫困中的作用可能由可再生能源潜力、能源投资、电网建设等共同决定。而天津、内蒙古、宁夏、黑龙江、吉林位居各省市的末位。天津、宁夏的可再生能源潜力小，决定了其可再生能源发展的极限，而内蒙古属于中国风电建设基地，风能理应在推动其清洁能源发展中发挥重要作用，而实际结果则揭示了可再生能源发挥作用具有条件性。

中国总体上是一个能源不足的国家，从满足能源需求的角度来说，一方面，可集中开发的大型可再生能源基地建设有助于解决总体的能源不足或者电力短缺问题，有效提高电力的可获取能力，为替代和节约化石能源做准备；另一方面，不适合大型集中开发的地区应该开发分布式可再生能源发电，包括分布式光伏发电、分布式风电等。此外，为消除中国的能源贫困，可再生能源利用应当做好替代传统生物质能的工作，发挥沼气、太阳能热水器、生物质成型燃料等优势，走国家补贴少、农户用得起的道路。

7.4　本章小结

可再生能源发展为世界各国满足能源需求、保障能源安全、改善能源贫困现状等发挥了重要作用。本章从国际可再生能源空间发展、历史发展进程、主要能源贫困国家典型案例出发，分析了中国可再生能源发展现状及其在消除能源贫困中的作用，通过区域间清洁能源发展指数分析了中国能源发展现状与地区差异。在 IEA 能源发展指数的基础上，改进后的清洁能源发展指数涵盖了可再生能源发展指标，使其更加符合可持续、健康化、低碳化的要求，有效全面衡量一个区域的能源发展现状，分析可再生能源发展在解决能源贫困中的作用。

经过前面分析，我们可以总结如下结论：

（1）国际经验表明：从空间发展来看，可再生能源在世界各国的能源发展、保障能源安全、应对气候变化、解决能源贫困问题等方面发挥了重要作用。从时间上来讲，20 世纪 90 年代以来，可再生能源发展开始起步，并在 21 世纪初期取得了迅速发展，在世界一次能源结构中比重不断增加。就人口能源可获得性而言，印度与中国的差距还较大，目前印度仍有 25%的人口无法获得电力服务。印度可再生能源丰富，并且近年来对可再生能源投资力度大，但开发水平较低。相比来讲，巴西基本实现了电力服务全民普及，其可再生能源利用程度较高，尤其是水力发电。

（2）从国内可再生能源发展的现况来看，可再生能源发电在中国电力生产总量中所占比重还比较低，仅水力发电利用水平较高。我国有效风能资源和太阳能资源丰富的地区覆盖了能源贫困人口集中地区，因而提高风能和太阳能发电的发展力度，有希望解决我国大部分未获得电力人口的用电问题。我国农村的生物质能丰富，其高效利用是解决能源贫困问题的有效方式。核能的发展潜力巨大，将成为消除能源贫困的有效手段。

（3）经济发展有利于能源基础建设，促进能源发展。经济要素在一定程度上决定了能源发展的投资水平、管理水平以及电网建设等方面的进步，为能源服务的普及、电网建设等方面提供财力支持。经济发达地区可以扩大在能源发展中投资力度，充分利用本地区的能源管理人才优势提高能源管理水平。而欠发达地区则因为资金上的劣势不能在能源投资、管理上得到有效发展。

(4) 资源禀赋助推可再生能源在消除能源贫困中的作用。可再生能源禀赋为各地区清洁能源生产创造了前提条件，作为清洁能源发展的一部分，与能源发展的其他方面一道共同反映了中国各地区能源发展的现状以及存在的能源贫困问题。资源禀赋在一定程度上决定了其利用空间，但是可再生能源的利用除了需要资源基础之外，还需要经济与政策的支持。

总的来说，可再生能源在解决能源贫困问题方面将发挥着日益重要的作用。中国可再生能源发展前景广阔，其发展在消除能源贫困、保障能源安全等方面存在很大机遇。然而，与传统能源利用相比，可再生能源利用需要政策法规的大力支持，其技术研发与利用都需要大量的前期投资。另外，中国可再生能源激励政策虽不断完善，但需进一步建立完整的政策法规体系。

第8章 气候变化及其应对政策与能源贫困

气候变化对能源贫困的影响主要体现在能源可获性方面：首先，气候变化可能致使一部分用户在短期或长期内无法得到足够的能源供给，妨碍正常生活；其次，可再生能源利用量降低意味着终端用户在能源消费过程中，获得的高效清洁能源比例偏低。由气候变化引起的能源可获性问题，将进一步对整个社会经济系统产生更深层次影响（又称高阶影响），并在不同国家/地区产生差异化效应。认识气候变化对能源可获性的影响，对消除能源贫困、保障能源安全和应对气候变化都具有重要意义。

为此，本章着重回答以下几个问题：

- **气候变化对中国水力发电的影响程度如何？各区域有何差异？**
- **极端气候事件下电力供给中断对中日两国的社会经济影响有何不同？原因何在？**
- **应对气候变化政策对能源贫困的影响如何？**

8.1 气候变化对能源供应的影响

当前，中国气候总体发展呈变暖趋势。1951～2002 年期间，全国大部分地区的年平均最高气温存在不同程度上升，北方地区升温较为明显，而南方地区普遍变化不大（唐红玉等，2005）。从季节上来看，全国冬季增温最明显，而夏季变化最不显著（唐红玉等，2005）。与年均最高气温的变化相比，年平均最低气温在全国范围内表现出较为一致的增加趋势，极端低温增幅显著大于极端高温（张宁等，2008）。

根据 IPCC 第五次评估报告（IPCC，2013），气候变化将改变全球温度和水汽循环，可能引发更多的极端气候事件，如暴雨、强降雪、干旱和热浪等。随着气候变暖，近 50 年来中国极端气候事件的发生频率和强度变化显著（丁一汇等，2006）。未来中国洪涝灾害高风险区主要集中在东南部和一些较大江河流域，而在除西北地区以外的全国范围内，干旱危险性将进一步扩大（吴绍洪等，2011）。

气候变化可对能源供应量产生较大影响。一方面，它会引发频繁的极端气候事件，导致突发状况下短期能源供应不足，如各类灾害损害能源的正常供应；另一方面，它也会造成长期能源供给短缺，特别是可再生能源的开发利用。因此，气候变化对能源贫困的影响主要体现在能源可获性方面。

8.1.1 破坏电网稳定运行

在洪涝灾害发生期间，电力设备易发生线路短路、内部放电和器部件受潮等情况，而包括输电杆塔、变电站建筑设施在内的电力基础设施也会受到破坏。由表 8-1 可知，2006～2012 年期间，洪涝灾害对中国供电系统造成了严重影响：①2006～2008 年年均损坏输电线路 14869 千米，其中 2006 年损坏量超过 17000 千米；②2009～2012 年年均供电中断量达 19512 条次，特别是在 2012 年中，有 39082 条次的线路被迫中断。这些影响将阻碍人们对能源的正常需求，也无法保障灾害期间的基本能源供应。此外，农业、工商业和交通运输业也会受洪涝灾害影响。如表 8-1 所示，铁路和公路交通因洪涝灾害中断现象时有发生，2006～2012 年期间，两者年均中断条次分别为 53 和 33440。其中，2012 年公路中断达 81523 条次，受洪涝灾害影响十分严重。这些交通中断在一定程度上致使能源运输出现问题，出现短期能源缺口。

表 8-1 中国洪涝灾害对交通和电力的影响（2006～2012 年）

年份	铁路中断（条次）	公路中断（条次）	损坏输电线路（千米）	供电中断（条次）
2006	34	16080	17069.70	—
2007	56	20481	13932.97	—
2008	84	15078	13604.36	—
2009	26	20354	—	7386
2010	83	58606	—	23063
2011	28	21961	—	8516
2012	59	81523	—	39082

数据来源：《中国水旱灾害公报（2006～2012）》（国家防汛抗旱总指挥部，2007，2008，2009，2010，2011，2012，2013）。

强降雪过程会威胁电力网络正常运行，引发大规模停电。在低温条件下，积雪在输电线路、输电塔及其他输电设备上堆积，导致输电网络工作不稳定。雪灾还会引起树木倒塌，间接破坏电力设施运行。2008年，中国南方地区出现了因暴雪和低温造成的大面积电力中断，19个省市受到影响。全国因灾停运电力线路36740条，停运变电站2018座，110千伏及以上电力线路倒塔8381基，110千伏以下电力线路倒塔100万基（根）。截至2008年1月28日，全国拉闸限电省份达19个，拉限负荷3997万千瓦，占全国统调最高负荷的10.8%。而后，全国范围内因缺燃料而造成发电停机共4240万千瓦，占全国总装机容量的6.0%，占火电总装机容量的7.7%。全国因灾停电县（市）多达170个，部分地区停电时间长达10多天（国家安全生产应急救援指挥中心，2009）。

中国东部省份电力运行还面临台风威胁。2006年超强台风“桑美”是1949年以来登陆中国大陆的最强台风，其破坏力极强，给中国带来了惨重伤亡。同时，它还严重影响了中国沿海省份的电力运行。据统计，“桑美”造成浙江省500千伏线路跳闸13条次，220千伏线路跳闸11条次、3台220千伏主变压器停役，220千伏变电站1座全停，110千伏变电站13座全停，造成温州的苍南、泰顺、平阳、文成4个县大面积停电（中国电力年鉴编辑委员会，2007）。在此次超强台风过程中，浙江电网220千伏线路倒杆3基；110千伏线路倒杆37基，线路损坏70千米，配电设备损坏5台；两座35千伏变电站彻底被毁，35千伏线路倒杆10基，线路损坏75千米；10千伏线路损坏1372千米，配电设备损坏560台件（中国电力年鉴编辑委员会，2007）。

8.1.2 威胁能源正常生产

核电机组运行需要大量水资源，年耗水量远高于火电机组。其中，大量水资源被用于循环冷却，约占总水量96%以上（姜秋等，2013）。因此，尤其对于内陆核电站来说，水资源是核电站安全的先决条件。当用于冷却的水量不足或水温过高时，核电站就需要停止运行。2003年欧洲发生了严重干旱，致使位于多瑙河畔的切尔纳沃德核电站因水源不足被迫关闭。同年，法国电力公司采取人工措施为莱茵省核电站的反应堆喷洒冷水来降温。

此外，页岩气开采过程中采用的高压水力压裂技术需要消耗大量水资源，而当面临干旱缺水状况时，页岩气开采将受到阻碍。

8.1.3 阻碍清洁能源开发利用

中国水能资源的理论蕴藏量、技术可开发量和经济可开发量均居世界首位，其中西南地区可开发水能资源占全国总量60%以上。西南地区的电力供应主要来自于水电，并且有相当一部分被输送到省外。然而，干旱将直接影响水库蓄水量，减少水力发电量。在2011年大旱中，中国西南多个大型电站的发电量均受到严重影响，过半电站出现停机。此外，由于西南地区小水电分散在各沿河流域，缺乏调节能力，因此，受干旱影响特别严重。

燃料乙醇是中国生物燃料发展的重点，非粮乙醇作为未来发展方向，是中国生物质能的最终解决方案之一。根据中国《可再生能源发展“十一五”规划》，东北 、山东、广西、重庆和四川等为种植燃料乙醇生产原料的重点区域。然而，近年来中国严峻的干旱形势对生物质能原料生产构成了极大威胁。图 8-1 是 1950～2012 年中国因旱粮食损失量，从中可以发现，中国粮食损失量总体呈现波动上升趋势，而 1995 年后的年均损失量显著较高。一方面，这会削减粮食供应量，进而导致供需不平衡，减少生物质能产量；另一方面，由此带动的粮食价格上涨，也会增加生物质能生产部门运行成本，降低在能源市场上的竞争力。

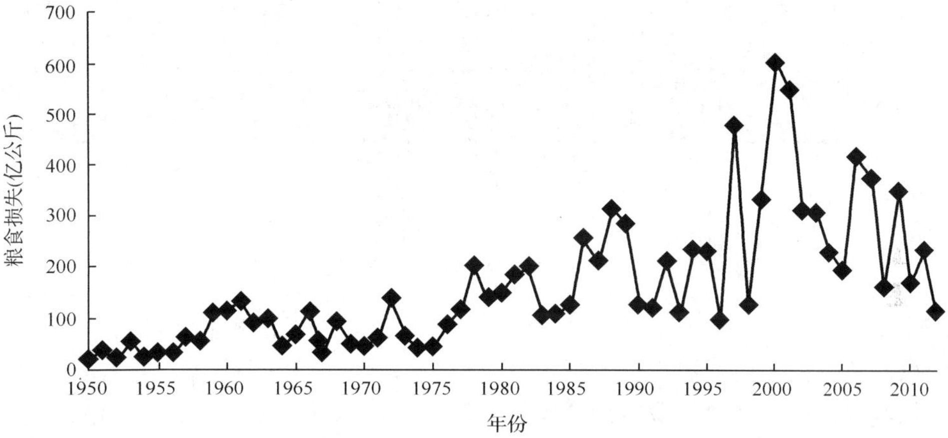

图 8-1　中国因旱粮食损失（1950～2012 年）

数据来源：《中国水旱灾害公报 2012》（国家防汛抗旱总指挥部，2013）

8.2　气候变化对水力发电的影响评估

水力发电是中国电力供应第二大户，仅次于火力发电。如图 8-2 所示，中国水电装机容量自 1993 年以来逐年增长，年均增长率约为 9.71%，特别是近年来水力发电能力明显增强。水电为中国经济发展提供了大量清洁电力，这为解决部分地区能源贫困问题发挥了重要作用。

中国水电站主要分布在长江流域，在气候变化背景下，此区域的降雨模式容易发生改变，严重影响水力发电量。根据中国水力发电实际情况，选定湖北、四川、云南、广西、湖南、福建、贵州、广东和甘肃等九个水力发电大省为基本研究单元，建立水电装机容量、年降雨量和水力发电量之间的关系。通过灰色模型预测各省 2020 和 2030 年降雨量，并以此为基准情景，分别分析在 IPCC 设定的 A2 和 B2 情景下的水力发电易损性。

A2 情景（区域资源情景）：着重强调地区经济发展，忽视地区间经济、社会和文化交流，经济发展主要依赖国内或区域资源，经济增长比较缓慢，世界范围内经济发展极不平衡。主要特点在于经济社会发展重点面向区域，人均经济增长和技术变化不可持续，且速度低于 B2 情景，经济全球化进程较为缓慢，但人口增长速度高于 B2 情景。

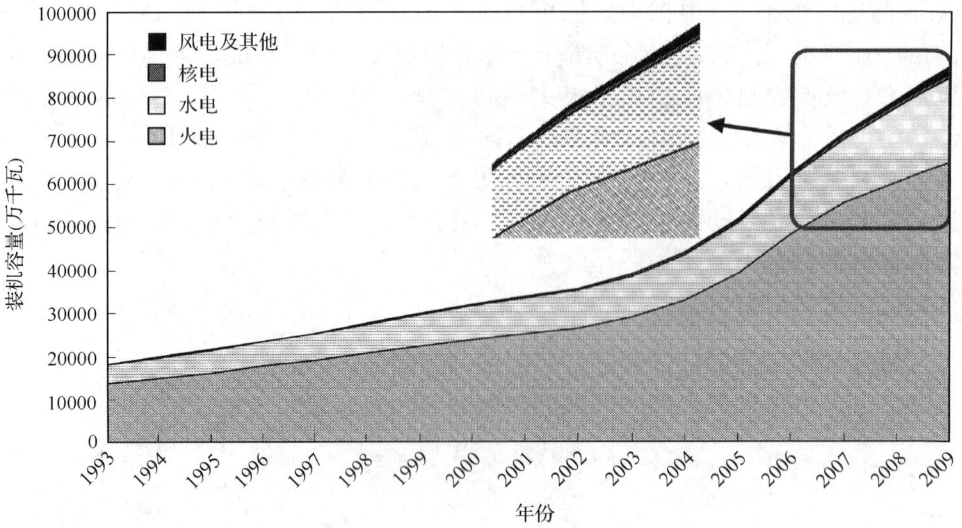

图 8-2　中国电力装机容量（1993～2009 年）

B2 情景（区域可持续发展情景）：世界各国关注环境保护和社会可持续发展，全球人口增长率较低，人口发展得到较好控制，经济增长水平略高于 A2 情景。主要特点在于着重强调经济、社会和环境可持续发展，经济全球化进程平稳推进，全球人口数量以低于 A2 情景的增长率持续增长，经济发展处于中等水平，社会致力于环境保护和社会公平，但落脚点主要放在局地和地域层面。

基准情景：未来 20 年内温室气体浓度维持在当前水平，假定气候因素不变，降雨量只受到气候自然变化率影响。这是一个理想化情景，只作为对比分析的参照。

各省降雨量数据来自于《中国统计年鉴 2010》以及各省 2011 年统计年鉴。各省水力发电及水电装机容量数据来源为《中国电力年鉴（1993～2010）》（中国电力年鉴编辑委员会，1993，1994，1995，1996，1997，1998，1999，2000，2001，2002，2003，2004，2005，2006，2007，2008，2009，2010），部分能源数据来源于《中国能源统计年鉴（2000～2010）》（国家统计局能源统计司，2001，2002，2003，2004，2005，2006，2007，2008，2009，2010，2011）。中国水利发展规划数据主要来源于“中国水电 100 年纪念大会”，预测 2020 年中国水电装机容量可达 3.8 亿千瓦，将经济可开发装机容量 4.02 亿千瓦设定为 2030 年中国水电装机容量，按各省当前所占比重确定 2020 和 2030 年各省水电装机容量（张国宝，2010）。从图 8-3 可以看出，这九个省水力发电占中国总量的比重长期接近 80%，2009 年所占比重达到 81.49%。这说明研究九个省的水力发电易损性，能够较为全面体现气候变化对中国水力发电影响的总体情况。

8.2.1　未来中国水力发电的气候变化易损性日益增大

以每个省为回归单元，建立水力发电量与降雨量、装机容量的线性回归模型，以回归参数中 T 统计量、F 统计量以及拟合优度作为主要评价标准，表 8-2 显示了各省水力发电回归结果。

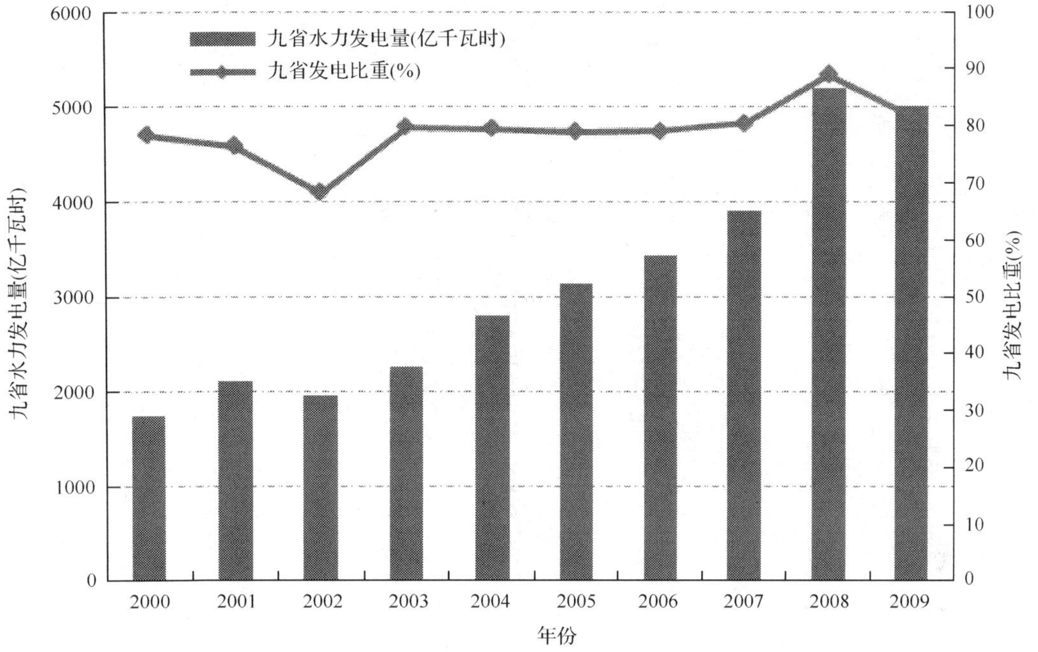

图 8-3　中国九省水力发电量所占比重（2000～2009 年）

表 8-2　各省水力发电影响因素回归分析

模型变量		偏回归参数	标准差	T 值	F 值	R^2
云南	常数项	−193.996	130.482	−1.487	64.356 (0.000)	0.948
	降雨量	0.240	0.113	2.130*		
	装机容量	0.346	0.035	9.863**		
广东	常数项	−376.932	163.090	−2.311*	6.606 (0.024)	0.809
	降雨量	0.095	0.043	2.202*		
	装机容量	0.459	0.135	3.388**		
湖北	常数项	−86.164	144.804	−1.595	130.551 (0.000)	0.974
	降雨量	0.052	0.106	2.495*		
	装机容量	0.432	0.026	16.009**		
四川	常数项	−256.763	161.836	−1.587	40.531 (0.000)	0.921
	降雨量	0.255	0.174	2.464*		
	装机容量	0.434	0.049	8.911**		
广西	常数项	−26.014	35.366	−0.736	119.114 (0.000)	0.971
	降雨量	0.045	0.024	1.862*		
	装机容量	0.316	0.021	15.147**		

续表

模型变量		偏回归参数	标准差	T 值	F 值	R^2
湖南	常数项	49.599	101.952	0.486	12.172 (0.005)	0.777
	降雨量	0.015	0.055	2.029*		
	装机容量	0.282	0.061	4.623*		
福建	常数项	−37.832	83.609	−0.452	7.240 (0.020)	0.674
	降雨量	0.087	0.047	1.857*		
	装机容量	0.236	0.081	2.924*		
贵州	常数项	67.721	97.460	1.644	9.692 (0.010)	0.735
	降雨量	0.076	0.079	1.961*		
	装机容量	0.190	0.043	4.371**		
甘肃	常数项	−53.225	33.346	−1.596	38.611 (0.000)	0.917
	降雨量	0.049	0.066	2.742*		
	装机容量	0.474	0.055	8.644**		

*表示在10%水平下显著，**表示在5%水平下显著。

由表8-2可知，福建和广东的拟合优度和 F 统计量都处于较低水平，但都通过了检验。利用上述回归分析结果，根据未来各情景下降雨量预测数据和各省水电装机容量预测数据，得到中国九个省在各情景下2020和2030年的总水力发电量。

由表8-3可知：与基准情景相比，A2情景下中国在2020与2030年的水力发电量损失分别为3.09%和5.40%，减少约311.07亿千瓦时和576.37亿千瓦时；在B2情景下，2020与2030年中国水力发电受气候变化影响分别损失2.02%和4.41%，减少约203.86亿千瓦时和469.52亿千瓦时。

表8-3　不同情景下中国2020和2030年水力发电量（单位：亿千瓦时）

年份	基准情景	A2情景	B2情景
2020	10096.14	9785.07	9892.29
2030	10665.80	10089.43	10196.28

气候变化对中国水力发电供应的影响十分显著。按照当前人均用电量（2009年中国人均用电量约为2758千瓦时）估计，A2和B2情景下2020年中国因水力发电所导致"不能"得到电力供应的人口分别达到1127.88万人和739.14万人，相当于当前每人每年分别减少电力消费23.31千瓦时（A2情景）和15.27千瓦时（B2情景）。与此同时，2030年中国水力发电受气候变化的影响将进一步扩大，如A2情景下所导致的"不能"接受电力服务的人口将达到2089.82万人。

总的来说，A2（高排放）情景下水力发电的气候变化易损性高于B2（低排放）情景。随着时间推移，如果不采取应对措施，气候变化对水力发电的影响将会进一步扩大，进而影响中国经济社会发展。因此，水电领域适应与减缓气候变化的行动刻不容缓。同时，水能作为可再生能源是可持续的，由其所造成的环境问题与碳排放问题明显少于化石燃料，发展水电是应对气候变化的有效措施。

8.2.2　中国水力发电的气候变化易损性具有显著区域差异性

不同气候变化情景下，中国水力发电受影响程度具有显著差异。未来 20 年，A2（高排放）与 B2（低排放）情景相比，两者的水力发电损失差异值约为总发电量的 1%，达到 107.21 亿千瓦时（2020 年）和 106.85 亿千瓦时（2030 年）。

各省受到气候变化的影响差异较大，易损性较高的西南地区既是中国的水力发电大省，也是经济较为落后的地区。在图 8-4 中，损失值是指各省在特定情景中的损失量与它们平均损失水平的差值。从图中可以看出，相对于各省平均损失来说，中国西南地区（四川、云南、贵州）以及福建、广东两省的水力发电损失大于平均水平，而西南三个省的水力发电约占中国总水力发电的 33.93%，超过 1/3。近年来，西南地区多次发生严重干旱，水力发电量明显缩减，西南四省（四川、云南、广西、贵州）发电比重由 2008 年的 43.49%下降到 2009 年的 42.33%，其中 2009 年云南和广西水力发电量同比分别下降 3.78%和 1.19%，四川与贵州水力发电量增速明显放缓。在这些地区中，2010 年云南和贵州两省的居民消费水平分别为 6724 元和 5879 元，属于中国居民消费水平最低地区。此外，2010 年四川省居民消费水平为 8182 元，也是中国居民消费水平较低的省份之一。它们都低于全国居民消费平均水平 9968 元。

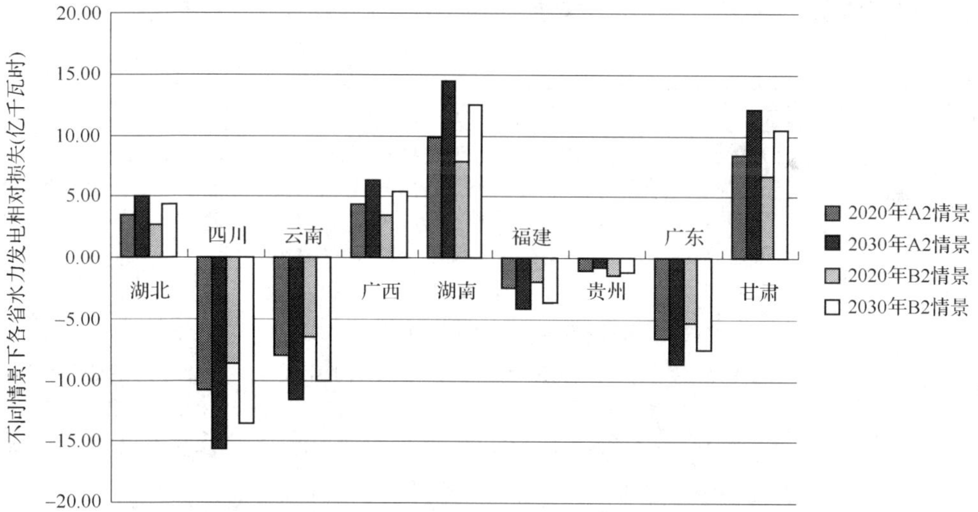

图 8-4　不同情景下中国各省水力发电相对损失

与此同时，福建与广东两省水力发电损失大于平均水平。由于东部沿海地区的降雨与季风和热带风暴密切相关，容易受到极端气候影响，所以，损失较大的原因可能在于极端气候事件以及季风模式的改变、热带风暴发生频率的变化。

总的来说，中国各区域水力发电的气候变化易损性差异比较明显，西南地区、东部沿海地区易损性程度明显高于其他地区。其中，易损性高的西南地区是中国水力发电的重要基地，且是经济较为贫困的地区，而东南沿海地区是中国经济大省。相对于全国平均损失而言，西南地区在未来气候变化下的水力发电易损性程度较高，中部发电大省易损性低于全国平均水平。近年来，中国西南地区经常受到干旱影响，水力发电增长量明显下降，部分省份（如云南省）2009年水力发电量出现近10年来首次负增长，纵观以上地区的降雨量可以发现有明显的下降。气候变化对水力发电的易损性可能会给西南地区摆脱贫困制造障碍，而东南沿海地区经济也会受到影响。

8.3 极端气候事件下电力中断的社会经济影响

随着全球气候和环境的变化，世界范围内的极端气候事件和灾害发生频率增高、强度增大。极端气候事件引起的能源供给不足，将加剧或导致短期能源贫困，并对整个社会经济系统产生影响。特别对于电力生命线系统来说，它是保障国民经济稳步运行的关键，但具有高度脆弱性。

世界各国在历史上发生过很多停电事件（电网事故），如表8-4所示。这些事件的波及范围少则一个城市（如1977年纽约），多则大片区域（如2012年印度大停电），甚至全国（如2003年阿尔及利亚大断电）或多个国家（如2003年的东北大断电）。从受影响人口来看，少则几百万，多则上千万，特别是2012年印度大停电使得全世界十分之一的人口遭受2天2夜的黑暗。这些事件基本是由外界破坏和设备老化故障所致，其中外来破坏力包括冰冻、雪灾、干旱、地震等难以控制的突发性极端事件。

表8-4　世界主要重大停电事故及原因

事件（时间和地点）	事故描述	原因
1965年加拿大与美国东北部停电事件	殃及了从安大略湖附近到纽约州超过20万平方公里的范围。在加拿大东部和美国东北部地区有超过3000万居民都受到了严重影响	电站工作人员的失误
1977年纽约大停电	纽约市长达24小时的停电事故影响了900万人口，停电期间引发了犯罪分子抢劫、放火等暴力行为	闪电击中了电线
1990年埃及大停电	停电在埃及首都开罗及主要城市造成了严重混乱	沙尘暴
1993年希腊停电	希腊首都雅典及周围地区经历了几个小时的全面停电，400多万人生活受到影响	连续六个月的干旱少雨使水电设施难以正常运转
1996年美国西部断电	美国西部15个州和加拿大及墨西哥的部分地区断电	爱达荷州输电线路故障
1998年1月美国东部	美国东部大面积断电，给缅因州中部19万人、纽约州北部10万人以及新罕布什尔州2万人的生活带来不便	输电线因结冰而折断
1998年加拿大	加拿大东部300多万人在超过一个星期的时间内失去了电力供应	冰雨使电线冻结折断
1999年法国大停电	360万个法国家庭遭遇停电数日	暴风雨
2003年阿尔及利亚	全国停电数小时	主要电站故障
2003年美国东北部和加拿大大停电	长达两天的停电事故波及5000万人，也让许多公共交通设施停摆	设备故障和人为原因

续表

事件（时间和地点）	事故描述	原因
2005 年俄罗斯大停电	莫斯科南部、西南和东南市区大面积停电，公共设施全面瘫痪	设备老化
2005 年印尼大停电	1 亿人受影响，停电几乎 3 个小时	电网故障问题
2006 年欧洲大停电	波及 1000 万人、时间长达两个小时的停电事故。火花点燃了一条波及德国、法国、比利时、意大利、西班牙、奥地利、荷兰和克罗地亚部分地区的电网	关闭电缆引发火花
2008 年中国湖南省大停电	450 万人在没有电的情况下生活了两个星期之久	50 年一遇的雪灾
2009 年巴西和巴拉圭停电事件	6700 万人陷入停电状态，大约三分之一的巴西人口陷入了 4 个小时的停电事故	暴风雨毁坏变电站
2011 年日本大断电	断电区域主要集中在从东京北部郊区到北部港口城市仙台之间的地区	大地震并引发海啸导致
2012 年印度大停电	印度东北部 6 亿 7000 万人受到影响，印度人口大约有一半（全世界人口的十分之一）因电力系统瘫痪而在黑暗中度过了两天两夜	充满争议：能源规划不合理带来能源挑战

资料来源：美国国家地理及作者根据新闻整理。

然而，极端气候事件会在不同经济体间产生差异化效应。对于中国和日本来说，两国在发展阶段、经济结构和进出口等各方面都存在较大差别。作为发展中国家和发达国家的典型代表，这里以中日两国为研究对象，模拟由极端事件造成的电力中断对两国社会经济系统带来的影响，并分析其中的异同点。

主要数据基础是经处理的投入产出表，分别为 2007 年由中国国家统计局发布的 135 部门生产者价格投入产出表（国家统计局国民经济核算司，2008）和 2005 年由日本统计署发布的 108 部门生产者价格投入产出表（MIAC，2010）。为使结果具有可比性，对部门划分和投入产出表结构进行了一致性处理。其中，中国划分为 22 个部门，日本划分为 21 个部门（这是因为日本的能源开采业是由煤炭开采与洗选业、石油和天然气开采业两部门合并而成，难以拆分），模型部门与投入产出表部门对应关系见表 8-5。此外，各情景下生产函数每层的替代弹性值以及各部门进口替代弹性值和出口转换弹性值参考 Rose 和 Guha（2004）的研究，并经作者调整。

表 8-5　中日两国投入产出表部门合并

合并名称	简称	中国 135 部门	日本 108 部门
部门划分			
农业	Agr	001～005	001～005
煤炭洗选业	Coal	006	008*
石油、天然气开采业	OilGas	007	008*
其他采选业	Mine	008～010	006～007
食品、饮料制造及烟草制品业	Food	011～024	009～012

续表

合并名称	简称	中国 135 部门	日本 108 部门
纺织服装业	Textile	025～031	013～014
其他制造业产品	OtherMan	032～036，090～091	015～019，048，063～064
石油产品	Petr	037	028
煤炭产品	Coking	038	029
化学工业	Chem	039～049	020～032
非金属矿物制品业	NMetal	050～056	033～036
金属产品制造业	Metal	057～063	037～044
机械设备制造业	Manu	064～089	045～062
电力	Elec	092**	069
燃气和热水供应业	GasH	092**～093	070
水的生产及供应业	Water	094	071
建筑业	Cons	095	065～068
批发零售业	Comm	108～110	073
金融保险业	Fina	111～112	074
房地产业、租赁和商务服务业	Esta	113～116	072，075～077
运输仓储邮政、信息、计算机服务业	Tran	096～107	078～086
其他服务业	Serv	117～135	087～108
增加值部分			
劳动报酬		VA001	111，112（Row）
资本收入		VA003，VA004	113～115（Row）
间接税		VA002	116，117（Row）
最终使用部分			
居民消费		THC	111，112（Col.）
政府消费		FU103	113（Col.）
固定资产投资		FU201	114～116（Col.）
存货增加		FU202，ERR	117（Col.）
总进口		IM	128（Col.）
出口		EX	122（Col.）

* 日本的这两个部门合并为一个部门，即煤炭石油和天然气开采业，简称 CoOiGs；

** 中国的电力与热水生产业同比例拆分。

根据极端事件后的各反应阶段进行情景设置（Rose et al.，2004），具体来说，就是在其他方面保持不变的情况下，用三组投入替代弹性和进口替代弹性来代表不同情景。在实际过程中，重点考虑以下几个方面：①电力供应短缺情况下，厂商可能选择其他燃料替代电力投入，也可能用其他要素投入替代能源的调整，抑或增加对进口品依赖等，这些调整将进一步影响投入品价格、产品价格和最终使用等；②投入替代的调整会随灾后时间推移，在学习、调整选择、弥补生产损失和修复重建等方面有更灵活的机制，故灾后时期越长，替代弹性值越大；③在灾害初期，进口品对国产品的替代性较强，随着资产破坏逐渐恢复，国外进口品的竞争性逐渐下降。

灾害各阶段情景特征及参数设置如表 8-6 所示：基本情景作为对照情景，近似于极端事件发生后又重新达到均衡状态的长期情景；极短期情景表示事件发生后的短时内（1 周内）有一定初步的恢复活动，电力供给能力得到一定恢复；短期情景则表示在事件发生后（6 个月）已经有一系列恢复重建活动，电力供给能力得到较大程度恢复。

表 8-6　电力中断的模型调整及情景定义

阶段划分	电力供给能力	替代弹性值*		简称
		投入品	进口	
基本情景	重新恢复至均衡状态	基准值	基准值	BC
极短期情景（≤7 天）	最大中断，部分恢复阶段	≤ 0.1	10×基准值	VSR
短期情景（≤6 个月）	全面恢复阶段	0.5 ×基准值	5×基准值	SR

* 基准值参考 Fan 等（2014）的研究。

模型由 GAMS/MPSGE 编程求解，分别运行中国和日本同等电力缺口达 20%时的基本情景，再以此为参考，各自运行同等电力资本短缺下的极短期情景和短期情景①。结果分析时，均采用百分比形式，以避免出现不同价格体系下难以比较的问题。此外，与一般的 CGE 结果分析不同，我们聚焦于中日影响的差别及其原因。

8.3.1　中国总体宏观经济负面影响明显大于日本

如图 8-5 所示，无论中国还是日本，GDP、总产出、居民福利（EV）、总就业和进出口贸易指标，在极端事件后的几个阶段均呈现了下降，且下降程度随时间推移（即由 VSR 到 SR 再到 BC）逐渐减弱。若将中日受影响程度的差异率定义为两国指标变动程度之比，那么通过比较各宏观经济指标的中日差异率（如图中散点所示）可知：

（1）无论是关乎经济发展的 GDP 和总产出指标，还是有关社会稳定的居民福利和总就业指标，均显示中国受影响程度大于日本，且差异率随时间推移而变小。如极短期情景下，中国和日本的 GDP 损失分别是 14.3% 和 4.4%，差异率为 3.3，而在长期基本情景下，中国和日本的 GDP 损失分别为 2.9%和 1.4%，差异率为 2.1。

（2）在各指标中，中日差异率最大的是居民福利。即使在差异率最低的一般情景中，居民福利损失的差异率也高达 3.4，甚至大于其他指标中差异率最大的情景。中日居民福利损失的差异在极短期时最大，分别为 39.3%和 7.4%，差异率高达 5.3。

（3）与其他指标相比，各情景下进出口贸易的受影响程度较小，且中日差异率最小，因此不再对进出口贸易指标进行深入讨论。

①基本情景下，中日电力资本分别减少 48.7%和 45.1%，Rose 和 Guha（2004）研究中模拟了地震带来的最大程度电力资本损失 44.8%，因此认为本节中模拟的电力资本减少情况是很有可能在极端条件下发生的。

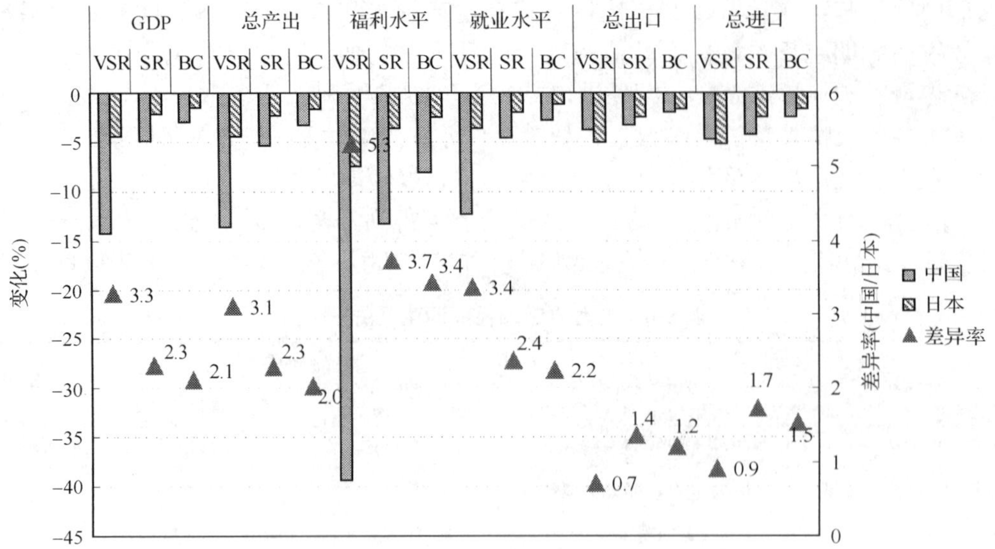

图 8-5　不同情景下中日宏观经济指标的影响变化

8.3.2　生产能力受影响程度不同是造成中日宏观经济影响差异的根本原因

在模型闭合规则假设下，支出法 GDP 的损失很大程度上由居民消费（图 8-6 中 ΔHCon）变动所决定，因此，中日居民福利损失的显著差距很大程度上解释了两国 GDP 损失产生差异的原因（如虚线 1 所示）；最为显著的是，极短期情景下中国和日本居民福利损失存有巨大差异（5.31），与之相一致，中日 GDP 受损程度在极短期时也存在巨大差异（3.3）。

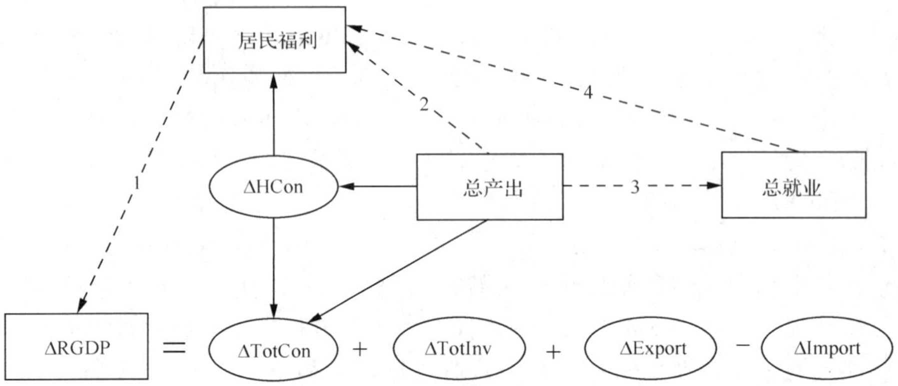

图 8-6　各指标影响关系图

然而，在居民福利损失方面，为什么中日存在如此明显的差距？最终消费（图中 ΔTotCon）需求来源于供给，国内产出不足会影响最终消费。在模型闭合规则假设下[①]，最终消费的萎靡很大程度上体现在居民消费上。也就是说，居民是最终消费损失的主要承受群体，居民消费在最终消费中所占比重越小，同一比例最终消费的减少将使居民承受更大损失。因此，中日居民福利损失差异更大，主要是由于两国最终消费构成不同，中国居民消费在最终消费中所占比重（36.3%）相对于日本（58.8%）更小，供给端的损失（总产出下降）给中国居民带来的负担更重（虚线 2）。而且，中国居民的福利负担将随着总产出损失程度增大而进一步扩大，故导致极短期情景下居民福利损失的中日差异率异常之大。

此外，总产出下降使劳动力投入需求也随之减少（虚线 3），与日本相比，中国更大程度的总产出下降导致了更多就业损失，因此，中国和日本的就业损失程度存在差异。综上所述，电力短缺给社会经济系统带来负面影响根本上是由生产能力下降所引起的，那么，同等电力缺口情况下，中国和日本的总产出受影响程度为何存在较明显的差异？这些差异主要是由哪些部门所贡献的？我们将进一步对重点部门进行比较分析。

8.3.3　中日 9 个关键部门产出受负面影响程度差异较大

不同情景下各部门对中国和日本受影响差异的贡献类似，故关键部门分析中以基本情景为例进行比较研究，分别根据以下几个方面。

首先，对于一次能源投入部门来说，虽然中国和日本的煤、石油和天然气部门产出水平都有所下降，但差异不大（图 8-7）。然而由于资源禀赋事实，日本国内一次能源供给基本依靠进口，占整个国内使用的 99.1%（价值量）；在国外供给未受冲击的情况下，国内产出下降对国内供给影响较小，因此其使用者价格受到影响较小，基本情景下仅上涨 0.29%。与日本不同，中国国内一次能源供给中进口占比相对较少，共占 24.1%（价值量），故国内产出下降时会对国内供给带来较大负面影响，进而导致更大程度的使用者价格上涨。在基本情景下，煤炭市场价格和石油天然气产品市场价格分别上涨 1.39%和 0.88%，中日差异率分别是 4.8 和 3.0。

其次，二次能源生产（成品油、燃气供应业）也因投入成本变化不同，造成中国能源价格上涨幅度明显大于日本。

如图 8-6 所示，当电力供应部门产出减少 20%时，中国各部门产出下降程度基本均大于日本，我们从中选取对中日总产出差异贡献较大的部门进行重点剖析。

（1）中日影响差异率较大的部门可能是全国总产出中日差异的主要贡献者。如图 8-7 中的散点所示，中日差异率较大（在 2 以上）的部门主要有（如虚线圈中所示）农业部门、食品加工制造业、燃气热水供应部门、水供应部门以及几个服务业部门（商业部门、金融部门、房地产和其他服务业部门）。其中，燃气热水供应部门和水供应部门的产出在中国和日本的全国总产出中所占比例很小（均在 1%以内），我们认为对全国总产出的影响较小，故将其剔除在关键部门之外。此外，其他几个部门产出或者在中国总产出中占比较高（农业部门占 6.0%，食品加工部门占 5.1%）、或者在日本总产出中占比较高（几个服务业部门共占总产出的 50.4%）。

---

①政府消费和投资消费外生、国外储蓄固定，这种假设并不偏离实际情况，即便灾害发生、设施破坏，短期内政府的预算支出及消费不可能减少，为保障灾害重建和下阶段的生产投资消费也难以减少。

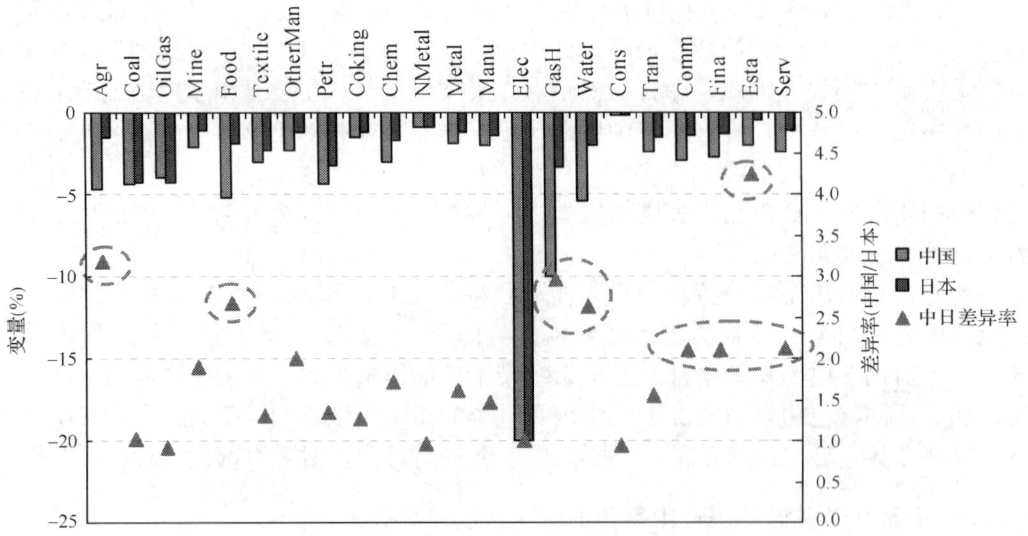

图 8-7　基本情景下不同部门产出的受影响程度及中日差异率

（2）即使中日差异率不足够大（小于 2），但部门产出占总产出比例较大的部门也可能对全国总产出差异的贡献较大，日本总产出中占主导地位的服务业部门已在前面分析中考虑，因此，进一步考虑中国总产出中占绝对主导地位的制造业（17.8%）、金属制品业（9.6%）、建筑业（7.7%）和化学工业部门（7.6%）。其中，由于建筑业的中日差距非常小（0.94），故将其剔除在关键分析部门之外。

综上所述，我们选取了 9 个关键部门，并将其划分为三大类部门：生活需求类、工业品部门类和服务需求类。各类部门的产出占比以及部门产出受影响的差异率如图 8-8 所示。

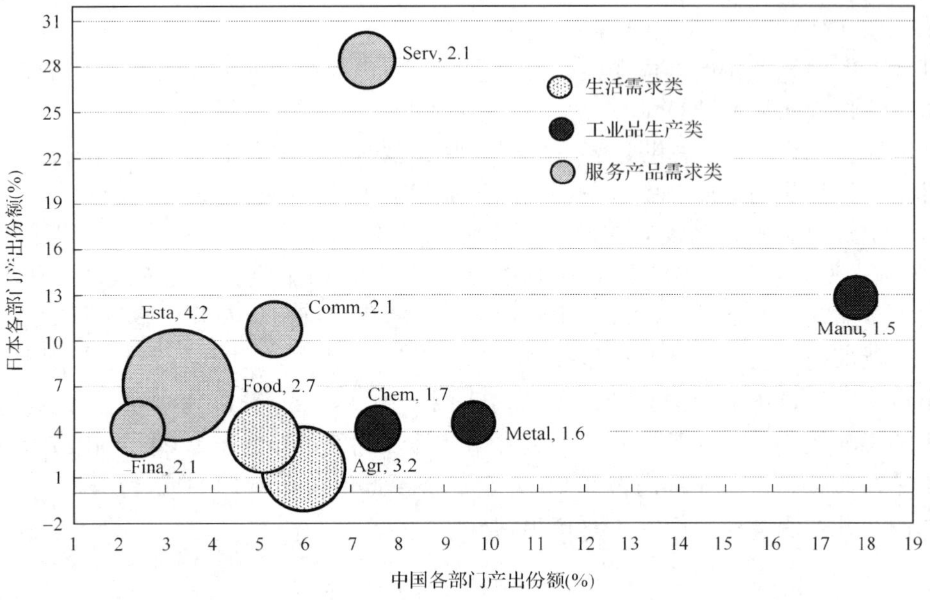

图 8-8　关键部门的中日产出份额及部门产出下降差异

气泡直径表示中日差异率，其值显示在标签旁边

8.3.4　结构性因素是造成中日关键部门影响差异的原因

结合三类部门生产投入的价值量结构（图 8-9）和部门主要变量变动水平（表8-7），进一步分析导致中国和日本三类关键部门产出下降差异的原因。如表 8-7 所示，在生产

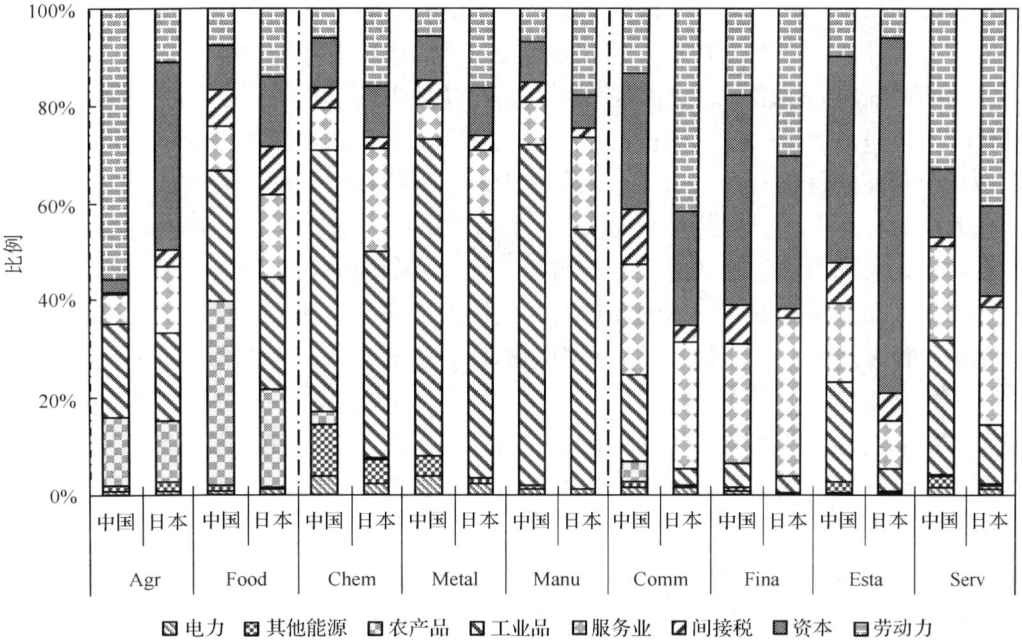

图 8-9　中国和日本关键部门的投入构成结构

表 8-7　基本情景下中国和日本关键部门指标变化　　（单位：%）

部门	就业水平		资本回报率		商品价格	
	中国	日本	中国	日本	中国	日本
生活需求部门						
Agr	−4.45	−1.98	−0.93	−1.81	0.38	−0.41
Food	−5.46	−2.04	−7.41	−2.62	−0.43	−0.09
工业品部门						
Chem	−1.55	−1.23	−1.85	−1.56	2.33	0.85
Metal	0.23	−0.35	0.92	−0.14	3.58	1.37
Manu	−0.96	−1.00	−1.17	−1.25	1.75	0.71
服务需求类部门						
Comm	−4.23	−1.59	−6.44	−2.44	−2.36	−0.31
Fina	−5.62	−2.01	−8.52	−3.07	−4.42	−1.05
Esta	−3.54	−1.80	−5.39	−2.75	−2.55	−2.04
Serv	−2.41	−1.16	−3.64	−1.77	0.07	0.00

要素投入方面，各部门资本回报率和就业水平均有所下降，这是因为极端事件使经济生产受冲击时，资本供给相对充足，使部门资本回报率有所下降，同时劳动力需求相对减少。各类部门产出变化及差异原因分析如下：

（1）生活需求部门。日本的农业生产中资本要素投入比例大，达38.6%，这与农业生产机械化程度高有关。资本价格下降使日本的农业生产成本降低，进而促使农业品市场价格有所降低。与之相对应，以劳动投入为主的中国农业部门生产成本，由于中间投入成本的增加而有所增加，进而促使中国农产品的供给价格有所增加。日本农产品价格降低能缓解需求的减少，进而拉动生产，使其产出水平下降比中国更少。此外，对于以农产品为主要原材料的食品加工业，由于农产品供应短缺程度不同而使其产出下降程度存在差距。

（2）工业品部门。与其他两类部门相比，工业品部门的物质投入比例更高，且中国在这些部门产品的生产方面对能源和物质的依赖性更强。如图8-9所示，无论是电力投入、总能源投入还是工业品物质投入，中国的投入比例都更高。更大程度的能源价格上涨以及所带动的工业品投入价格上涨，使中国工业品部门生产成本高于日本，进而促使产品价格增加更多，使总需求的降低程度更高，产出水平萎缩程度也更多。但由于中国对工业品中间投入的依赖性强，一定程度上缓和了总需求下降，故总体上这些部门的产出变动差异率略小。

（3）服务需求类部门。该类产品生产投入的特点是中间物质投入少，要素投入比例大，各部门产品价格受资本回报价格下降的影响较大，基本都有所下降。然而，中日受影响程度差异较大的原因在于：与日本相比，中国服务业伴随于中间使用的比例较多（中国和日本分别为49.0%和37.8%），而用于最终使用的比例较少，在此结构特点下，相同程度的产出降低使中国服务需求降低程度更大，需求萎靡进而使服务业产出不振。此外，由于服务业在日本经济中的主导地位，所以日本的服务业受影响程度较小，成为日本整体经济受冲击更小的重要原因之一。

8.4 应对气候变化政策对减缓能源贫困的影响

除了气候变化本身，应对气候变化政策也将对能源可获性产生影响。应对气候变化与减缓能源贫困的内在联系是复杂的。通过减少能源消费量来实现温室气体减排无疑会加剧能源不可获得性。从表面上看，减缓气候变化在一定程度上似乎以加剧能源贫困为代价。而事实上，根据联合国气候变化框架公约的原则，为满足人类生存发展需要而导致的碳排放增加是合理的。因此，减缓能源贫困与应对气候变化的政策目标之间并不矛盾。鉴于应对气候变化与缓解能源贫困对于人类未来发展都有重大影响，那么在政策选择上，二者究竟孰先孰后，孰轻孰重？特别是对于中国、印度这样的新兴发展中国家，解决农村居民基本生活需求、提高城市居民生活水平仍是当前的主要任务和目标，如何权衡“脱贫”与“减排”的关系成为亟待解决的重大问题。

当前以节能减排为主导的系列政策对于各国应对气候变化产生了积极作用。气候变化政策是政府引导在能源消费持续增长所引发的能源稳定、安全的供应以及由能源消费所引起的环境问题等一系列社会问题下，综合运用法律、经济、行政等手段，以节约能源和减少污染物排放为目的的一系列行为规范和行为准则（黄德林等，2012）。现阶段，中国应对气候变化政策主要包括碳排放交易政策、财税政策、价格政策、金融贸易政策。本节将以这四种政策为例分别分析应对气候变化政策对能源贫困的影响。

8.4.1　碳排放交易政策促进电源结构改善

二氧化碳的自然属性决定了“公地悲剧”并不是一个偶然。不同地区的减排成本显著不同，这又赋予了碳排放权利特有的价值，于是在减缓气候变化领域产生了以碳排放为商品的市场（侯宁等，2009）。遵循科斯定律，碳交易将二氧化碳排放作为一种产权，并允许该产权转让，利用市场交易形式来降低负经济外部性产生的作用（白卫国，2010）。在中国，煤炭仍被作为主要的发电来源，同时也是排放二氧化碳的主要来源，那么碳交易的产生将会对中国的电价及发电结构产生怎样的影响？

研究表明，引入碳排放交易机制将提高电价水平（魏一鸣等，2010b）。从图 8-10 可以明显看出，与没有引入碳排放交易机制的电价相比，引入碳排放交易机制大多时候使电价水平变高，电价的波动变大。在 100 期结束时，引入碳交易机制的电价大约是未引入碳交易机制电价的 1.23 倍。从总体波动程度上来看，引入碳交易机制的波动程度是未引入碳交易机制的 1.04 倍（表 8-8）。因此，引入碳排放交易机制后，二氧化碳的排放不仅实现了成本的内部化，同时二氧化碳市场的波动也传导进电力市场中，使电价提高、波动加大。

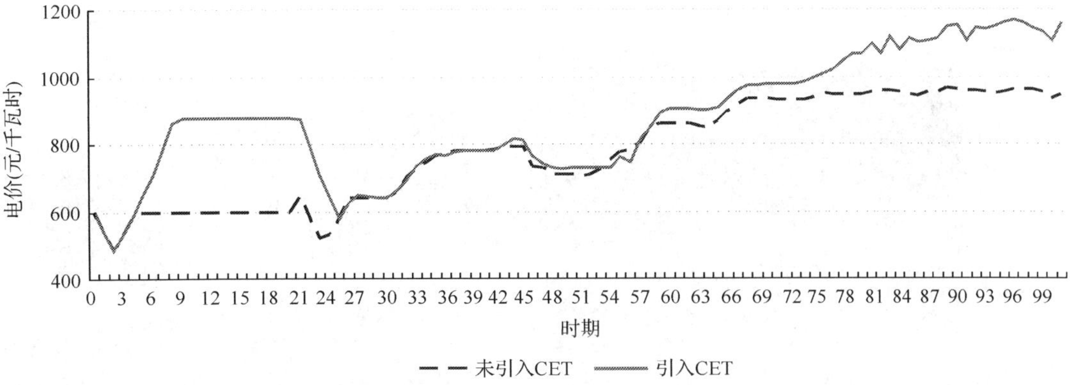

图 8-10　引入碳排放交易机制和未引入碳排放交易机制的电价变化（魏一鸣等，2010b）

GDP 增长率为 3%，资本利率为 3%，配额减少率为 2%

表 8-8　引入碳排放交易机制和不引入碳排放交易机制的电价对比

电价	引入碳排放交易机制	不引入碳排放交易机制	比值
100 期末电价（元/千千瓦时）	1162.6	947.26	1.23
最大电价（元/千千瓦时）	1170.38	965.61	—
最小电价（元/千千瓦时）	486	486	—
平均电价（元/千千瓦时）	876.44	780.72	1.12
标准差（元/千千瓦时）	176.10	150.13	1.30
标准差系数	0.20	0.19	1.04

资料来源：魏一鸣等（2010b）。

此外，引入碳排放配额机制将改善发电结构。从图 8-11 和图 8-12 可以看出，在引

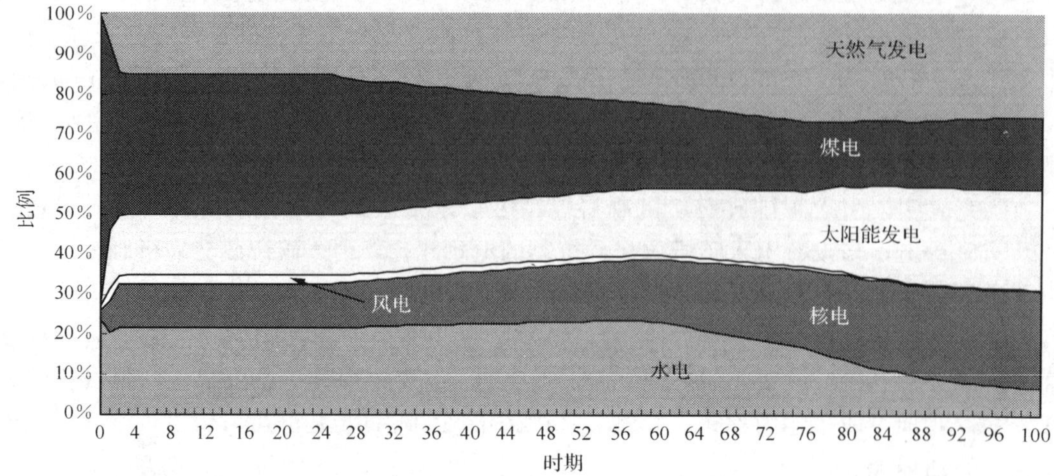

图 8-11　引入碳排放配额机制的电源结构演化（魏一鸣等，2010b）

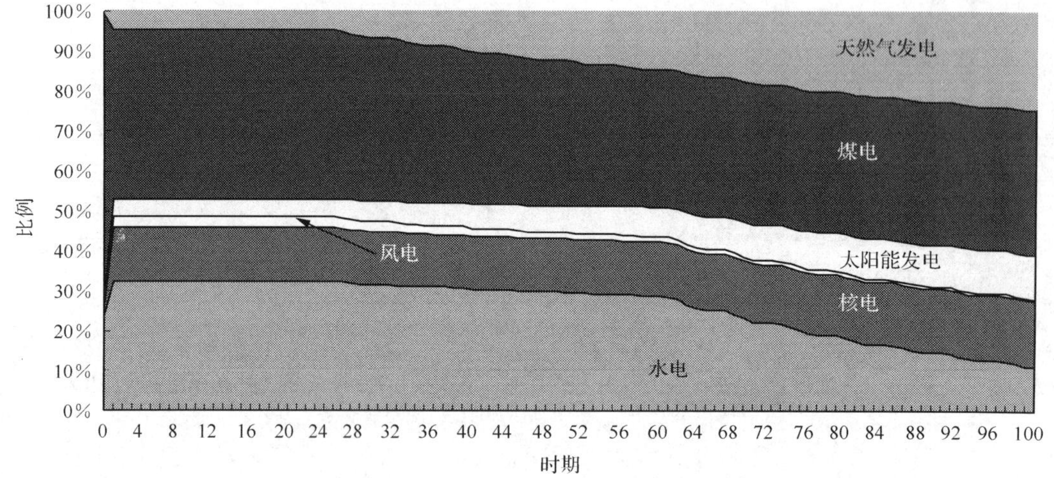

图 8-12　未引入碳排放配额机制的电源结构演化（魏一鸣等，2010b）

入碳排放配额机制后，天然气大规模发电时间提前。若从最终发电比例（表 8-9）来看，部分环境友好的发电技术，如核电、太阳能发电以及天然气发电，所占比例有所上升。其中，环保但发电成本也相对较高的太阳能发电，在引入碳排放配额机制后得到了大规模发展；相反，伴随较高排放的煤炭发电所占比例有所下降。由于受到水力资源和土地的限制，水电和风电所占比例在引入碳排放配额机制后并没有提高。但实际上，风力发电绝对量在引入碳排放配额机制后有所上升。

表 8-9　引入碳排放配额机制和不引入碳排放配额机制的电源结构对比

项目		引入碳排放配额机制	不引入碳排放配额机制
天然气大规模发电开始期数（发电比例>8%）		2	34
最终发电比例（%）	水电	6.83	11.13
	核电	24.27	16.51
	风电	0.31	0.50
	太阳能发电	25.25	11.10
绝对发电量（MW）	燃煤发电	17.79	36.13
	燃气发电	25.53	24.64
	水电	441477.8	453848.2
	风电	20225	20205.9

资料来源：魏一鸣等（2010b）。

此外，引入碳排放交易机制对于电价的影响还与经济发展水平有关（魏一鸣等，2010b）。在没有引入碳排放交易机制的情况下，当经济发展水平较低时，电价增速较快，而当经济发展水平较高时，电价增速呈现出递减趋势。经济发展推动了电力消费，提升了电价，但电价的提升在一定程度上又抑制了电力消费。因此，经济发展对电力消费有正反两方面的作用，反映在电价增速的递减趋势上。而引入排放交易机制后，电价的增速提高。这是因为，在引入碳交易机制后，除了上述经济发展对电力消费的作用外，经济发展还在一定程度上引起了对碳的需求，进而引起碳价格的提高，而碳价格会内生于电价格中，从而显著地影响电价。因此对于处于高速发展的中国来说，在引入碳配额机制后，政府要制定相应的监管措施。

综合比较而言，引入碳排放交易机制导致电价提升，增加能源的不可支付性，加剧了居民生活能源经济负担。但从长远来看，碳交易机制加快了新能源发电的进程，使得发电结构绿色化、清洁化。随着新能源开发技术不断完善，市场化条件日益成熟，居民可享受到更清洁的电力，缓解能源贫困和气候变化同步进行。

8.4.2　排污税和碳税等财税政策提升清洁能源发电比例

财税政策是国家宏观调控微观市场的重要工具。正如陈清泰（2006）在《中国可持续能源财经与税收政策研究》中所言：“财税工具可以矫正市场失灵，对能源投资和消费行为有巨大的导向力；采用包括政府预算支出、国债投入、财政贴息和补贴、税收优惠、税费、政府采购、财政担保等工具和组合，可以在十分广阔的空间内进行调控。应通过灵活运用专项奖励、逆向抑制和交叉补贴，使财税杠杆成为实现政府能源政策目标强有力的工具”。表 8-10 列举了财税政策的基本项目。其中，税收项目既包括排污税、资源税、碳税的征收，也涉及对重大绿色技术研发及绿色设备及产品的减税优惠；而财政政策则涉及政府补贴或对诸如智能电网等节能基础设施的投资。环境税体系下的税种有很多，其中以资源税和碳税最为人们所知。资源税针对自然资源开采环节征收，目的在于调节资源级差收入并体现国有资源的有偿使用；碳税针对二氧化碳排放征收，可在生产和消费环节分别征收。

表 8-10　应对气候变化财税政策

<table>
<tr><td rowspan="4">财税政策</td><td rowspan="2">绿色税收</td><td>征收：环境（排污）税、能源税、资源税</td></tr>
<tr><td>减免：绿色技术研发、绿色设备及产品</td></tr>
<tr><td rowspan="2">绿色财政</td><td>政府绿色采购、绿色转移支付、绿色补贴</td></tr>
<tr><td>绿色基础设施投资：智能电网、“三废”处理</td></tr>
</table>

数据来源：曾凡银（2010）。

总体而言，税收对缓解能源贫困有积极作用，首先表现在提高中国大部分地区的经济规模（张明文等，2009），推动电力部门从化石能源向非化石能源的结构演变（张树伟，2011），而且当碳税和能源税到达某一阈值时，可再生能源如风电、太阳能、生物质能发电所占比例大幅上升，电力系统排污水平有了较大幅度的减少（刘强等，2006）；若能将当前排污权交易与排污收费机制并行互补，如大型电厂二氧化硫排放采用排污权交易机制，而其他一般源的二氧化硫排放实施“硫税”的征收形式，对于减少污染物的排放将达到更好的效果（于超，2012）。但征收碳税对东部地区的能源消费具有抑制作用（张明文等，2009），同时使得电力价格提升，一定程度阻碍了对电力消费的需求。

财政政策主要表现为对能源行业的直接补贴，其中以对电力行业的补贴与居民生活关系最为紧密，主要是低收入阶层居民依靠其获取现代能源。研究发现，补贴可再生能源发电提高了社会福利（李春杰等，2011）。若未来取消燃气和电力补贴会导致电价上涨，居民能源消费支出增加，对于低收入人群产生的冲击巨大，其中低收入人群的福利损失最大，高收入人群的损失最小（林伯强等，2009；李虹等，2011）。因此，对居民的电力补贴应该加以区分，防止不加区分的电力补贴机制使得大部分补贴最终落到不需要补贴的高收入人群手中（林伯强等，2009）。

财政与税收政策都是国家调控的重要手段，但两种政策的功能及调控手段仍然有很大的区别，故对可再生电力行业实施财政与税收政策应该有所侧重。在未来 10 年内，应该在不同发展阶段给予财税政策相宜的侧重，并结合可再生电力能源技术和产业发展特点，采取适合的政策导向（栗宝卿，2010）。

8.4.3　阶梯电价政策促进能源公平利用

由于中国正处于经济转型期，能源市场化程度很低，节能减排运行主要依靠行政手段（于超，2012），同时政府利用市场化的手段进行经济利益调节，这中间最有效的便是价格政策。电力产业电价是重要指标，但目前中国电力市场中，电价的疏导压力较大，一方面工商业长期承担着对居民用电的交叉补贴，另一方面一成不变的电价制度已经不能满足社会对于电力的巨大需求，因此需要对居民电价进行合理改革。现行改革措施中，阶梯式电价制度“不仅可以满足低收入家庭的基本生活需求，而且对资源的合理配置具有重要意义”（李春郁，2012）。已有研究从经济学角度论证了居民阶梯电价的合理性（王桂荣等，2011），另有研究发现，可以通过计算不同收入档次居民对应的最优电价、各档的平均用电量及实施阶梯电价的节能效益，使得居民及供电企业实现双赢（朱柯丁等，2011）。通过合理设定免费用电的基数电量水平（每户每月 10～15 千瓦时），可以更好地保障城乡“低保户”和农村“五保户”的利益（郑厚清等，2012）。同时，采取相对温和的价格机制拉大了不同档位的电量价差，促进了居民节约用电。此外，中国每年薪柴和林业废弃物资源量可开发量达到 6 亿吨以上，其中有 2 亿吨因无法处理便在田间直接焚烧。而秸秆、薪柴等生物质资源主要分布在农村地区，应该使其充分得到利用，便于有效解决农村能源问题，同时促进农村经济发展（耿超，2010）。

目前中国居民生活能源成本不高，贫富人群生活电力消费量无显著差异，阶梯电价更好地维护了低收入居民的利益，从收入水平较高群体中征收更合理的购买成本，保障了用户的基本生活用电，使得能源的利用更加公平。

8.4.4　进出口贸易政策和绿色信贷等金融政策将改善居民能源消费结构

自改革开放以来，中国实行以出口优势产业为导向的外贸发展战略，经济快速增长同时也伴随由贸易引起的环境污染。这主要因为，诸如造纸、纺织服装、石油加工等优势产业，很大一部分属于污染密集产业或高度污染密集产业（沈亚芳等，2005）。不可否认的是，中国出口产品多为高耗能、低附加值的劳动密集型产品和半成品。在加入 WTO 后，中国的贸易战略开始逐渐向调整贸易结构和平衡贸易的方向转变，尤其是在 2006 和 2007 年，取消了多项“高耗能、高污染、资源性”产品的出口退税（章艳红，2007）。为促进贸易的清洁化发展，建议适当提高进出口产品的环境标准，推进产业升级（沈亚芳等，2005），通过贸易政策的调整进一步优化能源消费结构，从而使得居民能源消费更加低碳化。

除了通过进出口贸易结构的调整，国家政策制定部门还通过绿色信贷、绿色保险、绿色证券等多种金融手段来提高高耗能、高污染企业的市场准入门槛或限制其投融资行为，加强企业节能环保的社会责任意识，从资金源头上遏制“双高”企业无序扩张，促进金融市场和环境双向互动发展（黄德林等，2012）。

8.5　本章小结

本章从能源可获性角度出发，探讨了气候变化与能源贫困的关系，定性定量研究了气候变化对能源、经济和社会系统的影响。

（1）未来中国水力发电的气候变化易损性日益增大，高排放情景下水力发电受到气候变化的易损性高于低排放情景。同时，中国各区域水力发电受到的气候变化易损性差异比较明显，西南地区、东部沿海地区易损性明显高于其他地区。相对于全国平均损失而言，中国西南地区在气候变化下的水力发电易损性较高，中部发电大省易损性低于全国平均水平。

（2）气候极端事件对中国能源贫困的高阶负面影响大于日本，尤其是在事件后极为短期的情况下更为明显，这种差异主要体现在电力中断对生产能力的破坏程度不同。就具体生产部门来看，有 9 个关键部门受能源贫困负面影响存在较明显的差距，这主要是由结构性因素所造成。

（3）应对气候变化政策将对减缓能源贫困产生积极作用：碳排放交易政策可改善电源结构，排污税和碳税等财税政策可提升清洁能源发电比例，阶梯电价政策可促进能源公平利用，进出口贸易政策和绿色信贷等金融政策可改善居民能源消费结构。

第 9 章　消除能源贫困政策与行动

能源贫困问题广泛存在，困扰着世界发展。为应对这一挑战，世界各国采取了相应措施，在一定程度上取得了积极成果。由于国家间社会发展程度和能源贫困现状不同，发达国家和发展中国家的政策各有侧重：发展中国家致力于提高现代能源的普及程度，并且关注性别不平等问题；发达国家致力于降低能源消费占家庭收入的比例。

经过三十年的不断进取，中国在电力基础设施建设、油气管网建设以及新能源建设工作方面取得了举世瞩目的成就。在这一发展历程中，消除能源贫困工作对提高居民生活质量、支农扶贫以及维护地区稳定工作产生了积极影响。预计到 2015 年，中国无电人口用电问题将得到全部解决，城乡电网进一步整合，城镇居民用能清洁化程度逐渐提高。

基于以上背景，本章围绕以下核心问题展开：

- **国际消除能源贫困政策可以分为哪些种类，有哪些特点？**
- **中国消除能源贫困政策可以分为哪些种类，各有哪些政策？**
- **如何评价中国消除能源贫困政策？**
- **面对能源贫困新的挑战，中国未来应如何行动？**

9.1 国际消除能源贫困政策与行动

在全球化和信息化快速推进的今天，能源贫困问题依然广泛存在。为消除能源贫困，世界各国采取相应措施。国际上普遍实施的消除能源贫困政策可以分为以下几类：电价机制、家庭能源补贴、可再生能源研发投入、电力基础设施建设等。

9.1.1 电价机制

价格机制是引导资源优化配置的重要途径，而电力价格在消除能源贫困方面具有重要的作用。典型的价格类政策是阶梯电价，其理论基础是能源需求层次理论。联合国秘书长能源和气候咨询小组①报告将人类对能源的需求分为三个层次：基本需求、生产需求和现代社会需求（AGECC，2010）。根据能源需求层次的不同，实施合理的阶梯电价，即对低收入、低用电量消费者提供低价电力；相反地，对高收入、高用电量消费者提供高价电力。这能够有效提高能源效率，改善能源贫困现状。

巴西政府实施阶梯电价，给予低耗电量家庭电价折扣。家庭月用电量低于 30 千瓦时，享受 65%的电价折扣；31～100 千瓦时，享受 40%的电价折扣；101～220 千瓦时，享受 10%的电价折扣；超过 220 千瓦时没有折扣（IEA，2012）。这有效提高居民用电率，减少电力浪费，缓解能源贫困。

印度很多地区实施阶梯电价，对低于贫困线的消费者提供低价电力。古吉拉特邦的电价为 0.1 美元/单位，但是如果家庭电力月消费量低于 30 个单位，电价为 0.03 美元/单位。类似地，喜马偕尔邦为贫穷消费者提供较低电价，最低电价为 0.04 美元/单位，以保证他们可负担基本电力消费。另外，低收入消费者可以受到高收入消费者的补贴。古吉拉特邦对商业和工业消费者征收的电价比平均供电成本高 50%，而对低收入消费者征收的电价比平均供电成本低 12%。喜马偕尔邦对商业和工业消费者征收的电价分别比平均供电成本高 5%和 19%，而低收入群体的电价是平均供电成本的 57%。这些努力可以鼓励农村地区家庭用能从传统生物质能向电力转变（Jain，2009）。

9.1.2 家庭能源补贴

能源贫困家庭一般属于低收入群体。英国能源与气候变化部②指出，造成能源贫困的三个主要原因是家庭收入较低、能源价格较高、能源效率较低（Bolton Council，2013）。因此，家庭能源补贴成为一项重要的消除能源贫困政策。本部分以美国、英国、印度为例展开讨论。

为消除能源贫困，提高低收入家庭的能源利用效率，美国政府对低收入家庭节能进行补贴。2006 年起，美国能源部开始实施“房屋耐候援助计划”（Weatherization

①联合国秘书长能源和气候咨询小组：UN Secretary-General’s Advisory Group on Energy and Climate Change，AGECC。

②英国能源与气候变化部：UK Department of Energy and Climate Change，DECC。

Assistance Program)，投资 1.4 亿美元用于提高低收入家庭能效水平，减少家庭能源消费负担。预计在项目寿命期内，每年平均可减少家庭能源成本 358 美元，每 1 美元资金投入可获得 1.53 美元的节能收益，并可带来居住舒适度提高、房屋增值、创造就业机会等额外效益。能源部将对每户家庭进行能源审计，以确定成本有效的改进方式，包括增加隔温层、减少空气渗流、维护供热制冷系统、提供健康和安全诊断服务等（魏一鸣等，2010a）。

2001 年，英国政府开始实施“能源扶贫战略”，针对不同地区及特殊人群设立了多个专项补贴项目。至 2008 年，政府在这些专项救助项目上的投入已经达到 200 亿英镑。与 1996 年相比，英国能源贫困家庭数减少了 400 万户（BERR，2007）。以 Warm Front 项目为例，该项目是由英国商业、企业和监督改革部[①]资助设立的一个政府项目，对英格兰地区低收入居民进行供热补助。该项目供热补助方案包括安装供热设备、更换新节能设施、安装空心隔离热材料等。2000～2007 年，Warm Front 资助家庭已达 160 万户，为每个受资助家庭平均每年至少节约了 190 英镑的供暖支出（王伟等，2011）。

印度向低收入家庭提供针对煤油以及液化石油气的补贴。2008～2009 年，煤油获得每升 0.51 美元补贴，同时液化石油气获得每罐 5.38 美元补贴。这些补贴由石油公司和政府共同负担，其中，石油公司在 2008～2009 年共投入约 219 亿美元（Jain，2009）。

9.1.3　可再生能源研发投入

技术进步是提高能源效率、消除能源贫困的重要途径。加大可再生能源技术研究与开发投入，有利于解决能源贫困问题（Bhide et al.，2011；Sovacool，2012a）。本部分以印度为例，阐述投资可再生能源技术对消除能源贫困的作用。

印度对可再生能源技术的投入主要集中在太阳能、小规模水电站和家庭沼气等。太阳能主要有两种利用途径：发热方法和光伏方法。发热方法主要被用于烧水、炊事、烘干和水净化等，光伏方法主要被用于照明、抽水、通信等。印度政府一方面以补贴的形式资助相关制造商及消费者，来推广太阳能灯和太阳能灶的使用；另一方面，提供相应培训来促进太阳能设备的普及。2008～2009 年，65 万具太阳能灶和 4.1 万盏太阳能灯被售出，很大程度节省了化石能源的使用。印度政府同时资助太阳能光伏发电系统。光伏发电系统被用于手提照明、家庭照明以及街道照明等，一般每天可以工作 3～4 小时。

小规模水电站具有发电效率高、维护成本低、适用范围广等优势，在印度发展很快。印度政府通过提供低利息贷款，降低税收等政策来吸引对小规模水电站的投资。截至 2011 年，印度共建设了 523 个小规模水电站，另有 205 个正在建设中。

印度政府也致力于推广包括沼气在内的其他可再生能源。1981 年，印度开展了国家沼气发展项目（National Project on Biogas Development），在偏远地区推广家庭式沼气设备。该项目既可以为居民生活提供清洁方便的炊事照明用能，也可以为农业生产提供丰富的有机肥料，进而减少了妇女家庭劳动工作量。截至 2009 年，国家沼气发展项

①英国商业、企业和监督改革部：UK Department for Business，Enterprise & Regulatory Reform，BERR。

目已经资助建设了412万个沼气设备。经评估，每增加10万个家庭式沼气设备，可以节省大约12万吨薪柴，产生120万吨有机肥料（Jain，2009）。此外，印度政府还提供其他方面的财政资助，包括设备维护、熟练技工培养、设备使用与维护培训等。这些政策不仅有助于消除农村地区能源贫困，同时还为农村地区提供了就业机会，提高了居民家庭收入。

9.1.4 电力基础设施建设

目前，世界上仍有许多区域大量使用传统生物质能（木柴、粪便、农业废弃物、作物秸秆和树木废料等），它们主要用于炊事和取暖。传统生物质能生态负担重，能源利用效率低，而且对人类尤其是妇女和儿童的健康有一定的负面影响。为促进传统生物质能向现代清洁能源转变，各国积极推进电力基础设施建设，提高电气化率。其中，各国采取了不同的电气化改革方式（表9-1）。

表9-1 世界各国电气化改革方式

改革方式	肯尼亚（1996年）	塞内加尔（1997年）	赞比亚（1994年）	菲律宾（2000年）	泰国（1990年）	越南（1995年）	阿根廷（1990年）	秘鲁（1991年）	智利（1980年）
自由化	√	√	√	√	√	√	√	√	√
独立电力公司	√	√	√		√	√			√
公司化	√	√	√	√	√	√			
私有化			√	√	√	√	√	√	√
监管机构	√	√	√	√	√		√	√	√
农村电气化		√	√	√	√	√			√

资料来源：Haanyika（2006）和Pereira等（2010）。

在印度，大量农村家庭炊事和取暖活动依靠低效率的传统生物质能。为转变这一现状，印度政府采取多种措施，提高电力普及率。为提高家庭生活电力水平，印度于2005年实施了拉吉夫·甘地项目，2006年进一步实施了农村电气化政策和偏远村庄电气化项目。这些政策和项目通过建设脱网独立系统为农村和偏远地区提供电力。

2003年，巴西矿产与能源部[①]启动“全民用电”（Light for all）项目，计划在2014年实现巴西全民通电。该项目共投入120亿美元（Pereira et al.，2010），其中，电力基础设施建设是投资重点。截至2011年，该项目已经为1450万人口提供电力，这使巴西通电率接近99%（MME，2010）。巴西无电人口主要分布在亚马逊地区，居住分散。为此，该项目为其建立分布式可再生能源系统，包括太阳能发电系统和沼气发电系统。“全民用电”项目不仅大大改善了巴西电力现状，而且提供了30万个就业机会。超过三分之一的家庭在获得电力后收入增加，有效推进了消除能源贫困工作（IEA，2012）。

南非政府积极利用太阳能资源，大力推广太阳能热水器。南非平均全日总太阳辐射为220瓦/平方米，是世界上太阳能应用条件最好的地区之一，这给南非发展太阳

①巴西矿产与能源部：Ministry of Mines and Energy of Brazil，MME。

能提供了良好条件。2009 年，南非能源部计划在 2014 年之前安装 100 万台太阳能热水器，致力于减缓能源贫困，降低电力紧张度，减少温室气体排放，以及提供就业机会（Wlokas，2011）。其中，两个典型的案例是 Kuyasa 清洁发展机制项目和 Zanemvula 太阳能热水器项目（表 9-2）。调查研究发现，低收入家庭在安装太阳能热水器之后，明显减少常规能源以及传统生物质能的使用，降低了温室气体排放，提高了家庭收入。

表 9-2 南非普及太阳能热水器的典型案例

项目	Kuyasa 清洁发展机制项目	Zanemvula 太阳能热水器项目
地点	开普敦（南非西南部港市）	伊丽莎白港（南非东南沿海港口）
类型	清洁发展机制（CDM）项目	自愿减排项目
规模	2309 个家庭	1263 个家庭
项目拥有者	开普敦市	纳尔逊·曼德拉湾市
项目实施者	南非出口发展基金	纳尔逊·曼德拉湾市
项目内容	太阳能热水器，隔热天花板，紧凑型荧光灯	太阳能热水器
截止日期	2010 年 6 月	2010 年 6 月

资料来源：根据 Wlokas（2011）文献整理。

面对能源贫困这一全球性问题，各国普遍通过实施电价机制、家庭能源补贴、可再生能源研发投入、电力基础设施建设等政策以消除能源贫困及其所带来的社会问题。但同时，各国因社会发展程度不同，其政策施行重点与对象不尽一致。集中表现为发展中国家与发达国家在政策目标方面的差异。

1）发展中国家关注于提高现代能源普及程度

2011 年全球有 26.42 亿人以传统生物质能作为主要炊事燃料，有 12.58 亿人口无法获得电力服务。全球无电人口主要集中在非洲（6 亿）和亚洲发展中国家（6.15 亿）。按照目前趋势，非洲无电人口将会超过亚洲发展中国家。2000 年以来，全球新增用电人口有三分之二来自于城市地区，无电人口更加集中在农村地区（IEA，2013）。

在发展中国家，无电家庭主要依赖传统生物质能来满足能源需求。他们使用生物质能的设备效率很低，导致大量的能源浪费。在安哥拉、刚果民主共和国、埃塞俄比亚、肯尼亚等发展中国家，使用传统设备消耗生物质能的浪费率甚至高达 90%（Li at al.，2014）。20 世纪 90 年代起，许多发展中国家都采取了政策进行电气化改革。其中，印度于 2005 年实施了拉吉夫·甘地项目来发展农村电气化基础设施。2006 年又实施了农村电气化政策和偏远村庄电气化项目，通过脱网独立系统为农村以及偏远地区提供电力，致力于家庭最低生活电力消费水平（Jain，2009）。巴西于 2003 年启动“全民用电”项目，计划在 2014 年实现巴西全民通电（Pereira et al.，2010）。至 2011 年，该项目已经为 1450 万人口提供电力，这使巴西通电率接近 99%（MME，2010）。

2）发展中国家关注性别不平等问题

由于妇女更容易受到能源贫困的负面影响，能源贫困会加剧发展中国家的性别不平等。在依赖传统生物质能的地区，妇女经常负责燃料收集和使用，这不仅需要花费大量时间，而且会受到室内环境污染的伤害。亚洲开发银行报告显示，妇女对能源短缺的易损性更高。在一些地方，妇女每天需要花费1～5小时收集燃料（Masud et al.，2007）。在一些发展中国家，女孩花费在收集木材和水上的时间是成年男性的7倍，是同龄男孩的3.5倍（Sovacool，2012b）。因此，性别不平等问题是发展中国家消除能源贫困政策的关注点之一。

由于已经认识到妇女在能源获取上的重要性，印度鼓励妇女使用与推广清洁能源（Jain，2009）。印度新能源与可再生能源部的推广太阳能灯项目，为部分地区低于贫困线的女孩免费提供太阳能灯。2007～2008年，印度共计发放1.5万盏太阳能灯。印度综合能源政策强调清洁能源供应的重要性以及妇女收集燃料的大量努力，建议燃料作物应该种植在农村居住地1公里范围以内，以此来减轻妇女收集燃料的负担。

许多政府相关组织在推广替代能源时考虑了性别不平等问题（Jain，2009）。印度喀拉拉邦政府设立了能源管理中心，旨在通过改进能源效率和完善可再生能源系统，以缓解能源贫困问题。能源管理中心开展“能源诊所”（Energy Clinics）项目来推广节能意识及替代能源。该项目主要选取一些女性志愿者作为改变能源消费模式的推动者。这些志愿者获得了不同的节能设备及配件，她们在当地轮流组织“能源诊所”来促进女性的参与。“能源诊所”项目在解决能源贫困的性别不平等问题上十分有效。在喀拉拉邦，接近150名志愿者接受了培训。这些志愿者组织了800多次“能源诊所”，吸引了4000个农村妇女的参与。

3）发达国家关注于降低能源消费占家庭收入比例

随着经济发展，世界上多数发达国家已经在能源基础设施和经济社会增长方面实现了良性循环。OECD国家已基本普及了电力，其中，土耳其和墨西哥的电力普及程度为95%，其他OECD成员电力普及率均为100%（王伟等，2011）。因此，发达国家的能源贫困一般通过能源消费占家庭收入的比例来定义。例如，英国环境食品及农村事务局①规定，如果一个家庭需要支付超过10%的收入来获得满意的室内温度（室内生活区域最低21℃，其他区域最低18℃），那么这个家庭被定为能源贫困（DEFRA et al.，2001）。在此种概念框架下，英国2011年有450万能源贫困人口，占其总人口的7.1%（Li et al.，2014）。

在发达国家，消除能源贫困政策专注于降低能源消费占家庭收入的比例。2006年，美国能源部开始实施“房屋耐候援助计划”，投资1.4亿美元用于提高低收入家庭能效水平，减少每月能源消费负担。预计在项目寿命期内，每年平均可减少家庭能源成本358美元，每1美元资金投入可获得1.53美元的节能受益（魏一鸣等，2010a）。英国开展Warm Front项目，为英格兰地区的低收入居民提供供热补助，减少其能源消费负担。2000～2007年，Warm Front资助的家庭已达160万户，为每个受资助家庭平均每年节约了至少190英镑的供暖支出（王伟等，2011）。

①英国环境食品及农村事务局：UK Department of the Environment，Food and Rural Affairs，DEFRA。

9.2　中国消除能源贫困政策与行动

部分边远和农村的经济欠发达地区，能源贫困现象比较突出，是我国消除能源贫困政策的主要聚焦点（李慷等，2011），此外，促进城市居民用能体系向便捷化、清洁化、可支付性强的方向发展，也是消除能源贫困政策的重要组成部分。本节从边远地区、农村地区和城镇地区三个维度切入，归纳论述中国消除能源贫困的政策和行动。

9.2.1　边远地区消除能源贫困政策与行动

中国能源分布极不均衡，在部分边远地区，由于输、发电成本很高，仍有居民无法获得电力。在新疆、内蒙古等煤、天然气储量丰富的地区，资源尚待进一步开发。2013年，国家能源局制定了《全面解决无电人口用电问题 3 年行动计划（2013～2015 年）》，该计划提出到 2013 年年底前基本完成光伏独立供电建设任务，2014 年年底前基本完成电网延伸工程建设任务。到 2015 年年底全部解决中国无电人口用电问题。目前，全国各地积极建设电网、天然气管网等能源基础设施，使天然气和煤炭资源丰富的新疆、蒙东，太阳能资源丰富的青海，风电资源丰富的甘肃以及非常规油气资源丰富的四川可以统一协调开发本省资源①。

1）新疆电力基础设施、天然气基础设施建设项目

2002～2007 年，中国-荷兰“新疆丝绸之路光明工程”项目总计投入 2300 万欧元，其中荷兰政府捐资 60%。该项目为新疆边远农牧区的无电家庭提供太阳能家用系统，解决了他们的基本生活用电问题。“十一五”期间，国家电网公司与自治区政府联合实施县城电网改造、农村电网完善以及“户户通电”等工程，累计投资 94.39 亿元，解决了 47.7 万人的用电问题②。2010 年，新疆与西北 750 千伏联网工程建成并投入运营，使新疆电网并入国家电网，改善了新疆地区人民的用能条件。至 2013 年，新疆风电并网装机量突破 400 万千瓦，总装机量达到 812 万千瓦。同期新疆首座独立光伏电站投产，为完成“至 2015 年解决新疆无电人口用电问题”打下了坚实基础。

1999 年 10 月起，中石油开始实施“气化南疆”工程。新疆天山以南已有 12 个市县接通了天然气管道，管道天然气覆盖的城镇人口达到 200 余万。依托塔里木盆地丰富的天然气储藏，清洁、实惠的天然气开始取代传统的煤炭，成为南疆居民重要的能源消费来源③。2010 年，南疆天然气利民工程全面开工建设，管道气可惠及南疆三地州 25 个县市和 21 个农牧团场 600 多万名居民。工程建成后，每年输送天然气 23 亿立方米，

①国家能源局：2013 年全国解决 150 万无电人口用电问题（http：//www.nea.gov.cn/2014-01/28/c_133081494.htm）。

②新华社：新疆 422 个民生电力工程将“照亮”2 万多户农家（http：//www.gov.cn/jrzg/2011-03/04/content_1816078.htm）。

③新华社：南疆城镇管道天然气覆盖率 2013 年 7 月底将增至 75%（http：//www.gov.cn/jrzg/2012-05/13/content_2135939.htm）。

当地居民将告别烧柴做饭时代[①]。新疆地区 2011 年投资 90 亿元建设天然气利民工程，到 2012 年实现新增天然气用户 113.7 万户，计划至 2015 年，新疆全部县市实现天然气化，城镇人口气化率达到 84.81%。新疆地区电、气网建设，极大地提高了自治区人民的生活水平，改善了当地能源贫困现状。

2）西藏地区电网改造、太阳能利用工程

西藏地区受其自身发展条件的制约，能源基础设施比较落后。农村地区能源消费水平低，能源消费结构不合理（李为虎，2008）。目前西藏大型发电站主要集中在城市，县、农村等地区供电规模很小。为解决这一问题，西藏积极发展以太阳能和地热能为主的可再生能源（胡先才，2010）。

2010 年，青藏联网工程正式开工。该工程线路总长 1038 千米，总投资 160 多亿元。工程建成后，将使青藏电网与国家电网并网运行。截至 2013 年 6 月 30 日，青藏联网工程累计向西藏输电 11.31 亿千瓦时，占藏中电网总供电量的 25.69%。青藏联网工程消纳了青海百万千瓦光伏发电装机所发电量。“十二五”期间，西藏计划投资 84.74 亿元用于农网工程建设，使主电网覆盖范围扩大到 58 个县，解决 26 个县无电地区居民的用电问题，对 32 个县农村电网进行改造升级，全面提升供电质量[②]。

“金太阳”工程、西藏农村电网改造升级工程和西藏无电地区电力建设工程被列入 2012 年国家新开工西部大开发 22 项重点工程之中。2009 年启动的“金太阳”工程旨在通过建设光伏电站，解决边远地区用电难题。截至 2013 年，该项目总装机容量达到 55.6 兆瓦，共计建设 17.7 万套光伏发电户用系统及 64 座集中光伏电站。2012 年启动的西藏农村电网改造升级工程和西藏无电地区电力建设工程计划投资 84.74 亿元，目标是在“十二五”期间，使西藏地区 58 个县实现电力全覆盖。这三项工程与青藏联网工程一起，改善了西藏地区能源贫困现状，为“十二五”期间全国实现零无电人口这一目标提供了有力支撑。

3）内蒙古、四川、青海以及甘肃消除能源贫困措施

内蒙古 1997 年起开始实施无电乡通电工程，1998 年开始实施无电行政村通电工程。到 2006 年，内蒙古已经实现村村通电。2013 年，内蒙古以电网供电，风电、太阳能发电互相补充的方式实施“户户通电”工程，实现了自治区内全部通电。2012 年开始实施的同网同价的政策减少了农牧民的用电成本，每年可减少农牧民电费 10 亿元以上[③]。

内蒙古地区电力发展呈现出东西发展不均衡的现象。内蒙古东部地区电力产能过剩，而自治区内用电负荷不足。2008 年，内蒙古电网停机总容量超过 1000 万千瓦，占电网统调总装机容量的 35%左右。同时，蒙西电网发展滞后，对自治区资源转化、黄

---

①新华社：新疆加紧建设南疆天然气利民工程（http：//www.gov.cn/jrzg/2011-04/10/content_1841092.htm）。

②国资委：青藏联网工程已累计向西藏输送电量 11.31 亿千瓦时（http：//www.gov.cn/gzdt/2013-07/05/content_2440921.htm）。

③新华社：内蒙古自治区“户户通电”工程全部完工（http：//www.gov.cn/jrzg/2013-12/18/content_2550499.htm）。

河沿线经济发展产生了一定的制约作用。2009 年建成的蒙东电网与国网互联工程，缓解了这一问题。

四川无电地区主要集中在边远山区和少数民族聚居区。这些地区电网延伸困难，且太阳能、风能等能源资源分布不均，开发利用程度低[①]。根据 2011 年通过的《四川省“十二五”无电地区电力建设规划及实施方案》，四川计划在“十二五”末基本解决无电人口用电问题。“十二五”期间，四川通过电网延伸、电力基础设施建设、牧民定居、三房（瓦板房、石板房、茅草房）改造、扶贫搬迁等多项举措，将解决能源贫困问题与扶贫工作结合在一起实施推进。同时，四川还进行了“电亮藏区”计划、甘孜州“电力天路”工程及川藏联网输变电工程等电网升级改造计划。在解决以上边远地区用电问题的同时，将电能输送至西藏地区，缓解了西藏的用电问题。

截至 2013 年 8 月，青海建成大型集中并网光伏电站 80 座，装机容量 203 万千瓦，为解决省内无电地区用电问题提供了保障。青海将电网建设和金太阳示范工程、太阳灶建设结合起来。“十一五”至“十二五”时期，青海连年增加投资，为果洛、玉树等地建设延伸电网，对其他居住分散、地处偏远的地区建设光伏分布式发电站。青藏联网工程的建成，使青海丰富的太阳能资源有了出路，也为青海带来了可观的经济效益。

甘肃无电人口主要分布于甘南、陇南、天水以及庆阳的部分地区，涉及深山区、新农村建设尚未通电区及生态移民无电地区。2006 年，甘肃政府与国家电网公司签署了《关于共同推进甘肃农村“户户通电”工程建设会谈纪要》，同时启动了投资 10.59 亿元的甘肃“户户通电”工程。2009 年，国家安排 2.35 亿元用于支持甘肃无电地区电力设施建设，同时与甘肃共同投资 7.6 亿元，用于农村沼气建设[②]。

4）边远地区相关政策和行动评价

各个地区本着就地取材、因地制宜的原则，开发风能、太阳能，建设小水电、地热电站等方式，大大提高了当地城市居民、农牧民的能源可获得性。内蒙古、新疆两省煤炭、天然气资源丰富，发电能力强；青海太阳能资源利用基础设施较为完备，光伏电站并网装机超过 300 万千瓦；其他省份，如云南、甘肃的风电设施，也具有很大优势。随着各省电网并网工程、省间电网建设工程的逐步建设，资源丰富的省份可以将本身一部分电能输送至其他电力设施较为薄弱的地区，从而兼顾了统筹发展，同时为本省新能源建设提供了一定的资金保障。

各边远省份天然气管网建设工程为当地居民提供了现代化清洁燃料，结束了当地烧柴做饭的历史，提高了居民生活质量。各边远地区消除能源贫困政策促进了当地扶贫事业的发展。消除能源贫困政策与扶贫政策两者相结合，是我国消除能源贫困政策的特点之一。管网建设也使当地丰富的气体资源服务于中东部地区，在推进消除能源贫困工作的同时，也有助于缓解中东部大气污染。消除能源贫困政策需要各个边远省份间、省份

①新华社：四川将在“十二五”基本解决 112 万无电居民用电问题（http：//www.gov.cn/jrzg/2011-09/14/content_1947452.htm）。

②新华社：国家和甘肃将投 7.6 亿元新建 40 万户农村户用沼气（http：//www.gov.cn/jrzg/2009-04/01/content_1275068.htm）。

内的相互协调。如何统筹省内、省间的水电、火电、风能协同发展，仍面临很大的挑战（马彦宏等，2013）。

9.2.2 农村地区消除能源贫困政策与行动

我国农村地区应对能源贫困政策可大致分为三个阶段：第一阶段是“六五”至“八五”（1980～1995 年）时期，这一时期的政策以解决农村能源短缺问题为重点；第二阶段是“九五”至“十五”时期（1996～2005 年），丰富能源供应种类是这一时期政策实施的重点；第三阶段是“十一五”至今（2006 年至今），相关政策以建设清洁能源和可再生能源基础设施为重点。表 9-3 总结了 1980～2013 年中国农村能源建设相关的政策和行动。

表 9-3 中国农村能源建设相关政策和行动（1980～2013 年）

综合
1980 年，邓小平指出，能源是经济的首要问题，沼气是个方向问题、世界问题
1982 年，“六五”计划提出“因地制宜、多能互补、综合利用、讲求实效”农村能源建设方针
1983 年，1 号文件指出小水电、风电、沼气、太阳能、薪柴林能源开发更带有紧迫性，必须抓紧
1984 年，1 号文件指出当前农村兴起的小能源等产业，有关部门和地方要给予积极的指导和支持
1984 年，国务院办公厅发出《关于成立国务院农村能源领导小组的通知》
1986 年，国务院第三次节能办公会议审议下发《关于加强农村能源建设的意见》
1988 年，新组建的能源部设置了农村能源及农村电气化司，负责农村能源及农村电气化
1990 年，以县为单元的农村能源综合建设纳入“八五”计划
1990 年，国务院发布《关于积极发展环境保护产业的若干意见》，沼气、太阳能成为环保产业
1994 年，国务院发布《中国 21 世纪议程》，强调新能源和可再生能源是未来能源系统的基础
1996 年，《国民经济和社会发展“九五”计划和 2010 年远景目标纲要》把农村能源建设作为农业和农村经济可持续发展的重要组成部分
2007 年，国务院颁布《中国应对气候变化国家方案》
2010 年，修改后的《中华人民共和国可再生能源法》开始实施
2011 年，《中国农村扶贫开发纲要（2011～2020 年）》确立以行业扶贫的方式发展农村可再生能源
2012 年，《中国的能源政策（2012）》白皮书明确指出减缓农村能源贫困问题是改善民生的重要举措
2013 年，国务院发布《能源发展“十二五”规划》，大力发展分布式能源，建设农村电网，完善农村能源基础服务体系
非水电可再生能源
1979 年，国务院批转四部委《关于当前农村沼气建设中几个问题的报告》
1980 年，中共中央、国务院发出《关于大力开展植树造林的指示》，强调在烧柴困难的地方积极发展薪炭林
1983 年，中共中央、国务院在《关于深入扎实地开展绿化运动的指示》中强调把发展薪炭林作为燃料困难地区植树造林的首要任务
1984 年，国务院办公厅转发农牧渔业部《关于进一步发展沼气的报告》
1995 年，国家四部委印发《1996～2010 年新能源和可再生能源发展纲要》
1996 年，林业部颁布《全国森林能源工程“九五”实施计划》

续表

非水电可再生能源
2003 年，农业部下发《农村沼气建设国债项目管理办法》
2006 年，国家发改委发布《可再生能源发电价格和费用分摊管理试行办法》
2007 年，农业部颁发《全国农村沼气服务体系建设方案》
2007 年，国家林业局出台《全国能源林建设规划》
2007 年，国家发改委发布《能源发展“十一五”规划》，发展新农村能源、推进可再生能源产业化
2007 年，国务院发布《可再生能源中长期发展规划》
2008 年，发改委公布《可再生能源发展“十一五”规划》，开展绿色能源示范县建设
2012 年，发改委公布《“十二五”秸秆综合利用方案》
2012 年，国家能源局发布《生物质能发展“十二五”规划》
农村电力建设
1983 年，国务院批转水电部《关于积极发展小水电，建设中国式农村电气化试点县的报告》
1991 年，电力工业部提出电力为农业生产、农村经济发展、农民生活服务的方针
1994 年，电力工业部执行“电力扶贫共富工程”
1998 年，国家计委发布《关于加快农村电网建设（改造）工作有关问题的通知》，执行以“两改一同价”为主要内容的农村电网建设改造。
2000 年，国家经贸委发布《关于推进和规范县供电企业改革若干问题的意见》
2007 年，电力体制改革工作小组发布《关于“十一五”深化电力体制改革的实施意见》
2010 年，新一轮农村电网改造升级建设启动
2013 年，发改委发布《分布式发电管理暂行办法》
农村节能
1983 年，国务院转发国家计委《关于加快农村改灶节柴工作的报告》，提出解决农村能源问题必须注重开发与节约并重
1986 年，国务院发布《节约能源管理暂行条例》，指出要积极推广省柴节煤灶
1997 年，全国人大通过《中华人民共和国节约能源法》
2008 年，新修订的《中华人民共和国节约能源法》开始实施
2013 年，住建部发布《“十二五”绿色建筑和绿色生态城区发展规划公布》，将结合危房改造推进农村节能建筑建设工程

资料来源：部分引自朱四海（2007）文献，加入作者整理的内容。

1）“六五”至“八五”时期以改善农村能源短缺为重点

“六五”开局年的 1980 年，农业部成立能源办公室，标志着减缓农村能源贫困工作拉开帷幕，该项目一直持续至今。农村能源综合建设县项目要求参与县将农村能源综合建设规划纳入本县的国民经济和社会发展规划，纳入政绩考核目标。

“六五”至“八五”时期，具体措施分为“开发”和“节约”两大方面。“开发”措施包括薪柴林开发，沼气池建设，小水电，小煤窑，太阳能热水器，农村塑料大棚，塑料温室以及风能、地热等。“节约”措施包括节煤炉推广，节能炕，砖瓦窑节能改造，墙体增加节能材料，锅炉节能，农机节能，变压器线路改造，炒茶社、小水泥、小化肥节能改造等（陈昆泉，2001）。

“七五”（1986～1990年）期间，这一时期确立了“因地制宜、多能互补、综合利用、讲究效益”的农村能源建设方针。农村能源综合建设县项目被原国家计委列为科技攻关项目，由高等院校的专家承担相关课题，选择12个县进行试点，每个县经费达80万元。1990年，农村能源综合建设县项目获得国家科技进步奖一等奖。

“八五”（1991～1995年）期间，农村能源综合建设县项目改为推广项目。全国共设立了109个国家级、32个省级农村能源综合建设县，国家级建设县中央每年拨款3.2万元，其余资金自筹。“七五”期间成功的技术和经验得到大力推广，广大农村开始积极改进农村用能技术，实施能源规划。

“六五”至“八五”（1980～1995年）期间，农村用能发生了巨大变化，农村电网输电损失大幅度下降。到1997年，全国实现乡通电率99.03%，村通电率97.66%，户通电率95.89%（王效华等，2002），农村能源短缺瓶颈基本消除，农民生活水平有了巨大提高。但是，以沼气为纽带，推广小水电、小煤窑，风能、太阳能、地热能齐头并进解决农村用能的政策也存在缺陷。这种“城乡分割”的区别对待政策使农村电力供应长期不足。煤炭政策中大中小煤矿齐头发展的政策，鼓励了乡镇煤矿的发展，使小煤窑发展失控，造成了煤炭资源的浪费（周风起等，2002）。

2）“九五”至“十五”时期以丰富农村能源供给种类为重点

“九五”（1996～2000年）期间，农村能源综合建设县项目沿用“八五”的管理模式，推广至全国100多个项目示范县。至此，全国共有364个县展开了农村能源综合建设县项目。“九五”期间，推进能源供给多样化成为农村能源工作的重点。其标志是《国民经济和社会发展“九五”计划和2010年远景目标纲要》提出的“把农村能源建设作为农业和农村经济可持续发展的重要组成部分，加快农村能源的商品化进程、形成产业”的发展方向（朱四海，2007）。

“十五”（2001～2005年）期间，农村能源使用的品种多样性、供应可持续性、环境友好性和价格可获得性成为政策关注重点。旧炉、灶、窑的能源浪费与环境污染问题逐渐受到重视。2005年，全国年沼气产量达65亿立方米，是2000年的2.86倍。农村沼气、太阳能消费量达到农村生活用能量的1.9%（楼洪志等，2006）。中国-荷兰“促进中国西部农村可再生能源综合发展应用”项目（2003～2008年），在推广中国消除农村能源贫困经验的同时，引入国际先进理念，在农村家庭空气污染治理、可再生能源推广等方面产生了良好的效果（王久臣等，2005）。

“九五”至“十五”（1996～2005年）期间，可持续发展理念得到了广泛认同，在实施消除农村能源贫困政策的同时，国家开始关注能源可持续供应和能源安全问题，农村能源结构向可再生能源方向转变。受国家政策调整目标影响，农村建设了一系列以可再生能源为核心的产业，出台了若干支持可再生能源发展的政策，并出台了《可再生能源法》（表9-3）。沼气成为解决农村能源短缺的重要技术。燃料乙醇、生物柴油技术也受到政策支持。“城乡分割”的政策格局有所调整：一是农网改造，从1998年起，国家投入1800亿元对2309个县农村电网进行“两改一同价”建设改造，农村供电质量有了大幅度提高（朱四海，2007）；二是关井压产，1998年，国务院下发《关于关闭非法和布局不合理煤矿有关问题的通知》，减少小煤窑生产，压缩煤炭产量。中国农村能源综合建设项目和能源示范县项目得到了联合国粮农组织、亚太经社会和世界银行的肯定。这一时期政策减缓了农村用电紧张，增加了农村能源供给的多元性，但也有学者质疑原料高度分散的生物质能发电是否适合中国（倪维斗，2007）。

3）“十一五”至“十二五”时期以发展可再生能源为重点

“十一五”（2006～2010 年）期间，可再生能源发展成为政策的推进重点。这一时期我国农村能源综合建设项目与应对气候变化工作相互协作，在推进消除能源贫困工作的同时，优化了能源消费结构。

2006 年，中央大幅度增加农村家用沼气建设投资，支持新建沼气用户 250 万户。项目投资由中央、地方、农户共同承担，中央投资直接补助农户建设“一池三改”①，原则上西北和东北地区每户补助 1200 元左右，西南地区每户补助 1000 元左右，其他地区每户补助 800 元左右②。2009 年，十七届三中全会提出了四点农村能源发展方向：加快发展农村沼气，加快发展秸秆利用，加快发展小水电，加快发展风能和太阳能。2010 年，国家启动了新一轮农村电网升级建设，对供电能力不足的电网实施改造，更好地满足农村需求；基本解决农田灌溉、农业大棚、烟草和茶叶加工等农业生产用电问题③。

2011 年，全国农村能源工作会议在京召开，这是近 30 年来，国家部委第一次围绕农村能源召开专题会议。会议明确了农村能源重点工作：一是全面启动绿色能源示范县建设，到 2015 年，要建成 200 个绿色能源示范县；二是实施新一轮农网改造升级工程，实现城乡用电同网同价目标，通过扩大电网覆盖面和利用小型分散可再生能源技术，到 2015 年力争全部解决无电人口的用电问题；三是大力发展农村可再生能源，到 2015 年生物质发电装机达到 1300 万千瓦、集中供气达到 300 万户、成型燃料年利用量达到 2000 万吨、生物燃料乙醇年利用量达到 300 万吨、生物柴油年利用量达到 150 万吨，建成 1000 个太阳能示范村④。2012～2013 年，国务院及各部委相继发布《能源发展“十二五”规划》、《“十二五”秸秆综合利用方案》及《生物质能发展“十二五”规划》。根据相关规划，预计到 2015 年，全国建成 300 个水电新农村电气化县，新增小水电装机容量 1000 万千瓦；农村沼气用户达到 5000 万户，建设 3000 个规模化养殖场沼气集中供气工程，农村沼气年利用量达到 190 亿立方米。加大力度支持农村和小城镇居民安装使用太阳能热水器、太阳灶、太阳房等设施，实施村镇太阳能公共浴室建设工程，到 2015 年，建成 1000 个太阳能示范村。

“十一五”至“十二五”（2006～2015 年）时期，中央政府开始进一步改善城乡用电同网不同价的问题，启动新一轮的农村电网改造。将建设农村可再生能源工程上升到国家战略的高度。1998 年至今，共解决了 3600 多万无电人口的用电问题。国家明确了统筹规划、因地制宜、多能互补、高效清洁的建设原则，以逐步推进城乡能源基本公共

---

①“一池三改”即以沼气池建设带动农村改圈、改厕、改厨。

②国务院办公厅：加强农村能源建设（http：//www.gov.cn/ztzl/2006-03/10/content_223779.htm）。

③中国政府网：发展改革委在京召开全国农村电网改造升级工作会（http：//www.gov.cn/gzdt/2010-07/12/content_1651757.htm）。

④能源局：全国农村能源工作会议召开（http：//www.gov.cn/gzdt/2011-07/09/content_1902841.htm）。

服务均等化，以实施新一轮农村电网改造升级、建设绿色能源示范县、解决无电地区用电问题为重点，全面推进能源民生工程建设。“十一五”末期，农村人均生活用能量比2005年提高了55%。纵观整个“十一五”、“十二五”时期，国家电网经营区农村用电量年均增长达到14.1%，农村用户年平均停电时间缩短了21小时，有力地提高了这些地区的生活生产条件和经济水平。农村能源综合建设项目资金大力扶持农村可再生能源与国际清洁发展机制项目对接。新时期的农村能源政策在中央直接投资的基础上，同时吸引民间资本和国际资本进入。消除农村能源贫困工作和农村民生工程、应对气候变化工作结合起来，成为国家战略。

9.2.3　城镇地区消除能源贫困政策与行动

城市中的能源贫困问题体现在能源使用方式不清洁、清洁能源可获得性较低等方面。以“传统能源清洁化，清洁能源商品化”为目标，国家开展天然气等清洁燃料基础设施建设工程，燃煤锅炉改造工程，“煤改电”、“煤改气”工程和热电联产等项目。在政策上，国家通过取消天然气峰谷价格差、采取城市阶梯电价等措施，在引导居民节约用能的同时，确保不增加居民基本生活用能负担。

2012年12月1日，新修订的《天然气利用政策》正式开始实施①。该政策的主要目的是缓解天然气供需矛盾，优化天然气利用结构，促进节能减排。《天然气利用政策》提出“坚持区别对待，明确天然气利用顺序，确保天然气优先用于城市燃气”的方针。从天然气利用顺序可以看出政策引导方向：优先发展城市燃气，允许工业燃料置换，适度选择性发展天然气发电，控制天然气化工（吴灿奇，2012）。这一政策对促进居民使用清洁燃料起到积极作用。截至2012年，我国已累计建成天然气主干管线约5万千米，油气管网超过9万千米。国际天然气引进项目包括俄罗斯天然气项目（2018年实现供气）、中缅天然气管道干线、中国—中亚天然气管道以及海上油气进口通道。这些政策和项目有力地支撑了我国天然气发展，为加快居民使用天然气等清洁燃料提供了保证。

《天然气发展“十二五”规划》、《页岩气发展“十二五”规划》和《天然气基础设施建设与运营管理办法》在国家政策层面上支持天然气快速发展。相关规划提出到2015年，国产天然气供应能力达到1760亿立方米左右，年进口天然气量约达935亿立方米。初步形成了以西气东输、川气东送、陕京线和沿海主干道为住的运输网络。预计到2015年，我国城市和县城天然气用气人口数量约达2.5亿。同时，各省也积极出台天然气使用政策，促进天然气进入居民家门。天津市结合城市基础设施改造和农村城镇化建设进程，实施城内旧管网改造、室内燃气灶具连接管改造及供热旧管网改造工程。相关工程被列入天津市20项民心工程。北京市实施农村地区“减煤换煤、清洁空气”行动，通过优质燃煤替代、煤改电、天然气入户以及资金补贴等方式减少非清洁燃料的使用，完成农户炊事气化改造工程，实现核心区无煤化。湖南计划到2020年实现14个

①中华人民共和国国家发展和改革委员会令第15号（http：//www.ndrc.gov.cn/zcfb/zcfbl/2012ling/W020121031361673058000.pdf）。

市州级城市和 88 个县级城镇供气，气化人口达到 2700 万①。吉林于 2010 年开展的“气化吉林”工程计划到 2020 年，实现市、县、镇天然气管网的全面贯通。

阶梯电价制度对引导居民节约用电发挥了积极作用，有助于促进社会公平。直接上调居民用电价格，虽然可以促进居民形成节约生活的习惯，但对部分经济困难的居民来说，这无疑会增加他们的生活负担。为了最大限度地保障居民用能权益，保障能源公平，中国从 2012 年起全面实施了阶梯电价政策。承诺在不增加居民生活负担的情况下，引导节能生活方式。目前，绝大多数省份的最低价格阶梯可以覆盖 80%的用能群体，部分省份可以覆盖 90%。阶梯电价的实施，为未来阶梯水价、阶梯天然气价政策的推出，奠定了良好的基础。

传统燃煤锅炉采取直接燃烧煤炭的方式获取能源，不仅热能损失大，而且环境污染较为严重，对居民健康有直接影响。“十一五”期间，国家大力推广北方高寒地区热电联产项目。五年间建设了 6000 万千瓦热电联产机组，改造替代了大量燃煤小锅炉，解决了 4000 多万城市人口供暖问题。由于大气污染问题逐渐突出，北京市加速清洁能源改造工程，提高天然气、外调电、热能和可再生能源使用比例，并在全市推广煤改电、煤改气工程。根据北京市清洁空气行动计划，2015 年前，东城区和西城区两个核心区实现无煤化；2016 年，基本完成全市规模以上工业企业锅炉“煤改气”，削减燃煤 200 万吨；2016 年，四大燃气热电中心全部建成；2017 年，全面关停燃煤机组，削减燃煤 920 万吨。到 2017 年，北京市优质能源消费比重提高到 90%以上，可再生能源消费比重达到 7%②。

9.3　本章小结

能源贫困仍然是一个全球性问题，各国采取电价机制、家庭能源补贴、可再生能源研发投入、电力基础设施建设等政策和措施积极应对。不同国家之间的消除能源贫困政策有很多相同点，比如都致力于解决贫穷问题，都关注能源贫困对健康的影响。但是，由于国家间发展程度不同，发达国家和发展中国家的政策也具有很大差异。

发展中国家关注提高现代能源普及程度。世界上大部分电力缺失的人口集中在发展中国家，其中无电家庭主要依赖于传统生物质能来满足他们的能源需求。他们使用生物质能的设备效率很低，导致大量的能源浪费。

发展中国家关注性别不平等问题。妇女更容易受到能源贫困的负面影响，能源贫困会加剧发展中国家的性别不平等问题。在依赖传统生物质能的地区，妇女经常负责燃料收集和使用，这不仅需要花费大量时间，而且会受到室内环境污染的伤害。

发达国家关注降低能源消费占家庭收入比例。随着经济发展，世界上多数发达国家

---

①湖南日报：2020 年湖南天然气“县县通”总里程将达 6344 公里（http：//www.gov.cn/gzdt/2013-04/25/content _ 2389697.htm）。

②新华社：北京：加快清洁能源改造促进空气环境质量改善（http：//www.gov.cn/jrzg/2014-01/11/content _ 2564746.htm）。

已经实现了能源基础设施和经济社会增长的良性循环。OECD国家已基本不再使用传统的生物质能，并且普及了电力。

中国消除能源贫困政策和行动主要包括农村能源综合建设县项目、农电体制改革、农村电网改造、边远地区电网建设、可再生能源开发利用以及天然气基础设施建设、热电联产建设、城区燃煤锅炉改造、阶梯能源价格等。

边远地区应对能源贫困政策和行动以就地取材、因地制宜为主导方向。新疆、内蒙古两省区积极利用本省区的煤矿、天然气和风力资源，在保障本省区能源供应的同时，为周边省市解决能源贫困居民用电、用气难题提供了支撑。西藏和四川大力建设电网和分布式电力基础设施，保障了边远地区居民使用电力能源。各省减缓能源贫困需要加强统一规划，避免省间、省内不同种能源之间的发展矛盾，增强各省、各品种能源供给间的互补作用。

农村消除能源贫困政策和行动取得了举世瞩目的成就，农村供电能力的提升为实现2015年消除无电人口目标提供了坚实基础。农村能源供应品种获得了极大改善，沼气、天然气以及太阳能、风能等清洁燃料的广泛应用，使农村炊事取暖的便捷性和清洁性大大提高，改善了居民生活质量。农村消除能源贫困政策也走过一些弯路：小煤窑、小火电项目浪费了能源和资金；“城乡分割”电力供应格局造成农村供电不稳定，也使农村电价明显高于城市；生物质能原材料的分散化增加了生物质能的应用难度。

城市能源贫困问题主要体现在城市清洁能源占比较低和传统炊事取暖方式不清洁上。中国政府和大型国有企业加强天然气管网基础设施建设，增强天然气生产、进口能力，并在发展政策层面上保障城市居民天然气供应。北方高寒地区热电联产项目建设以及城市地区锅炉改造工程，有效地节约了能源，同时有益于保护居民健康和当地生态环境。居民阶梯电价政策的实施，在促进居民节约用电的同时，有助于减轻能源贫困，维护社会公平。

第 10 章　减缓能源贫困的机遇与挑战

近年来，能源贫困是我国社会经济发展中面临的重要挑战，其引发的一系列问题正从各方面制约着经济和社会的发展。我国正处于发展转型阶段，不但面临发展中国家特有的能源贫困问题，也表现出了发达国家面临的能源贫困问题，需要高度重视和解决。我国经济社会发展存在较大的区域差异和城乡二元化，严重制约着我国能源贫困问题的进一步缓解和改善。能源贫困对我国经济、社会产生了哪些影响？中国能源贫困问题具有哪些机遇？取得了哪些成就？能源贫困呈怎样的变化趋势？消除能源贫困面临哪些挑战？这些都是当前迫切需要研究和解决的问题。围绕上述问题，我们在前面各章定量和定性研究的基础上，针对中国用能结构、能源贫困引致的环境健康问题、气候变化对能源贫困的影响等问题，从发展的视角深入剖析我国能源贫困的现状、因素、特点、发展趋势及相关政策，以厘清中国减缓能源贫困当前面临的形势，并提出了减缓和消除中国能源贫困的相关政策建议：

- **中国能源贫困总体现状如何？**
- **中国减缓能源贫困的成效如何？**
- **中国能源贫困发展趋势怎样？**
- **进一步减缓中国能源贫困面对哪些挑战？**
- **中国减缓能源贫困的政策和行动有哪些？**

10.1　能源贫困是国际社会共同面临的重大挑战

能源贫困是全世界能源体系面临的重大挑战。联合国开发计划署（UNDP）、国际能源署（IEA）和世界银行集团（WBG）等国际机构均多次发表报告探讨能源贫困的现状及解决方案。能源贫困引发的一系列问题正从各方面限制经济和社会的发展，我国在迅速发展的转型阶段，不但面临发展中国家有的能源贫困问题和特征，也出现了发达国家存在的能源贫困问题，需要重视和解决。能源贫困对经济质量、居民健康、民生发展及气候变化等方面都有负面影响。

10.1.1　制约经济发展

电力不可获得将制约工业活动的开展、限制现代农业改革，人们将被局限于传统劳作方式之中，而低效的劳作方式限制国家经济增长，为消除经济贫困增加了困难。

消除能源贫困对经济发展水平提高具有正向作用。当居民获取和消费更多相对清洁的生活能源时，能源贫困对教育、健康、公平等方面造成的负面影响将降低，居民将拥有更充足的时间和更强健的身体等创造财富，提高自身收入水平，推动区域经济发展。作为能源贫困的一个重要度量指标，人均电力生活消费与人均GDP相互影响，即人均电力生活消费量的变化影响人均国内生产总值，且人均国内生产总值的变化同样影响人均电力生活消费量。减缓能源贫困是保障我国经济发展质量、提升居民生活水平的基础因素。

10.1.2　危害居民健康

居民生活用能结构和效率，一方面直接决定其温室气体和污染物排放水平，从而影响室外空气质量。室外空气中PM_{10}和SO_2等污染物会提高呼吸和心血管系统疾病的发病率和死亡率，对居民健康具有危害。另一方面，居民生活用能结构和效率也决定了室内空气质量水平。室内空气污染严重影响居民健康，已成为当今世界共同关注的重要环境和公共卫生问题。根据世界卫生组织报告，传统生物质能低效燃烧释放的室内空气污染物被列为全球十大健康风险之一；由于固体燃料使用造成的室内空气污染每年造成发展中国家160万人过早死亡，其中42万发生在中国。诸多研究表明室内空气污染水平与人群呼吸系统疾病的发病率和死亡率有很密切的关系。室内空气污染引起的疾病在发展中国家，在高海拔地区，在更多地依赖生物燃料、低质量煤和没有通风结构炉灶的农村人群中更为严重。在中国，如果所有家庭的室内空气质量水平都能达到国家标准（$PM_{10} \leqslant 150\mu g/m^3$），那么将能够避免90万城市人口的过早死亡。因此，消除能源贫困，改善室外及室内空气质量，对居民健康具有重要意义。

10.1.3　阻碍民生改善

能源贫困对中国教育发展、社会公平等民生方面具有很大影响。就教育发展而言，当学龄儿童需要花费大量时间和精力用于收集家庭炊事和取暖用能时，他们接受教育和用于学习的时间被剥夺，因此，清洁能源的不易获得会影响居民受教育水平。此外，电力缺失同样制约学龄儿童的学习时间和学习方式（WHO，2006）。

就社会公平而言，清洁能源的不易获得剥夺了部分居民获取同品质生存燃料、享受同等生存条件的权利。能源贫困是生活能源领域不公平的重要表现之一，家庭收集传统生物质能的繁重工作多由妇女承担，而妇女由于长时间暴露于厨房空气中，更易因能源贫困造成身体不适，能源贫困加重了性别不公平现状（Kaygusuz，2011）。

10.1.4　加大减贫难度

中国在减贫方面取得了重大成绩，居民收入大幅提高，贫困人口显著减少。但是，能源贫困和贫困并非相互割裂的两个问题，能源贫困已经成为阻碍中国减贫进度的重要因素。根据前文关于能源贫困与居民生活水平关系的实证结论，能源贫困程度与居民收入水平具有显著正相关性。一方面，依赖传统生物质能的能源贫困家庭会花费大量时间在燃料收集上，这就减少了他们在工作、学习、教育等方面的时间，制约其收入的提升。另一方面，能源贫困会加剧我国区域之间、城乡之间、不同收入人群之间的收入差距，影响减贫工作的进展。

减缓能源贫困的同时可减缓贫困，因为减缓能源贫困为居民创造更有利于提高收入的生存环境。为家庭能耗活动和农业生产工作提供高效、健康、安全的清洁能源和能耗设备，将有利于降低家庭生活成本，刺激地区经济发展，从而有助于消灭极端贫穷，即千年发展目标的首要目标。能源贫困的减缓最终将有利于全世界贫困人口的减少。

10.2　中国在应对能源贫困挑战方面成效显著

10.2.1　贫困人口不断减少，能源贫困状况持续改善

贫困问题是困扰发展中国家社会和经济发展的重要问题，消除贫困，实现社会公正和公平，是当今发展中国家的核心目标和战略要求。经济贫困和能源贫困两者之间也存在着很强的相关性，减少和缓解经济贫困是改善能源贫困的前提条件和必然要求。

改革开放以来，中国政府出台了旨在解决农村贫困人口温饱问题的大规模扶贫开发政策，基本实现了到 20 世纪末解决农村贫困人口温饱问题的战略目标。进入 21 世纪以后，中国政府制定了新的扶贫政策，根据最新的扶贫标准［即农民年人均纯收入 2300 元（2010 年不变价）］，2010～2012 年间中国的贫困人口从 16567 万减少到 9899 万，减贫成效显著。

我国扶贫工作的全面开展及其成就，对于缓解我国居民的能源贫困具有促进作用。中国减贫的历史性成就，为全球减贫工作做出了巨大贡献，无论是联合国、南南合作伙伴组织，还是印度等贫困人口较多的国家，都对中国扶贫减贫取得的辉煌成就给予高度评价。据联合国提供的数据，1990～2007 年，中国减少的贫困人口数量，占全球比重超过七成，是第一个提前实现联合国千年发展目标中“贫困人口比例减半”任务的国家。也正是由于我国整体经济实力的提升，才使得能源贫困问题的缓解更加具有实践性

和现实意义。

随着经济社会的快速发展，居民生活水平日益提高，全国能源贫困综合评估指数的均值由2000年的83下降到2011年的74，中国整体的能源贫困状况呈现自然减缓趋势。这也符合国际能源署对中国能源贫困状况变化趋势的预测。

改革开放三十多年来，中国创造了人类历史上经济高增长持续时间最长、惠及人口最多的纪录。在向着实现中华民族伟大复兴的宏伟目标继续迈进的伟大征途上，中国社会和经济将得到持续、稳定的高增长，这必然会为减少贫困人口、缓解能源贫困压力提供充实的物质基础，还将为中国更加自信地应对能源贫困问题的机遇和挑战提供充分的条件，中国的能源贫困问题的解决也将登上一个新的台阶。

10.2.2 电力服务基本普及，电力普遍服务不断深化

改革开放以来，中国政府提高了对电力基础设施的投入，大量财力、人力投入到了电网铺设、发电机增容、农村电力基础设施增建等相关电力项目。1981～1999年的19年间，电力新增装机容量超过2.23亿千瓦。“十一五”期间全国电力工程建设投资累计达到32387亿元，投资规模远超其他时期。其中2010年我国电力总投资达到7147亿元，为历史最高水平。长期的建设投入取得了显著成果。“六五”期间电力消费年均增长6.52%，“七五”期间为8.65%，“八五”期间为9.99%，呈急剧上升趋势，农村通电率从“六五”末期的65.3%，增加到1998年的90.67%。截至2012年，我国电力普及率高达99.7%，基本实现了全国范围电力供给的覆盖。目前，国家正在大力推动无电地区电力建设。2013年，国家电网公司计划投资243.8亿元，力争到2015年全部解决大电网覆盖范围内无电人口的用电问题。

电力普及在数量上增加的同时，更有电力质量方面的优化和提升。我国供电质量水平持续提高，2005年两大电网公司的供电可靠率均达到99.7%以上。农村地区用电保障不断加强，电压偏低、不稳定、停电和限电等问题得到集中解决，落后和偏远地区的电力消费量迅速增加。

伴随着电力普及率的不断提高，电力的普遍服务也在不断深化。根据初步计算结果，2000～2011年全国居民电力消费基尼系数呈现出波动下降的趋势，2000年全国居民电力消费基尼系数为0.21，到2011年全国居民电力消费基尼系数已下降至0.13，这意味着我国居民电力消费的公平性正逐年增强，已进入消费非常公平的区间。按城乡划分，城镇的电力普遍服务程度加深更快；按三大地带区分，西部地区的电力普遍服务水平更高，意味着西部地区电力消费的公平性更强。

我国用电普及率的迅速提高和电力普遍服务的不断深化与电力事业的不断进步密切相关。政府与发电和电网企业的共同作用是促进我国电力发展的主要因素。过去三十余年，政府对电力事业的主导和扶持为电力发展注入强劲动力。电网改造、农村电气化等一系列方针政策的落实，特别是西电东送工程的建设发展，极大地推动了我国电力事业由落后到腾飞的巨大转变。伴随改革开放的不断深化，中国电力市场化领域改革逐步加深，一系列体制机制问题得到解决，资源配置效率进一步提升，将推进我国电力事业的长远发展。

10.2.3　城市居民用能结构持续改善，棚户区改造减缓城镇能源贫困状况

随着居民生活水平的不断提高，中国城镇居民消费的生活能源以商品能源为主，固体能源占比逐步降低。1997年城镇非固体商品能源占比约49.5%，这一比例到2011年上升至85.9%，即中国城镇地区电力等非固体能源已逐步取代煤等固体能源成为主要生活能源。

从用能结构上看，传统生物质能已逐步退出中国城镇生活用能范围。城镇居民人均煤炭生活消费量呈现波动下降趋势，从1997年的人均消费0.14吨下降至2011年的人均消费0.07吨，降幅为50%，而1997～2003年下降速度尤为明显。中国城镇居民在几乎不消费传统生物质能的基础上，逐步减少煤炭消费，或是受到政策推动（如北京政府实施的“煤改电”政策）及清洁能源基础设施建设逐渐普及的共同作用，中国城镇地区因消费低质量的、环境不友好的和不利于经济和人类发展的能源而存在的能源贫困问题已得到控制。另一个城镇居民用能结构方面的显著变化是天然气的用量不断增加，天然气在城镇居民用能结构中的重要性不断提升。2000～2012年，城镇地区供气总量和用气人口年均增长率分别为21%和19%。截至2012年，已有1.76亿城镇居民使用煤气、天然气或液化石油气，用气人口占城镇总人口25%左右。由于煤气或天然气是较煤炭更清洁和便利的能源，用气普及化也有助于城市地区降低能源贫困的水平。

近年来，特别是2012年以来，中国城镇地区棚户区改造工程推进速度不断加快。棚户区改造是我国政府为改造城镇边缘地区的危旧住房提出的一项民心工程，棚户区改造产业关联度高，带动力强，在增加区域投资的同时又能刺激消费，同时推进城乡一体化进程，进而改善城乡能源结构不合理性，对解决我国乡村居民能源贫困问题有着极其重要的作用。棚户区改造工程可有效消化钢铁、建材、家电等上下游产品，通过集中供暖、供电，缓解城镇边缘地区的能源贫困问题，实现城乡共同富裕，为建设社会主义和谐社会起着重要的指导意义。从2004年开始我国开展了黑龙江、吉林、辽宁三个老旧工业区大规模的棚户改造工程。截至2012年我国已改造5000万平方米的棚户地区，近100万户居民搬进新家。棚户区改造政策的推进，改善了群众的居住条件，缓解了城乡发展二元化现状，突显了城市功能，加速推动了城镇一体化建设。棚户区改造有效缓解了城镇低收入居民的能源贫困现状。大量位置零散、硬件设施落后的棚户村，改变成了可以集中供暖、供气、供热的住房小区，居民能源贫困现状得到缓解，大部分居民生活可以获得清洁高效的电力资源，居民生活水平显著提高。

10.2.4　农村地区能源利用效率提高，清洁化程度不断加大

“六五”以来，中央一号文件多次着重强调农村能源发展方向，要求各个地方、部门给予配合，大力推进农村综合能源设施建设。中国消除能源贫困政策，依托于中国扶贫开发、生态移民、新农村建设等重大工程，取得了辉煌的成就。1980年，农业部成立能源办公室，同年确立了农村能源综合建设县项目，这一项目持续至今。

经过30年的努力，农村用能得到极大改善，并呈现出以下四个主要特点：①农村能源开发与节能技术的推广，在推进农业农村节能减排和保护生态环境方面发挥了重要

作用，成为全球参与人口最多、成效最为显著、独具中国特色的节能减排行动。目前，农村能源建设年节能能力相当于1亿吨标准煤，可减排二氧化碳2.3亿吨。在有效改善农村居民用能结构、增加农村地区清洁能源供应的同时，减少了对化石能源的消耗及污染物和温室气体的排放。实践证明，推进农村能源建设，有利于实现国家节能减排目标，保障国家能源安全，发展低碳经济。②农村用电能力大大加强。预计到2015年，中国将全面解决无电人口用电问题，“十一五”期间，农村人均生活用能量提高了55%。预计在“十二五”时期，城乡电网同网不同价问题将得到解决，农村用电积极性将进一步被激发。③农村能源综合供给能力不断强化。在大力建设农村电网的同时，中国政府积极推广包括农村水电、新型生物质能、太阳能等在内的多种能源，在输、发电不便地区建设分布式发电设施，为电网建设提供了有力补充。④能源清洁利用化程度不断提高。中国农村居民长期以来，一直利用薪柴等传统生物质能生活。近30年来，以中央引导，地方、农户合作的方式，建设秸秆利用、沼气等设施，改善农村用能结构，提高用能效率。预计到2015年，中国将确立200个绿色能源示范县，实现生物质发电装机1300万千瓦、集中供气300万户、成型燃料年利用量2000万吨、生物燃料乙醇年利用量300万吨、生物柴油年利用量150万吨。中国农村能源综合建设项目和能源示范县项目得到了联合国粮农组织、亚太经社会和世界银行的高度肯定，中国消除农村能源贫困的经验为其他发展中国家指出了可行方向。

10.2.5 能源基础设施建设不断完善，为改善能源贫困提供良好物质基础

能源禀赋的巨大差异制约着中国能源贫困问题的改善。长期以来，新疆、蒙东等地区丰富的天然气资源无法为其他地区提供足够的能源保障。电网和天然气管网是现代能源体系中不可或缺的组成部分。1999年以来，“气化南疆”工程、新疆与西北750千伏联网工程、新疆天然气利民工程、青藏联网工程、蒙东电网联网工程等一系列工程的建成，不仅促进了能源生产地消纳本地区丰富的能源资源，实现经济效益，更使电网、气网所到之处，为当地居民提供了现代化清洁燃料，结束了当地烧柴做饭的历史，提高了居民生活质量。各地区大规模管网建设促进了当地扶贫事业的发展。消除能源贫困政策与扶贫政策两者相结合，是我国消除能源贫困政策的特点之一。管网建设也使当地丰富的气体资源服务于中东部地区，在推进消除能源贫困工作的同时，也有助于缓解中东部地区的大气污染问题。

10.3 中国在新发展阶段中的能源贫困挑战

10.3.1 能源贫困地区差异较大，城乡二元化特点明显

随着经济社会的快速发展，居民生活水平日益提高，中国整体的能源贫困状况呈现自然减缓趋势。具体的，中国能源贫困的减缓得益于能源的可获得性、可支付性和高效性的改善。经过近30年的努力，中国新增获取电力人口达7亿，基本实现电力全覆盖，不存在因无法获取电力而存在的能源贫困问题。中国生活能源品种主要包括传统生物质

能、沼气、太阳能等非商品能源和电力、煤、煤气、天然气、热力等商品能源。中国农村地区人均传统生物质能消费量呈缓慢下降趋势，人均煤炭消费量有所增加，电力、天然气等清洁能源供应能力逐步增强。中国城镇地区人均煤炭消费量在波动中呈下降趋势，电力、天然气、热力等清洁能源的供应能力均有所提升，消费量保持持续上涨。

中国城乡居民能源贫困特点差异较大。中国城镇居民生活能源均为商品能源，且电力等非固体能源已经逐步取代煤炭等固体能源成为主要生活能源，2011 年商品能源生活消费中非固体能源约占 85.9%。传统生物质能及煤炭仍是农村地区重要的生活能源品种，2011 年非固体商品能源占商品能源比重为 55.0%，而商品能源仅占农村生活能源的 35.7%，且全国 60%的农户选择柴草作为主要炊事燃料。能源生活消费结构和能源选择结构在各省区市农村存在明显区域差异，西部农村居民的能源生活消费结构和东北农村居民的能源选择结构更不合理。由此说明，农村居民与城镇居民相比，西部和东北省份与东部省市相比，因消费低质量的、环境不友好的和不利于经济和人类发展的能源而存在的能源贫困问题更严重；中国农村能耗设备较为传统低效，清洁炊具利用率区域差异明显。中国约 58%的农村居民仍使用最原始的设备直接燃烧传统生物质能，以满足家庭炊事和采暖需求，而农村居民，特别是妇女和儿童，长期暴露于室内空气污染程度高且不安全的用能环境中。2011 年中国农村每百户仅拥有 13.2 台抽油烟机，省柴节煤灶拥有量在过去 12 年内未有大幅增加，缺少清洁炊事取暖设备的状况在西部农村地区尤为突出。由此说明，中国农村居民存在因缺少安全的生活能源消费而导致的能源贫困问题，而西部省份这一问题更为严重。

城镇居民生活能源成本占总成本比重呈下降趋势，但该比例在农村地区保持上升趋势。生活能源价格全国平均水平总体上涨，各省区市生活能源价格逐步趋同。中国城乡居民多类生活能源支出均有所增加，但城镇生活能源支出占总支出比重有所下降，而农村生活能源支出占总支出比重在波动中保持上升态势。经济发展水平较高省区市城镇居民虽支付较多生活能源成本，但生活能源支出占比较小，经济发展水平较高省区市农村居民因购买商品能源而支付较多生活能源成本，且生活能源支出占比较高。对于城镇地区而言，华北和东北省区市城镇生活能源支出占比相对较高；对于农村地区，华北和西部省区市农村生活能源支出占比相对较高。

10.3.2　能源消费结构不断调整，可再生和清洁能源消费比重仍较低

由于我国“贫油、富煤、少气”的资源禀赋特点，一直以来我国的能源消费都是以煤炭为主，煤炭消费量占到能源消费总量的 65%以上，煤炭一直占据着我国能源消费主导地位。但是近年来煤炭消费量稳中有降，核能、太阳能、风能等清洁能源比重逐渐上升，能源消费结构不断调整。

可再生和清洁能源是消除能源贫困的重要手段。目前，除水力发电以外，我国可再生能源发电在电力生产总量中所占比重仍然较低，利用水平不高。我国有效风能资源和太阳能资源丰富的地区覆盖了能源贫困人口集中地区，因而提高风能和太阳能发电的发展力度，有希望解决我国大部分未获得电力人口的用电问题。我国农村的生物质能丰富，其高效利用是解决能源贫困问题的有效方式。核能是我国未来重要能源之一，将为

消除能源贫困贡献一定的力量。相比于大电网供电，可再生能源分布式发电具有总投资少、安装周期短等优点，可有效提高偏远地区的能源供给能力，从而有利于消除能源贫困。可见，我国可再生能源发展在消除能源贫困方面存在很大机遇。但是，要发挥其作用，需要政策法规的大力支持，并且技术研发和利用需要大量的前期投资。

在IEA能源发展指数的基础上建立我国区域清洁能源发展指数反映了如下特点：我国东北及西部地区清洁能源发展相对不足，这部分地区也是我国能源贫困人口聚集的区域，能源贫困问题亟待解决；西南地区可再生能源发展为解决能源贫困问题发挥了重要作用。

可再生能源禀赋为各地区的清洁能源生产创造了前提条件。典型案例为我国西南地区，其水力发电居于全国前列，可为本地区的清洁能源服务提供巨大的电力支持。“三北”地区（东北、华北、西北）的风能利用在普及这些地区的现代能源服务、消除能源贫困等方面发挥了重要作用。

经济要素为能源服务的普及、电网建设等方面提供财力支持，在一定程度上决定了清洁能源发展的投资水平、管理水平以及电网建设等方面的进步。典型案例为天津市，其可再生能源禀赋受限，但经济上对能源发展的支持也促使其清洁能源发展指数较高，因而有效提高了全市现代能源服务的普及程度。

10.3.3　能源贫困引发的健康问题日益突出，用能相关的环境污染不断加剧

我国城镇居民生活用能状况在近年来获得了很大改善。在用能水平提高、能源基础设施建设和优化能源结构方面都取得了一定进步。但整体上居民用能水平与同气候条件下的其他发达国家相比仍然存在一定差距，存在一定程度的能源贫困。

无论是农村还是城市的能源贫困现状都对我国城市居民健康造成一定的负面影响。首先，与能源贫困相关联的低室内温度成为危害居民健康的重要因素。低室内温度容易降低人体免疫机制，增加多种疾病的患病概率。我国城镇居民家庭的室内温度水平，距离世界卫生组织建议的温度标准仍有一定距离，在一定程度上威胁居民健康。第二，燃料选择和能源使用导致的室内空气污染对居民健康造成直接危害。居民日常生活用燃料的结构和效率，影响室外空气质量，同时也决定了室内空气质量水平，与居民健康息息相关。燃料选择的成本大小也同时制约着家庭收入支出的分配方向，从而一定程度上影响着家庭在其他健康消费方面的投入。第三，住房能源效率是影响居民健康的关键动因。房屋隔热水平低将导致室内温度达不到理想温度水平；住房能源效率低，同时将导致满足日常生活需求的能源需求升高，高水平的能源消费又带来如空气污染、室内空气质量不良和增加温室气体排放等问题。目前我国城镇建筑能源利用效率仍然处于较低水平，极大地影响着居民家庭室内温度和居民健康，同时也造成极大的能源浪费和额外的污染物排放。最后，农村燃料使用造成的污染物区域扩散也是危害城市居民健康的重要源头。相比城市，我国农村地区存在更为严重的能源贫困问题。能源贫困人群常使用低效的方式燃烧大量传统生物质能，释放的高浓度可吸入颗粒物一方面恶化室内空气质量的同时危害能源贫困人群的身体健康，另一方面，传统生物质能燃烧释放的烟雾造成严重的空气污染也对周边居住人群的健康造成危害。

由于对清洁燃料存在难以支付、难以获得等因素，绝大多数农村家庭选择以固体燃料（即秸秆、薪柴等传统生物质和煤炭）满足其主要的日常炊事用能需求。然而，固体燃料在简单炉灶中进行不完全燃烧会产生大量诸如一氧化碳、氮氧化物、硫氧化物、碳氢化合物及可吸入颗粒等有害物质，是室内空气污染的主要来源，对人体健康造成严重不良影响。同时，生物质能燃料（通常是木柴、动物粪便）的采集需要耗费大量的时间，这样便大大减少了家庭成员进行其他生产性活动和教育培训活动的时间和机会，然而这类活动能增加收入、改善生活水平、提高人口素质。可见，固体燃料使用不仅对农村居民的健康造成严重危害，加剧农村居民的经济贫困，而且还会对农村居民的长期福祉产生深远影响（特别是对儿童教育和健康）。

基于1989～2011年的中国营养与健康调查数据，通过对我国农村固体燃料炊事利用状况及其对居民健康的影响进行分析，我们发现了以下基本事实：①我国农村居民的炊事燃料使用正逐步实现多元化。一方面，液化气、电等清洁炊事燃料使用比例逐步上升；另一方面，越来越多的农户同时使用两种或两种以上燃料进行炊事。②农村居民对固体燃料利用虽呈缩减趋势，但目前对其依赖程度仍然较高。随着生活水平的提高，农村居民开始选择使用电、液化气等更加清洁的燃料替代固体燃料进行炊事。然而，截至2011年，受调查地区仍有一半以上的农村居民依赖固体燃料进行炊事，在一些经济欠发达地区，此情况更为突出。③由于资源禀赋与经济发展水平的差异，各地区农村居民的固体燃料使用情况存在巨大差异。④依靠固体燃料进行炊事农村居民的自评健康水平相对较低，且呼吸道系统疾病的患病率较高。由此表明，固体燃料与呼吸系统疾病之间可能存在一定关联，即固体燃料利用造成室内空气污染可能是呼吸系统疾病诱发因素之一。

继续积极向农村地区推广高效、清洁的现代能源服务，是解决我国农村地区能源贫困问题的有效途径。用高效率燃料（如电、天然气）替换传统生物质能燃料不仅能节约炊事时间，更重要的是使能源贫困家庭的妇女和儿童从繁重的燃料收集时间负担中解脱出来。他们可以利用这些节省下来的时间参加学习活动，从事收入创造性活动等，以增进家庭福利。虽然我国已不存在电力普及的问题，但仍有一半以上的农村家庭依赖柴草和煤进行炊事和取暖，农村居民对固体燃料的依赖程度仍然较大。因此，我们应因地制宜，加大针对农村地区清洁能源开发及相关基础设施建设的投入，为农村居民提供更为便利的清洁能源。

另一方面，在我国仍然有许多农村家庭由于缺乏现代化清洁炊具，目前仍使用简单的传统炉灶（甚至是明火灶）进行炊事，产生大量有毒气体造成较大的健康风险。而改良的清洁炉灶通常能显著减少有毒气体及可吸入颗粒物的排放，大幅度降低固体燃料燃烧产生的健康风险。因此，在农村地区加快推广改良生物质炉具与燃煤炉具的使用具有重要意义。然而，除补贴资金有限、产品质量差等因素外，公众缺乏对于清洁炉灶效益的认识是其推广的最大障碍。因此，有必要通过电视、网络等媒体以及其他渠道向公众展示清洁炊事技术的诸多优点以及传统炊事方法的危害，增强民众用清洁炉灶替换传统炉灶的积极性。

10.3.4　气候变化影响能源可获得性，加剧消除能源贫困的难度

气候变化可能破坏电网稳定运行，威胁能源正常生产，阻碍清洁能源开发利用。这些将致使一部分用户在短期或长期内无法得到足够的能源供给，抑或是用户在能源消费过程中获得的高效清洁能源比例偏低。因此，气候变化对能源贫困的影响主要反映在可获性方面。

在气候变化影响下，我国水力发电易损性程度较高的区域集中在水力发电大省和西南贫困地区，而中部水力发电大省面临的易损性程度相对较低。随着时间推移，如果不采取应对措施，气候变化对于水力发电的影响将会进一步扩大。

同时，由气候变化导致的极端气候事件会对能源和经济系统造成严重影响。在由极端事件引发的同等程度电力中断条件下，中国社会经济的负面影响大于日本，且这种差异在极短期情景下更明显。中国的GDP、总产出和就业水平的下降程度是日本的2～3倍，而居民福利水平下降程度差异更甚，是日本的3～5倍。结构性因素是造成中日社会经济易损性差异的主要原因，具体包括在支出结构、生活需求生产部门的要素投入结构、工业部门生产的物质能源依赖程度以及服务业产出的使用结构等方面的不同。

然而，当前以节能减排为主导的系列政策对促进我国应对气候变化产生了积极作用。碳排放交易政策将改善电源结构，财税政策可提升清洁能源发电比例、有可能阻碍电力需求，价格政策能够保护贫困群体、促进能源公平利用，贸易金融政策或将改善居民能源消费结构。

10.3.5　经济贫困仍制约能源贫困的改善，收入提高对能源贫困有双向作用

经济贫困是导致能源贫困的重要原因之一，当国家或区域整体经济发展水平较低时，政府无法投入大量人力、物力和财力进行区域电网建设、改造升级和获取清洁能源的管道铺陈，居民缺乏主动获取消费清洁能源的经济基础。因此，欠发达国家通电率普遍较低，且居民倾向于消费价廉且易获取的传统生物质能。通过比较不同经济发展水平国家生活能源结构发现，经济发展水平较高国家及地区生活能源消费更趋清洁化，最发达国家生活能源以天然气和电力为主，而最不发达国家生活能源集中为传统生物质能和煤炭，中国高经济发展水平省市农村地区生活能源消费倾向更趋清洁。

经济发展水平的提高对减缓能源贫困起到双向作用。一方面，生活电力消费和居民生活能源结构中电力占比均随经济发展水平的提高而增加，在其他因素不变的前提下，人均国内生产总值增加1%，人均电力生活消费量增加0.95%，居民生活消费电力占比增加0.0617个单位。经济发展水平提高最终将有利于传统生物质能消费量下降。部分经济发展水平较高省市的收入水平对传统生物质能生活消费量的弹性系数为负，即传统生物质能生活消费量随收入水平提高而减少（魏一鸣等，2012）。

另一方面，我国部分省市农村传统生物质能生活消费并未随经济条件改善而下降，且消费量增加趋势明显。这些省市农村居民或未利用新增收入转变能源消费品种，反而消费更多的薪柴以满足家庭新增需求。首先，部分省市农村居民的收入绝对量不高，特别是西部省市农村居民仍处于贫困边缘。在整体经济发展水平较低时，农村居民会将满

足生存需求摆在首位，利用新增收入继续消费传统生物质能。其次，在经济条件改善的情况下，部分省市对清洁能源发展重视程度不够。清洁能源消费基础设施建设水平低、清洁能源难获得、清洁能源售价高、使用清洁能源的技术投入成本高、清洁能源消费知识普及面窄等可能存在的不利于清洁能源发展的客观因素会在经济条件有所改善的情况下，打击居民消费清洁能源的积极性，迫使居民继续消费传统生物质能以满足能源需求。

10.4　消除能源贫困的若干政策建议

10.4.1　推进阶梯能源价格，调节城乡价格差异

根据《全面解决无电人口用电问题 3 年行动计划》，计划到 2015 年，无电人口用电问题将全面解决。随着我国天然气管网建设工程逐步推进，我国居民获取清洁能源的能力也大大提高。然而，城乡之间能源价格的差异损害了居民消费清洁能源的积极性。

为促进清洁用能进一步普及，需要从以下三个方面入手：①在没有实施城乡电价“同网同价”的地区，进一步改造电力基础设施，将乡村地区电网收归省级电力公司统一管理，促进“同网同价”改革工作的推进；②确保在不增加低收入居民负担的前提下，实施能源阶梯定价制度；③制定居民最低生活保障标准时，考虑到能源价格上涨的因素，将居民清洁用能作为居民的基本生活需求进行保障。

10.4.2　统筹区域间能源供给关系，先规划后开工

随着技术的发展，各种可再生能源技术迅速在我国普及开来，为消除能源贫困工作做出了很大贡献。在大范围应用相关技术的同时，需要统筹省间能源发展关系，统筹新能源技术与传统能源技术之间的关系。

部分地区在国家优惠政策的鼓舞下，大力建设新能源项目，造成本省内无法消纳所生产的电能，这就需要在能源紧缺省份和能源供应省份之间，预先制定统一规划，建设电网等基础设施，再进行能源开发。

由于新能源技术尚不成熟，光伏发电和风能发电等新技术不能避免供电不稳定的问题，电网内无法承载一定限度以上的光伏、风电能。因此，一省内的火力发电、水电与其他新能源发电应有一定的比例关系，不能因新能源的快速发展，破坏了原有的电网平衡。为了电网的均衡发展，就需要政策制定单位预先广泛调研，科学规划，将能源的使用情况、供给能力、技术优缺点等因素考虑周全，防止工程投资的浪费。

10.4.3　吸引民间资本，合理分散风险

应当意识到，消除能源贫困政策，不仅有助于居民用能情况的改善，更为缩小地方经济发展差距、提高居民收入，减缓气候变化做出了贡献。多方受益，就应当吸引多方投资，合理分散风险，共享开发成果。

沼气、页岩气、风能、地热能和太阳能等新能源项目，可以吸引民间资本投资建

设。在基础设施，特别是电网、油气管网的建设上，国有企业应当承担相应的社会责任，大力建设；在新技术开发、能源高效利用方面，要积极发挥市场在配置资源中的优势，最大程度上降低开发的社会成本。同时，在产生效益时，也要保护民间资本的利益，保护投资积极性。

由于我国在消除能源贫困政策工作中，广泛应用新能源技术，为减缓气候变化做出了积极贡献。因此，未来应主动申请包括CDM项目在内的多种国际合作项目，降低国内政策实施成本。

10.4.4 保护生态环境，杜绝以生态利益换取经济利益

新疆、内蒙古、西藏和青海是我国资源大省，但同时也是生态环境极为脆弱的省份。如何在消除能源贫困工作中，注意保护生态环境，需要多方统筹规划。随着东部地区经济发展、产业转移，部分地区有拿生态利益换取经济利益的冲动。对此，必须设定严格的审批制度，画好生态红线，防止不可恢复的生态资源受到破坏。具体来说，微水电项目要顾及流域内的整体环境，光伏和风电项目要注意噪声、废物等污染，矿产资源开发要进行严格审批。最大程度地发挥消除能源贫困政策在边远地区的积极作用。

10.4.5 继续发挥西部地区能源资源丰富优势，坚持“西部大开发”战略

西部地区是我国能源资源最丰富的地区，无论是能源种类，还是能源的蕴藏量和质量都是国内其他地区无法比拟的。我国水能资源丰富，西部地区的水能资源占全国的80%以上，可开发水电总装机容量达3.78亿千瓦，每年发电量可达1.92万亿千瓦时，全国10大水电基地中有7个分布在西部地区。而且西部地区的6个主要沉积盆地的预测天然气资源量高达22.4万亿立方米，占据了我国陆上天然气总资源量的75%。这为“西气东送”提供了良好的条件。西部地区还拥有丰富的新能源和可再生能源资源，西藏拥有丰富的地热和太阳能资源，新疆有丰富的风能资源。清洁、优质能源作为西部地区能源的又一大特色，其开发利用不仅有效地应对了我国不断增加的能源消费需求，也为改善我国能源消费结构起到了举足轻重的作用。

从2002年3月西部大开发战略实施以来，在党和国家领导人的高度重视和大力支持下，借助于西部地区能源资源丰富的优势，西部地区的能源产业得到了长足的发展，能源基础设施得到了相对完备的建设，现代用能设备得到了普及和推广。居民生活用能总量不断提高，用能结构不断完善，从低效、污染严重的传统生物质能等能源品种转向清洁高效的现代能源品种。从能源角度来看，西部大开发战略从能源的可获得性、可支付性以及清洁健康、生态保护方面彻底地改变了西部地区人民的生活，从源头上减缓了西部地区的能源贫困问题。继续发挥西部能源资源丰富的优势，对消除我国能源贫困具有积极的作用。

10.4.6 加快新型城镇化建设，借助城镇化契机改善能源贫困状况

城镇化是人类社会发展的必由之路，是衡量一个国家工业化发展水平的重要标志，也是改善人民生活水平、提高生活质量，增加内需、提高国民整体素质的重要举措。城

镇化建设将创造大量的投资需求、扩大消费需求、提高居民收入、推动产业积聚升级和缩小城乡差距。而且当前的城镇化赋予了新的内涵，不再是过去简单地以牺牲农业和粮食、生态环境为代价，而是以人为本，更加注重农民思想观念、技术水平、综合素质的提高和保障制度的完善，新型城镇化对减缓我国能源贫困具有重要作用。

随着中国城镇化道路的不断推进，能源消费结构也随之发生变化。为满足家庭炊事、取暖等生活需求，我国农村能源贫困人群消费了大量的传统生物质能，城市化率的提高使得使用商品能源的人口比例不断上升，清洁能源诸如太阳能、天然气、电能等的使用比例得到了不断提高，而依赖传统生物质能的人口比例不断下降。城镇化程度的不断加深使得我国的能源消费结构不断地趋向清洁的商品能源；新型城镇化建设增加了居民收入，从而提高了商品能源的消费总量和消费比例，减少了传统生物质能的能源消费总量和消费比例，从而对缓解能源贫困产生了积极的影响；新型城镇化建设需要根据不同地区的发展潜力，推进产业特色化发展，合理引导要素集聚，实现土地集约式发展，支持产业结构调整和优化，推进以高新产业为主导的新型工业化，实现工业化和城镇化的良性互动。这些举措对于缩小城乡差距有着积极作用，也可以对缓解能源贫困起到重要推动作用。

参考文献

白卫国. 2010. 碳交易的经济学思考. 中国集体经济，13：40-48.
陈昆泉. 2001. 农村能源综合建设县项目理论与实践的回顾. 江西能源，2：1-4.
陈清泰. 2006. 能源可持续发展财经和税收政策国际研讨会的启示. 能源政策研究，(1)：19-21.
丁一汇，任国玉，石广玉，等. 2006. 气候变化国家评估报告 (I)：中国气候变化的历史和未来趋势. 气候变化研究进展，2 (1)：3-8.
耿超. 2010. 利用价格政策促进电力企业节能减排问题研究. 济南：山东大学硕士学位论文.
国家安全生产应急救援指挥中心. 2009. 国家电力监管委员会：2008 年低温雨雪冰冻灾害期间电力应急工作情况. http：//www.emc.gov.cn/emc/Contents/Channel _ 20151/2009/0421/57823/content _ 57823.htm.
国家防汛抗旱总指挥部. 2007. 中国水旱灾害公报 2006. 北京：中国水利水电出版社.
国家防汛抗旱总指挥部. 2008. 中国水旱灾害公报 2007. 北京：中国水利水电出版社.
国家防汛抗旱总指挥部. 2009. 中国水旱灾害公报 2008. 北京：中国水利水电出版社.
国家防汛抗旱总指挥部. 2010. 中国水旱灾害公报 2009. 北京：中国水利水电出版社.
国家防汛抗旱总指挥部. 2011. 中国水旱灾害公报 2010. 北京：中国水利水电出版社.
国家防汛抗旱总指挥部. 2012. 中国水旱灾害公报 2011. 北京：中国水利水电出版社.
国家防汛抗旱总指挥部. 2013. 中国水旱灾害公报 2012. 北京：中国水利水电出版社.
国家能源局. 2014. 2013 年全社会用电量. http：//www.nea.gov.cn/2014-01/14/c _ 133043689.htm.
国家统计局. 1998. 中国统计年鉴 1998. 北京：中国统计出版社.
国家统计局. 1999. 中国统计年鉴 1999. 北京：中国统计出版社.
国家统计局. 2000. 中国统计年鉴 2000. 北京：中国统计出版社.
国家统计局. 2001. 中国统计年鉴 2001. 北京：中国统计出版社.
国家统计局. 2002. 中国统计年鉴 2002. 北京：中国统计出版社.
国家统计局. 2003. 中国统计年鉴 2003. 北京：中国统计出版社.
国家统计局. 2004. 中国统计年鉴 2004. 北京：中国统计出版社.
国家统计局. 2005. 中国统计年鉴 2005. 北京：中国统计出版社.
国家统计局. 2006. 中国统计年鉴 2006. 北京：中国统计出版社.
国家统计局. 2007. 中国统计年鉴 2007. 北京：中国统计出版社.
国家统计局. 2008. 中国统计年鉴 2008. 北京：中国统计出版社.
国家统计局. 2009. 中国统计年鉴 2009. 北京：中国统计出版社.
国家统计局. 2010a. 中国统计年鉴 2010. 北京：中国统计出版社.
国家统计局. 2010b. 中国第二次全国农业普查资料汇编（综合卷）. 北京：中国统计出版社.
国家统计局. 2011. 中国统计年鉴 2011. 北京：中国统计出版社.
国家统计局. 2012. 中国统计年鉴 2012. 北京：中国统计出版社.
国家统计局. 2013. 中国统计年鉴 2013. 北京：中国统计出版社.
国家统计局国民经济核算司. 2008. 中国投入产出表. 北京：中国统计出版社.
国家统计局能源统计司. 1999. 中国能源统计年鉴 1998. 北京：中国统计出版社.
国家统计局能源统计司. 2000. 中国能源统计年鉴 1999. 北京：中国统计出版社.
国家统计局能源统计司. 2001. 中国能源统计年鉴 2000. 北京：中国统计出版社.

国家统计局能源统计司. 2002. 中国能源统计年鉴 2001. 北京：中国统计出版社.
国家统计局能源统计司. 2003. 中国能源统计年鉴 2002. 北京：中国统计出版社.
国家统计局能源统计司. 2004. 中国能源统计年鉴 2003. 北京：中国统计出版社.
国家统计局能源统计司. 2005. 中国能源统计年鉴 2004. 北京：中国统计出版社.
国家统计局能源统计司. 2006. 中国能源统计年鉴 2005. 北京：中国统计出版社.
国家统计局能源统计司. 2007. 中国能源统计年鉴 2006. 北京：中国统计出版社.
国家统计局能源统计司. 2008. 中国能源统计年鉴 2007. 北京：中国统计出版社.
国家统计局能源统计司. 2009. 中国能源统计年鉴 2008. 北京：中国统计出版社.
国家统计局能源统计司. 2010. 中国能源统计年鉴 2009. 北京：中国统计出版社.
国家统计局能源统计司. 2011. 中国能源统计年鉴 2010. 北京：中国统计出版社.
国家统计局能源统计司. 2012. 中国能源统计年鉴 2011. 北京：中国统计出版社.
国家统计局能源统计司. 2013. 中国能源统计年鉴 2012. 北京：中国统计出版社.
国家统计局能源统计司. 2014. 中国能源统计年鉴 2013. 北京：中国统计出版社.
侯宁，刘娜，朱思翘，等. 2009. 中国碳交易研究综述及展望. 安徽农业科学，37（036）：18346-18349.
胡先才. 2010. 西藏地热资源的优势分析//李四光倡导中国地热能开发利用 40 周年纪念大会暨中国地热发展研讨会. 北京，7.
黄德林，邵月，艾希. 2012. 中西方节能减排政策比较研究. 资源与产业，14（002）：33-38.
黄鹤羽. 1982. 我国薪柴能源的现状与发展前景. 中国能源，2：40-42.
姜秋，谭炳卿，丁晓雯. 2013. 我国核电建设中水资源安全问题的几点思考. 中国水利，1：43-46.
李春杰，程艳从. 2011. 电力能效及可再生能源补贴的福利效应分析. 华北电力大学学报：社会科学版，6：14-16.
李春郁. 2012. 阶梯式电价对我国居民的用电影响. 中国经贸，16：158-159.
李虹，董亮，谢明华. 2011. 取消燃气和电力补贴对我国居民生活的影响. 经济研究，2：100-112.
李俊峰，等. 2007. 中国光伏发展报告 2007. 北京：中国环境科学出版社.
李俊峰，等. 2012. 中国风电发展报告 2012. 北京：中国环境科学出版社.
李俊峰，等. 2013. 中国风电发展报告 2013. 北京：中国环境科学出版社.
李慷，刘春峰，魏一鸣. 2011. 中国能源贫困问题现状分析. 中国能源，33（8）：31-35.
李为虎. 2008. 西藏可再生能源的利用与农村能源的可持续发展. 中国能源，30（9）：40-42.
栗宝卿. 2010. 促进可再生能源发展的财税政策研究. 北京：财政部财政科学研究所博士学位论文.
联合国. 2014. 千年发展目标指标. http：//unstats. un. org/unsd/mdg/Data. aspx.
林伯强，蒋竺均，林静. 2009. 有目标的电价补贴有助于能源公平和效率. 金融研究，11：1-18.
刘强，姜克隽，胡秀莲. 2006. 碳税和能源税情景下的中国电力清洁技术选择. 中国电力，39（9）：19-23.
楼洪志，王仲淼. 2006. 加快农村能源发展，推进新农村建设对策研究. 农业工程学报，（S1）：32-36.
马彦宏，杨军亭，汪宁渤，等. 2013. 甘肃风电分布式发展可行性研究. 甘肃科技，29（3）：1-5.
倪维斗. 2007. 我国的能源现状与战略对策. 新华文摘，7：141.
仇保兴. 2010. 我国建筑节能潜力最大的六大领域及其展望. 城镇发展研究，5（17）：1-6.
沈亚芳，应瑞瑶. 2005. 对外贸易，环境污染与政策调整. 国际贸易问题，1：59-63.
史晓菲. 2006. 16℃到底够不够？消费日报，2006-12-20（A01）.
苏继峰. 2011. 秸秆焚烧对南京及周边地区空气质量的影响. 南京：南京信息工程大学硕士学位论文.
唐红玉，翟盘茂，王振宇. 2005. 1951～2002 年中国平均最高、最低气温及日较差变化. 气候与环境研究，4：728-735.

王桂荣，利莉. 2011. 实施居民阶梯电价的经济学思考. 价格理论与实践，5：34-35.
王久臣，董仁杰. 2005. 农村能源综合建设对西部农村室内空气质量的影响. 可再生能源，5：1-4.
王伟，郭炜煜. 2011. 低碳时代的中国能源发展政策研究. 北京：中国经济出版社.
王效华，冯祯民. 2002. 中国农村家庭能源消费的回顾与展望. 农业机械学报，33（3）：125-128.
维基百科. 2011. http：//zh. wikipedia. org/wiki/可再生能源.
魏一鸣，廖华. 2010a. 中国能源报告（2010）：能源效率研究. 北京：科学出版社.
魏一鸣，王恺，凤振华，等. 2010b. 碳金融与碳市场：方法与实证. 北京：科学出版社.
魏一鸣，吴刚，等. 2012. 中国能源报告（2012）：能源安全研究. 北京：科学出版社.
魏一鸣，焦建玲，廖华. 2013. 能源经济学（第二版）. 北京：清华大学出版社.
吴灿奇. 2012. 未来十年我国天然气利用趋势探讨. 国际石油经济，20（1）：110-115.
吴绍洪，戴尔阜，葛全胜，等. 2011. 综合风险防范：中国综合气候变化风险. 北京：科学出版社.
杨秀，江亿. 2007. 中外建筑能耗比较. 中国能源，29（6）：21-26.
于超. 2012. 不同排污机制下发电能耗与排放成本优化模型研究. 北京：华北电力大学博士学位论文.
曾凡银. 2010. 中国节能减排政策：理论框架与实践分析. 财贸经济，7：110-115.
张国宝. 2010. 在“中国水电 100 年纪念大会”上的讲话. http：//www. hydropower. org. cn/info/shownews. asp? newsid=3539.
张明文，张金良，谭忠富，等. 2009. 碳税对经济增长，能源消费与收入分配的影响分析. 技术经济，6：48-51.
张宁，孙照渤，曾刚. 2008. 1955～2005 年中国极端气温的变化. 南京气象学院学报，31（1）：123-128.
张树伟. 2011. 碳税对我国电力结构演变的影响——基于 CSGM 模型的模拟. 能源技术经济，23（3）：11-15.
章艳红. 2007. 中国贸易结构的变化特点，决定要素以及政策建议. 国际贸易，10：4-10.
郑厚清，金毅，尤培培. 2012. 居民阶梯电价的评价与展望. 能源技术经济，24（1）：6-9.
郑晓燕，刘成德，赵峰华，等. 2006. 北京市大气颗粒物中生物质燃烧排放贡献的季节特征. 中国科学：B辑，35（4）：346-352.
中国电力年鉴编辑委员会. 1993. 中国电力年鉴 1993. 北京：中国电力出版社.
中国电力年鉴编辑委员会. 1994. 中国电力年鉴 1994. 北京：中国电力出版社.
中国电力年鉴编辑委员会. 1995. 中国电力年鉴 1995. 北京：中国电力出版社.
中国电力年鉴编辑委员会. 1996. 中国电力年鉴 1996. 北京：中国电力出版社.
中国电力年鉴编辑委员会. 1997. 中国电力年鉴 1997. 北京：中国电力出版社.
中国电力年鉴编辑委员会. 1998. 中国电力年鉴 1998. 北京：中国电力出版社.
中国电力年鉴编辑委员会. 1999. 中国电力年鉴 1999. 北京：中国电力出版社.
中国电力年鉴编辑委员会. 2000. 中国电力年鉴 2000. 北京：中国电力出版社.
中国电力年鉴编辑委员会. 2001. 中国电力年鉴 2001. 北京：中国电力出版社.
中国电力年鉴编辑委员会. 2002. 中国电力年鉴 2002. 北京：中国电力出版社.
中国电力年鉴编辑委员会. 2003. 中国电力年鉴 2003. 北京：中国电力出版社.
中国电力年鉴编辑委员会. 2004. 中国电力年鉴 2004. 北京：中国电力出版社.
中国电力年鉴编辑委员会. 2005. 中国电力年鉴 2005. 北京：中国电力出版社.
中国电力年鉴编辑委员会. 2006. 中国电力年鉴 2006. 北京：中国电力出版社.
中国电力年鉴编辑委员会. 2007. 中国电力年鉴 2007. 北京：中国电力出版社.
中国电力年鉴编辑委员会. 2008. 中国电力年鉴 2008. 北京：中国电力出版社.

中国电力年鉴编辑委员会. 2009. 中国电力年鉴2009. 北京：中国电力出版社.
中国电力年鉴编辑委员会. 2010. 中国电力年鉴2010. 北京：中国电力出版社.
中国电力年鉴编辑委员会. 2011. 中国电力年鉴2011. 北京：中国电力出版社.
中国电力年鉴编辑委员会. 2012. 中国电力年鉴2012. 北京：中国电力出版社.
周凤起，王庆一. 2002. 中国能源五十年. 北京：中国电力出版社.
周晓铁，何兴舟. 2006. 室内空气污染对慢性阻塞性肺部疾病的影响. 中国环境科学，26 (5)：591-594.
朱柯丁，宋艺航，谭忠富，等. 2011. 居民生活阶梯电价设计优化模型. 华东电力，39 (6)：862-867.
朱四海. 2007. 中国农村能源政策：回顾与展望. 农业经济问题，9：20-25.
AGECC. 2010. Energy for a sustainable future: Summary report and recommendations. New York: UN Secretary-General's Advisory Group on Energy and Climate Change (AGECC).
Agurto Adrianzén M. 2014. Social capital and improved stoves usage decisions in the Northern Peruvian Andes. World Development, 54: 1-17.
Alam M S, Bala B K, Huq A M Z, et al. 1991. A model for the quality of life as a function of electrical energy consumption. Energy, 16 (4): 739-745.
Al-Ghandoor A, Jaber J O, Al-Hinti I, et al. 2009. Residential past and future energy consumption: Potential savings and environmental impact. Renewable and Sustainable Energy Reviews, 13 (6-7): 1262-1274.
Almond D, Chen Y Y, Greenstone M, et al. 2009. Winter heating or clean air? Unintended impacts of China's Huai River policy. American Economic Review, 99 (2): 184-190.
Ando M, Tadano M, Yamamoto S, et al. 2001. Health effects of fluoride pollution caused by coal burning. Science of the Total Environment, 271 (1): 107-116.
Anenberg S. 2012. Technology: Clean stoves benefit climate and health. Nature, 490 (7420): 343.
Balakrishnan K, Cohen A, Smith K R. 2014. Addressing the burden of disease attributable to air pollution in India: The need to integrate across household and ambient air pollution exposures. Environmental Health Perspectives, 122: A6-A7.
Balaras C A, Gaglia A G, Georgopoulou E, et al. 2007. European residential buildings and empirical assessment of the Hellenic building stock, energy consumption, emissions and potential energy savings. Building and Environment, 42 (3): 1298-1314.
Bansal M, Saini R P, Khatod D K. 2013. Development of cooking sector in rural areas in India—A review. Renewable and Sustainable Energy Reviews, 17: 44-53.
Barnes D F, Khandker S R, Samad H A. 2011. Energy poverty in rural Bangladesh. Energy Policy, 39 (2): 894-904.
Barnett A. 2000. Energy and the fight against poverty//Economic Research Seminar Series. Hague: The Hague Institute.
Barone-Adesi F, Chapman R S, et al. 2012. Risk of lung cancer associated with domestic use of coal in Xuanwei, China: Retrospective cohort study. British Medical Journal, 345: e5414.
BERR. 2007. The UK fuel poverty strategy: 5th annual progress report 2007. http: //webarchive.nationalarchives.gov.uk/+/http: //www.berr.gov.uk/files/file42720.pdf.
Bhide A, Rodriguez M C. 2011. Energy poverty: A special focus on energy poverty in India and renewable energy technologies. Renewable & Sustainable Energy Reviews, 15 (2): 1057-1066.
Birol F. 2007. Energy economics: A place for energy poverty in the Agenda? Energy Journal, 28 (3):

1-6.

Boardman B. 1991. Fuel Poverty：From Cold Homes to Affordable Warmth. London：Belhaven Press.

Boardman B. 2010. Liberalization and fuel poverty//Rutledge I，Wright P. 2010. UK Energy Policy and the End of Market Fundamentalism. Oxford：Oxford University Press.

Bobonis G J，Miguel E，Sharma C P. 2004. Iron deficiency anemia and school participation. Poverty Action Lab Working Paper，No. 7.

Bolton Council. 2013. Bolton's affordable warmth strategy 2013—2018. Bolton：Bolton Council.

Bonjour S，Adair-Rohani H，et al. 2013. Solid fuel use for household cooking：Country and regional estimates for 1980—2010. Environmental Health Perspectives，121：784-790.

Bouzarovski S，Petrova S，et al. 2012. Energy poverty policies in the EU：A critical perspective. Energy Policy，49：76-82.

Boy E，Bruce N，Delgado H. 2002. Birth weight and exposure to kitchen wood smoke during pregnancy in rural Guatemala. Environmental Health Perspectives，110 (1)：109.

BP. 2013. BP Statistical Review of Word Energy 2013. London：BP.

Bruce N，Neufeld L，et al. 1998. Indoor biofuel air pollution and respiratory health：The role of confounding factors among women in highland Guatemala. International Journal of Epidemiology，27 (3)：454-458.

Bruce N，Perez-Padilla R，Albalak R. 2000. Indoor air pollution in developing countries：A major environmental and public health challenge. Bulletin of the World Health Organization，78 (9)：1078-1092.

Burnett R T，Pope C A，Ezzati M，et al. 2014. An integrated risk function for estimating the global burden of disease attributable to ambient fine particulate matter exposure. Environmental Health Perspectives，122：397-403.

Callan T，Nolan B. 1991. Concepts of poverty and the poverty line. Journal of Economic Surveys，5 (3)：243-261.

Canadian Electricity Association. 2013. Key Canadian Electricity Statistics 2013. http：//www.electricity.ca/media/IndustryData/KeyCanadianElectricityStatistics21May2013.pdf.

Chapman R S，He X，et al. 2005. Improvement in household stoves and risk of chronic obstructive pulmonary disease in Xuanwei，China：Retrospective cohort study. British Medical Journal，331 (7524)：1050.

Crawford V L S，McCann M，Stout R W. 2003. Changes in seasonal deaths from myocardial infarction. Quarterly Journal of Medicine，96：45-52.

Dasgupta S，Martin P，Samad H A. 2013. Addressing household air pollution：A case study in rural Madagascar. World Bank Policy Research Working Paper. Washington D. C.：World Bank，6627.

Davis M. 1998. Rural household energy consumption：The effects of access to electricity—Evidence from South Africa. Energy Policy，26 (3)：207-217.

DECC. 2011. Social policy expert appointed to lead independent fuel poverty review. London：DECC.

DECC. 2013. Annual report on fuel poverty statistics 2013. https：//www.gov.uk/government/publications/fuel-poverty-report-annual-report-on-statistics-2013.

DEFRA (Department of the Environment，Food and Rural Affairs)，DTI (Department of Trade and Industry). 2001. The UK fuel poverty strategy. London：DEFRA and DTI.

Desai M A，Mehta S，Smith K. 2004. Indoor smoke from solid fuels：Assessing the environmental burden of disease at national and local levels. Environmental Burden of Disease Series, No. 4.

Diaz E, Smith-Sivertsen T, et al. 2007. Eye discomfort, headache and back pain among Mayan Guatemalan women taking part in a randomized stove intervention trial. Journal of Epidemiology and Community Health, 61 (1): 74-79.

DTI (Department of Trade and Industry). 2002. Energy—Its impact on the environment and society. London: DTI.

Duflo E, Hanna R. 2006. Monitoring works: Getting teachers to come to school. Working Paper, No. 11880. National Bureau of Economic Research (NBER).

Duflo E, Greenstone M, Hanna R. 2008. Indoor air pollution, health and economic well-being. Surveys and Perspectives Integrating Environment and Society, 1 (1): 7-16.

Edwards J H Y, Langpap C. 2012. Fuel choice, indoor air pollution and children's health. Environment and Development Economics, 17 (4): 379-406.

Edwards R D, Smith K R, et al. 2004. Implications of changes in household stoves and fuel use in China. Energy Policy, 32 (3): 395-411.

Ekouevi K. 2001. An overview of biomass energy issues in sub-Saharan Africa. Proceedings of the African High-Level Regional Meeting on Energy and Sustainable Development for the Ninth Session on the Commission on Sustainable Development. Roskilde: United Nations Environment Programme, Risoe Centre, 102-108.

Fan J L, Liang Q M, Liang X J, et al. 2014. National vulnerability to extreme climatic events: The cases of electricity disruption in China and Japan. Natural Hazards, 71 (3): 1937-1956.

Foster V, Tre J P, Wodon Q. 2000. Energy prices, energy efficiency, and fuel poverty. Unpublished paper. Latin America and Caribbean Regional Studies Program. Washington D. C.: World Bank.

Frankenberg E, McKee D, Thomas D. 2005. Health consequences of forest fires in Indonesia. Demography, 42 (1): 109-129.

Friedrich M J. 2011. Reducing indoor air pollution. The Journal of the American Medical Association, 306 (23): 2553.

Goldemberg J, Johansson T B, Reddy A K, et al. 1985. Basic needs and much more with one kilowatt per capita. Ambio, 14 (4-5): 190-200.

Government of India. 2011. Key Indicators of Household Consumer Expenditure in India. New Delhi: Ministry of Statistics and Program.

Green G, Gilbertson J. 2008. Health impact evaluation of the Warm Front Scheme. Sheffield Hallam University, Centre for Regional Social and Economic Research.

Grieshop A P, Marshall J D, et al. 2011. Health and climate benefits of cookstove replacement options. Energy Policy, 39 (12): 7530-7542.

Haanyika C M. 2006. Rural electrification policy and institutional linkages. Energy Policy, 34 (17): 2977-2993.

Healy J D, Clinch J P. 2002. Fuel poverty, thermal comfort and occupancy: Results of a national household-survey in Ireland. Applied Energy, 73 (3-4): 329-343.

Healy J D, Clinch J P. 2004. Quantifying the severity of fuel poverty, its relationship with poor housing and reasons for non-investment in energy-saving measures in Ireland. Energy Policy, 32 (2): 207-220.

Hills J. 2011. Fuel poverty: The problem and its measurement. Interim Report of the Fuel Poverty

Review. London：CASE，LSE.

Hirst E，Lin W，Cope J. 1977. A residential energy use model sensitive to demographic，economic，and technological factors. Quarterly Review of Economics and Finance，17 (2)：7-22.

Ho M S，Jorgenson D. 2007. Sector allocation of emissions and damage//Ho M S，Nielsen C P. Clearing the Air：The Health and Economic Damages of Air Pollution in China. Cambridge：The MIT Press.

Holdren J P，Smith K R. et al. 2000. Energy，the Environment and Health. New York：United Nations Development Programme.

Howden-Chapman P，Viggers H，et al. 2012. Tackling cold housing and fuel poverty in New Zealand：A review of policies，research，and health impacts. Energy Policy，49：134-142.

Howieson S G，Hogan M. 2005. Multiple deprivation and excess winter deaths in Scotland. Perspectives in Public Health，125：18-22.

Hu J，Guo X B. 2007. Research progress in indoor air pollution and health effects caused by combustion of biomass fuels. Journal of Environment and Health，24 (10)：827-829.

Hydro-Quebec. 2013. Hydro-Quebec annual report 2012. Montreal.

IEA. 2002. World Energy Outlook 2002. Paris：International Energy Agency (IEA).

IEA. 2004. World Energy Outlook 2004. Paris：International Energy Agency (IEA).

IEA. 2006. World Energy Outlook 2006. Paris：International Energy Agency (IEA).

IEA. 2007. World Energy Outlook 2007. Paris：International Energy Agency (IEA).

IEA. 2010. World Energy Outlook 2010. Paris：International Energy Agency (IEA).

IEA. 2011. World Energy Outlook 2011. Paris：International Energy Agency (IEA).

IEA. 2012. World Energy Outlook 2012. Paris：International Energy Agency (IEA).

IEA. 2013. World Energy Outlook 2013. Paris：International Energy Agency (IEA).

IPCC. 2013. Climate Change 2013：The Physical Science Basis. London：Cambridge University Press.

Jain G. 2009. Alleviating energy poverty：Indian experience. New Delhi：The Energy and Resources Institute.

Johansson T B，Burnham L. 1993. Renewable Energy：Sources for Fuels and Electricity. Washington D. C. ：Island press.

Johnston F H，Hanigan I C，et al. 2013. Evaluation of interventions to reduce air pollution from biomass smoke on mortality in Launceston，Australia：Retrospective analysis of daily mortality，1994—2007. British Medical Journal，346：e8446.

Kammen D M，Bailis R，Herzog A V. 2001. Clean energy for development and economic growth：Biomass and other renewable energy options to meet energy and development needs in poor nations. New York：UNDP.

Kanagawa M，Nakata T. 2008. Assessment of access to electricity and the socio-economic impacts in rural areas of developing countries. Energy Policy，36：2016-2029.

Kaygusuz K. 2011. Energy services and energy poverty for sustainable rural development. Renewable and Sustainable Energy Reviews，15 (2)：936-947.

Khandker S R，Barnes D F，Samad H A. 2012. Are the energy poor also income poor? Evidence from India. Energy Policy，47：1-12.

Krugmann H，Goldemberg J. 1983. The energy cost of satisfying basic human needs. Technological Forecasting and Social Change，24 (1)：45-60.

Leach G. 1987. Household energy in South Asia. Biomass, 12 (3): 155-184.

Lewis P. 1982. Fuel poverty can be stopped. Bradford: National Right to Fuel Campaign.

Li K, Lloyd B, Liang X J, et al. 2014. Energy poor or fuel poor: What are the differences? Energy Policy, 68: 1229-1240.

Liddell C. 2008. The impact of fuel poverty on children. Belfast: Save The Children.

Liddell C, Morris C. 2010. Fuel poverty and human health: A review of recent evidence. Energy Policy, 38 (6): 2987-2997.

Lim S S, Vos T, et al. 2012. A comparative risk assessment of burden of disease and injury attributable to 67 risk factors and risk factor clusters in 21 regions, 1990—2010: A systematic analysis for the Global Burden of Disease Study 2010. The Lancet, 380 (9859): 2224-2260.

Mahesh A, Shoba Jasmin K S. 2013. Role of renewable energy investment in India: An alternative to CO_2 mitigation. Renewable and Sustainable Energy Reviews, 26: 414-424.

Mantzouranis E C. 2008. Taking your child's breath away—The extension of asthma's global reach. New England Journal of Medicine, 358 (12): 1211-1213.

Martin W J, Glass R I, et al. 2011. A major environmental cause of death. Science, 334 (6053): 180-181.

Masud J, Sharan D, Lohani B N. 2007. Energy for all: Addressing the energy, environment, and poverty nexus in Asia. Manila: Asian Development Bank.

Mestl H E S, Aunan K, Seip H M. 2006. Potential health benefit of reducing household solid fuel use in Shanxi province, China. Science of the Total Environment, 372: 120-132.

Mestl H E S, Aunan K, et al. 2007. Health benefits from reducing indoor air pollution from household solid fuel use in China—Three abatement scenarios. Environment International, 33 (6): 831-840.

MIAC. 2010. Ministry of Internal Affairs and Communications, Input-Output Tables for Japan. http://www.stat.go.jp/english/data/io/io05.htm.

Miguel E, Kremer M. 2004. Worms: Identifying impacts on education and health in the presence of treatment externalities. Econometrica, 72 (1): 159-217.

Miller G, Mobarak A M. 2013. Gender differences in preferences, intra-household externalities, and low demand for improved cookstoves. Working Paper, No. 18964. National Bureau of Economic Research (NBER).

Milner J, Davies M, Wilkinson P. 2012. Urban energy, carbon management (low carbon cities) and co-benefits for human health. Current Opinion in Environmental Sustainability, 4: 398-404.

Milner J, Shrubsole C, et al. 2014. Home energy efficiency and radon related risk of lung cancer: Modelling study. British Medical Journal, 348: f7493.

Mirza B, Szirmai A. 2010. Towards a new measurement of energy poverty: A cross-community analysis of rural Pakistan. Maastricht: UNU-MERIT, Maastricht Economic and Social Research and Training Centre on Innovation and Technology.

MME. 2010. Light for all: A historic landmark. Brasilia: Ministry of Mines and Energy (MME) of Brazil.

Mueller V, Pfaff A, et al. 2013. Improving stove evaluation using survey data: Who received which intervention matters. Ecological Economics, 93: 301-312.

Mumford J L, He X Z, et al. 1987. Lung cancer and indoor air pollution in Xuan Wei, China. Science, 235 (4785): 217-220.

Nolan B，Whelan C T. 1996. Resources，Deprivation，and Poverty. Oxford：OUP Catalogue.

Nussbaumer P，Bazilian M，Modi V. 2012. Measuring energy poverty：Focusing on what matters. Renewable and Sustainable Energy Reviews，16（1）：231-243.

Oluwole O，Otaniyi O O，et al. 2012. Indoor air pollution from biomass fuels：A major health hazard in developing countries. Journal of Public Health（Germany），20（6）：565-575.

Oseni M O. 2012. Improving households' access to electricity and energy consumption pattern in Nigeria：Renewable energy alternative. Renewable and Sustainable Energy Reviews，16：3967-3974.

Ostojic D，Jammi R，Barnes D，et al. 2011. One Goal，Two Paths：Achieving Universal Access to Modern Energy in East Asia and Pacific. Washington D. C.：World Bank.

Pachauri S，Mueller A，Kemmler A，et al. 2004. On measuring energy poverty in Indian households. World Development，32（12）：2083-2104.

Pachauri S，Spreng D. 2011. Measuring and monitoring energy poverty. Energy Policy，39（12）：7497-7504.

Pan X，Yue W，et al. 2007. Health benefit evaluation of the energy use scenarios in Beijing，China. Science of the Total Environment，374（2-3）：242-251.

Parajuli R. 2011. Access to energy in Mid/Far west region-Nepal from the perspective of energy poverty. Renewable Energy，36（9）：2299-2304.

Peabody J W，Riddell T J，et al. 2005. Indoor air pollution in rural China：Cooking fuels，stoves，and health status. Archives of Environmental & Occupational Health，60（2）：86-95.

Pereira M G，Freitas M A V，da Silva N F. 2010. Rural electrification and energy poverty：Empirical evidences from Brazil. Renewable and Sustainable Energy Reviews，14（4）：1229-1240.

Pereira M G，Freitas M A V，da Silva N F. 2011. The challenge of energy poverty：Brazilian case study. Energy Policy，39：167-175.

Pitt M M，Rosenzweig M R，Hassan M N. 2006. Sharing the burden of disease：Gender，the household division of labor and the health effects of indoor air pollution in Bangladesh and India. Stanford Institute for Theoretical Economics Summer，202.

Practical Action. 2010. Poor People's Energy Outlook 2010. Rugby：Practical Action.

Ray D，Streufert P A. 1993. Dynamic equilibria with unemployment due to undernourishment. Economic Theory，3（1）：61-85.

Rehfuess E，World Health Organization. 2006. Fuel for life：Household energy and health. Geneva：WHO.

Rehfuess E A，Bruce N G，Smith K R. 2011. Solid fuel use：Health effect//Nriagu J O. Encyclopedia of Environmental Health. Burlington：Elsevier.

REN21. 2012. Renewable 2012，global status report. Paris：Renewable Energy Policy Network for the 21st Century Secretariat.

Roberts S. 2008. Energy，equity and the future of the fuel poor. Energy Policy，36（12）：4417-4474.

Rose A，Guha G S. 2004. Computable general equilibrium modeling of electric utility lifeline losses from earthquakes. Modeling Spatial and Economic Impacts of Disasters，1：119-141.

Sagar A D. 2005. Alleviating energy poverty for the world's poor. Energy Policy，33（11）：1367-1372.

Sagar A D，Smith K R. 2013. Pollution：An innovation prize for clean cookstoves. Nature，497（7449）：317.

Sanchez T. 2010. The hidden energy crisis: How policies are failing the world's poor. Rugby: Practical Action.

Saunders R W, Gross R J K, Wade J. 2012. Can premium tariffs for micro-generation and small scale renewable heat help the fuel poor, and if so, how? Case studies of innovative finance for community energy schemes in the UK. Energy Policy, 42: 78-88.

Schirnding Y, Bruce N. 2002. Addressing the Impact of Household Energy and Indoor Air Pollution on the Health of the Poor. Geneva: WHO.

Sefton T, Chesshire J. 2005. Peer Review of the Methodology for Calculating the Number of Households in Fuel Poverty in England. London: DTI.

Serwaa Mensah G, Kemausuor F, Brew-Hammond A. 2014. Energy access indicators and trends in Ghana. Renewable and Sustainable Energy Reviews, 30: 317-323.

Sesan T. 2012. Navigating the limitations of energy poverty: Lessons from the promotion of improved cooking technologies in Kenya. Energy Policy, 47: 202-210.

Shaaban M, Petinrin J O. 2014. Renewable energy potentials in Nigeria: Meeting rural energy needs. Renewable and Sustainable Energy Reviews, 29: 72-84.

Shen M, Chapman R S, et al. 2009. Coal use, stove improvement, and adult pneumonia mortality in Xuanwei, China: A retrospective cohort study. Environmental Health Perspectives, 117 (2): 261.

Shoibal C, Tavoni M. 2013. Energy poverty alleviation and climate change mitigation: Is there a trade off? Energy Economics, 40: S67-S73.

Sinton J E, Smith K R, et al. 2004. An assessment of programs to promote improved household stoves in China. Energy for Sustainable Development, 8 (3): 33-52.

Smith K R. 2000. National burden of disease in India from indoor air pollution. Proceedings of the National Academy of Sciences, 97 (24): 13286-13293.

Smith K R. 2006. Rural air pollution: A major but often ignored development concern. Commission on Sustainable Development Thematic Session on Integrated Approaches to Addressing Air Pollution and Atmospheric Problems. New York: United Nations.

Smith K R. 2012. QnAs with Kirk R. Smith. Proceedings of the National Academy of Sciences of the United States of America, 109 (22): 8357.

Smith K R, Samet J M, et al. 2000. Indoor air pollution in developing countries and acute lower respiratory infections in children. Thorax, 55 (6): 518-532.

Smith K R, Mehta S, Maeusezahl-Feuz M. 2004. Indoor air pollution from household use of solid fuels//Comparative quantification of health risks: Global and regional burden of disease attributable to selected major risk factors, Chapter 18.

Smith K R, McCracken J P, et al. 2011. Effect of reduction in household air pollution on childhood pneumonia in Guatemala (RESPIRE): A randomized controlled trial. The Lancet, 378 (9804): 1717-1726.

Smith K R, Frumkin H, et al. 2013. Energy and human health. Annual Review of Public Health, 34: 159-188.

Sovacool B K. 2012a. Deploying off-grid technology to eradicate energy poverty. Science, 338 (6103): 47-48.

Sovacool B K. 2012b. The political economy of energy poverty: A review of key challenges. Energy for

Sustainable Development，16（3）：272-282.

Sovacool B K，Cooper C，Bzailian M，et al. 2012. What moves and works：Broadening the consideration of energy poverty. Energy Policy，42：715-719.

Spengler J D，Sexton K. 1983. Indoor air pollution：A public health perspective. Science，21（4605）：9-17.

Takada M，Fracchia S. 2007. A Review of Energy in National MDG Reports. New York：UNDP.

Thiam D R. 2011. Renewable energy，poverty alleviation and developing nations：Evidence from Senegal. Journal of Energy in Southern Africa，22（3）：23-24.

Thomson H，Snell C. 2013. Quantifying the prevalence of fuel poverty across the European Union. Energy Policy，52：563-572.

UNDP. 2000. World Energy Assessment：Energy and the Challenge of Sustainability. New York：UNDP.

Wang Y. 2010. The analysis of the impacts of energy consumption on environment and public health in China. Energy，35（11）：4473-4479.

Ward S. 2002. The Energy Book for Urban Development in South Africa. Sustainable Energy Africa（SEA）.

WHO. 2002. The world health report 2002：Reducing risks，promoting healthy life. Geneva：World Health Organization.

WHO. 2006. Fuel for life：Household energy and health. Geneva：World Health Organization.

WHO. 2011. Indoor air pollution and health. http：//www. who. int/mediacentre/factsheets/fs292/en/.

Wilkinson P，Smith K R，et al. 2007a. A global perspective on energy：Health effects and injustices. The Lancet，370（9591）：965-978.

Wilkinson P，Smith K R，et al. 2007b. Energy，energy efficiency，and the built environment. The Lancet，370（9593）：1175-1187.

Wilkinson P，Smith K R，et al. 2009. Public health benefits of strategies to reduce greenhouse-gas emissions：Household energy. The Lancet，374（9705）：1917-1929.

Wlokas H L. 2011. What contribution does the installation of solar water heaters make towards the alleviation of energy poverty in South Africa? Journal of Energy in Southern Africa，22（2）：27-39.

Wolfensohn J. 2002. Education and development. Washington D. C.：World Bank.

World Bank，2013a. Studies Seek Paths to Clean Cooking Solutions. http：//www. worldbank. org/en/news/feature/2013/08/06/studies-seek-paths-to-clean-cooking-solutions.

World Bank. 2013b. China：Accelerating household access to clean cooking and heating. East Asia and Pacific clean stove initiative series. Washington D. C.：World Bank.

World Bank. 2014. World Development Indicators Database. Washington D. C.：World Bank.

Yang J T，Yang S G，Mu J H. 2008. Actuality and prediction of rural household energy consumption in Laojunshan area of Northwest Yunnan（in Chinese）. Acta Energiae Solaris Sinica，29（5）：624-629.

Yang L，Yan H，et al. 2014. Thermal comfort and building energy consumption implications—A review. Applied Energy，115：164-173.

Young M. 1924. The influence of weather conditions on the mortality from bronchitis and pneumonia in children. Journal of Hygiene，23：151-175.

Zeliadt N. 2012. QnAs with Kirk R. Smith. Proceedings of the National Academy of Sciences of the United States of America, 109 (22): 8357.

Zhang J, Smith K R. 2007. Household air pollution from coal and biomass fuels in China: Measurements, health impacts, and interventions. Environmental Health Perspectives, 115 (6): 848-855.

Zhang Q. 2004. Residential energy consumption in China and its comparison with Japan, Canada, and USA. Energy and Buildings, 36 (12): 1217-1225.

Zhou Z, Dionisio K L, et al. 2011. Household and community poverty, biomass use, and air pollution in Accra, Ghana. Proceedings of the National Academy of Sciences, 108 (27): 11028-11033.

附录1　图　目　录

附录2　表　目　录

Appendix 1 Figures

Appendix 2 Tables

后　记

为了更好地致力于能源与环境政策的科学研究、人才培养、社会服务和国际交流，2006年，我曾与中石油经济技术研究院许永发和刘克雨等教授合作，创办了联合共建的“能源与环境政策研究中心”①，并担任中心首任主任。2009年，应北京理工大学校长胡海岩院士和党委书记郭大成教授的邀请，我和我们团队的核心研究成员加盟北京理工大学；经校长办公会批准成立北京理工大学能源与环境政策研究中心，挂靠在北京理工大学管理与经济学院。

《中国能源报告》是北京理工大学能源与环境政策研究中心完成的系列研究报告，每卷围绕特定主题。能源与环境政策研究中心面向国家能源与应对气候变化领域的重大战略需求，针对能源经济与气候政策中的关键科学问题深入开展研究，旨在增进对能源、气候与经济社会复杂系统的科学认识；并为社会各界培养高层次专门人才，为政府制定能源与气候战略、规划和政策提供科学依据，为能源企业发展提供决策支持；建设与国际一流同行机构开展学术交流与合作的平台。

《中国能源报告》旨在科学研究的基础上，为决策者提供科学依据和决策参考。《中国能源报告》迄今已出版了四卷。第一卷（战略与政策研究）、第二卷（碳排放研究）、第三卷（能源效率研究）和第四卷（能源安全研究）分别于2006年、2008年、2010年和2012年由科学出版社出版。系列报告出版以来，得到了国内外从事能源经济与管理研究的同仁、政府相关管理部门和能源企业的许多积极反响和鼓励。

《中国能源报告（2014）：能源贫困研究》作为《中国能源报告》系列报告的第五卷，是北京理工大学能源与环境政策研究中心团队成员对能源贫困相关的重大问题，在长期研究基础上形成的总结。本卷报告的编写由魏一鸣负责总体设计、策划、组织和统稿；第1章由魏一鸣、廖华、唐鑫、李华楠、杜云飞、高亿萱、李慷、裴梦玲完成；第2章由魏一鸣、李慷、王科、王亚璇完成；第3章由魏一鸣、王科、李慷、王亚璇完成；第4章由刘文玲、张燕、魏一鸣完成；第5章由魏一鸣、廖华、唐鑫完成；第6章由魏一鸣、郝宇、李慷完成；第7章由魏一鸣、于灏、王兵完成；第8章由魏一鸣、樊静丽、王兵、袁潇晨、王璐完成；第9章由魏一鸣、米志付、李默洁、王倩完成；第10章由魏一鸣、郝宇、张金良、尹佳音、陈浩、马也、刘一鸣完成。张九天、吴刚、杨瑞广、王恺、风振华、姚云飞、刘兰翠、梁巧梅、马晓微、张跃军、唐葆君等先后参与了本报告的部分章节的讨论及校对工作。本报告是能源与环境政策研究中心集体智慧的结晶。

在本报告的研究与撰写过程中，得到了国家自然科学基金项目（71020107026，71322306，71101011）、国家科技支撑计划专题（2012 BAC19B11）的部分支持。系列

---

①中国科学院科技政策与管理科学研究所与中石油经济技术研究院联合共建。

报告的出版，先后得到了陈述彭院士、彭苏萍院士、郭重庆院士、李京文院士、杨善林院士、吴启迪、刘燕华、徐锭明、于景元、何建坤、王思强、徐伟宣、宋建国、马燕合、黄晶、俞燕山、安丰全、孙洪、田保国、沈建忠、李善同、陈晓田、周寄中、李一军、汪寿阳、高自友、张维、黄海军、杨列勋、刘作仪、李若筠、葛正翔、方朝亮、李高、戴彦德、高世宪、康艳兵、许永发、刘克雨、田成川、郭日生、彭斯震、傅小锋、李景明、涂序彦、张建民等专家和领导的鼓励、指导、支持和无私的帮助；国外同行 Tol R. S. J.，Hofman B.，Martinot E.，Drennen T.，Jacoby H.，Parsons J.，MacGill I.，Edenhofer O.，Burnard K.，Nielsen C.，Nguyen F.，Okada N.，Ang B.，Yan J.，Tatano H.，Chou S. K.，Huang Z. M.，Murty T.，Yang Z. L.，Erdmann G. 等曾应邀访问能源与环境政策研究中心并做学术交流，他们曾以不同形式给予我们支持和帮助。中国科学院副院长丁仲礼院士对《中国能源报告》的出版长期以来给予了鼓励和支持。值此，谨向他们表示衷心感谢和崇高的敬意！

借此机会，特别感谢北京理工大学党委书记郭大成教授、校长胡海岩院士等校领导，学校的职能部门和管理与经济学院的各位同仁，对我和我们团队研究工作给予的支持和帮助。没有他们的关怀，能源与环境政策研究中心难以持续完成《中国能源报告》第五卷的研究工作和出版。

特别感谢本报告引文中的所有作者！

限于我们知识修养和学术水平，报告中难免存在诸多缺陷与不足，甚至是错误，恳请读者批评、指正！

魏一鸣

2014 年 5 月 1 日于北京